Joachim Fest

BÜRGERLICHKEIT ALS LEBENSFORM

Späte Essays

Rowohlt

1. Auflage März 2007
Copyright © 2007 by Rowohlt Verlag GmbH,
Reinbek bei Hamburg
Alle Rechte vorbehalten
Lektorat Christof Blome
Satz aus der Stempel Garamond PostScript, InDesign,
von Pinkuin Satz und Datentechnik, Berlin
Druck und Bindung Clausen & Bosse, Leck
Printed in Germany
ISBN 978 3 498 02118 4

Inhalt

DIE PREKÄRE NATUR DER FREIHEIT.
LITERATUR UND POLITIK IN DEUTSCHLAND

PERSÖNLICHKEIT ALS HÖCHSTES GLÜCK.
ÜBER WEGGEFÄHRTEN UND ZEITGENOSSEN

FORM UND VERGÄNGLICHKEIT.
ÜBER DIE KUNST

STATT EINER EINLEITUNG

Der Irrtum Hannos
oder Bürgerlichkeit als geistige Lebensform.
Eine Dankrede

Hochverehrter Herr Bürgermeister,
lieber und verehrter Herr Mann,
meine Damen und Herren!

Ich möchte Ihnen und allen, die, auf welche Weise auch immer, beigetragen haben zu diesem Tag und dem Anlaß, der uns zusammenführt, aufrichtig danken: für den Preis, den die Hansestadt Lübeck mir verliehen hat, für die auszeichnenden Worte, die mir zuteil wurden; und schließlich für die Feierstunde, die Sie in diesen Räumen ausgerichtet haben. Das alles hat mich sehr bewegt. Es gilt einer literarischen Bemühung, die nach manchen Umwegen endlich dort anzulangen beginnt, wo sie im Grunde immer hin wollte: bei Literatur, bildender Kunst, Musik oder dem Nachdenken des Menschen über sich selbst; bei dem Geflecht der Wechselbeziehungen, das zwischen diesen Erscheinungen häufig unaufgespürt besteht, den Prozessen von Aufstieg, Höhe und Ermüdung, die in allen historischen Vorgängen greifbar sind. Ganz werden wir, die Generationen widriger Jahre, vom Druck der Geschichte nicht mehr freikommen. Aber das Interesse mag sich verlagern und etwa in die Frage führen, woran eigentlich Reiche, Kulturen und Lebensformen zerbrachen, weshalb sie verspielt werden und untergehen.

Ich will auch gern bekennen, wie sehr es mich berührt, gerade den Preis erhalten zu haben, der den Namen Thomas Manns trägt: ich wüßte keine Auszeichnung, die mir mehr bedeutete. Seit ich zu lesen begann, wie man eigentlich nur einmal liest, im Alter zwischen vierzehn und fünfundzwanzig, hat sein Werk mich immer begleitet, ein Bilderzug von Szenen und Figuren, die man nie mehr vergaß: den verirrten Tonio Kröger im Disput mit Lisaweta, und Gustav Aschenbach, den erschöpften, ins Glück der Selbstaufgabe desertierenden Leistungsethiker; das Schneekapitel und anderes aus dem «Zauberberg»; die Klage Jaakobs; Goethes Morgenmonolog im berühmten 7. Kapitel der «Lotte in Weimar» oder der Tod Leverkühns: es endet nicht, wenn man einmal mit solchen Vergegenwärtigungen beginnt. Mit den «Buddenbrooks» lebte man ohnehin wie im Zuhause, nie wieder hat ein Werk der Literatur mir und, wie ich weiß, vielen meiner Herkunft so verblüffende Erfahrungen des Wiedererkennens im ganz Anderen verschafft. Wie den Lübeckern, die sich in dem Buch abkonterfeit fanden, erging es vielen, auch wenn sie keinen Anlaß sahen, aufgebracht zu sein. Es war alles Verwandtschaft.

Was man wiedererkannte, waren aber nicht so sehr einzelne Figuren und Schicksale, sondern ein Lebensgefühl sehr ähnlicher Art. Es gilt ja weithin als ausgemacht, daß Thomas Mann einer vergangenen Epoche angehört und sein Werk inzwischen zum Bildungsgut abgesunken ist. Aber dieses Werk hätte eine derart breite, teilweise ins Populäre reichende Wirkung, wie sie im 19. Jahrhundert eigentlich nur einige Romantiker und, auf andere und auf seltsam gefährliche Weise, Richard Wagner besaßen, nie erlangen können, wenn es wirklich zum musealen Bestand rechnete; und wir verzeichneten dieses belebte, in neuen Ausgaben, Filmen und Fernsehbearbeitungen sich meldende Interesse kaum, wenn dieses Werk nicht die Gegenwart oder doch Elemente ihres noch gegenwärtigen Herkunftbewußtseins miterfaßte.

Wer die Anschlußstellen sucht, wird bald darauf stoßen, daß allem Parodistischen, allem offenbaren Hang zum mitunter vernichtend Komischen zuwider, im Werk Thomas Manns ein melancholischer Grundton vorherrscht, ein Gefühl von Abschied, Verlust, Unwiederbringlichkeit. Die ins Erheiternde, häufig auch Spleenige und nervös Verdrehte gewendeten Figuren im Vordergrund können es nur verdecken, nicht aber vergessen machen, sie haben alle ihre «feuchte Stelle». Gewiß kommt darin etwas von jenem literarischen Pessimismus zum Vorschein, der den Dichter geprägt hat, Erbteil des 19. Jahrhunderts, die Vermächtnisse Schopenhauers, Nietzsches und Richard Wagners mitsamt ihrer verfeinerten Süchtigkeit nach «Kreuz, Tod und Gruft». Aber anschaulich und gleichsam zum Leben erweckt wurde dieses pessimistische Grundgefühl erst im Blick auf die bürgerliche Welt, sie füllte, was nur elegische Dichterstimmung war, mit Wirklichkeit auf, sie und die tiefen Schatten über ihr waren in allen Empfindungen von Verfall und Ende gemeint. Der Senator Thomas Buddenbrook, wie er, den Pelz von Kot und Schneewasser beschmutzt, die Hände in den weißen Glacéhandschuhen weit von sich gestreckt, in einer Blutlache auf dem Pflaster der Fischergrube liegt, war ebenso eine Symbolfigur entkräfteter Bürgerlichkeit wie der junge Hanno, als er im Familienbuch den säuberlichen Doppelstrich unter seinen Namen zieht: «Ich glaubte, es käme nichts mehr.»

Es war und ist nicht nur die Bewunderung für den literarischen Rang und die beispiellos frühe professionelle Sicherheit des Autors, die solche Szenen unvergeßlich gemacht hat. Vielmehr ging von ihnen zugleich eine ins Persönliche reichende Betroffenheit aus, das unabweisbare Gefühl, etwas von der eigenen Lebens- und Situationsstimmung darin wiederzufinden. Sonderbar berührte daran allenfalls, daß eine Erfahrung, die der Gegenwart zu entstammen schien, zwei Generationen zuvor formuliert worden war.

Der Gedanke liegt nahe, an einen Akt dichterischer Vorwegnahme zu glauben, an instinktbegabtes Seismographentum, das den Untergang der eigenen Lebensform mit gesteigerten Wahrnehmungsapparaturen erfaßt. Doch daß es nicht nur Vorahnung war, bezeugt der stark autobiographische Charakter zumal der «Buddenbrooks», aber auch der anderen, vom Verfall der bürgerlichen Welt handelnden Werke: es war alles gelebtes Leben, war gewesen und vergangen. Was sich allenfalls sagen ließe, wäre, daß die Nachfahren den Zusammenbruch dieser Welt allgemeiner und erdrutschartiger erlebt haben, nicht als individuelles oder familiäres Geschick, wie Thomas Mann es dargestellt hat, sondern als umfassende politische und soziale Katastrophe.

Denn wer zweifelte noch am Untergang der bürgerlichen Welt? Bürgertum, Bürgerlichkeit gelten ja den meisten Präzeptoren der Nation, die der Öffentlichkeit das Bewußtsein machen, als Reiz- und Hohnvokabeln – der verlorenste Posten sicherlich, der weit und breit auszumachen ist. Bezeichnenderweise bekennen sich auch diejenigen, die ihren Grundsätzen, ihrer Lebensführung und habituellen Eigenart zufolge durchaus zum Bürgertum zu rechnen wären, keineswegs dazu, sondern verleugnen es durch allerlei abschwörerisch gemeinte, modische Mitläuferei. Die Gegenstimmen gibt es nicht. Das Bürgertum hat schlechthin keinen Anwalt mehr.

Vielleicht ist es an der Zeit, darüber nachzudenken, was bürgerliche Lebensform eigentlich bedeutet. In einem Essay aus dem Jahre 1909, der das genialische, durch Willkür und ekstatische Laune gesteigerte Artistentum Gustave Flauberts dem stillen, beharrlichen, in einem bürgerlichen Beruf verhafteten Künstlertypus gegenüberstellte, wie ihn beispielsweise Theodor Storm verkörpert, hat Georg Lukács bemerkt: «Bürgerlicher Beruf als Form des Lebens bedeutet in erster Linie das Primat der Ethik im Leben; daß das Leben durch das beherrscht wird, was sich systematisch, regelmäßig wiederholt, durch das, was pflichtgemäß wiederkehrt, durch das, was getan werden muß ohne Rücksicht auf Lust oder Unlust. Mit anderen Worten: die Herrschaft der Ordnung über die Stimmung, des Dauernden über das Momentane, der ruhigen Arbeit über die Genialität, die von Sensationen gespeist wird.»

Thomas Mann hat diese Sätze bei Gelegenheit beifällig zitiert, sie spiegelten ein Stück seiner eigenen Lebensproblematik wider: das frühe Sichverlieren in eine Welt der Boheme, der Ungebundenheit und der Kunstträumereien. Man mag einige Zweifel haben, ob es ihn tatsächlich so viel Mühe gekostet hat, zu einem Leben der Disziplin und der geduldigen Ausdauer zu finden: er stilisierte den Gegensatz, den er so wenig ahnen ließ, bekanntlich bis ins Extrem. Aber unstrittig ist auch, daß alle frühe Kunstemphase die Selbstnötigung verlangt, damit das Werk zustande komme: Tag für Tag zum festgesetzten Zeitpunkt, unabhängig von Stimmung und Eingebung, vor dem leeren Blatt Papier, um, wie er einmal geäußert hat, jene ein oder anderthalb Seiten voranzukommen, die schließlich heraussprangen, immer «schwere Stunde» und «am Rande der Erschöpfung». Als er im Januar 1943 den Josephs-Roman abschließt, notiert er in seinem Tagebuch: «Ich sehe darin weit mehr ein Monument meines Lebens, als ein solches der Kunst und des Gedankens, ein Monument der Beharrlichkeit.» Man fühlt sich bei dergleichen an Richard Wagner erinnert, dessen Partituren aus ähnlich langwierigen Akten der Selbstquälerei hervorgingen und an manchen Tagen nur zwei Takte weiterkamen, der aber doch bekannte: «Ein Vormittag ohne Arbeit ist wie ein Tag in der Hölle.» Thomas Mann hat die Befähigung, das eigene Leben einem so rigorosen, fast beamtenhaften Reglement zu unterwerfen, auf sein väterliches Erbteil zurückgeführt, das Vorbild des Lübecker Senators, vor dem er sich lebenslang zu rechtfertigen versucht habe: der ungeratene Sohn, der «gegen alles Erwarten» doch noch «etwas Anständiges» geworden sei. «Er war kein einfacher Mann mehr», heißt es bei Thomas Mann weiter über den Vater, «nicht robust, sondern nervös und leidensfähig, aber ein Mann der Selbstbeherrschung und … (des) Ethischen, das mit dem Bürgerlichen in so hohem Grade zusammenfällt.»

In diesem Satz ist einmal mehr etwas von dem Konflikt angedeutet, der zu Thomas Manns Vorzugsthemen zählt, nicht zuletzt das essayistische Werk variiert ihn immer wieder, desgleichen die frühen Erzählungen und dann vor allem der «Tod in Venedig»: das Dilemma zwischen der Gewalt, die der Künstler sich antun, und der Freiheit, die er sich bewahren muß. Der Schriftsteller Gustav Aschenbach, von dem es heißt, er habe seine Arbeiten «in kleinen Tagewerken aus aberhundert Einzelinspirationen zur Größe emporgeschichtet», dessen Lebensformel lautete, daß «beinahe alles Große, was dastehe, als ein Trotzdem dastehe», trotz Schwäche und Unlust und Hervorbringungsmühe, er folgt zunächst, nach seiner Ankunft in der Lagunenstadt, noch ganz und gar dem eingeübten Daseinsrhythmus. Als Bürger, der er ist, bindet er selbst, was alsbald sein Glück ausmacht, die Nähe Tadzios, in sein System fester Abläufe ein. Der Augenblick jedoch, in dem die Fähigkeit geordneter Daseinsführung verlorengeht und Aschenbach die Regeln in «Rausch und Empfindung» aufgehen läßt, bezeichnet zugleich den Umschlagpunkt; den Einbruch unkontrollierbarer Mächte in ein streng gebundenes Dasein, den Sturz aus der Bürgerlichkeit und mithin das Ende auch seines Künstlertums. Das eine ist ohne das andere nicht zu haben. In «Dichtung und Wahrheit» ist einmal davon die Rede, daß der Mensch ein Gutteil seiner inneren Stabilität, seiner Kraft und seines Glücks aus der regelmäßigen Wiederkehr der äußerlichsten Verhältnisse beziehe, dem Wechsel von Tag zur Nacht, von einer Woche zur anderen, von Jahreszeit zu Jahreszeit, und daß der Überdruß an diesen einfachen Abläufen die eigentliche Seelenkrankheit sei.

Das ist in hohem Maße bürgerlich gedacht. Aber diese fast rituelle Ordnung des Lebens, die Fügung ins Zyklische, in das, «was pflichtgemäß wiederkehrt», ist noch nicht die Bürgerlichkeit selbst, sondern deren äußere Bedingung: sozusagen der Rahmen, in dem sich jener Leistungswille erst entfalten kann, dem das Bürgertum alles verdankt, was erinnerungswürdig an ihm ist. Die Antriebe und verborgenen Rechtfertigungsbedürfnisse, denen es entstammt, sind hier nicht zu erörtern, einiges davon ist, wie man weiß, in der Verknüpfung mit dem Protestantismus und der aus dieser Verbindung hervorgegangenen bürgerlichen Tugendlehre begründet. Aber daß das Bürgertum ohne eine tiefe «produktions-

ethische Gesinnung» nicht zu denken ist und seine innerste Selbstgewißheit an einer Leistungsidee von drakonischem Charakter
hängt, die alle Sphären gesellschaftlichen Verhaltens durchdrang,
Arbeitswelt und positive Wissenschaft, Recht und Philosophie,
Kunst und private Lebensgestaltung: das alles ist unbestreitbar.
Von hier aus lassen sich, über mancherlei Zwischenglieder, die
faßbarsten Zusammenhänge herstellen: Bürgerlich ist die Idee
der Konkurrenz, des Exzellierens auf allen Gebieten; bürgerlich
der Wille zum Herausragenden und, daraus hervorspringend, der
Sinn für individuellen Rang, auch für menschliche oder künstlerische Größe, der wiederum aufs engste mit dem zu tun hat, was
man das bürgerliche Genie zur Bewunderung nannte. Und bürgerlich ist schließlich, dies alles zusammenfassend, die Faszination
durch das Einzigartige, auf deren Grund ein schroffes, im Einzelfall oft mitleidloses Bekenntnis zu menschlichen Unterschieden,
sogar zur Ungleichheit greifbar wird. Der Idee nach soll sie aber
den einzelnen nicht fesseln, sondern ihm vielmehr Ansporn und
Möglichkeit geben, das Besondere zu werden. Wir wissen unterdessen, zu welchen Verheerungen das Prinzip geführt hat. Aber es
war und blieb lange die Ausgangsmaxime, ungeachtet der Opfer
an der Strecke.

Das ist der Umriß, der mit dem Bild des bürgerlichen Typus in
allen seinen facettenreichen Varianten erst noch auszufüllen wäre.
Dazu gehörte vorab der Gedanke von der Vervollkommnung des
einzelnen, der einhergeht mit dem stark pädagogischen Zug, der
zu diesem Menschenbild gehört, der ununterdrückbaren Neigung
zu Kritik und Selbstkritik. Dahinter steht die Idee der Verantwortung des Menschen sowie die seiner Befreiung durch sich selbst,
und es macht, um auf die Gegenwart zu kommen, den ganzen
Abstand sichtbar, der uns vom gleichsam klassischen bürgerlichen
Lebensgefühl trennt, daß heute alles Heil von Gruppenbildungen
erwartet und Befreiung durchweg als soziales, nicht dagegen als
individuelles Problem verstanden wird.

Wodurch aber die Befreiung bewirkt wird, ist nach bürgerlichem Verständnis vor allem die Selbsterziehung. An ihrem Ende steht, was das Bürgertum mit einem seiner kanonisierten Begriffe als «Bildung» bezeichnete. Die verbreitete Verachtung, die dem Begriff des «Bildungsbürgers» inzwischen entgegenschlägt, seine Herabwürdigung zu einer Art Pfahlbürger, den Eugen-Roth-Verse beglücken, Dr.-Tigges-Reisen und Sonntagsmatineen mit dem städtischen Tenor vorm Gummibaum, weiß nichts von dem, was ursprünglich damit gemeint war: nicht das jederzeit abrufbare Klassikerzitat oder die Melodie von «O du mein holder Abendstern». Das war die Karikatur. Gemeint war vielmehr die geformte, vom elementaren Hunger nach geistigen Erfahrungen lebenslang geprägte Persönlichkeit. Natürlich ist dieses Bild lange verloren. Aber noch im verdünnten, blassesten Ausdruck, den es im Typus etwa der höheren Tochter oder der ältlichen Besucherin lokaler Dichterlesungen und Quartettabende gefunden hat, kann man einen Widerschein davon entdecken. Auf seinem Grunde stößt man auf jene Leidenschaft für die Teilhabe an der Kultur, aus der nach bürgerlicher Auffassung die Persönlichkeit, das Zusammenleben in geordneter Freiheit und strenggenommen überhaupt erst Kultur werden kann. Historisch gesprochen ist dieses Bedürfnis nach unermüdlicher Selbstformung eine Erscheinung, die allein dem Bürgertum als Klasse zugehört. Der Begriff des «Bildungsromans», der ja nichts anderes als die charakteristische Biographie des bürgerlichen Menschen meint, hält diese Richtung fest. Sie zielte durchweg auf mehr und anderes als das Studienratswissen. «Wo kam die schönste Bildung her, und wenn sie nicht vom Bürger wär'?», liebte Thomas Mann zu zitieren.

Er hat den bürgerlichen Kulturgedanken an dessen eindrucksvollsten Repräsentanten, an Goethe und Richard Wagner, an Schiller, Schopenhauer, Fontane und vielen anderen nachgewiesen; und immer wieder, nicht zuletzt im Spiegel dieser Figurengalerie, an sich selber. Man habe nicht zu Unrecht einen Bürger in ihm gesehen, patriarchalisch-aristokratische Bürgerlichkeit als Lebensgefühl sei sein persönliches Erbe, heißt es einmal, und häufig ist auch versucht worden, Person und Werk des Dichters von diesem Ansatzpunkt her zu interpretieren: als «späten», mitunter sogar «verspäteten», auch als «letzten» Bürger und jedenfalls als bedeutende, die bürgerliche Epoche resümierende und auf hoher Stufe abschließende Erscheinung.

Thomas Mann hat sein Verhältnis zur bürgerlichen Welt, ihren Maximen und Traditionen, «liebevoll und auflösend» oder, mit einem anderen Wort, «ironisch» genannt. Wenn historische Prozesse zwangsläufig in Erstarrung ausgehen, die Impulse, die sie vorwärtstrieben, müde werden und nur in eindrucksvollen Petrefakten noch überdauern, ist Ironie in der Tat die einzigartige Möglichkeit, sich gegen die Last großer Vergangenheiten zu behaupten; das heißt, das Vermächtnis anzunehmen, ohne von ihm erdrückt zu werden.

Die Frage ist aber, ob das, was Thomas Mann «Liebe und Auflösung» genannt hat, nicht gerade das innerste Wesen des Bürgerlichen ausmacht, jenen Kern, der zum Vorschein kommt, wenn man alle die erwähnten Normen, Tugenden, Verhaltensweisen, die es beschreiben, auf ihrem Weg durch die Geschichte verfolgt. Denn hat das Bürgertum nicht immer aus großen Erinnerungen und der Offenheit nach vorn zugleich gelebt? Aus Tradition, Selbstfeier, Lust am Zitat und der gleichzeitigen Bereitschaft zu neuen Herausforderungen im Materiellen wie im Geistigen? Stammt nicht aus jener Janusköpfigkeit zum erheblichen Teil die zähe Dauer des Bürgertums? Und kam nicht schließlich, wie die schönste Bildung, so auch der radikalste Gedanke allein vom Bürger her? Es gibt für dessen erstaunliche Fähigkeit, sich zwischen Vergangenheit und Zukunft lebendig zu behaupten, das eine am anderen zu messen und wechselweise beständig in Frage zu stellen, einen anderen Begriff, den man an dieser Stelle einführen muß, obwohl er unterdessen zum Allerweltsbegriff geworden ist: den

Begriff der «Kritik». Was wir bürgerliche Gesellschaft nennen, ist nicht denkbar ohne deren tiefen Soupçon gegen sich selber, ein Mißtrauen, das seine insistierende Kraft aus dem «Urmythus» vom Verlust der menschlichen Eintracht durch das Aufkommen des Privateigentums zieht und alles dessen, was an gesellschaftlicher Zerrissenheit und Gegnerschaft daraus folgte. Aber macht die Kraft zur Kritik, verbunden mit der Fähigkeit, sich diesem Prinzip auf allen Gebieten, sei es im Reich des Gedankens wie in der Welt der Wirtschaft, im Sozialen wie im Kulturellen zu unterwerfen nicht gerade das Überlebensingenium des Bürgertums aus?

Denn indem es den Konstipationen, wie sie sich in jedem Organismus entwickeln, all den Widersprüchen, Bedrückungen und rumorenden Gegenkräften Austritt verschaffte, sie förderte, institutionell machte und als kritisches Bewußtsein sogar glorifizierte, befreite es sich zugleich davon, warf aber auch entschlossen das Überlebte ab und überantwortete es gegebenenfalls der Pietät. Und während die Gegner des Bürgertums, wie man immer wieder beobachten kann, sich allmählich in ihren Widerspruchspositionen einspannten und verhärteten, hatte es sich längst der jeweils neuen Lage gestellt: es war, rückblickend, durchweg wandlungsfähiger, beweglicher als die Agenten und Beschwörer seiner Untergänge.

Nichts anderes ist der Grund für jene merkwürdige Erscheinung, daß dieses Bürgertum stirbt und immer wieder stirbt – und doch nicht untergeht. Schon bei Heine, Grabbe und anderen Wortführern der frühbürgerlichen Epoche kann man vom nahen Ende der bürgerlichen Welt lesen: die geistreichsten und übermütigsten Grabsprüche. Bald setzen auch die düsteren Albträume einer bis in die Gegenwart reichenden kulturpessimistischen Tradition ein, begleitet und bestärkt durch die emphatischen, vom ehernen Gesetz der Geschichte feierlich legitimierten Überwältigungsprophetien des Sozialismus. Aber die einen wie die anderen sind grau von Geschichte geworden, das Bürgertum hat sie alle überlebt. Nicht einmal Hitler, der große Ruinierer, der alles zugrunde richtete, woran er je gerührt und sich die Zerstörung der bürgerlichen Welt ausdrücklich zum Ziel gesetzt hat, ist mit diesem Vorhaben erfolgreich gewesen.

Dabei ist nichts zu beschönigen. Gewiß hat das Bürgertum vor Hitler versagt und seine überlieferten Maßstäbe wie in einer einzigen großen Erledigung aufgegeben. Es war, als glaubte es selbst nicht mehr daran oder schien, schlimmer noch, in diesem geschworenen Gegner sein Verlangen nach Größe und Einzigartigkeit wiederzuerkennen. Moralisch mag daher sein Versagen besonders schwer wiegen. Aber historisch fiel es nicht stärker ins Gewicht als das der übrigen gesellschaftlichen Gruppen auch: Hitler war das Desaster eines Volkes, am Ende sogar eines Kontinents, doch nicht das einer einzelnen Klasse. Er hat die Gewißheiten aller durcheinandergeworfen, wie wir auch Beispiele moralisch-politischer Unbeirrbarkeit auf der einen wie der anderen Ebene finden. Auch im Bürgertum. Sind nicht, um dies zumindest zu sagen, Thomas Mann selber und die Menge der Emigranten, die seit 1933 ihre unruhigen Wege durch die Schweiz, durch Frankreich und die Vereinigten Staaten führten oder aber, auf wiederum andere Weise, diese vor ziemlich genau vierzig Jahren zerstörte Stadt, deren historische Quartiere, einem Royal-Air-Force-Bericht zufolge, «wie Feuerholz» brannten und die nun wieder als ein beeindruckendes «Trotzdem» dasteht: sind das nicht zugleich auch Belege für die Bewahrung oder Wiedererstehung bürgerlicher Maßstäbe, Energien und Traditionen?

Kurz, die bürgerliche Welt stirbt und lebt; sie lebt, indem sie stirbt. Es ist ihre spezifische Form der Selbstbehauptung, aus Untergängen Überlebenskräfte zu gewinnen und sich am eigenen Grabe Gesundheit zu besorgen. Wenn Thomas Mann von sich behauptete, er habe in seinem ganzen Leben immer nur die eine Geschichte ihres Verfalls erzählt, so wäre er, indem er sie mit jenem «bösen Blick» erzählte, den man ihm attestiert hat, gerade nicht die große Abschlußfigur der bürgerlichen Epoche, sondern einer der Repräsentanten, deren kritischer Begleitung sie ihre Dauer verdankt. Und sein Befund, den er, die allgemeine Zeitstimmung zusammenfassend, in einer Rede aus dem Jahre 1926, hier in dieser Stadt, vorgetragen hat: daß es mit der bürgerlichen Welt zu Ende sei, wäre dann nichts anderes als der Irrtum Hannos und seines naiven Diktums, daß nichts mehr käme. Es kam aber, wie wir wissen, noch vieles: Regenerationsprozesse, Wiederauferstehungen in geistiger wie materieller Kultur, Zeugnisse zwar gebrochener, aber immer neu zurückkehrender Lebendigkeit. Es kam zunächst vor allem der, der diese Niedergangsgeschichte aufgezeichnet, sie literarisch monumentalisiert und überdies die Figur des «Verfalls- prinzen» Hanno geschaffen hat: sein Ebenbild, wie Sie wissen, dessen Erschöpfung er durch bürgerliche Disziplin und bürgerli- ches Leistungsethos in einem beeindruckenden Werk überwunden hat. Das ist womöglich auch die auf die äußerste Spitze getriebene Ironie Thomas Manns gewesen, zu der er sich, vielleicht erheitert, doch sicherlich ohne Zögern bekannt hätte: daß er, der Chronist von Ende und Abschied der bürgerlichen Epoche, in Wahrheit nur ein weiterer Zeuge ihrer fast unerschöpflichen Vitalität und Dauer war.

Gewiß wäre es, von der Gegenwart zu sprechen, irrig zu leug- nen, daß diese Welt sich der wohl ernstesten Krise ihres Bestehens gegenübersieht, die Symptome sind überall wie mit Händen zu greifen. Sie zeigen sich in dem anarchischen Lärm auf den Straßen, einem Unmut, der sich über die unerträgliche Reglementierung des Lebens hinaus gegen alle Ordnungskategorien überhaupt wendet, sowie in einem Extremismus, der die bürgerliche «Idee der Mitte» als eine Form der Unmoral betrachtet. Eine uferlos gewordene, alles und jedes ergreifende Angriffslust offenbart, weil sie weder Sympathie noch Unterscheidungsvermögen kennt, gerade den Verlust jenes kritischen Bewußtseins, das sie für sich reklamiert. Der bürgerliche Individualismus, der immerhin die lebenslange

Anstrengung war, Persönlichkeit und geltende Norm zum Bild des unverwechselbaren Charakters zu vereinigen, hat einem Subjektivismus Platz gemacht, dessen egomane Züge auch vom sozialen Aufputz nicht verdeckt werden, den er zur Schau trägt. Dahinter steht eine Anspruchsgesinnung, die auf alle Begründungen lange verzichtet hat, auf nichts mehr verweist und verweisen kann als auf die eigenen Begehrlichkeiten und daher so unvermittelt in Larmoyanz umschlägt.

Denn wie der Leistungswille verpönt ist und der Erfolg mitsamt dem darauf gegründeten Selbstbewußtsein im sozialen Verruf steht, so gibt es eine sonderbare, auf immer neue Entdeckungen versessene Leidenschaft für den, der in die Brüche geht. Es ist weniger ein Mitgefühl, das darin zum Ausdruck kommt, sondern die Vorliebe für den pechösen Charakter, dessen Unglück sich überdies zur immer wiederholten Anklage gegen «die Gesellschaft» verwenden läßt. Vor diesem Hintergrund hat man, im Literarhistorischen beispielsweise, die Rezeption Kleists und Büchners während der zurückliegenden Jahre zu sehen, als Scheiternde haben sie und ihresgleichen erst das öffentliche Interesse auf sich lenken können, und Hölderlin oder Jakob Michael Reinhold Lenz sind dem gegenwärtigen Bewußtsein näher als Goethe. Erst unlängst haben die Ratlosigkeit und achselzuckende Kälte, mit denen dessen 150. Todestag begangen wurde, jenes Ressentiment wieder zum Vorschein gebracht, das Ungebrochenheit wie einen Makel betrachtet und die Weigerung, sich vom Leben verbiegen oder zerbrechen zu lassen, als eine Form der anstößigsten Asozialität.

Diese richtungslos gewordene, das Bestehende im ganzen verdammende Kritik ist ein weiterer Beleg für die Ermüdung des bürgerlichen Behauptungswillens. Doch mindestens ebenso bemerkenswert ist die ungerührte Laune, mit der das Bürgertum, groß wie es der Zahl nach immer noch ist, auf solche Zerrüttungssymptome reagiert und in diesem Prozeß sogar zur Spitze läuft.

Die verbreitete Neigung, eine bürgerliche Lebenspraxis mit einer antibürgerlichen Rhetorik zu verbinden, die private Existenz an Maßstäben zu orientieren, die man gleichzeitig im Öffentlichen diffamiert, zeigt eine tiefe Unsicherheit an: das verlorene Vermögen, zu sich selbst zu stehen, Gegnerschaften zu ertragen und Kritik nicht nur auszuhalten, sondern sich und was man ist daran zu messen.

Vielleicht hat der trotz alledem zu verzeichnende Fortbestand bürgerlicher Daseinsform am Ende damit zu tun, daß keine andere sich zeigt. Während das frühe Bürgertum die eigenen Wertvorstellungen und Verhaltensnormen im bewußten Widerstand gegen die seigneurale Lebensführung ausbildete und, Punkt um Punkt, Arbeit gegen Müßiggang, Sparsamkeit gegen Verschwendung, Ordnung gegen Laune setzte, hat die Arbeiterklasse, aus mannigfaltigen Gründen, kein bewußt sich abgrenzendes Bild ihrer selbst und folglich keine eigene Kultur entwickelt. Im Grunde hat sie nicht einmal jenen Typus angenommen, den Bürger wie Bertolt Brecht, Anna Seghers, Käthe Kollwitz und andere als eine Art Leitbild des nachbürgerlichen Menschen entworfen haben. Vielmehr haben diejenigen, die dem proletarischen Milieu entwuchsen, durchweg nach Verbürgerlichung gestrebt und die Lebensmaximen der nie anders als sehnsüchtig befehdeten Klasse kurzerhand übernommen. Desgleichen haben sich die kollektivistischen Zusammenschlüsse, wie sie sich vor allem in der Zwischenkriegsepoche unter gegensätzlichen, linken wie rechten, aber vom Widerspruch zur bürgerlichen Welt geeinten Vorzeichen entfalteten, nicht behaupten können; und ähnliches gilt schließlich von den Formen sogenannten alternativen Lebens dieser Tage, die eher die Ausweichbewegungen einer produktiv unlustigen Minderheit und für die Gesellschaft im ganzen gerade keine Alternative sind; denn sie tragen weder dem sozialen Pflichtbewußtein, den Ordnungsansprüchen und unexzentrischen Erwartungen der Mehrheit noch gar der Tatsache Rechnung, daß ihre Anhänger in hohem Maße auf Kosten derer leben, von denen sie sich so hochmütig in ihre biodynamischen Eremitagen absetzen.

Es bleibt die Frage, warum überhaupt von einer halbwegs aufgegebenen, halbwegs verleugneten und im allgemeinen Exitusgerede stehenden Sache noch viel Aufhebens zu machen wäre. Denn unbestreitbar ist ja auch, daß von der Bürgerlichkeit als geistiger Lebensform vor allem die Form im äußerlichsten Sinne fortbesteht, Konventionen, leere Gesten und mechanische Reflexe. Und einzuordnen ist darüber hinaus, daß das verkürzte Bild, das hier entworfen wurde, den idealen Typus nach vorn rückte. Seine strengen Lebensregeln, sein Ethos haben nur für einige Generationen verbindliche Kraft besessen. Es gab die Abgänge zur Seite Hannos hin und, weit stärker noch, die in Richtung auf Diederich Heßling: die Verformung des Bürgers zum Bourgeois mit all den borniertem Zügen, die dazugehören, seiner reaktionären Ängstlichkeit sowie dem bloß noch dekorativen, von keinem Anspruch an sich selbst beunruhigten Behagen in der Kultur. Auftrumpfend, wie er sich zur Erscheinung brachte, hat er die unauffälligere bürgerliche Daseinspraxis mit ihren diskreten Tugenden immer wieder in den Hintergrund gedrängt.

Das ist bis heute so, wofern der Bürger sich nicht selbst verleugnet. Nicht zuletzt deshalb ist es angezeigt, wieder zu sagen, was ein Bürger war und ist; von Maßstäben und leitenden Vorstellungen zu sprechen, die das Bürgertum so groß gemacht haben, daß es nach wie vor ohne Gegenbild ist. Ein Teil der Unsicherheiten und Ängste der Gegenwart rührt zweifellos aus dem Verlust dieser Normen her, die, wie drückend sie auch vielfach empfunden wurden, niemals nur Last, sondern stets auch Halt bedeuteten. «Ich wünschte, ein Bürger zu sein», hat Theodor Mommsen in seinem Testament vermerkt, und damit nicht nur eine Sehnsucht, sondern auch etwas von dem hohen Anspruch zum Ausdruck gebracht, den der Begriff für ihn, allen antibürgerlichen Affekten auch jener Zeit zum Trotz, stets bewahrt hatte. Vielleicht ist der Gedanke nicht aus aller Welt, daß die gegenwärtig so verschreckt wirkenden Bürger sich ihrer Werte wieder bewußt werden und aus dem Schweigen treten. Dann würde auch die Kritik daran, indem sie auf Widerspruch und Behauptungswillen stieße, ihre Funktion zurückgewinnen und, anders als derzeit gegenüber lauter Unbetroffenen, nicht immer nur ins Leere laufen. Möglicherweise entschlüsselte sich damit die subjektive Wahrheit Hannos ein weiteres Mal als objektiver Irrtum über die Zukunft der bürgerlichen Welt, und der Besorgnis wäre einiges genommen, es käme nichts mehr.

IN DER GESPENSTERWELT.
GESCHICHTE UND
GESCHICHTSSCHREIBUNG
IM JAHRHUNDERT DER
KATASTROPHEN

Erinnerung zum schreibenden Umgang mit der Geschichte.
Zur Verleihung der Wilhelm-Leuschner-Medaille

Ich danke für die freundlichen Worte, die zu meiner Arbeit gesagt worden sind. Und ich danke natürlich allen Beteiligten, daß sie meinen Bemühungen durch die Verleihung der Wilhelm-Leuschner-Medaille Anerkennung gezollt haben. Der Namengeber der Auszeichnung hat in mancher meiner Arbeiten die Rolle gespielt, die dem im ganzen so vergessenen oder nicht ganz absichtslos ins Vergessen geratenen deutschen Widerstand gegen Hitler gebührt. Das macht mir die Auszeichnung noch wertvoller.

Es sind, nimmt man alles zusammen, viele Jahre, ein halbes Menschenalter nahezu, in denen ich versucht habe, etwas zu der Auseinandersetzung mit dieser Vergangenheit beizutragen. Denen, die das eine oder andere von mir wissen, ist nicht unbekannt, daß ich mit diesem Gegenstand zunächst nichts im Sinne hatte. Das hing keineswegs mit den Verdrängungsbedürfnissen zusammen, die eine aufs Anklägerische versessene, in ihre Bezichtigungsposen verliebte spätere Generation in solcher Abwehr zu erkennen meinte. Vielmehr haben familiärer Hintergrund und persönliche Erfahrungen zu dem Empfinden beigetragen: Das ist vorüber und soll vorüber sein. Ein hochmütiger Freund sprach damals von einem «Gossen»-Thema, auf das ich mich mit der Hitlerzeit eingelassen hätte, und nicht viel anders sah ich es auch. Verlorene Mühe jedenfalls, das Urteil verstand sich von selbst, und der Gedanke, viele Jahre damit hinzubringen, wäre mir zu jener Zeit höchst fremdartig und geradezu phantastisch erschienen.

Aber allmählich drängte sich die Frage auf, ob die wortlose Verachtung des Gewesenen und dessen Ermöglichung auf eine paradox scheinende, seltsam verwickelte Weise nicht doch zusammenhingen. Auch verstand sich, wie bald herauszuhören war, das moralische Urteil für viele doch nicht so ganz von selbst, wie ich gedacht hatte. Und über die Vorwürfe, denen kein Deutscher, zumal bei Reisen ins Ausland entging, sah jeder sich ins Vergangene hineingezogen. Der eine mehr, der andere weniger. Aller schöne Hochmut half nichts. Was mich betrifft, bedurfte es nur weniger Zufälle, um mich mitten darin zu finden, obwohl ich lange weiß, daß Zufälle, zumindest solche lebensgeschichtlicher Art, nur enthalten, was einem nicht ohne Grund zufällt.

Ich habe mich dann, eine Anzahl essayistischer Arbeiten nicht gerechnet, in vier Büchern mit der Hitlerzeit beschäftigt. Den Anfang machte die Porträtsammlung «Das Gesicht des Dritten Reiches», von der ich damals noch dachte, es handle sich um eine Art notwendiger Pflichtübung und ein Ein-für-Allemal. Aber kaum war es erschienen und nach hier und da übersetzt, trat ein amerikanischer Verlag an mich heran und drängte mich, eine Hitler-Biographie zu schreiben. «Nein! Nicht schon wieder!» wehrte ich ab, die Freunde von damals widmeten sich längst, nach einigen Gelegenheitsarbeiten zur Vergangenheit, ihren Vorlieben, die auch die meinen waren: vor allem der Literatur und politischer Philosophie, aber auch Alter Geschichte, Musik, und wer sich so ausführlich wie ich auf die NS-Jahre einließ, kam sich in ihrer Gegenwart bisweilen wie ein Exilant in einer Gespensterwelt vor.

Als die Hitler-Biographie fünf Jahre später dann doch vorlag, hatte ich noch einmal und womöglich mit größerem Recht das Empfinden, das müsse nun vorüber sein. Und mehr als zehn Jahre lang habe ich daraufhin das Thema wie ein kontaminiertes Terrain gemieden und nicht einmal mehr eine Rezension oder einen Gedenktagartikel zu dem «widrigen Gegenstand» verfaßt, von dem Golo Mann in der Besprechung einer meiner Arbeiten gesprochen hat. Es war nun wirklich abgetan. Aber ein schwer beschreibbares Ungenügen blieb, ein Gefühl des Nicht-zu-Ende-Gebrachten und Unabgeschlossenen. Geraume Zeit wehrte ich jedoch selbst die Erwägung darüber ab.

Es war dann mein im Verlegerischen tätiger Sohn, der mich überredete und schließlich – fast muß ich sagen: nötigte, das Buch über den langen Weg zum 20. Juli zu schreiben. Er wäre kaum zum Ziel gelangt, wenn sich jetzt nicht, im Blick auf die Beschäftigung mit jenen Jahren, das Gefühl des Halbfertigen oder doch Ergänzungsbedürftigen zurückgemeldet hätte. Denn alles Voraufgegangene hatte die Täter in den Mittelpunkt gerückt, ihre Herkünfte, Lebenswege und wie sie in einer Zeit, die aus den Fugen war, nicht selten unglaublicherweise nach oben gelangt waren. Was fehlte, war die Sache der Unterlegenen, causa victa, was immer an Blindheit, Versagen und sogar Schuld ihre Niederlage mitbewirkt haben mochte. Einmal mußte auch von ihnen die Rede sein, zumal sie weithin aus der Erinnerung gefallen sind. Hinzu kam die Überlegung, daß die Beschreibung der jeweils verlorenen Sache womöglich mehr zum Verstehen einer Zeit beiträgt als die Darstellung der wenn auch nur vorübergehend siegreichen.

Das Verstehen der Vergangenheit: Es sind in den zurückliegenden Jahren ganze Bücherberge erschienen zu der Frage, wie 1933 und was dann folgte, möglich war. Aber das Rätsel ist geblieben. Es war auch der Gegenstand zahlreicher Gespräche, die ich mit dem mir befreundeten britischen Historiker Hugh R. Trevor-Roper führte. Lange Zeit hatte er sich mit der Absicht getragen, diesem Rätsel durch eine Biographie Albert Speers auf die Spur zu kommen, seit er in den Vernehmungen, die er unmittelbar nach dem Krieg mit den Führungsfiguren des Reiches durchgeführt hatte, auf Hitlers Architekten und Rüstungsminister gestoßen war. Nicht die Bormann, Goebbels oder Kaltenbrunner lieferten, meinte er, den Schlüssel zum besseren Verständnis des Geschehenen. Den finde man eher in einer so paradoxen Erscheinung wie Albert Speer: dem Mann, den es eigentlich nicht geben konnte, dem «kultivierten Nazi», wie er einmal gesprächsweise sagte, dessen Lebensweg aber gerade deshalb offenbaren mochte, was an Normen, Traditionen und Urteilsvermögen damals alles zusammengebrochen war. Am Ende trug er mir gewissermaßen auf, ihm die Sache abzunehmen.

Die Frage liegt nahe, warum bisher soviel von Vorbehalten die Rede war, von Zufällen und Überredungsmühen. Da wirkte zweifellos die deutsche Bildungstradition nach, die das Politische seit je ausgeklammert hatte. Und obwohl die Generation, der ich angehöre, womöglich als erste diese Versäumnisse und ihre Folgen erkannt hat, waren wir doch so stark davon imprägniert, daß wir nicht ohne Mühe davon loskamen.

Ich bin denn auch halbwegs sicher, daß ich, neben allem Verstehensvorsatz, kaum je an diesen irritierenden Themenkomplex geraten wäre ohne die unterdessen welt- und methodenfremd anmutende Überzeugung vom unveräußerlich literarischen Wesen aller Geschichtsschreibung. Selten ist mir etwas so unmittelbar einleuchtend erschienen wie der Eröffnungssatz aus Friedrich Gundolfs nachgelassenem Fragment über die «Anfänge deutscher Geschichtsschreibung». Er lautet, sehr apodiktisch: «Die Geschichtsschreibung ist ein wesentlicher Teil der Literatur überhaupt.» Und wer eine Art Bestätigung dafür sucht, findet sie im 19. Jahrhundert, in den Jahrzehnten zwischen Heinrich Heine und Theodor Fontane. Da gibt es eine deutsche Literatur fast nur als Geschichtsschreibung, ihr einziger überlieferungstauglicher Bestand: Droysen, Mommsen, Ranke, auch Treitschke oder Jacob Burckhardt. Die Literatur im engeren Sinne hat ihnen nichts annähernd Gleichrangiges entgegenzusetzen, man muß auch dafür nur die Namen aufzählen: Geibel, Spielhagen, Wildenbruch, Heyse. Über weite Strecken hin vermitteln die Werke der bedeutenden Historiker jener Epoche bis heute, was man das Elementarerlebnis des Leseglücks nennen kann: das Staunen über den Erfindungsreichtum im Geschehenen, über die Mannigfaltigkeit der Szenarien und die oftmals bizarre Mischung der Charaktere, auch die Vielfalt dramatischer Zusammenhänge, ihre Verknüpfung, Zuspitzung und glückliche oder tragödienhafte Lösung. Und wie während der Lektüre immer wieder Anschauung in Anteilnahme umschlägt und Anteilnahme in Denken, Empfinden in Erkenntnis, Erlittenes in Erklärtes.

Natürlich ist nichts von alledem in den Ereignissen selbst. Die gewaltigen Stoffhaufen, denen sich der Historiker gegenübersieht, haben von sich aus weder Farbe noch Gewicht und folgen auch keinem heimlich gestaltenden Prinzip. Es ist nur rohe tohuwabohische Masse, die Geschichte hat keine Dramaturgie. Das alles muß erst gleichsam hinzugetan, das Material geordnet, kritisch überprüft und in Form gebracht werden. Zugleich heißt das, daß alle Geschichtsschreibung, die diesen Namen verdient, nicht ohne ein kalkuliertes Maß an durchaus literarischer Eingebung denkbar ist, einem Sinn für Konturen und Verhältnisse, auch für eher handwerkliche Erfordernisse: Also für Anfänge, für die Einführung handelnder Personen, für unmerklich sich entfaltende und ungeduldig zum Konflikt treibende Gegensätze, für Steigerungen, Unausweichlichkeiten und die Verzögerungen, in denen die Dinge den Atem anzuhalten scheinen, ehe sie doch aufeinanderprallen; und für umsichtig gesetzte, das Nachdenken anstoßende Schlüsse. Kurzum, für Literatur.

Was die Historie am Ende von der Literatur unterscheidet, ist lediglich, daß sie ihre Gegenstände und Einsichten nicht aus dem frei Erfundenen, sondern aus dem Vorgefundenen holt und sich beschränkt sieht durch die Abläufe, die Figuren und Bewandtnisse, die aus den Quellen kommen. Aber diese Quellen geben unendlich viel her, die ganze Bilder- und Situationsfülle des Menschheitsstoffs, und selbst wo sie nichts enthalten, keinen Widerstand beispielsweise gegen ein anrückendes Verhängnis, keine Selbstbehauptung, nur Schwäche, Anpassung und Ergebung, kann noch die Reflexion beredt werden, die Enttäuschung und sogar Trauer über das Vermißte. So gut wie alle Historiker, deren Namen das Gedächtnis bewahrt, haben ihr Metier denn auch als Kunst betrachtet, weit näher an der Literatur als an der Wissenschaft. Ranke hat Walter Scott für sein schriftstellerisches Ingenium bewundert, und Marc Bloch, einer der Begründer der bedeutenden sozialgeschichtlichen Schule Frankreichs, hat wieder und wieder davor gewarnt, der Geschichtsschreibung ihren «Anteil an Poesie» zu entziehen.

Die gegenwärtige deutsche Geschichtswissenschaft zumal der sozialgeschichtlichen Richtung hat sich das zu ihrem Unglück nicht gesagt sein lassen; zu unserem auch. Statt dessen pflegt sie das Vorurteil, daß der literarische Anspruch die Wissenschaft ruiniere, und läßt nicht davon ab, computerisierte Datenkolonnen und Zahlenhaufen vor einem Publikum auszuschütten, das sie nicht besitzt. Sie huldigt dem Irrglauben, daß alle historischen und gesellschaftlichen Verhältnisse in Chiffren übersetzbar seien und der Mensch in seinen sozialen Zugehörigkeiten und materiellen Bedürfnissen mehr oder minder aufgehe. Das Klappern dürrer Statistiken, das ihre Arbeiten Seite für Seite geisterhaft erfüllt, die Häufung abstrakter Begriffe oder das Präparieren von Strukturen und anonymen Kollektivkräften stilisiert sich zwar gern zum Ethos entsagungsvoller sprachlicher Nüchternheit. In Wirklichkeit verrät es aber nichts anderes als einen Mangel an humaner Neugier.

Bezeichnenderweise wird von ihren Wortführern auch alle erzählende Geschichtsdarstellung schon aus methodischem Grund verworfen und, wie ich einmal irgendwo las, als historisierende «Laubsägearbeit» abgetan. Aber täuscht der Eindruck, daß die vielbeklagte Entfremdung zwischen Geschichtswissenschaft und Öffentlichkeit mit der Sprachlosigkeit der Historiker zu tun hat? Sicherlich kann eine moderne Darstellung geschichtlicher Vorgänge auf Zahlenwerke, quantifizierende Erhebungen, Kräftediagramme und anderes mehr schwerlich verzichten. Aber das alles gehört sozusagen zum Vorbereitungsdienst, der geleistet werden muß. Dann erst kommt der Historiker zu Wort, und da muß sich erweisen, ob er besitzt, was ihn einzig zum Historiker macht: souveräne Beherrschung des Stoffs, Wahrnehmungswille, Einfühlung bei gleichzeitiger Distanz, Inspiration und Urteilskraft. Mitunter denke ich, das seit einigen Jahren ausgebrochene Denkmalsfieber, das den ohnehin vorhandenen rund 1500 Erinnerungsstätten an die Schrecken der Hitlerjahre immer noch eine weitere hinzufügen möchte, habe auch mit dem Bedürfnis zu tun, ein sichtbares Zeichen zu setzen, seit die großen, in die Breite wirkenden Darstellungen jener Jahre sowohl von seiten der Historiker als auch von den Schriftstellern ausgeblieben sind. Als werde man sich resignierend bewußt, daß der Gedanke wie das Schreiben überhaupt an die Unfaßlichkeiten des Geschehenen nicht heranreiche.

Das ist aber nicht so. Jedenfalls nicht, solange man in Betrachtung einer Zeit den Menschen nicht aus dem Blick verliert. Die neuere Tendenz, die Erforschung der Geschichte als eine Art Mengenlehre zu betreiben, hat ihn unseligerweise ins Abseits gestellt und Strukturen, Gruppen oder anonyme Schubkräfte in den Mittelpunkt gerückt. Mit dem einzelnen hat sie zugleich dessen Freiheit abgeschafft, die Entscheidungsspielräume, die ihm in aller Beengung bleiben, den Unterschied zwischen Bewährung und Versagen in kritischen Lagen. Statt dessen herrscht in diesen Arbeiten eine deterministische Luft, die dem alten Schicksalsbegriff auf fatale Weise nahekommt. Es gibt eine Episode aus der Geschichte des 20. Juli 1944, die das Gewicht eines einzelnen, den Riesenabstand zwischen Stärke und Schwachheit, auf unvergeßliche Weise zur Anschauung bringt. Als der Oberst von Gersdorff den schwankenden Feldmarschall von Kluge, der geraume Zeit lang die Pläne der Offiziersfronde wohlwollend begleitet hatte, ein letztes Mal zum Mittun, das heißt zur kampflosen Öffnung der Westfront überreden wollte und auf immer neue Einwände stieß, auf Worte wie Eid, Gehorsam, Pflicht und daß er das alles nicht verraten könne, warf der Oberst schließlich ein, vor dem Dilemma, als Verräter oder Retter dazustehen, habe in der Geschichte jeder große Mann gestanden. Nach kurzem Zögern bekam er daraufhin zur Antwort: «Gersdorff, der Feldmarschall von Kluge ist kein großer Mann.»

Groß oder nicht – aber doch einer, von dessen persönlichem Mut und dessen Entschlußfähigkeit in diesem Augenblick der Weitergang der Dinge abhing. In vergleichbare Situationen geriet zu jener Zeit fast jeder jeden Tag, die Ebene tut nichts zur Sache. Wer die berichtende Wiedergabe solcher Vorgänge für belanglos hält, bloß anekdotisches Beiwerk, nimmt der Geschichte nicht nur alles, was sie an Dramatik enthält, an Widersprüchlichkeit, Überraschung und oftmals grandioser Konfusion. Vielmehr vertreibt er den Menschen überhaupt daraus, und vielleicht ist das der Grund dafür, daß der gesellschaftlich so schwer definierbare deutsche Widerstand, der eine Geschichte von einzelnen oder genauer: Vereinzelten und sogar Einsamen ist, in den vergangenen fünfzig Jahren so gut wie keine zureichende Würdigung durch die historische Wissenschaft erfahren hat. Freiheit ist ein pathetischer Begriff, Entscheidung auch. Aber weil sich Millionen fortwährend entscheiden, nach ihren Hoffnungen, Wünschen oder Launen, nach ihrem vermeintlichen Interesse und mitunter sogar dagegen, kann die Geschichte keine Wissenschaft im genauen Wortsinn sein. Denn die Wissenschaft operiert durchweg mit Regeln und entwickelt aus dem Prinzip der Wiederholung bestimmte Gesetzmäßigkeiten. Das eben war und ist der Ehrgeiz der Sozialhistoriker, eine Art heimlicher Traum: die Geschichte vorhersehbar zu machen. Dem entzieht sie sich jedoch Mal um Mal. Sie bleibt unberechenbar. Das hat zuletzt der von niemandem und jedenfalls am wenigsten von der Wissenschaft vorausgeahnte Epochenbruch an der Wende der neunziger Jahre offenbart. Viele empfanden die dramatischen Ereignisse jener Monate als üblen Streich, den sich ihr Hätschelkind Geschichte erlaubt hatte, als sie gegen alle Gewißheit der gemeinen Wirklichkeit zum Triumph über die Theorie verhalf.

Seither ist auch die große Sinnmaschine ins Stottern geraten, die lange Zeit den historischen Stoff in sich hineinschlang, hin und her wendete, sortierte und mit einer Zielmarke versehen wieder auswarf. Nicht einmal eine ungefähre Richtung des Geschichtsprozesses wissen ihre gestern noch so selbstbewußten Maschinisten unterdessen anzugeben. Kein Welterklärungssystem, kein historisches Gesetz und keine kritische Theorie spenden künftig den Trost, für den sie einst angeschafft wurden. Auch das gehört zu den bislang kaum wahrgenommenen Folgen der Ereignisse von 1989/90.

Eines Tages wird man sich dessen bewußt werden, erste Anzeichen deuten darauf hin. Vielleicht kehrt dann auch die Geschichtsschreibung in ihr Reich zurück: weg von dem trügerischen Glauben an irgendeinen verborgenen, aber den Kundigen entschlüsselbaren Sinn, weg von den pseudotheologischen Aufpfropfungen, die sie denaturiert haben, auch von ihrer Menschenferne in der einen und anderen Weise. Und womöglich würde sie dann wieder zu dem, was sie war und dem Wesen nach ist: die Spiegelung eines nie zur Ruhe kommenden Umwälzens, verwirrender Bildermengen, ständiger Spasmen und Entladungen, alles ziellos und nur in Form gebracht von Geist und Hand der Historiker. Die Kompensationen, die das Studium ihrer Begebenheiten gewährt, bestehen in nichts anderem als der elementaren Lust an der Vergegenwärtigung sei es einer Zeit- und Lebensstimmung, sei es der Verkettung von Vernunft und Verhängnis, von Aufstieg und Niedergang und wie die Menschen zurückliegender Epochen, nicht anders als wir selber mitten in die Turbulenzen hineingesetzt, damit zurechtkamen.

Etwas wie Sinn oder Vorsehbarkeit wird man in den historischen Vorgängen nicht finden, es sei denn, man hätte das eine oder andere zuvor hineingelegt. Aber eine Menge von Belehrendem über das Große und das Kleine, über Vernunft, Tapferkeit und Versagen, das Richtige und das Falsche – alles einfache Begriffe, wie schwierig sie uns in Entscheidungslagen auch vorkommen mögen. Die Katastrophen des zu Ende gehenden Jahrhunderts hatten immer auch mit verbreiteten Orientierungsnöten zu tun: mit utopischen Heilsauskünften, stolzen Konstruktionen über den Weitergang der Welt, ideologischen Rezepten widersprüchlichster Art, und wer vom Wiederholungsschrecken geprägt ist, wird da anzusetzen haben. Die Geschichtsschreibung, heißt das, muß zum Menschen zurück. Das wird manchem wie eine Empfehlung erscheinen, einen erlangten Erkenntnisstand aufzugeben. Tatsächlich sieht es aus, als sei es wenig. Es ist aber viel – oder jedenfalls alles, was beim Blick aufs Vergangene aus dem denkenden Darstellen und dem denkenden Lesen kommen kann.

Die verlorene Kunst –
Geschichtsschreibung als Wissenschaft und Literatur.
Eine Betrachtung über Herbert Lüthy

Wer das 20. Jahrhundert mit halbwegs wachen Sinnen durchlebt hat, fühlt sich noch im Rückblick mitunter wie erdrückt vom Übermaß erfahrener, oftmals erduldeter Geschichte. Drei große Kriege, die den einen Teil der Welt gegen den jeweils anderen führten, haben sich der Erinnerung tief eingebrannt. Und daneben gab es die ungezählten herkömmlichen Konflikte sowohl zwischen einzelnen Nationen als auch in deren Innerem bei blutigen Machtkämpfen, der Errichtung oder Behauptung von Gewaltregimen sowie bei deren Sturz.

Erstaunlicherweise ist die Erkenntnis dessen, was da die Welt aufgerührt und unser aller Leben bestimmt hat, eher gering, jede Umfrage unter Studenten (in Deutschland jedenfalls) fördert erschreckende Ahnungslosigkeiten zutage. Im ganzen geht die Erinnerung über die öden Rituale pflichtgemäß abgeleisteter Kalenderdaten oder die Errichtung von Gedenkstätten kaum hinaus. Dabei birgt ein solches Katastrophenjahrhundert eine überbordende Zahl von Fragen, von Charakterbildern oder Zusammenhängen, die Aufschluß darüber vermitteln könnten, wie alles kam und wo wir stehen.

Die Beispiele sind ungezählt. So wissen wir viel über die Opfer, und sich ihrer zu erinnern gehört zur Schuldigkeit eines jeden. Aber das 20. Jahrhundert war auch das Zeitalter kalter Exekutoren, deren mörderisches Tun die Schauhäuser füllte. Was wissen wir über sie? Und was über die akklamierenden Millionen, die Mit- oder Nachläufer, und welche Maßstäbe sie abtun mußten, um bedenkenlos dabeizusein? Ist diese Kenntnis nicht ebenso bedeutsam? Die Intellektuellen, die sich noch ein oder zwei Generationen zuvor zur höchsten moralischen Instanz der Menschheit ausgerufen hatten, haben sich in den Terrorismen der Epoche auf eine Weise ins Bild gedrängt, die jeden humanen Anspruch zuschanden machte. Wer zählt die Federn, kennt die Namen von Sidney Webb bis zu Ilja Ehrenburg, von Martin Heidegger bis zu Jean-Paul Sartre, von Heinrich Mann bis zu all den weiteren Mandarinen, die jede Niedertracht legitimierten, sofern sie nur, wie notdürftig auch immer, ideologisch verbrämt war. Als Ende der achtziger, Anfang der neunziger Jahre das sowjetische Machtsystem klanglos in sich zusammenfiel, wurde das «Ende der Geschichte» ausgerufen und sogleich vielstimmig erörtert. Mitunter habe ich mich gefragt, ob die Formel nicht einen Seufzer der Erleichterung enthielt. Darüber, daß es ein Ende habe mit der Übermacht der Geschichte. Und darüber, daß die Geschichtsschreibung dem Unmaß an Geschehenem ohnehin nicht mehr gewachsen sei.

Das mag so sein. Aber das Ende der Geschichtsschreibung hat darüber hinaus eine Vielzahl von Ursachen, und ich will, mit allem Mut zur Vereinfachung, zwei Auffälligkeiten nennen. Die eine besteht in der Verbannung des Menschen aus dem Geschehensverlauf, die vor allem auf die zeitgenössische Vorherrschaft der Sozial- und Strukturgeschichte zurückgeht. Darin tritt der Mensch lediglich als «kliometrische» Größe auf, wie der inzwischen geläufige Begriff dafür lautet, oder allenfalls als Agent der Zeittendenz, die sich mit Vorliebe in die Toga des Weltgeistes kleidet. Ich will die mancherlei Gründe für diesen Ansatz keineswegs in Frage stellen, aber der Königsweg zur historischen Erkenntnis ist er nicht. Er hat die Unvorhersehbarkeit der Verläufe nicht nur zur bloßen Rechenaufgabe verkleinert, sondern auch alle interpretatorische Neugier außer Kraft gesetzt. Ein nahezu neunzig Jahre alter Berliner Arzt, dessen bevorzugtes Interessengebiet die Geschichte war und der das wirre Auf und Ab ihrer Bewegungen lebenslang mit wacher Belehrtheit verfolgt hat, sagte mir unlängst nach der Lektüre eines der mehrbändigen sozialhistorischen Werke, die derzeit von sich reden machen, er habe die mehreren tausend Seiten mit großer Aufmerksamkeit gelesen, aber über sich und die Zeit, in der er gelebt habe, kaum etwas erfahren. Der Autor wisse zweifellos viel von der Geschichte, doch wenig von den Menschen, die hinter seinen großen Abstraktionen lebten.

Das ist die eine Schwäche der gegenwärtigen Geschichtsschreibung. Die andere, vornehmlich durch die Massenmedien hochgebracht, ist die Neigung, alle historischen Ereignisse unter vereinfachend moralischem Aspekt zu betrachten: hier Gut, da Böse. Aber selbst wo dieser Gegensatz der Wahrheit nahekommt, bringt er die Erkenntnis kaum weiter. Es gibt ein altes, dem bürgerlichen Lebenskanon entstammendes Wort, das ich seit frühen Tagen nicht vergessen habe. Es lautet, daß sich die Moral im Grunde von selbst versteht. Daß man Menschen nicht nach Gutdünken einsperren, foltern oder in Lagern festhalten, auch nicht durch besondere Kommandos, durch Arbeit, Gas oder was immer vernichten dürfe, bedarf keiner moralischen Begründung. Die eigentlich historische Frage verlangt andere Antworten. Beispielsweise, warum so viele korrekte, im Privaten integre und sogar biedersinnige Menschen Hitler trotz aller sichtlich niederen oder sogar gangsterhaften Züge gewählt und bejubelt haben. Warum sie mitunter selbst das Mordgeschäft betrieben haben. Oder, um ein Beispiel aus der gegensätzlichen, aber totalitär verbrüderten Welt anzuführen, warum man im GULAG so viele Lagerinsassen beim Tod Stalins weinen sah. So überaus verbreitet, denke ich manchmal, ist der moralische Blick auf die Geschichte vor allem deshalb, weil er den Nachgeborenen Gelegenheit bietet, eine gute Figur zu machen.

Ich habe bei alledem, wie den Kennern gewiß nicht entgangen sein wird, keinen anderen als Herbert Lüthy variiert. Es waren durchweg, mit den Blickveränderungen, die die Zeit gebietet, ihm nahe Gedanken, die ich abgewandelt habe. Eine Vielzahl der dankenswerterweise jetzt gesammelt vorliegenden Aufsätze und

Abhandlungen beginnt dem Sinne nach mit den Worten, es sei endlich an der Zeit, die alten Vereinfachungen aufzugeben. Stattdessen müsse man mit neuen Augen auf die Welt sehen. Die Geschichte bestehe so gut wie nie aus scharf markierten Trennlinien von Schwarz und Weiß. Ihre Farbe sei fast stets eine Folge abgestufter Grautöne. Vom Historiker verlange sie als eine der ersten Tugenden das Unterscheidungsvermögen.

Diese Überlegung, die für Herbert Lüthy etwas mit dem Ethos der geschichtlichen Betrachtung zu tun hatte, wendete er auf die ferne wie auf die nahe Vergangenheit an, auf ihm fremde Charaktere oder Positionen und auf manche von hoher Verehrung diktierte Porträts, die er verfaßt hat, ebenfalls. Als der Skeptiker, der er im Grunde seines Wesens war, erlaubte er sich keine Kopflosigkeit, und der Zweifel durfte nie beschwichtigt, sondern mußte stets wachgehalten werden. Selbst in seinen Kommentaren zum Tage schlägt dieses Prinzip durch, sogar das erbittert bekämpfte Gegenbild der kommunistischen Welt, dessen zeitweilig drohenden Sieg er als das Ende jeder menschenwürdigen Lebensform ansah, konnte gelegentlich Nutzen daraus ziehen. In dem Essay «Nach dem Kalten Krieg» von 1962 heißt es nicht ganz unvoreilig: Man dürfe sich im Blick auf das totalitäre Lager nicht mehr mit dem Orwellschen Bild einer vollständig entmenschlichten Welt zufriedengeben. Nicht mit einer Welt von Robotern, Gehirnwäschen und Pawlowschen Reflexen, deren mechanischer Optimismus uns schaudern machte. «1984 liegt fürs erste hinter uns.» Aus dem Gesamttext geht zwar hervor, daß Herbert Lüthy am Widerspruch zur tyrannischen Welt des Ostens festhielt. Aber das Bild, das lange gegolten habe, stelle sich zumindest in neuen Farben dar, meinte er, und kein Beobachter sei ermächtigt, sich blind dazuzustellen.

Die frühe Kenntnis Herbert Lüthys verdanke ich dem «Monat», der zeit seines Bestehens eine Zeitschrift wie keine andere war und – worüber sich eine Berliner Freundesrunde der fünfziger und sechziger Jahre durchweg einig war – das journalistische Bildungserlebnis unserer Generation. Aus der Versammlung einzigartiger Köpfe, die der Gründer der Zeitschrift, Melvin J. Lasky, zusammenbrachte, ragte, neben wenigen anderen, Herbert Lüthy unbestritten hervor. Einer meiner damaligen Kollegen hat jedes neue Heft geradezu süchtig nach dessen Kommentaren durchgeblättert. Herbert Lüthy war einer der Wortführer jener Zeit, die heute als «Kalter Krieg» in einigem Verruf steht. Als der tonangebende Journalist, der er war, wußte er sich aber freizuhalten von allem Starrsinn. Er war immer zur Nachdenklichkeit anregend und warf mit Vorliebe die Fragen auf, die im Kampfeseifer häufig vertuscht oder gar verschwiegen wurden. Dem Zeitgeist, der stets ungezählte Proselyten macht, hat er sich unnachsichtig verweigert, und ich habe, wann immer die Rede auf ihn kam, Herbert Lüthys Unabhängigkeit von den Kohorten der Mode als sein womöglich wichtigstes Verdienst angesehen. Er war, habe ich einmal zu jener Zeit geschrieben, zu sehr er selbst, um anderen hinterherzulaufen. Und zu gern war er es auch.

Vielleicht war er kein Universalhistoriker, wie die einen ihm nachrühmen und die anderen bestreiten. Aber er sah, worauf immer er sein Augenmerk richtete, die Zusammenhänge, die Fäden und Verbindungsstränge, die alles mit allem unter der oftmals platten Oberfläche verbinden. Die Breite seiner Interessen macht die vorliegende Werkausgabe auf eine selbst mich überraschende Weise sichtbar mitsamt der kompetenten Sorgfalt, die er jedem Gegenstand gewährt – ob es um eine Buchbesprechung, einen kritischen Einwurf oder eine anspruchsvolle Abhandlung geht. Viele seiner Stücke sind Deutschland und Frankreich gewidmet, dem Europa, das sich ohne die überfällige Aussöhnung der traditionellen Feindnationen und angesichts der wahrnehmbaren Zukunftsgefahren nicht behaupten werde. Ein anderes Vorzugsthema Herbert Lüthys war die Kolonisation, auch religionssoziologische Gegenstände sind mehrfach vertreten sowie Historisches im zeitgeschichtlichen Sinne: Hitler und die Stalinherrschaft, die politischen Prozesse im Moskauer Machtbereich und dann Stufe um Stufe bis zu den beiden ungemein dechiffrierenden Porträts über Bertolt Brecht. Den «armen Bertolt Brecht», wie es in dem zweiten Stück heißt, der nach zynischem, aus Hohn und Schmalzigkeit ingeniös gemischtem Beginn, zur Parodie seiner selbst wurde.

Hinter jedem dieser oft mehrfach behandelten Themenkomplexe steht spürbar die Sorge um die Gefährdungen der verletzlichsten politischen Ordnung überhaupt, der Demokratie. Sie könne jederzeit, meinte Herbert Lüthy, durch äußere Bedrängnisse oder die Gleichgültigkeit im Innern abstürzen. Einer dieser warnenden Aufsätze vor allzuviel westlicher Gutgläubigkeit beginnt als Bericht über ein Schachturnier, führt dann zahlreiche Beispiele zunehmender Arglosigkeit auf und vermittelt zugleich einen Eindruck von der metaphorischen Brillanz des Autors. Er endet mit den Worten: «Es ist kein Schaden, wenn die Welt wieder etwas komplizierter wird als in all diesen letzten Jahren, in denen es so leicht war zu wissen, wo Gut und Böse daheim sind. Es ist eine Lust zu sehen, wie immer mehr und allerorten die Schafe mit den Wölfen weiden. Doch solange nicht feststeht, daß wirklich das Goldene Zeitalter angebrochen ist, tun es die Schafe auf ihre eigene Gefahr. Und an die Intelligenz der Schafe stellt das neue Spiel besorgniserregend hohe Anforderungen.»

Es gibt darüber hinaus zahlreiche weitere, geradezu aphoristisch pointierte Einsichten, auf die man bei jedem flüchtigen Blättern in der Werkausgabe wieder und wieder stößt. So heißt es einmal über die Zwischenkriegsjahre, die von vielen als eine kontinentale Idylle einzig mit dem Störenfried Hitler betrachtet werden, es habe «nicht an Schlangen (in diesem) Paradies (gefehlt)». Oder an anderer Stelle, unter Hinweis auf die im orthodoxen Machtbereich des Ostens verbreitete Neigung, jedes Gegenargument als feindseligen Akt aufzufassen, man könne auch unter Anrufung der Kirchenväter lügen, und schließlich noch im Anschluß an eine Reise in die damals ehemalige deutsche Hauptstadt, die den Besucher zu mancherlei pessimistischen Erwägungen verleitete: «Berlin war immer auf Sand gebaut.»

Alle diese, hier kurz aufgerufenen Vorzüge der Lüthyschen Betrachtungsweise zusammengenommen, haben auf meine schreibende Tätigkeit einen nicht unerheblichen Einfluß gehabt. Ich denke, ich sollte aus dem Anlaß, der uns zusammengeführt hat, einige wenige Bemerkungen dazu vortragen, die ich gesprächsweise bereits hier und da, wenn auch nie vor so großem Publikum mitgeteilt habe.

Am Anfang stand natürlich, neben der imponierenden Breite der Themen und der Perspektiven Herbert Lüthys, was man den festen Boden jeder geschichtlichen Annäherung nennen könnte. Am stärksten hat mich von frühauf die in seinen Arbeiten stets beispielhaft vorgeführte Zurückweisung aller Theorie-Systeme beeindruckt, die den Betrachter so unschwer daran hindern, gleichsam ins Herz der Dinge zu gelangen. Von hohem Einfluß war auch das Gebot der Überparteilichkeit, weil sich, wie es einmal heißt, der Historiker keine Hohepriesterrolle anmaßen dürfe; und an anderer Stelle, daß man ohne das lebhafteste Interesse an der Gegenwart kein Historiker sei, sondern ein Antiquar.

Darüber hinaus zählt das Bewußtsein von der Gefährlichkeit aller Geschichte zu den Grundätzen, die ich Herbert Lüthy verdanke, und ich erinnere mich, wie ich schon früh auf einen Hinweis von Paul Valéry stieß, wonach die Geschichte das explosivste, vom menschlichen Gehirn je erzeugte Gebräu sei. Zuerst und zuletzt gewann ich damals die Erkenntnis, daß am Beginn jeder ernsthaften Beschäftigung mit der Vergangenheit das stehen muß, was Theodor Mommsen die «Kärrnerarbeit» der Materialaufbereitung genannt hat. Wer sie nicht abgeleistet habe, heißt es bei Herbert Lüthy, tauge niemals zum Historiker, er selber hat sich ihr bei der Niederschrift seiner zweibändigen Habilitationsschrift über die «Banque protestante en France» unterworfen. Denn so lautete alles zusammengenommen das Prinzip: «Die Pforte der Gerechtigkeit», die zu durchqueren das ehrgeizigste Ziel des Historikers sein muß, «verlangt das genaueste Studium.»

Zu den Regeln und Grundsätzen der Historiographie, die mir Herbert Lüthy vermittelte, kam die persönliche Begegnung Anfang der fünfziger Jahre hinzu. Das war, wenn meine Erinnerung mich nicht täuscht, bei einer der Zusammenkünfte des Kongresses für kulturelle Freiheit. Ich kann nicht mehr exakt sagen, wer alles dabei war, aber ich meine, Arthur Koestler sei dagewesen, Nicholas Nabokov sowie Isaiah Berlin. Und natürlich Herbert Lüthy. François Bondy, den ich kurz zuvor kennengelernt hatte, stellte mich ihm mit der Bemerkung vor, hier sei ein Mann, der (wie ich auch) zwischen Journalismus und Wissenschaft schwanke, doch Lüthy entgegnete lächelnd, er schwanke nicht, sondern sei einfach und mit Lust auf beiden Feldern tätig. Was mir den stärksten Eindruck machte, war seine hochgespannte Art des Zuhörens, und ich habe ihn später, in der bereits erwähnten Würdigung, ein rezeptives Ausnahmetalent genannt. Wer je verfolgt hat, wie er im Gespräch mit stillen Augen und aufs äußerste konzentriert zuhörte und was er aus den unscheinbarsten Wahrnehmungen machte, weiß, was gemeint ist. Auch unser letztes Gespräch während der achtziger Jahre, hier in der «Kronenhalle», begann er mit der resigniert klingenden Bemerkung, daß von ihm nicht viel zu erfahren sei, doch höre er gern, was ich aus der Welt zu berichten hätte. Ich muß gestehen, daß mich dergleichen Aufforderungen meist in Verlegenheit versetzen. Nicht so jedoch in diesem Fall. Ich schrieb es seiner seltsam suggestiven Art des Zuhörens zu, daß der Abend überaus belebend verlaufen ist – vielleicht, wie ich später mutmaßte, auch für ihn.

Die Verbindung von Wissenschaft und Publizistik kam am anschaulichsten in der literarischen Form zum Ausdruck, die seiner Doppelbegabung von Genauigkeit und Gedankenreichtum entgegenkam: der Essayistik. Sie bildet nicht nur die umfangreichste

Abteilung der Werkausgabe, sondern enthält auch wahre Meisterstücke. Zu denken wäre an seine Huldigung für die «Essais» von Michel de Montaigne, den er zu einem erheblichen Teil in ein zeitgerechtes Deutsch übersetzt hat; an die verschiedenen Arbeiten über Europa, über Nordafrika oder Jean-Paul Sartre und anderes mehr. Ein gesondertes Kapitel bedeuten die von dem gerade Zwanzigjährigen für das «St. Galler Tagblatt» verfaßten Betrachtungen zum Kriegsverlauf, die von verblüffenden Kenntnissen und Einsichten zeugen. Schon als Gymnasiast hatte sich Herbert Lüthy regelmäßig, was ich bis heute nicht ohne Erstaunen vermerke, den «Völkischen Beobachter» gekauft, die offizielle Tageszeitung der Hitlerpartei. Die zahlreichen Erkenntnisse, die er aus dieser frühen Beschäftigung mit dem Gegenstand gewann, gingen dann in den zwar nur als Buchbesprechung ausgegebenen, aber weit darüber hinaus zielenden, noch vom Entsetzen nachhallenden Essay «Der Führer persönlich» ein.

Ich möchte und muß noch einmal auf Persönliches kommen, denn dieses magistrale Stück hat für meine Hitlerbiographie eine Rolle gespielt. Mir erging es bald nach dem Krieg nicht viel anders als den meisten Angehörigen meiner Generation: das Dritte Reich mit dem Nazispuk war zu Ende, buchstäblich zur Hölle gefahren, wo es seit je hingehört hatte, und seiner sollte, wie es im Gedicht heißt, länger nicht gedacht werden. Mein Vater sprach sogar, als ich in jungen Jahren mit ein paar ersten Einlassungen dazu aufgefallen war, von einem «Gossenthema», das ich besser links oder rechts liegenließe. Jedenfalls dürfe man Hitler und seine Spießgesellen durch stilistische Kunst keinesfalls zur Würde eines historischen Gegenstandes hinaufschreiben.

Aber irgendwann erkannte ich dann, daß die Auseinandersetzung mit dem Hitlerregime keinem Zeitgenossen erspart bleibt, und allmählich begann diese Einsicht die Mahnung meines Vaters in Frage zu stellen. Als Mitte der sechziger Jahre ein großer amerikanischer Verlag mit dem Ansinnen an mich herantrat, eine umfassende Hitlerbiographie zu schreiben, führte ich mancherlei Vorbehalte ins Feld. Stets gibt es eine Vielzahl von Gründen, die einen dazu bringen, ein Vorhaben dieser Größenordnung anzunehmen oder abzulehnen. Immerhin veranlaßte mich die Anfrage, das Thema noch einmal genauer in Augenschein zu nehmen. Am Ende waren die Einwände stärker, und ich sagte ab, zumal eine Zusage einen tiefgreifenden Wechsel bedeutet hätte: die Aufgabe meines Berufs, den Schritt auf ein unerprobtes schriftstellerisches Gelände, wirtschaftliche Unsicherheit und anderes mehr. Da fiel mir durch einen Zufall eine Rede des britischen Historikers Hugh Trevor-Roper in die Hände, die mich lehrte, daß die halbwegs definitive Hitlerbiographie, trotz Alan Bullocks bedeutendem Werk, noch nicht geschrieben sei; und dann geriet ich noch einmal an Herbert Lüthys schon erwähnten Essay «Der Führer persönlich», und beides warf, zusammen mit einigen anderen Motiven, meine Vorbehalte um.

Ich habe mitunter Zweifel gehabt, ob es sich so in der Abfolge verhielt. Denn das Gedächtnis ist ein großer Künstler. Aber zutreffend bleibt, daß mich die Fragestellungen, die Herbert Lüthy dem Stoff abgewonnen hatte, sowie die einfallsreichen Formulierungen, die er bei aller Abstoßung durch den Gegenstand fand, ungemein beschäftigt haben. Und mit anderem zusammen hat er manche der Sperren und Hemmnisse beseitigt, die einen Deutschen meines Jahrgangs und meiner Herkunft behinderten. Gleich die appellativen Eröffnungssätze hatten eine eigene Verführungsmacht: ob es unterdessen, acht Jahre nach dem Tod Hitlers, möglich sei, ganz im Sinne der ehrwürdigen Regel, «ohne Zorn und Eifer» über ihn zu schreiben; ob es nicht endlich geboten und möglich sei, die Hitlersche Physiognomie dem Feld der Klatsch- und Enthüllungsliteratur zu entwinden. Dann folgte über Seiten hin eine Art Kurzporträt, und nahezu jeder Satz warf eine Frage auf, die dem Biographen eine Antwort abverlangt. Einen Passus daraus will ich Ihnen vortragen:

«Es ist nichts persönlich Nachteiliges über Hitler zu berichten», schreibt Herbert Lüthy, «und auch nichts persönlich Bedeutendes. Es gibt keine einzige wirkliche Hitler-Anekdote, keine authentische und nicht einmal eine falsche: es ist kein Lächeln, kein Funken Humor, keine menschliche Gelöstheit an ihm auch nur denkbar. Er sprach in Klischees und ‹ewigen Wahrheiten› … immer allein, immer in Pose gesetzt, vor Zuhörern, nie mit Gesprächspartnern. Die Person bleibt hoffnungslos flach und leer; der Mann, der einer Epoche sein Gesicht aufprägte, hatte selbst kein Gesicht: eine aus Schnurrbärtchen und Stirnlocke zusammengeklebte Maske, die er hinter seinen Händen verbarg, wenn er je lachte, weil sie dann aus der krampfhaft gewahrten Pose wilder Energie fiel. Der arme Teufel aus Leonding, der … ohne Heimat (war), ohne Familie, berufslos und bald auch staatenlos, ohne Frau, Geliebte, Freund, ohne Kameradschaft sogar im Schützengraben des Ersten Weltkriegs, ohne menschlichen Kontakt überhaupt, ist schließlich hochgekommen – hochgekommen in der Politik, dem idealen Beruf der Berufslosen … Das Problem, mit dem Hitlers Biographen ringen, ist die Schwierigkeit, die katastrophale Größe der Ereignisse und die ordinäre Gewöhnlichkeit des Individuums, das sie in Bewegung setzte, zusammenzureimen und die Identifizierung einer großen und zivilisierten Nation mit einem geistig und moralisch Zurückgebliebenen wenn nicht zu erklären, so doch einigermaßen begreiflich zu machen.»

So ließe sich Seite für Seite zitieren. Denn diese Passagen besitzen noch nach den fünfzig inzwischen vergangenen Jahren eine demaskierende Treffsicherheit. Zugleich machen sie aber auch handgreiflicher als andere Arbeiten des Autors die Erregung spürbar, die jeden schärferen Beobachter jenes Herrschaftssystems erfüllte. Herbert Lüthy konnte nicht selten mit polemischem Grimm formulieren, auch wenn er seinen Abscheu meist ironisch verfeinerte. Und weil diese Abschnitte für eine ganze Textgruppe so bezeichnend sind, erlauben Sie mir noch einen weiteren, wenn auch um einige Sätze gekürzten Abschnitt aus dem erwähnten Essay zu zitieren:

«Das Fluidum krankhaft erotischen Hasses strömte beim Redner Hitler mit den dunklen Wortsymbolen von ‹Schmach›, ‹Blut›, ‹Schande› und anderem auf das Publikum über und verwandelte es in eine der Sinne beraubte Masse. Am Anfang des Dritten Reiches stand nicht das ‹Wort›, sondern ein Schrei aus dem Tierreich ... Vielleicht hat Hitler an Politik, Macht und Krieg nichts interessiert als die Organisation des Massenrausches, und auf die ständige Erneuerung und Steigerung der Orgie hatte sich all seine Intelligenz und all seine Gier geworfen ... Womöglich ist Hitlers persönliche Biographie nichts anderes als dieser einzige, endlose besessene Monolog, ein Wachtraum außerhalb des realen Lebens und außerhalb dessen, was wir bisher Geschichte nannten. Wenn er nicht redete, fiel er in seine brütende Dämmerung zurück, vom Dämon verlassen, entschluß- und handlungsunfähig in sich vergraben – post coitum triste.»

Das ist unübertrefflich – nicht nur in der Entrüstung, die noch in gleichsam jeder Zeile die Erdstöße der Epoche nachzittern läßt, sondern auch als scharfsinnig heruntergekühlte Studie über einen sonderbar-fremdartigen Charakter. Zugleich machte es die Sorge meines Vaters hinfällig, daß man durch großen Stil niedrige Gegenstände gleichsam in die Höhe zöge. Ich jedenfalls las Herbert Lüthys Porträt damals als Herausforderung an einen noch unbekannten Autor, die sozusagen im essayistischen «al fresco» hingeworfene Betrachtung auf ihre Stichhaltigkeit zu überprüfen und durch die Quellen zu beglaubigen.

Hitler bedeutete ein Epochenende, aber mit dem Skeptizismus des Geschichtsbewanderten sah Herbert Lüthy neuerliche Gefährdungen heraufziehen. Die Freiheit stand nach dem Untergang der einen Bedrohung noch oder wieder am Abgrund, und er verwandte neben der wissenschaftlichen Arbeit alle Kraft darauf, ihren Bestand zu sichern. Zugleich damit machte er sich zu einem der Fürsprecher Europas, das, wie er urteilte, «todgeweiht» sei, falls es sich nach den «unermeßlichen Dummheiten», die nach dem Ersten Weltkrieg den Frieden behindert hatten, nicht gleichsam neu erfinde. Nur als freiheitlicher und gleichzeitig vielstimmiger Block könne Europa gegen die diktatorischen Regime bestehen. Wie konnten, fragte er sich, selbst in den demokratischen Gesellschaften Handlanger und Stichwortgeber nahezu widerspruchslos für die Unfreiheit eintreten? Ein für allemal, heißt es in einem von Herbert Lüthys Stücken zum Zeitgeschehen, empfinde er das lebhafteste Mißtrauen gegen jeden, der den Irrsinn totalitärer Begriffsverwirrung jemals mitgemacht habe. «Es war nötig», schrieb er gegen den braunen, roten oder andersartig gefleckten Totalitarismus, sich alle Blindheiten oder falschen Verständnisse zu untersagen und «das Tollhaus ein Tollhaus zu nennen». Die Festlegung einer Anzahl einigermaßen eindeutiger Begriffe, heißt es in einem seiner Essays aus den Nachkriegsjahren, wäre eine der wichtigsten Aufgaben der Zeit. Sie steht, kann man hinzufügen, noch immer aus.

Ich sehe auf die Notizen, die ich mir während der Lektüre in diesen gesammelten Werken gemacht habe, und stoße auf Titel, Zusammenhänge und Gedanken, die ich gern, wie kurz auch immer, erörtert hätte. Ich scheue die Wiederholung nicht und nenne noch einmal den Montaigne-Essay, das anstoßvermittelnde Stück über Ernst Jünger sowie, fast unverzeihlich, das Buch mit dem Titel «Frankreichs Uhren gehen anders». Es hat Herbert Lüthy zu Recht berühmt gemacht und nach Friedrich Sieburgs «Gott in Frankreich?» das in Deutschland verbreitete Bild der französischen Nachbarn nachhaltig geprägt, womit der Autor seinen Teil zur Applanierung der verhängnisvollen «Erbfeindschaft» beigetragen hat.

Darüber hinaus finden sich auf meinen Notizzetteln auch Eintragungen, aus welchem Geist die Erkenntnis von Zeit und Vergangenheit kommt. Auch wieviel innere Freiheit der Schreibende benötigt und wieviel Mut zur Vereinsamung, wenn er nicht in den Kirchen des Zeitgeists «mitbeten» und den Kampf «gegen die Geschäftemacher des Hasses» aufnehmen will. Ferner wie unvoreingenommen man in der Darlegung historischer Vorgänge sein muß. Dazu gehört insbesondere, daß man die pseudometaphysischen Vorverständnisse der Hegel, Marx und ihrer Heerscharen von Abschreibern wegtun muß. Sodann daß man weiterhin den in ständig veränderten Maskeraden auftauchenden Deterministen zu widersprechen hat, die immer schon den Ausgang der Geschichte zu kennen vorgeben und deren Unberechenbarkeit leugnen.

«Eigentlich wollte ich Zeichner werden», hat Herbert Lüthy bei Gelegenheit geäußert, und mir hat die Verwandtschaft zwischen der zeichnerischen und der historiographischen Kunst stets eingeleuchtet. Beide gehören zum bildnerischen Fach und benötigen neben der höchsten Treue zum Detail der schöpferisch darüber hinausgreifenden, entdeckungshungrigen Inspiration. Weil das eine oder das andere aufgegeben wurde, hat die Geschichtsschreibung den Rang verloren, der ihr seit Herodot und Tacitus zukam. Sie hat durch den Blick auf unzählige Einzelheiten ihre Wahrnehmungskraft eingebüßt. Daher ist in Vergessenheit geraten, daß in der Geschichte alles in lebendiger Verbindung mit allem steht, will man am Ende nicht nur Bruchstücke oder genauer: zerbrochene Stücke in Händen halten.

Mir fällt in diesem Zusammenhang eine der späten Arbeiten von Herbert Lüthy ein, die von den Blinden eines indischen Dorfes berichtet. Sie wurden eines Tages vom Buddha zusammengerufen, weil er ihnen einen Elefanten zeigen wollte. Seht mit euren Händen, sagte der Buddha, und erklärt mir, wie ein Elefant aussieht. Jener, der das Bein erfaßte, so geht die Geschichte weiter, sagte, der Elefant sei wie ein Turm, der an das Ohr geriet, versicherte, er sei wie eine Kornschaufel. Ein Dritter, der den gewaltigen Rücken des Tieres ertastete, versicherte, der Elefant sei wie ein Berg, und der am Rüssel, er habe das Aussehen eines Schlauchs. Und so noch vieles weitere. Da sagte der Buddha, sie alle redeten wie Leute, die vom großen Bild der Welt nur ein paar Einzelheiten wahrnähmen und nichts von ihrem wirklichen Aussehen wüßten.

Ich will mit dieser Parabel lediglich verdeutlichen, daß der Zusammenhang zu aller Annäherung an das historische Tableau gehört. Mit dem Verzicht darauf ist nicht nur die Kunst der Geschichtsschreibung, sondern auch die Wahrheit oder was immer davon zu erreichen ist, aus dem Blick geraten. Und für Herbert Lüthy gibt dieses Gleichnis das äußerste Lob her, das einem Historiker zu machen ist: Er hat den ganzen Elefanten gesehen. Mit seiner Kunst hat er ihn nicht nur nachgezeichnet, sondern auch seine Geheimnisse, soweit wie möglich, aufgedeckt. Er hat natürlich nicht eigens darauf hingewiesen, sondern nur eine Geschichte erzählt. Um so wichtiger, daß wir es sagen. – Und womöglich vernehmlicher als bisher.

Der Führerbunker

I.

Während der Mittagslage kam die Nachricht, daß sowjetische Einheiten im angrenzenden Tiergarten standen. Heftiges Feuer wurde von der Friedrichstraße und vom Potsdamer Platz gemeldet, und sooft eine der schweren Granaten in der Nähe einschlug, erzitterte der Bunker. Der Ring um das Regierungsviertel, das im militärischen Sprachgebrauch als «Zitadelle» bezeichnet wurde, begann sich zusehends enger zu schließen. Es war der 30. April 1945.

Als letzter kam Hitler aus dem Lageraum. Im Vorzimmer trat er auf seinen Adjutanten, den SS-Sturmbannführer Otto Günsche, zu und sagte, er wolle den Russen weder lebendig noch tot in die Hände fallen und anschließend «in einem Panoptikum» ausgestellt werden. Schon während der zurückliegenden Tage hatte er gegenüber nahezu jedem Besucher die Sorge geäußert, noch im Tod «entehrt» zu werden; er wolle verbrannt werden und «für immer unentdeckt bleiben». Jetzt nahm er Günsche das Versprechen ab, alles zu tun, um ihm das Schlimmste zu ersparen. Rund eine Stunde später kamen daraufhin unter dem pausenlosen Feuerhagel der sowjetischen Artillerie, in den Schutz von Häuserwänden und Mauervorsprüngen gedrückt, ein paar SS-Mannschaften und stellten eine Anzahl Benzinkanister am Bunkereingang ab.

Hitler war gänzlich ausgegeben, das Gesicht von tiefen Falten durchzogen und mit schweren Säcken unter den Augen, aus den Mundwinkeln troff häufig der Speichel. Seine bis dahin immer peinlich korrekte Kleidung war mit Essensflecken bedeckt und wirkte wie eine willentliche Verwahrlosung. Einmal, als er sich mit schlingernden Bewegungen durch die Räume tastete, meinte der neuernannte Begleitarzt Dr. Stumpfegger, Hitlers Gebückt-heit und die schlurfenden Schritte seien keineswegs körperlich be-dingt, sondern hysterischen Ursprungs. Ein anderer Arzt, der in der zum Lazarett umgebildeten Neuen Reichskanzlei Verwundete versorgte und Hitler in diesen Tagen erstmals begegnete, hat eine anschauliche Schilderung seiner Erscheinung überliefert: «Ich stand», hielt er fest, «vor ihm, sah seinen gebeugten Rücken, die krummen Schulterblätter, die zu zucken schienen und plötzlich zu zittern begannen. Er sah aus, als ob er seinen Kopf zwischen die Schulterblätter gezogen hatte – wie eine Schildkröte ... Es war ein erschütternder Anblick. Das verwüstete Gesicht war gelbgrau wie eine Mondlandschaft. Als Arzt empfand ich Mitleid mit die-sem menschlichen Wrack. Mit sechsundfünfzig Jahren war Hitler zu einem gelähmten Greis geworden, freilich ohne die Würde des weißen Haars.

Die jüngere der beiden (begleitenden) Krankenschwestern war von dieser Begegnung so aufgewühlt, daß sie weinend, in einer Mischung aus Pathos und Hysterie, ausrief: ‹Mein Führer, bewah-ren Sie Ihren Glauben an den Endsieg! Führen Sie uns, und wir werden Ihnen folgen!› ... Nun war es totenstill. Dumpf erwiderte Hitler: ‹Man soll sich seinem Schicksal nicht feige entziehen wol-len.› Diese Worte galten nicht einem einzelnen! ... Es klang, als ob er in die Ewigkeit hinein oder in den Abgrund hinunter spreche, vor dem er stand.»

Gegen vierzehn Uhr nahm Hitler in Gesellschaft seiner zwei verbliebenen Sekretärinnen und seiner Köchin die letzte Mahlzeit ein. Er gab sich nach den vielen Ausbrüchen und Krämpfen die-ser Tage ruhig und beherrscht, und auf eine seiner Sekretärinnen wirkte die kleine Runde um den Tisch wie «ein Bankett des To-des». Schon am Abend zuvor hatte er ihr die in einer Kupferpa-trone verwahrte Giftampulle überreicht und dazu gesagt, er wisse wohl, daß dies ein armseliges Abschiedsgeschenk sei. Wider Er-warten war Eva Braun, die er in der Nacht zuvor geheiratet hatte, nicht erschienen. Während sie noch zusammensaßen, hißten draußen, auf der Kuppel des nahen Reichstags, sowjetische Soldaten die rote Fahne.

Mit den Worten «Nun ist es soweit, es ist zu Ende», hob Hitler die Tafel auf. Er ging in seine Räume und betrat wenig später am Arm seiner Frau den Vorraum des Lagezimmers, um sich von dem zusammengeschmolzenen Rest seiner engsten Umgebung zu verabschieden. Er hatte Goebbels herbeigebeten, Bormann und Botschafter Hewel, die Generale Krebs und Burgdorf sowie den Vizeadmiral Hans-Erich Voß. Am Ende des Aufgebots standen die Sekretärinnen, sein Kammerdiener Heinz Linge und die Chefs der Wachmannschaften: der SS-Brigadegeneral Johann Rattenhuber, Otto Günsche und der SS-Standartenführer Peter Högl. Nachdem er die Reihe abgeschritten und jeder der Frauen die Hand gegeben hatte, ohne etwas auf ihre atemlos vorgebrachten Worte zu erwidern, verschwand er an der Seite seiner Frau stumm und gebückt in den dahinterliegenden Privaträumen. Im Vorbunker trafen währenddessen einige von Günsche herbeibefohlene SS-Offiziere aus dem Führerbegleitkommando ein.

In der stickigen, modrig-schwülen Schattenwelt breitete sich eine abwartende Stille aus. Doch gegen fünfzehn Uhr ließ Hitler seinen Chefpiloten Hans Baur rufen, den er womöglich versehentlich nicht zur Verabschiedung des engsten Kreises gerufen hatte. Als Baur den Raum betrat, ergriff er dessen Hände, dankte ihm für seine jahrelange Treue und sprach sodann noch einmal von der Feigheit und Verräterei, die ihm dieses Ende bereitet hätten; jetzt könne er nicht mehr. Auf Baurs Versuch, ihn doch noch zum Aufbruch zu überreden, es stünden einsatzfähige Maschinen bereit, um ihn in eines der arabischen Länder zu fliegen, nach Südamerika oder Mandschukuo, winkte er resigniert ab: er mache nun Schluß. Man müsse den Mut haben, sagte er, die Konsequenzen zu ziehen. Morgen schon, setzte er hinzu, würden ihn zweifellos Millionen Menschen verfluchen. «Aber das Schicksal wollte es nicht anders.» Dann schenkte er Baur das Bild Friedrichs des Großen von Anton Graff, mit dem er in den zurückliegenden Wochen oftmals stumme Zwiesprache gehalten hatte, und einmal war er von einem Telefonisten des Bunkers beobachtet worden, wie er zur Nachtzeit bei unruhigem Kerzenlicht in seinem Wohnraum gesessen und «wie in einem Trancezustand» auf das Bild gestarrt hatte. Als Baur sich zum Gehen wandte, kam Hitler noch einmal auf seinen Eingangsgedanken zurück. Auf seinen Grabstein müsse man die Worte setzen, sagte er, er sei «ein Opfer seiner Generale» gewesen.

Wieder kehrte die lastende Stille zurück, überall saßen einzelne oder kleine Gruppen in den karg möblierten Räumen herum, blickten ins Leere und warteten ab. Doch als könne dieses Leben, das die längste Zeit von abgründigen Inszenierungseinfällen bestimmt gewesen war, nicht ohne einen grellen, melodramatischen Effekt enden, setzte in diesem Augenblick in der höhergelegenen Kantine ein Tanzvergnügen ein, in dem sich die wochenlange Nervenanspannung der Bunkerbewohner zu lösen schien. Schon Stunden zuvor hatten einige Beobachter verwundert wahrgenommen, wie Eva Braun und bald auch der eine oder andere Insasse des Bunkers gegen alle strikten Verbote eine Zigarette entzündet hatten, und darin ein Zeichen disziplinärer Verwirrung erkannt. Jetzt dröhnte aus den Lautsprechern ausgelassene Musik, und wie fern sie auch herüberkam, war sie doch bis in die äußersten Winkel des unterirdischen Labyrinths zu hören. Eine Ordonnanz wurde nach oben geschickt, um für Ruhe zu sorgen, der Führer, meldete der Bote, sei im Begriff zu sterben. Aber keiner der meist betrunkenen Anwesenden nahm die Aufforderung zur Kenntnis, und das Zechgelage ging weiter.

Was dann geschah, hat sich nicht eindeutig ermitteln lassen. Einige Zeugen berichten, gegen halb vier einen einzelnen Schuß gehört zu haben, und die Sekretärin Frau Junge, die sich nach dem Abschied von Hitler zu den Goebbels-Kindern begeben hatte, um ihnen ein Märchen vorzulesen, hat sich erinnert, daß der neunjährige Helmuth auf den Pistolenknall hin fröhlich ausgerufen habe: «Volltreffer!» Andere Zeugen dagegen haben jedes wahrnehmbare Geräusch bestritten.

Nach annähernd zehn Minuten jedenfalls betraten Bormann, Linge und Günsche den Führerraum. Hitler saß zusammengesunken, mit blutig zerstörtem Gesicht auf dem Sofa, an seiner rechten Schläfe klaffte ein münzgroßes Loch, zwei Rinnsale liefen über die Wangen, und die hintere Wand war mit Blutspritzern übersät. Neben ihm hockte, mit angezogenen Beinen und fest zusammengepreßten Lippen, seine Frau. Es roch nach Pulverqualm und Bittermandeln. Hitler hatte, dem Rat des Arztes Dr. Werner Haase folgend, eine Blausäure-Ampulle zerbissen und sich gleichzeitig in die Schläfe geschossen, seine Frau hatte Gift genommen. Ihre kleine Pistole lag unbenutzt vor ihr auf dem Tisch.

Nach einem Augenblick der Lähmung breitete Linge auf dem Boden zwei Wolldecken aus, während Günsche zu den wartenden SS-Offizieren hinüberging: «Der Chef ist tot!» sagte er. Mit unbewegten Mienen sah die kleine Trauerrunde zu, wie die Toten auf die Decken gelegt und von Linge, Stumpfegger und Bormann nach draußen geschafft wurden, Hitlers Beine schaukelten leblos hin und her. Als erster fand Goebbels die Sprache wieder und erklärte, er werde sich jetzt nach oben, auf den Wilhelmplatz begeben, wo sein Ministerium lag, und so lange umherlaufen, bis eine Kugel seinem Leben ein Ende mache.

Am Fuß der Treppe wurden die Leichen von den SS-Offizieren übernommen und die vier Absätze hinauf zum Hinterausgang des Bunkers getragen. Dort war eine längliche Grube ausgehoben, doch mühten sich Linge und die anderen zunächst vergeblich, im Geschoßhagel die wenigen Meter ins Freie zu kommen, weil Splitter und herumfliegende Mauerbrocken sie immer wieder zurücktrieben. Erst nach mehreren Anläufen gelang es ihnen, die Toten in die Erdvertiefung zu legen. Sie leerten einige Kanister des be-

reitgestellten Benzins über ihnen aus und warfen aus der Bunker-
öffnung brennende Zündhölzer hinterher. Als die Versuche miß-
langen, zog Linge einige Formulare aus seinem Ärmelaufschlag
und drehte sie zu einer Papierfackel zusammen, die er während
einer kleinen Feuerpause entzündete und mit einer heftigen Bewegung zu der Grube hinüberschleuderte. Mit einem Verpuffungs-
knall schlugen gleich darauf die Flammen hoch, und die Versammelten standen stramm und hoben die Arme zum Hitlergruß, bis
das noch einmal stärker werdende Artilleriefeuer sie in den Bunker zurückdrängte. Staub und aufwirbelndes Erdreich hüllten die
Stätte ein, so daß bald nichts mehr zu erkennen war. Als Hitlers
Flugkapitän Hans Baur eine halbe Stunde später in den unteren
Räumen auf Goebbels stieß und wissen wollte, wo der Führer sei,
bekam er zur Antwort: «Hitler brennt schon draußen.»

Mehrfach noch im Lauf des Nachmittags erlosch das Feuer,
so daß die Leichenreste immer aufs neue mit Benzin übergossen
und angezündet werden mußten. Ein Angehöriger des Wachper-
sonals, der später vorbeikam, konnte Hitler, wie er ausgesagt hat,
bereits «nicht mehr erkennen, weil er schon ziemlich verbrannt
war»; und als er gegen zwanzig Uhr noch einmal zum Bunkerausgang ging, «da flogen schon die einzelnen Flocken im Winde».
Kurz vor Mitternacht wurden die Reste der nahezu unkenntlich
gewordenen Leichen auf eine Zeltplane geschoben, in einen nahen
Granattrichter hinabgelassen, Erde darauf gedeckt und mit einem
Holzpfahl festgestampft. In einem der pathetisch hochgezogenen
Bilder seines Endes hatte Hitler seine Begräbnisstätte auf dem
Glockenturm des Zentralbaus gesehen, der das neugestaltete Do-
nauufer seiner Heimatstadt Linz beherrschen sollte; jetzt fand er
sie in einer Trümmerwüste hinter der Reichskanzlei, eingestampft
in das vom Dauerbeschuß umgepflügte Erdreich zwischen zer-
sprengten Betonbrocken, Schuttbergen und aufgehäuftem Unrat.

II.

Der Bruch konnte nicht schroffer sein: «Ich wohne hier in einem Paradies», hatte Bettina von Arnim einige Generationen zuvor von ebenjener Stelle aus an Goethe geschrieben, wo jetzt das Dritte Reich endete, und von ihrem Gartenhaus geschwärmt, den alten Kastanienbäumen und der Parklandschaft hinter den Häusern. Seit Friedrich Wilhelm I. während der dreißiger Jahre des 18. Jahrhunderts die Friedrichstadt erweitert hatte, um seiner Hauptstadt ein «vornehmes» Quartier zu schaffen, waren zwischen den Linden und dem Leipziger Platz die überwiegend kargen Stadtpalais des preußischen Adels entstanden. Das Gebäude Wilhelmstraße Nr. 77, das den Kern der späteren Reichskanzlei bildete, verband über die Namen der Schulenburgs, Dönhoffs und Radziwills nicht nur die Erinnerung an Amouren, Hofintrigen und bescheidenen hauptstädtischen Glanz, sondern auch an die Wechselfälle der Geschichte: Im Jahre 1806, während der Besetzung Berlins durch die Truppen Napoléons, war das Palais der Sitz des französischen Stadtkommandanten L'Estoque.

Etwa zu dieser Zeit hat Friedrich Wilhelm III. begonnen, das Gebiet zum Zentrum der Politik auszubauen, und in der neuen Friedrichstadt Schritt für Schritt die preußischen Regierungsbehörden versammelt. Bald ließen sich auch die ausländischen Vertretungen dort nieder, den Anfang machten Russen und Engländer, und im Fortgang der Zeit sah sich die alte Adelswelt des Stadtteils durch Beamte und erfolgreiche bürgerliche Unternehmer verdrängt. Zu einer Art Abschluß kam die Entwicklung unter Bismarck, der für das kleine, aus vier Personen bestehende Büro in der Wilhelmstraße Nr. 76, das seinen Geschäftsverkehr wahrnahm, erstmals den Begriff «Reichskanzlei» verwendete. Als Mitte der siebziger Jahre die beiden benachbarten Grundstücke Nr. 77 und Nr. 78 zum Verkauf standen, setzte er deren Erwerb durch die öffentliche Hand durch. Seither diente ihm das einstige Palais

Radziwill als Amtssitz wie als Wohnung, und die Einweihung des Hauses fand im Juni 1878 mit dem Zusammentritt der Mächte zum Berliner Kongreß statt, auf dem der Kanzler die ungeliebte Rolle des «ehrlichen Maklers» übernommen hatte. Auf ihn und seinen beherrschenden Einfluß ging zurück, daß sowohl die Diplomatie wie die Auguren überall künftig von der «Wilhelmstraße» sprachen, wenn sie das Reich und seine auswärtige Politik meinten.

Im Äußeren blieb es bei der strengen, etwas steifen Noblesse des Gebäudes, und erst gegen Ende der Weimarer Jahre wurde auf dem Grundstück Nr. 78 ein moderner Erweiterungsbau errichtet, der von da an die Diensträume des Kanzlers beherbergte, während das Palais nebenan weiterhin als seine Dienstwohnung verwendet wurde. Den kargen Neubau meinte Hitler, als er in der Nacht vom 30. Januar 1933, nachdem der Jubel verstummt war und die Marschkolonnen sich verlaufen hatten, mitten in einem seiner ausschweifenden Monologe über die mit diesem Tag beginnende «Rasserevolution» plötzlich von der Architektur des neuen Staats zu sprechen begann. Er bezeichnete das Kanzleramt als die «reinste Zigarrenkiste» und nannte es seine Hauptaufgabe, dem Reich ein würdiges, seiner Bedeutung angemessenes bauliches Gesicht zu geben.

Schon im Herbst des Jahres ließ er zahlreiche Umbauten vornehmen, die vor allem dem Innern der Kanzlerräume einen repräsentativen Zuschnitt verliehen. Die einzige Neuerung an der Außenfront betraf den Balkon, den er am Erweiterungsbau anbringen ließ. Eine Zeitlang hatte er mit dem Gedanken gespielt, das seit dem Tod Hindenburgs verwaiste Präsidentenpalais wenige Häuser weiter, das zur Straßenseite hin zwei schmiedeeiserne Balkone aufwies, für das neue Ritual der Vorbeimärsche zu nutzen. Am Ende jedoch stellte sich das Gebäude, nicht anders als die noch immer kleinteilig bescheidene Wilhelmstraße, als ungeeignet für die pompösen Inszenierungen heraus, die er seiner Rolle zu schulden glaubte.

Anfang 1938 bestellte Hitler daher seinen Vorzugsarchitekten Albert Speer in sein Arbeitszimmer und eröffnete ihm, daß er innerhalb eines Jahres eine neue Reichskanzlei «mit großen Hallen und Sälen» benötige, für die er ihm die angrenzende Voßstraße in ganzer Länge zur Verfügung stelle. Die Kosten seien ihm «gleichgültig», sagte er, sofern nur gewährleistet sei, daß der Neujahrsempfang des folgenden Jahres in dem fertiggestellten Gebäude stattfinden könne.

Noch in der gleichen Nacht führte Speer die ersten Planungsgespräche, und als kurz darauf die Abrißarbeiten begannen, lag weder ein Entwurf des Baus noch eine annähernd zutreffende Vorstellung der Raumfolge vor. Der Wettlauf mit der Zeit hielt während der kommenden Monate an. Als die Fundamente gelegt wurden, bestellte Speer bereits das Mobiliar und gab mit den beginnenden Maurerarbeiten die ersten Ornamente, Mosaiken und Wandteppiche in Auftrag. Was am Ende zustande kam, war, trotz aller lauten und effektsüchtigen Züge, Speers ansehnlichste architektonische Arbeit. Zwei Tage vor dem festgesetzten Termin kam Hitler nach Berlin, um, wie er in seiner Rede vor den annähernd 4000 beteiligten Bauarbeitern erklärte, «das erste Bauwerk des neuen großen deutschen Reiches» zu übernehmen.

Wie sehr Hitlers Vorstellung von Anfang an auf Krieg gerichtet war, geht nicht zuletzt daraus hervor, daß schon zu den frühen, noch 1933 in Auftrag gegebenen Umbauarbeiten an der Reichskanzlei eine bunkerartige Unterkellerung in sechs Metern Tiefe gehörte. Aber erst mit Speers neuer Reichskanzlei erhielt Hitler die Schutzräume, die seinen Ansprüchen halbwegs genügten. Unter dem Neubau lagen auf der gesamten Länge der Voßstraße mehr als neunzig Bunkerzellen. Doch seit Hitler mit der Winterkatastrophe vor Moskau Ende 1941 zunehmend mit einer Niederlage rechnete, entsprach selbst diese Anlage nicht mehr seinen Sicherheitsbedürfnissen. Obwohl während des ganzen Jahres 1942 keine schwereren Luftangriffe auf Berlin stattfanden und die deutschen

Armeen den Riesenraum zwischen Stalingrad und Hammerfest bis hin nach Tripolis beherrschten, begann das Büro Speer bereits um diese Zeit mit den Planungsarbeiten für einen neuen Katakombenbau und erhielt im folgenden Frühjahr den förmlichen Auftrag für den sogenannten Führerbunker unter dem Garten der Reichskanzlei. Die Abmessungen des neuen, durch eine in die Tiefe führende Wendeltreppe mit dem Bunker unter der Reichskanzlei verbundenen Kellerbaus sind nicht überliefert. Doch da die Sohle mit der Fundamentplatte rund zwölf Meter unter dem Gartenplateau lag, dürfte die überwiegend genannte Deckenstärke von ungefähr acht Metern einigermaßen zutreffen.

Im Herbst 1944, kurz vor dem 20. November, an dem Hitler aus Rastenburg nach Berlin zurückkehrte, war die Anlage fertiggestellt. Allerdings gingen die Bauarbeiten vor allem an Unterständen, Maschinengewehrstellungen und Wachtürmen noch geraume Zeit weiter und waren selbst im April 1945 nicht beendet. Als die Rote Armee in den ersten Maitagen die geräumte Reichskanzlei besetzte und die Suche nach den toten Bunkerbewohnern aufnahm, standen in dem verwüsteten Gelände überall noch die Betonmischmaschinen und hochgeschichtete Stapel von Baumaterialien herum. Die Leichen, die sie fanden, legten sie bis zum Abtransport in die von den Bauarbeitern noch wenige Tage zuvor benutzten Tröge aus rohen Schalbrettern.

III.

Die Frage ist seither nicht zur Ruhe gekommen, ob dieses Ende vorhersehbar und hinter dem altpreußischen Fassadencharme des Palais Schulenburg nicht gleichsam schon die leergeräumte Ödlandschaft mit den Betonquadern des Führerbunkers erkennbar gewesen sei; das heißt, ob Hitler als das nahezu zwangsläufige Ergebnis der Geschichte des Landes angesehen werden müsse, so daß er weit eher eine deutsche Konsequenz als, dem berühmten

61

Wort Friedrich Meineckes entsprechend, eine deutsche Katastrophe war.

Die enthusiastische, wenn auch von einer trickreichen Regie erzeugte und unablässig weitergetriebene Welle der Begeisterung, die der Machtergreifung Hitlers das Gepräge gab, entkräftet auf den ersten Blick alle Behauptungen, die darin einen historischen Unfall oder ein von der Kamarilla um den vergreisten Reichspräsidenten von Hindenburg inszeniertes Intrigenstück erkennen wollen. Zwar waren in allem Jubel, den Fackelzügen, Massenaufmärschen und Kundgebungen mit nächtlichen Höhenfeuern, die zum Bild jener Wochen gehören, Gefühle der Unsicherheit wahrnehmbar, ob sich das Land unter den neuen Männern, die mit überrennender Gewalt in die politischen Schlüsselstellungen eindrangen, nicht auf ein wenig geheures Abenteuer einlasse. Aber der wie auf ein Stichwort hin hervortretende Wille, überholte Schranken abzutun und nach so vielen Jahren einer sichtlich fehlgegangenen Staatlichkeit einen neuen Anlauf zu wagen, spülte bei einer rasch anwachsenden Mehrheit alle Bedenken hinweg.

Es waren diese Begleitumstände des Frühjahrs 1933, die dem Eindruck vorgearbeitet haben, die Deutschen seien damals, nach Jahren einer erzwungenen Anpassung an Demokratie, Rechtsstaat und «westliche» Werte, gewissermaßen zu sich selber und damit zu der anstößigen Rolle zurückgekehrt, die sie in Europa seit Menschengedenken gespielt hatten. Schon die ersten zeitgenössischen Deutungen der Ereignisse haben oftmals lange Ahnenreihen bis hin zu Arminius dem Cherusker, den mittelalterlichen Kaisern und weiter über Friedrich den Großen bis hin zu Bismarck konstruiert, in denen sie auf Schritt und Tritt einem latenten Hitlertum lange vor Hitler begegneten. Das Ergebnis war ein ums andere Mal, daß es keine «unschuldigen» Ereignisse oder Gestalten der deutschen Geschichte gab. Selbst durch die biedermännische Idylle geisterten die Gespenster der Unterwürfigkeit und Enge. Dem kundigen Blick jedenfalls blieb der insgeheime Wille dieser

Nation nicht verborgen, in der Welt und notfalls gegen sie eine besondere Berufung zu haben, und die deutsche Romantik war in dieser Sicht nichts anderes als eine unter trügerisch zarten Bildern verheimlichte Neigung zu Grausamkeit und Welthaß, eine Sehnsucht nach der Rückkehr «in die Wälder», die diesem seltsamen Volk immer vertrauter gewesen waren als Zivilisation, Verfassung und Menschenrecht. Der violinspielende, vom Zauber einer Schubert-Sonate ergriffene Reinhard Heydrich ist eine Zeitlang zu einer Art Vorzeigeklischee des Deutschen schlechthin geworden.

Diese meist summarischen Darlegungen zur deutschen Geschichte haben sich im ganzen überwiegend selbst erledigt, zumal sie im Grunde noch nachträglich die nationalsozialistische These ins Recht setzten, wonach Hitler nicht nur der legitime Erbe Preußens und des Bismarckreiches, sondern auch der Vollender der deutschen Geschichte sei. Geblieben und in unterdessen ungezählten Untersuchungen erörtert ist jedoch die Frage nach den Verbindungslinien, die sich aus der Vergangenheit zu Hitler und dem Ideologienwerk ziehen lassen, das seinen Aufstieg ermöglicht oder doch begünstigt hat.

Man hat in der Ergründung dieser Zusammenhänge die Wirklichkeitsabgewandtheit des deutschen Denkens genannt, das Reaktionärswesen der einflußreichsten Machteliten, die Kampfideologien, wie sie die Zeit ausbrütete, auch die Führermythen, Großmachtträume oder wechselseitigen Revanchebedürfnisse. Aber dergleichen erklärt wenig, weil es in dem von lauter Erbfeinden bevölkerten und seinen Imperialismen hingegebenen Europa in nahezu jeder Nation, wenn auch mit unterschiedlichem Gewicht, anzutreffen war. Es liefert denn auch eher einen Fingerzeig für die Entstehung der zahlreichen faschistischen oder faschistoiden Bewegungen der Zwischenkriegszeit, läßt aber die Frage nach den Besonderheiten der deutschen Verhältnisse offen und warum der Nationalsozialismus soviel mehr an Härte und konzentrierter Inhumanität aufwies als die Mehrzahl der Bruderparteien.

Zu den deutschen Besonderheiten im engeren Sinne zählt zweifellos der ganz und gar unvermutete Wirklichkeitssturz in die Niederlage vom Herbst 1918. Die Nation, die buchstäblich bis in die Tage des Waffenstillstands den Großmachttraum von 1870/71 mitsamt den «herrlichen Zeiten» geträumt hatte, denen sie entgegengehe, sah sich plötzlich nicht nur dem Umbruch aller Lebensumstände gegenüber, sondern im Versailler Vertrag zudem der gewollten und auch so verstandenen Demütigung durch die Kriegsschuldthese. Mehr als alle materiellen Lasten, die ihr von den Siegermächten aufgebürdet waren, hat sie die Verstoßung aus dem Kreis der geachteten Völker zutiefst empört, und ein scharfsinniger Beobachter hat dazu bemerkt, schon damals habe sich eine «Volksgemeinschaft der Erbitterten» gebildet, die nur noch auf einen Führer und Stichwortgeber wartete. Die Inflation mit der Verarmung breiter Schichten sowie die wenige Jahre später ausbrechende Weltwirtschaftskrise haben diese Aufgebrachtheiten weiter verschärft und ein ohnehin mythenanfälliges Volk bereit gemacht, überall Einkreisungsstrategien, Dolchstöße sowie verschwörerische Internationalen am Werk zu sehen.

Diese Affekte und grobschlächtigen Deutungsbedürfnisse hat Hitler sich zunutze gemacht, wobei indes hinzuzufügen ist, daß er selber ein ganz wesentliches Element der deutschen Besonderheiten war. Nirgends sonst jedenfalls in den von ähnlichen Turbulenzen heimgesuchten Ländern jener Jahre gab es eine Führerfigur von vergleichbar rhetorischer Gewalt, organisatorischer Fähigkeit und taktischem Ingenium. Auch nicht von annähernd ebenbürtiger Radikalität. Aber unübersehbar ist auch, daß er an zahlreiche Vermächtnisse anknüpfen konnte, die ihre ältere oder jüngere Tradition hatten: an die Vorstellung beispielsweise, daß der Osten des Kontinents der natürliche, zur Kolonisierung gleichsam bereitliegende Lebensraum des Reiches sei, und die Kriegszieldebatte während des Ersten Weltkriegs hatte bereits «völkische Flurbereinigungen» mit Umsiedlungsaktionen für ausgedehnte Landstriche gefordert. Auch Hitlers «idealer» Bündnisgedanke, der die engste Verbindung mit dem britischen Empire vorsah, um gemeinsam mit dem germanischen «Vetternvolk» von jenseits des Kanals als die «Lenkungsmächte der Welt» aufzutreten, war, zumindest umrißhaft, schon vorgedacht wie manches weitere auch.

Die vordringlichste Aufgabe, die sich der deutschen Politik freilich stellte, war die Überwindung des Versailler Diktats, und dieses Vorhaben gab zugleich die Einbruchstelle beim Werben Hitlers um die alten, vom unverwundenen Schmerz über den gescheiterten Großmachtehrgeiz erfüllten Führungsschichten ab. Eine Denkschrift der Reichswehr für das Auswärtige Amt aus dem Jahre 1926 formulierte als eine Art mittelfristige Leitlinie der deutschen Außenpolitik: zunächst die Befreiung des Rheinlands und des Saargebiets, dann die Beseitigung des polnischen Korridors zwischen dem Reich und Ostpreußen, die Wiedergewinnung Polnisch-Oberschlesiens, den Anschluß Österreichs sowie schließlich die Besetzung der entmilitarisierten Zone – es war, von der Reihenfolge abgesehen, das außenpolitische Programm Hitlers während der dreißiger Jahre. Im Führer der NSDAP erkannten diese Gruppen, ungeachtet aller Bedenken angesichts seiner Vabanquelaunen und seines Brigantenwesens, doch den Mann, der in der Lage schien, ihre revisionistischen Absichten zu verwirklichen. Wie kein anderer jedenfalls verstand er es, den Versailler Vertrag mitsamt den verbreiteten Gefühlen der Kränkung über alle Schranken hinweg als integrierendes Mittel zur Mobilisierung der Nation zu nutzen.

Was seine Förderer und Helfershelfer nicht bedachten und vermutlich nicht einmal ahnten, war Hitlers Entschlossenheit, seine aus Phantastik und «eiskalter» Berechnung sonderbar gemischten Visionen buchstäblich zu verstehen. Seine weitschweifigen Tiraden von Krieg, Neuordnung der Welt sowie einem Riesenreich bis zum Ural und darüber hinaus gingen gerade nicht, wie sie sich einredeten, auf die augenblicksweisen Eingebungen eines durchgängerischen Temperaments zurück. Während sie die von den Siegermächten angetane «Schmach» überwinden und die alten Grenzen, wenn auch samt manchen Zugaben, wiederhaben wollten, zielte er mit seiner Politik weder auf alte noch neue Grenzen, sondern auf neue Räume, Millionen von Quadratkilometern eroberter und, wie Hitler selber sagte, in einem «Teufelswerk» entvölkerter Flächen, die seinen Raumhunger stillen, doch bald zum Aufmarschglacis weiterer Vorstöße werden sollten.

Verschiedentlich wird die Auffassung vertreten, daß selbst diese Vorstellungen die Kontinuität noch nicht zerbrachen. Denn im Grundsatz seien sie etwa von den Alldeutschen oder in Ludendorffs Ostkonzepten von 1918 bereits entwickelt worden. Was aber den Zusammenhang tatsächlich abreißen ließ, war das ideologische Ferment, mit dem der Diktator sie auflud: das wilde Ideengemenge von Weltkrankheit, Rassenvergiftung, Auslese und «Rettung der Welt». Damit brach etwas herein, was alle bis dahin sozusagen naive imperialistische Gier im Grundsatz überstieg: eine rassische Utopie, die ein neues Weltzeitalter heraufzuführen versprach mit einigen hundert Millionen genetisch bewußter und geeinter Menschen, die unbewegt ihrer historischen Mission folgten, Räume eroberten, alle Niederrassigen ausrotteten oder in gestuften Abhängigkeitsverhältnissen hielten, der «neue Mensch», der unablässig planierte, zerstörte, umsiedelte und in den KdF-Massenhotels auf den Kanalinseln, in den Fjorden Norwegens oder auf der Krim bei fröhlicher Gemeinschaftsfolklore Entspannung vom Auftrag der Geschichte suchte. Es war der Bruch mit allem, was die Welt je ausgemacht hatte, und man fällt der Propaganda des Regimes noch nachträglich zum Opfer, wenn man dieser Revolution, die sich, soweit es ging, in den Mantel der Tradition hüllte, eine Herkunft andichtet, die sie nicht besaß. Der monströse Prospekt hatte einzig in sich selber seinen Ursprung. So weit jedenfalls und so wahnwitzig hatte nie jemand gedacht, und es gab von daher keine Verbindungslinie irgendwohin, gewiß nicht zu Bismarck, Friedrich dem Großen oder gar zu den mittel-alterlichen Kaisern.

Es war vor allem der gänzliche Mangel an überpersönlichem Verantwortungsbewußtsein und Dienstethos, der Hitler von jedem denkbaren Vorgänger unterschied. Mit einer in aller Geschichte beispiellosen Egozentrik hat er die Existenz des Landes mit der eigenen Lebenszeit gleichgesetzt, wie Albert Speer es ihm in einem Brief vom 28. März 1945 vorgehalten hat. Einer der radikalen Parteigenerale, Wilhelm Burgdorf, der sich selber seinen «grenzenlosen Idealismus» für Führer und Volk zugute gehalten hat, war wenige Tage vor dem Ende in der Reichskanzlei mit Bormann aneinandergeraten. Im Verlauf der lautstark geführten Auseinandersetzung hatte er den Sekretär des Führers angeschrien, er habe sich wegen seiner bedingungslosen Hingabe an die gemeinsame Sache die Verachtung seiner Offizierskameraden und den Vorwurf zugezogen, ein «Verräter» zu sein. Heute müsse er einsehen, daß seine Gegner recht gehabt hätten und er so «naiv wie dumm» gewesen sei. Die jungen Offiziere seien «zu Hunderttausenden in den Tod gegangen», fuhr er fort, doch frage er sich, wofür. Die Antwort laute: weder für das Vaterland noch für die Zukunft. Jetzt erst sei ihm aufgegangen: «Für Euch sind sie gestorben … Der Mensch war für Euch nur noch das Werkzeug Eurer unersättlichen Machtgier. Unsere jahrhundertealte Kultur, das deutsche Volk habt Ihr vernichtet. Das ist Eure furchtbare Schuld.»

Bevor Wilhelm Burgdorf wenig später seinem Leben ein Ende machte, hatte Hitler ihn auf seine Weise gleichsam ins Recht gesetzt. Nach der Lagebesprechung vom 27. April sprach er in Anspielung auf eine Äußerung Richelieus von all dem, was er mit dem Tod verlieren müsse, die großen Vorhaben und «teuerste Erinnerungen». Aber dann war wieder der Spieler zum Vorschein gekommen, als der er sich zeitlebens aufgeführt hatte, der gescheiterte Hasardeur und nicht zuletzt der Mann aus dem Nirgendwo, der dabei war, unter Hinterlassung einer Riesenspur von Trümmern ins Nirgendwo zu entschwinden. «Was heißt das alles!» sagte er. «Einmal muß man doch den ganzen Zinnober zurücklassen!»

IV.

Am Abend des 30. April waren die führerlos Verbliebenen zu einer ausgedehnten Beratung zusammengekommen, in deren Verlauf Bormann einen Massenausbruch mit Hilfe der ungefähr achthundertköpfigen Leibstandarte vorgeschlagen hatte: Die Selbsttäuschungen griffen immer noch. Der SS-General Wilhelm Mohnke, der Kampfkommandant des Verteidigungsbereichs «Zitadelle», machte die Runde jedoch darauf aufmerksam, daß ein solches Vorhaben geradezu absurd sei. Am Ende einigte man sich, zunächst Verhandlungen mit dem sowjetischen Oberkommando aufzunehmen und General Krebs zu Generaloberst Tschuikow nach Tempelhof zu entsenden. Gegen vier Uhr morgens brach Krebs auf und überbrachte ihm ein von Goebbels und Bormann unterzeichnetes Schreiben an Stalin, das den Tod Hitlers meldete und ein separates Waffenstillstandsabkommen vorschlug. Aber schon wenig später traf die Antwort ein, daß Moskau jede Sonderabmachung zurückweise, und nach rund zehn Stunden kehrte Krebs unverrichteter Dinge in die Reichskanzlei zurück. Am folgenden Tag unterzeichnete daraufhin General Weidling, der letzte Stadtkommandant Berlins, die Kapitulation der ihm unterstellten Einheiten.

Erst damit brachen die letzten wirren Hoffnungen zusammen. Am frühen Nachmittag unterrichtete Goebbels den von Hitler testamentarisch zum Reichspräsidenten ernannten Großadmiral Dönitz in Plön vom Tod des Führers, leistete einige Unterschriften und zog eine Art Bilanz: In einem sieben Seiten langen Traktat versuchte er, die Politik zu rechtfertigen, deren Wortführer er gewesen war. Doch sind die Einzelheiten nicht bekannt, da das Manuskript seinem Staatssekretär Werner Naumann, der es aus Berlin herausbringen und der Nachwelt übermitteln sollte, im Durcheinander dieser letzten Stunden abhanden kam. Anschließend ging Goebbels zu seiner Frau und den sechs Kindern, die er vor rund zehn Tagen zu sich geholt hatte, in den Vorbunker hinüber.

Als glühende Bewunderin Hitlers war Magda Goebbels schon seit geraumer Zeit entschlossen, ihre Kinder, wenn es zum Äußersten kommen sollte, mit in den Tod zu nehmen. Die fortgesetzten Versuche von allen Seiten, sie davon abzubringen, waren erfolglos geblieben. Sie hatte nicht nur die Bitte ihres Mannes, der offenbar erst spät die mythenbefördernde Kraft dieses «Opfertodes» erkannte, ausgeschlagen, sondern selbst dem Vorschlag Hitlers, mit einem der letzten Flugzeuge von Berlin nach Berchtesgaden zu fliehen, ein starres Nein entgegengesetzt. Sie könne ihren Mann, widersprach sie, nicht allein sterben lassen, und wenn sie mit ihm in den Tod ginge, müßten auch die Kinder sterben. Ihrem Sohn aus erster Ehe, Harald Quandt, schrieb sie in ihrem Abschiedsbrief: «Du sollst wissen, daß ich gegen den Willen Papas bei ihm geblieben bin, daß noch vorigen Sonntag der Führer mir helfen wollte, hier herauszukommen … Die Welt, die nach dem Führer und dem Nationalsozialismus kommt, ist nicht mehr wert, darin zu leben, und deshalb habe ich auch die Kinder hierher mitgenommen. Sie sind zu schade für das nach uns kommende Leben, und ein gnädiger Gott wird mich verstehen, wenn ich selbst ihnen die Erlösung geben werde.»

Am frühen Abend des 1. Mai brachte sie die Kinder mit einem Schlaftrunk zu Bett und träufelte ihnen anschließend, im Beisein eines Arztes, Zyankali ein. Nur die älteste Tochter Helga, die schon in den vergangenen Tagen unruhig und mißtrauisch gewesen war, scheint sich gewehrt zu haben, jedenfalls deuten die Prellungen, die der Körper des zwölf Jahre alten Mädchens

69

aufwies, darauf hin, daß ihm das Gift unter Anwendung von Gewalt eingeflößt worden war. Danach ging Magda Goebbels in den Wohnraum hinüber und legte weinend eine Patience. Bald fanden sich ihr Mann, Martin Bormann und der Reichsjugendführer Artur Axmann in dem kleinen Raum ein. Eine Zeitlang saßen sie zusammen und tauschten Erinnerungen an die sogenannte Kampfzeit aus, als sie es noch mit schwachen Gegnern und großen Erfolgsaussichten zu tun gehabt hatten. Dann und wann wurden die Erzählungen durch die Bunkerbewohner unterbrochen, die zum Abschied vorbeikamen. Seinem Adjutanten, dem SS-Hauptsturmführer Günther Schwägermann, hatte Goebbels schon zuvor das Versprechen abgenommen, für die Verbrennung ihrer Leichen zu sorgen.

Gegen halb neun Uhr abends erhob er sich unvermittelt und ging zusammen mit seiner Frau an einigen Herumstehenden vorbei die Bunkertreppe hinauf. Am Ausgang verhielten beide kurz, traten ins Freie und zerbissen nach wenigen Schritten die mitgeführten Giftkapseln. Unmittelbar darauf kamen einige SS-Mannschaften, übergossen die Leichen mit Benzin und entzündeten sie. Auch diesmal wieder erlosch das Feuer nach wenigen Augenblicken, doch war jetzt jedermann mit seinem Entkommen beschäftigt, und niemand kümmerte sich mehr um die halbverkohlten Körper am Bunkerausgang. Beim Hinausgehen, nahe dem Fuß der Treppe, war Goebbels dem Telefonisten Rochus Misch begegnet und hatte ihm gesagt, er brauche ihn jetzt nicht mehr. Dann hatte er hinzugefügt: «Les jeux sont faits.»

Um 23 Uhr begann der Auszug der Bunkerbewohner aus der Reichskanzlei. Mohnke hatte die Überlebenden in zehn Gruppen zu jeweils etwa zwanzig Personen eingeteilt. Im Abstand von einigen Minuten kamen sie aus dem Kellerfenster unterhalb des Führerbalkons gekrochen, überquerten den ausgestorben daliegenden Wilhelmplatz zum U-Bahnhof «Kaiserhof» und machten sich dann an den Gleisen entlang auf den Weg zur Station «Stadtmitte». Die erste Gruppe mit Günsche, Hewel, Voß und Hitlers Sekretärinnen führte Mohnke selber, die zweite der SS-General Rattenhuber, und der dritten Gruppe, die Naumann übernommen hatte, gehörten Baur und Martin Bormann an. Aber sie hatten keine Verbindung untereinander, und in der Dunkelheit der U-Bahn-Schächte und später im Tunnel unter der Spree fielen auch die einzelnen Gruppen auseinander. Einige der am Ausbruch Beteiligten gerieten im Lauf der nächsten Tage in sowjetische Gefangenschaft, andere kamen um, wieder andere wie Stumpfegger oder Hewel verübten Selbstmord. Als die Russen die Reichskanzlei besetzten, stießen sie im Lageraum auf die Generale Burgdorf und Krebs, die, eine Vielzahl halbgeleerter Flaschen vor sich, tot am Kartentisch saßen. Martin Bormanns Spur galt lange als verschollen. Doch zu Beginn der siebziger Jahre wurde sein Tod aufgrund einiger Knochenreste, die sich in der Nähe des Lehrter Bahnhofs gefunden hatten, festgestellt. 1999 wurden die inzwischen eingeäscherten Rückstände in der Ostsee verstreut.

V.

Es hatte wie ein Zynismus geklungen, als Wilhelm Mohnke einige Tage zuvor Hitler mit dem Satz entgegengetreten war: «Was wir 1933 wollten, haben wir nicht ganz geschafft, mein Führer!» Aber Mohnke war kein Zyniker, und womöglich hatte er als einer der radikalen Prätorianer nur zum Ausdruck gebracht, was hinter den großsprecherischen Parolen von Macht, Ruhm und Weltherrschaft allezeit halbverborgen lag: den grenzenlosen Destruktionswillen, der die eigentliche Wahrheit über Hitler und seine Gefolgschaft war. Mit diesem Vorsatz waren sie keineswegs gescheitert, und wer ihr Denkmal suchte, mußte in der Tat nur um sich sehen.

Sie haben aber nicht nur Millionen von Menschenleben ausgelöscht, Städte und die Zeugnisse einer ehrwürdigen Kultur: Zum Untergegangenen gehört auch die deutsche Geschichte. In lediglich zwölf Jahren haben sie alles in jenen Abgrund gezerrt, auf den ihre Herrschaft von Anfang an zulief. Das öffentliche Bewußtsein weiß nichts mehr von dem, was ihnen voraufging. Es kennt nur die Hitlerzeit und die annähernd fünfzig Jahre danach. Selbst da noch tun sich zahlreiche Leerstellen und gewollte Täuschungen auf.

Dem Verdrängungswillen auf allen Seiten entsprach, daß die DDR die einstige Friedrichstadt mit ihren Bauten aus den Epochen zwischen Knobelsdorff, Schinkel und Stüler, die halbwegs durch den Krieg gekommen waren, verfallen und bald abreißen ließ. Der Affekt gegen die Vergangenheit, der Hang zum Niedermachen, Planieren und Wegschaffen dauerte fort. Wie das Berliner Schloß gingen das Palais Schulenburg und das sogenannte Prinzenpalais dahin, die Palais Vernezobre, Schwerin, Pringsheim oder das Haus des Johanniter-Ordens am Wilhelmplatz. Zurück blieben leergeräumte Flächen. Bismarck hatte sich noch laut beklagt, als sein Nachfolger Caprivi ein paar Eiben hinter der Reichskanzlei fällen ließ. Rund fünfzig Jahre später hatte man für den Bau des Führerbunkers den gesamten Baumbestand beseitigt, und unterdessen lagen dort nur noch Betonquader und Mauerbrocken herum. In den fünfziger und sechziger Jahren war im Vorübergehen nichts als ein flacher, unkrautbewachsener Erdhügel zu sehen, der niemandem etwas sagte oder bedeutete. Bald darauf wurden die Reste der unterirdischen Höhlen freigelegt und beseitigt. Es kam der Bau der Mauer, die an den ehemaligen Ministergärten entlang zum Brandenburger Tor verlief und davor ein schußfreies Gelände herstellte. Am 9. November 1989 tanzten dort die Menschen.

Es ist eine wirre Abfolge von Ereignissen, die den Ort zwischen den Linden und der Voßstraße kennzeichnet, angefangen von Bettinas paradiesischem Glück über Bismarcks Kanzlerschaft bis hin zum Führerbunker, und wie alle Geschichte voll von Widerspruch, Verblendung und Drama, aber auch mit unverhofftem

Ausgang. Auf einem Teil des Ödlands wird demnächst das Holo-caust-Mahnmal errichtet werden, das den Irrwegen im Vergange-nen symbolischen Ausdruck geben soll. Die Frage dauert fort, ob es nicht etwas wie Sündenstolz verkündet und einen Zusammen-hang zwischen Schuld und Großtuerei herstellt, der jeder nach-denklichen Absicht zuwiderläuft.

VI.

Im Frühsommer 1946 erschien am Gartenausgang des Führer-bunkers eine Kommission der Roten Armee. In ihrer Begleitung befanden sich, unter strenger Bewachung, einige Überlebende aus dem Bunker, die im Mai des Vorjahres in Berlin aufgegriffen wor-den waren. Filmkameras wurden aufgebaut und die Szene von der Verbrennung Adolf Hitlers und seiner Lebensgefährtin noch ein-mal in allen Einzelheiten nachgestellt. Wenige Tage darauf ordnete die sowjetische Besatzungsmacht an, die Reichskanzlei mitsamt dem unterirdischen Bunkersystem zu sprengen.

Die sterblichen Überreste Hitlers, Eva Brauns und einiger weiterer Bunkerbewohner waren im Mai 1945 zunächst am Dienstsitz der Abteilung Gegenaufklärung der 3. Stoßarmee im Raum Berlin-Buch verscharrt worden. Mit der Einheit zogen die Holzkisten, in denen sie verwahrt wurden, anschließend nach Finow, von dort nach Rathenow und schließlich nach Magdeburg. Auf eine Anfrage hin entschied im März 1970 das Politbüro der KPdSU, die Überbleibsel zusammen mit den Rückständen der Familie Goebbels «streng konspirativ» auszugraben und «durch Verbrennung endgültig zu vernichten». In dem Abschlußbericht über die «Operation Archiv» heißt es: «In der Nacht zum 5. April 1970» wurden «die Überreste vollständig verbrannt, dann zusam-men mit Kohlestücken zu Aschenpulver zerstampft, anschließend in den Fluß geworfen».

Nach dem Ort der Erinnerung waren damit auch die letzten

seiner Insassen beseitigt. Vielleicht hat es damit zu tun, daß sie bis heute gegenwärtiger sind als jeder andere Schauplatz und Akteur der Geschichte.

LITERATURHINWEISE

Uwe Bansen/James P. O'Donnel, Die Katakombe. Das Ende in der Reichs-kanzlei, Stuttgart 1975.

Laurenz Demps, Berlin-Wilhelmstraße. Eine Topographie preußisch deut-scher Macht, Berlin 1996.

Peter Gosztony, Der Kampf um Berlin 1945 in Augenzeugenberichten, Mün-chen 1985.

Ernst-Günther Schenck, Ich sah Berlin sterben. Als Arzt in der Reichskanz-lei, Herford 1970.

Hugh R. Trevor-Roper, Hitlers letzte Tage, Frankfurt–Berlin 1965.

Ulrich Völklein (Hrsg.), Hitlers Tod. Die letzten Tage im Führerbunker, Göt-tingen 1999.

Hitlers wirkliches Vermächtnis

Kein Jahrhundert hat mit so großen Erwartungen begonnen wie dieses. Am 1. Januar 1901 schrieb die «Chicago Tribune»: «An der Schwelle des 20. Jahrhunderts sieht es so aus, als könne es das Jahrhundert der Humanität und der Bruderschaft aller Menschen werden.» Aber der Traum zerstob und war bereits zur Mitte des Jahrhunderts ausgeträumt. Alle leidenschaftlichen Versuche, ihn wiederzubeleben, sind Stückwerk geblieben.

An der großen Entzauberung, die der Nenner der Epoche ist, hat vieles mitgewirkt: die Wissenschaften und die Künste, Ideologien, die Prozesse gesellschaftlichen Wandels, politische Erschütterungen und anderes mehr. Wer auf die Stichwortgeber am Beginn der zahlreichen Kulturschocks sieht, die das Zeitalter ereilten, kann mit nur geringer Vereinfachung von einem mehrdeutig «deutschen» Jahrhundert sprechen. Am Anfang steht Karl Marx, es folgten Nietzsche, Freud und Einstein bis hin zu Otto Hahn, und am Ende kommt man an Hitler nicht vorbei. Sein Platz in dieser Jahrhundertgalerie hat weniger mit den Veränderungen auf der Weltkarte zu tun, die auf ihn zurückgehen. Vielmehr hat er dem zivilisatorischen Grundvertrauen, das die Menschen bis dicht an die Gegenwart getragen hat, auf lange Zeit den Boden entzogen.

Er ist geradezu zur Symbolfigur des Epochenbruchs geworden. Zwar hat das Jahrhundert so viele Staatsverbrecher hervorgebracht wie kein anderes. Das beginnt schon an seinem Anfang mit den Kolonialmächten, in deren Ausrottungsfeldzügen und Konzentrationslagern bereits nach Zehntausenden gezählt wird. Was damals einsetzte, war der massenhafte, maschinell vollstreckte Tod, dessen Opfer keine Namen haben und nur noch als Ziffer in irgendwelchen Statistiken fortdauern. Lenin und Stalin erweiterten das Mordgeschäft nach den summarischen Metzeleien der Bürgerkriegsjahre zum Terror als Herrschaftsinstrument. Ihr Beispiel wirkte auf die eine oder andere Weise fort im Gewimmel der Dutzenddiktatoren während der zwanziger und dreißiger Jahre bis hin zu Mao, Pol Pot, Batista, Pinochet oder dem «Genius der Karpaten» Nicolae Ceauşescu. Doch in diesem Bestiarium behauptet Hitler unangefochten die Spitze.

Es ist nicht so sehr die Zahl der Opfer, die ihm den Vorrang eingetragen hat. Das «Schwarzbuch des Kommunismus» hat enthüllt, daß Stalin und Mao ihn um einige Millionen hinter sich lassen. Und andere Gewaltherrscher wie Papa Doc Duvalier oder Kim Il Sung haben womöglich mehr persönliche Grausamkeit offenbart, wieder andere wie Idi Amin mehr Rachsucht und Brutalität. Was Hitler einzigartig machte und den mit seinem Namen verbundenen Schrecken nicht enden läßt, war die Radikalität seines Aggressionswillens und die Unverhohlenheit, mit der er alle Gesittungsnormen eines Kulturzusammenhangs verwarf, dem er immerhin selbst entstammte. Sein Programm, hatte er schon früh erklärt, sei «die Formulierung einer Kriegserklärung … gegen eine bestehende Weltauffassung überhaupt».

Nahezu sämtliche Despoten der Zeit haben ihren Machtwillen mit einem ideologischen Überwurf drapiert, wie löchrig er sich auch ausnehmen mochte. Lenin beispielsweise und auch Stalin haben ein durchaus zynisches Verhältnis zu den Verheißungen gehabt, die sie verkündeten. Auch von Hitler hat man das lange Zeit behauptet. Aber im Unterschied zu den anderen Gewaltherrschern hat er auf die großen geschichtstheoretischen Verbrämungen seiner Herrschaft verzichtet. Es gab nur ein einziges Prinzip, das er gelten ließ und dessen Gefangener er bis zuletzt blieb: den Gedanken vom Dauerkampf des einzelnen wie der Völker um Selbstbehauptung und Unterwerfung.

In diesem Weltbild gab es indessen eine unübersehbare Ausnahme. Sie kam aus Hitlers Judenhaß. Denn die Juden waren, wie er fand, vom Grundgesetz des Daseins ausgenommen. Unfähig zur Staatenbildung, hatten sie sich seit Menschengedenken dem ewigen Kampf um Lebensraum entzogen. Überhaupt hatten sie alle Schöpfungsregeln unterlaufen, um sich die Weltherrschaft zu sichern, angefangen von Moses, Paulus und dem Christentum bis zu Lenin, wie Hitler Anfang der zwanziger Jahre in einem Gespräch mit dem Dichter Dietrich Eckart versicherte. Zu ihrem vielarmigen Zangenangriff gehörte der Kapitalismus und, in paradoxer Nachbarschaft dazu, der Bolschewismus, die Demokratie und der Pazifismus ebenso wie die Kriegstreiberei sowie überhaupt jene verderbliche Botschaft von der Gleichheit aller Menschen, die einer universellen «Bastardisierung» Vorschub leistete. Wo immer man den Verhältnissen auf den Grund ging, kam der «Weltvergifter der Völker» zum Vorschein, der sich gleichsam außerhalb der für alle geltenden Regeln gestellt hatte. Und weil er außerhalb stand, hatte er auch jedes Daseinsrecht verwirkt.

Es war ein aberwitziges und weithin krankhaftes Weltbild, das die Obsessionen der rassekundlichen Traktatliteratur um die Jahrhundertwende, durchsetzt von eigenen Verdrehtheiten, widerspiegelte. Gemeingut hingegen war es nicht. Zwar gab es im Deutschland der Jahrhundertwende, nicht anders als fast überall in Europa, einen latenten Antisemitismus. In Deutschland wurde er nach dem Ersten Weltkrieg durch die radikalen völkischen Ideologen virulent, indem sie die Schuld für die nie begriffene Niederlage vom Herbst 1918, die Revolution und die folgende Währungszerrüttung mitsamt dem sozialen Absturz ganzer Schichten den Juden zuschoben.

Zählbare Erfolge hatten sie damit einzig in dem aufgebrachten, von den Turbulenzen der Räteherrschaft Anfang 1919 mitgenommenen München. Dennoch hat Hitlers Judenhaß bei seinem Aufstieg keine so ausschlaggebende Rolle gespielt, wie im Rückblick oft behauptet wird, und zumal dessen verzwickte Begründungen

blieben ganz überwiegend unbekannt. Als mit den September-
wahlen von 1930 für Hitler erstmals die Chancen zum Machtge-
winn in greifbare Nähe rückten, hat er sogar die antisemitischen
Parolen, die bis dahin eine Art Kennung seiner Redeauftritte gebildet hatten, zurückgestellt oder doch dem Radauwesen seiner
Unterführer überlassen.

Überhaupt war beim Aufstieg Hitlers mehr Täuschung im Spiel,
als die Klugheit von heute sich träumen läßt, aber sicherlich auch
viel Bereitschaft, sich täuschen zu lassen, politische Verantwor-
tungsscheu und soziale Erbitterung. Selbst die Kriegsabsichten,
mit denen Hitler bei einem Teil der jahrelang von den Siegermächten gedemütigten Nation noch am ehesten auf Widerhall rechnen
konnte, hat er die längste Zeit hintangehalten. Rund ein Jahr vor
Ausbruch des Zweiten Weltkrieges hat er seine Verharmlosungs-
taktik eingeräumt und vor den Chefredakteuren der deutschen
Presse versichert, die mangelnde Kriegslust der Deutschen habe
ihn jahrelang zu Maskeraden der Friedwilligkeit gezwungen.

Natürlich ist das keine halbwegs zureichende Antwort auf die
mühevolle Frage nach den Ursachen dessen, was 1933 geschah.
Aber es liefert eine erste Verständnisbrücke, wenn man wissen
will, warum der tiefe moralische Bruch nicht wahrgenommen
wurde, den viele heutige Betrachter im Machtantritt Hitlers erkennen. Die Masse der Mitlebenden jedenfalls hat diesen Bruch
nicht empfunden. Der Fraktionsvorsitzende der SPD im Reichstag, Rudolf Breitscheid, der im Konzentrationslager Buchenwald
endete, klatschte am Mittag des 30. Januar 1933 begeistert in die
Hände, als die Nachricht von der Ernennung Hitlers zum Kanzler
eintraf; endlich habe man nicht mehr gegen die Phantome leerer
Versprechungen zu kämpfen, mit denen Hitler die Öffentlichkeit
aufrühre. Innerhalb weniger Monate werde er sich blamieren und
abtreten. Nahezu niemand war sich halbwegs bewußt, was kommen würde. Zwar hatte Hitler nach allen Seiten wilde Drohungen
verbreitet, und viele hätten gewarnt sein können. Aber Politiker-

worte waren in dem aufgewühlten, seelisch zermürbten Lande billig, und keine schienen billiger als die seinen.

Statt dessen waren er und der «Führer-Mythos», den eine einfallsreiche Selbstanpreisungskunst verbreitete, der Gegenstand vieler, oft unklarer Hoffnungen. Doch sie richteten sich keineswegs auf die kontinentweiten Eroberungszüge, die im nachhinein das Bild beherrschen, auf ein Riesenreich bis zum Ural oder gar auf die genetische «Flurbereinigung» in Osteuropa mitsamt den Übermenschenträumen, die durch die Visionen des engeren Kreises spukten. Vielmehr richteten sich die Erwartungen der von Krise zu Krise stolpernden Nation auf weit näherliegende Ziele wie die Überwindung der Arbeitslosigkeit, die Rückgewinnung des Ansehens in der Welt sowie auf die Wiederkehr der in den anarchischen Weimarer Jahren vermißten staatlichen Autorität. Der Anspruch der Hitlerleute, die beiden machtvollsten Strömungen des 19. Jahrhunderts, den Nationalstaat und den Sozialismus in einem zukunftsweisenden dritten Weg jenseits von Kapitalismus und Kommunismus zu versöhnen, weckte überdies beträchtliche Hoffnungen auf die Beseitigung der noch immer starren gesellschaftlichen Schranken. Viele versprachen sich von der Machtergreifung Hitlers größere soziale Gerechtigkeit und die Einlösung zahlreicher unerledigter Sehnsüchte nach einem Wandel der Verhältnisse. Die Vorgänge von 1933 bleiben unverständlich, wenn man aus Hitlers Programm die Ankündigung einer Schreckensherrschaft herausliest und die «Versuchung» nicht begreift, die er für eine im Wirtschaftschaos versinkende Gesellschaft bedeutete.

Aber auch Zweifel und Besorgnisse gab es mehr, als das meist grobkörnige Bild von heute wahrhaben will. Die frühzeitig einsetzende Verfolgung von Regimegegnern, die Gewaltakte auf den Straßen und die schon vier Wochen nach der Ernennung Hitlers zum Reichskanzler verfügte Abschaffung wichtiger Grundrechte schufen viele Beklemmungen. Selbst die pausenlos erzeugte Feierstimmung der neuen Machthaber, der geputschte Jubel mit den Parolen von nationalem Erwachen und Fahnen heraus! konnten diese Besorgnisse nicht zum Schweigen bringen. Doch die in den Jahren der untergehenden Republik eingetretene Verwilderung des politischen Kampfes mit den bürgerkriegsähnlichen Straßenschlachten und den «Blutsonntagen» hatte weithin die Bereitschaft erzeugt, das rücksichtslose Durchgreifen als Zeichen der endlich in ihr Recht zurückkehrenden Staatsgewalt zu deuten.

Überhaupt war die Machtergreifung, wie es dem alsbald in Umlauf gebrachten paradoxen Begriff der «legalen Revolution» entsprach, ein komplexer, in oftmals konfusem Stimmungsdurcheinander wahrgenommener Vorgang, und erst allmählich haben die rasch spürbaren, mit ungläubigem Staunen wahrgenommenen Erfolge des Regimes das große Überlaufen bewirkt. Weder in der Geschichtsschreibung noch in der Literatur hat der Gefühlszwiespalt, der viele erfüllte, bislang eine annähernd zutreffende Darstellung gefunden. Jedenfalls haben die Deutschen sich damals nicht, dem noch immer weitverbreiteten Bild entsprechend, wie Richard III. entschlossen, gleichsam über Nacht vom rechten Weg abzugehen und zum Bösewicht der Welt zu werden.

Ebendarauf freilich liefen die ersten, schon während des Krieges entwickelten Theorien über den Aufstieg Hitlers hinaus. Verschiedentlich sind lange Ahnenreihen konstruiert worden, die den Diktator zum Vollender einer in einigermaßen grauer Vorzeit, mit Arminius dem Cherusker einsetzenden Politik des Widerstands gegen die zivilisierende Macht des Westens erhoben. Mit großem und selbstgerechtem Fleiß wurde die Geschichte des Landes damals zu einer einzigen Kette von Aggressionsakten gegen das friedliebende Europa umgeschrieben. Das gewaltsame Bild tauchte zumal die Herrscherfiguren der deutschen Vergangenheit in dämonische Lichter und machte sie allesamt, bis oftmals zum blanken Widersinn, zu Vorläufern Hitlers. Doch die weitaus längste Zeit wurde die deutsche Miniaturwelt mit ihrer Vielzahl kleiner, erst im Verlauf des 19. Jahrhunderts schrittweise zusammengeführter Fürstentümer von biederen, vielfach engstirnigen Landesherren regiert, und einzig Friedrich der Große und Bismarck treten aus der im ganzen philiströsen Galerie heraus.

Obwohl die seriöse Geschichtswissenschaft diese Legenden der Hitlerherrschaft schon bald verworfen hat, machen sie ihre Wirkung bis heute. Nicht nur der allerdings geistig schlichte General Dwight D. Eisenhower hielt die Deutschen daraufhin für das «synthetic evil» der Welt, und viele haben dieser Sicht der Dinge gern zugestimmt. Es gibt sie bis heute. Noch der intellektuell freilich ebenso schlichte Daniel J. Goldhagen ist in seinem Buch über Hitlers willige Vollstrecker dahin zurückgekehrt.

In ähnliche Ungereimtheiten führte die auf der Linken bald zum Glaubenssatz erhobene kommunistische Auffassung. Danach war Hitler nichts anderes als der «mühselig hochgespielte und teuer bezahlte Kandidat einer im Hintergrund wirkenden Nazi-Clique». Wie eine Antwort darauf klang die zur Zeit des Kalten Krieges in Umlauf gebrachte These, wonach der Diktator lediglich eine von Stalin ins Spiel gebrachte Marionette mit dem Auftrag war, die westliche Welt zu zersetzen.

Und so noch manches, das meiste abwegig und nicht einmal den Widerspruch lohnend. Gerade die marxistischen Interpretationen mit ihrer Gleichsetzung von Kapitalismus und «Faschismus» haben indessen nie erklären können, warum einige Länder wie Großbritannien oder Frankreich jener «faschistischen Überwältigung» nicht erlagen, der die Weimarer Republik zum Opfer fiel. Selbst Max Horkheimers vielzitiertes Diktum, wer vom Kapitalismus nicht reden wolle, solle auch vom Faschismus schweigen, trägt nicht weit und ist, wie zahlreiche Äußerungen aus seiner Schule, nur ein hochmütig daherkommender Gemeinplatz. Denn auf den Kapitalismus gehen in der einen oder anderen Form alle Erscheinungen im Europa der Neuzeit zurück, die Demokratie und der Liberalismus, der Wandel der gesellschaftlichen Strukturen und der Lebensformen sowie Marx und der Kommunismus schließlich auch.

Im ganzen leiden alle von einem vorgefaßten Ausgangspunkt her entwickelten Theorien über Hitler an der Hilflosigkeit, die schon das Urteil der Zeitgenossen verwirrt hat. Das gilt, mit Unterschieden im einzelnen, auch für die jüngeren, der sozialgeschichtlichen Richtung entstammenden Deutungen. Darin erscheint Hitler als bloßer Vereinigungspunkt starker gesellschaftlicher Strömungen, mehr Mittelsmann und Repräsentant übermächtiger Gruppen als bestimmender Gestalter.

Gemeinsam ist fast allen diesen Thesen die Absicht, die Person Hitlers aus der Geschichte wegzuerklären, weil das Auftreten dieses Mannes sich allzu offensichtlich dem Deutungsmuster von der steuernden Macht der Strukturen widersetzt: eine theoriewidrige Erscheinung, die noch einmal die lange überwundene Auffassung von den Männern zu bestätigen scheint, die «Geschichte machen».

Aber weder das Geschehen jener Jahre noch der gegenwärtige Weltzustand sind vorstellbar ohne die Figur Hitlers. Das schließt den Blick auf die seinen Aufstieg befördernden gesellschaftlichen Bedingungen nicht aus. Aber am Ende führen alle Einzelbefunde immer wieder auf Hitler zurück, und Raymond Aron hat es einmal «idiotisch» genannt, die Rolle des Diktators herabzudeuten.

Die womöglich hartnäckigste der Legenden, die um Hitler und seinen Aufstieg gewoben wurden, geht dahin, daß er der große Gegenspieler seiner Zeit gewesen sei und die Zeit, zumindest außerhalb Deutschlands, ihn als ihren Widersacher erkannt habe. Aber die ausländischen Besucher, die, angezogen von dem «faschistischen Experiment», in wachsender Zahl nach Deutschland kamen, empfanden zumeist mehr Respekt und sogar Bewunderung, als sie später wahrhaben wollten. Unvergessen ist der Hitlergruß hinauf zur Führertribüne, mit dem die französische Mannschaft während der Olympischen Spiele von 1936 in das Berliner Stadion einzog. Alle Welt pries die vermeintliche Befriedung im Innern, die Vollbeschäftigung und die sozialstaatlichen Errungenschaften. Dahinter verschwanden die Opfer, mit denen die prosperierende Volksgemeinschaft erkauft war, und die Mehrzahl der Besucher hat die unverkennbar brachialen Züge des Regimes auf die den Deutschen eigentümliche Ordnungssucht zurückgeführt. Doch dem genaueren Blick hätte nicht entgehen dürfen, daß Hitlers Unrast weitergespannten Zielen zustrebte als einem autoritären Wohlfahrtsstaat mitsamt seinem verachteten Kleineleuteglück.

Kaum einer nahm es wahr. Viel eher schien es, Hitler habe eine Art Zauberformel für ein Zeitalter gefunden, das so unverkennbar im Zeichen der Massen, ihrer Orientierungsnöte, ihrem Verbrüderungsbedürfnis und ihrer Glaubenssehnsucht stand. Es bescherte den entschlossenen Hitlergegnern, zumal den Emigranten, immer neue Empfindungen von Bitterkeit und Zorn, wie der deutsche Diktator, nach den Worten Thomas Manns, zum «Hätschelkind» der Epoche wurde. Kaum war Hitler zum Kanzler ernannt, setzte denn auch eine Art Wettlauf der Mächte um Abmachungen und Verträge ein, und es gehört zu den Ironien der Geschichte, daß die Sowjetunion und der Vatikan dabei den Anfang machten. Es folgten Polen und England, und bald hofierte dem neuen Mann, dessen Rechtsverachtung längst offenkundig war, ein Land nach dem anderen, als dränge jedes dazu, einen eigenen Beitrag zu Hitlers unverkennbar hervortretender Absicht zu leisten, die europäische Zwischenkriegsordnung über den Haufen zu werfen.

Als sein wirksamster, wenn auch zunächst stummer Verbündeter erwies sich dabei ausgerechnet die Sowjetunion. Die große Angst, die von ihrer unermüdlichen Revolutionsdrohung ausging und im Volksfrontbündnis in Frankreich, im Spanischen Bürgerkrieg oder in der großen «Tschistka» mit rund einer Million Ermordeten beunruhigendes Anschauungsmaterial bereitstellte, hat Hitler Mal um Mal geholfen. Mit Vorliebe hat er sich als das «Bollwerk» und der «Wellenbrecher» gegen den Kommunismus aufgespielt. Gleich vielen anderen Besuchern war selbst Arnold Toynbee nach einer Unterredung beeindruckt, mit welcher Klarheit und Überzeugungskraft der deutsche Kanzler von dem «Wächteramt» gesprochen hatte, das er für das tödlich gefährdete Europa übernommen habe.

In dieser Rolle hätte Hitler noch geraume Zeit seine sprichwörtlich «leichten Siege» erringen und dem Reich eine einzigartige Vormachtstellung auf dem Kontinent sichern können. Doch hatte er zuviel Verachtung für seine bürgerlichen Gegenspieler. Auch brachte er weder die Geduld noch das Augenmaß auf, die für eine solche Politik vonnöten gewesen wären. Vor allem aber wollte er endlich den Krieg. Schon auf der Münchener Konferenz vom Herbst 1938 hatte er sich um den militärischen Konflikt betrogen gefühlt, obwohl inzwischen unstrittig ist, daß er zu diesem Zeitpunkt eine bewaffnete Auseinandersetzung nur wenige Tage lang durchgehalten hätte. «Aber», klagte er später, «sie haben überall eingelenkt. Wie Feiglinge haben sie allen unseren Forderungen nachgegeben.» Jetzt war seine Hauptsorge, wie er inmitten der nächsten von ihm entfesselten Krise gestand, daß ihm «noch im letzten Moment irgendein Schweinehund einen Vermittlungsvorschlag vorlegt».

Seine Befürchtung war unbegründet, so daß er wenig später, kaum ein halbes Jahr nach München, in Prag einmarschieren konnte. Und als er gleich darauf auch noch die polnische Frage aufwarf, meldete sich kein Vermittler mehr, als habe die Welt endlich begriffen, was seine Schwüre galten. Aber selbst jetzt noch hätten die Mächte, aller begründeten Vermutung nach, mit sich reden lassen, jedenfalls kennt man die Zugeständnisse, auf die sich London vorbereitet hatte. Mit dem Moskauer Pakt vom August 1939 hingegen, der ihm das Tor zum Einmarsch in Polen aufsperrte, ging Hitler noch einen Schritt weiter und warf die wichtigste der Voraussetzungen um, die den Westen ein ums andere Mal nachgiebig gestimmt hatten. Jetzt gab er zu verstehen, daß er nicht der unnachgiebige Gegner der kommunistischen Revolution war, als der er sich aufgeführt hatte. Jetzt ließ er jedermann wissen, daß er der Feind aller war.

Zugleich enthielt Hitlers Entschluß, den ungeduldig ersehnten Krieg zu beginnen, zwei Konsequenzen von kaum absehbaren Folgen. Die eine war der Verzicht gerade auf jene Politik, die so viel zu seinen Erfolgen beigetragen hatte. Schon seit Ende des Jahres 1937 vermittelt sein Verhalten den Eindruck, als sei er des ständigen Lavierens und der ewig falschen Eide überdrüssig und könne es kaum mehr erwarten, zu den primitiven Rezepten des Dreinschlagens zurückzukehren, denen er zu Beginn seiner Laufbahn, als «Held von München», gefolgt war. Jedenfalls gibt es in den nahezu sechs verbleibenden Jahren seiner Herrschaft keine einzige halbwegs ernstgemeinte politische Initiative mehr von ihm. Auch rhetorisch versteifte er sich zunehmend auf die im Grunde apolitischen Gegensatzpaare von «Sieg oder Vernichtung», «Weltmacht oder Untergang». Am Ende steht dann die Antwort, mit der er das Ansinnen des Botschafters Walther Hewel im Frühjahr 1945 beschied, in letzter Stunde eine politische Lösung zu finden: «Politik? Ich mache keine Politik mehr. Das widert mich so an.»

Die andere Folge betraf die Radikalität seiner Einsätze. Als werfe er mit den diplomatischen Rücksichten zugleich alle anderen Rücksichten ab, gab er jedwede Hemmung auf. Bezeichnenderweise hat er den einzigen schriftlichen Mordbefehl, der von ihm überliefert ist, den im Oktober 1939 unterzeichneten Erlaß zur Massentötung von Kranken, auf den Tag des Kriegsbeginns zurückdatiert. Desgleichen verlegte er, wann immer er darauf zu sprechen kam, seine öffentliche Vernichtungsdrohung gegen die Juden auf den 1. September 1939, doch tatsächlich stammte sie vom 30. Januar des Jahres. Annähernd vier Wochen nachdem er, seinen eigenen Worten zufolge, den Krieg «herbeigezwungen» hatte, beauftragte er Himmler mit der «rassischen Flurbereinigung» im Osten, zehn Tage später löste er die SS und die Polizei aus der geltenden Gerichtsbarkeit, und so eines nach dem anderen.

Der Wille zur Verschärfung trat im Fortgang der Jahre immer ungehemmter hervor, und nicht zuletzt deshalb haben ihm die raschen Triumphe der ersten Feldzüge nur geringe und alsbald schal schmeckende Befriedigungen verschafft. Zeitlebens hatte er in der Vermeidung eines Zweifrontenkrieges eine Art Grundgesetz der deutschen Militärpolitik gesehen. Jetzt wandte er sich, kaum daß er den Sieg über Frankreich errungen und Gewißheit darüber erlangt hatte, daß Großbritannien weder zu besiegen noch für seine Weltteilungspläne zu gewinnen war, dem Krieg gegen die Sowjetunion zu. Die ersten Hinweise darauf stammen bereits vom Juni und Juli 1940.

Er führte ihn unbarmherzig, mit kalter Grausamkeit und sichtlich glücklich darüber, aller politischen, menschlichen oder gar moralischen Rücksichten enthoben zu sein. Selbst auf die Befreiungsparolen, deren Nutzen ihm seine Umgebung wiederholt vor Augen stellte, verzichtete er, als wolle er sich nach Jahren der Verstellung endlich in seiner ganzen barbarischen Freiheit offenbaren.

Nachdrücklich ergriff er dabei jede sich bietende Möglichkeit, Komplizen zu schaffen und allmählich die gesamte Nation durch ein gewaltiges Verbrechen unwiderruflich an sich zu ketten. Die Überlegung stand ersichtlich hinter der in Rußland erstmals verfolgten Praxis, die Massaker der SS-Einsatzgruppen mit der operativen Kriegführung zu verknüpfen. In zahlreichen kritischen Lagen hat Hitler beharrt, man müsse sich «die Rückzugslinien selbst abschneiden …, dann kämpfe man leichter und entschlossener». Mit Vorliebe hat er dabei die Metapher von den «abgebrochenen Brücken» benutzt und einmal einen Hinweis auf die Leiden der Zivilbevölkerung während des Luftkriegs mit dem Bemerken abgetan, jede zerstörte Stadt sei eine Fluchtbrücke weniger. Darüber hinaus hat er den Zusammenhang zwischen solchen Maximen und den Massenverbrechen selber hergestellt. «Der jüdische Haß (sei) sowieso riesengroß», erklärte er Anfang 1943, so daß «kein Zurück auf dem einmal eingeschlagenen Wege» möglich sei.

Zwar liegt bis heute kein vorzeigbarer Beleg für Hitlers Entschluß zur Massenvernichtung vor. Aber die daraus verschiedentlich hergeleitete Folgerung, die alsbald systematisierte Mordpraxis ginge nicht auf ihn zurück, sondern sei eine Konsequenz aus Zuständigkeitschaos und Eigenmacht irgendwelcher Unterführer, verkennt Hitlers Extremismus und daß das Grundprinzip seiner Herrschaft keine Unternehmung von solchem Gewicht duldete, die über seinen Willen hinwegging. In seinem Tagebuch hat Goebbels festgehalten, daß «der Führer» auch in dieser Frage «der radikalste» sei.

Es gibt Anhaltspunkte dafür, daß Hitler seine Ausrottungspläne um so unnachsichtiger vorangetrieben hat, je aussichtsloser die militärische Lage wurde. Nicht zufällig setzte die Radikalisierung der Judenverfolgung Ende 1941 ein, als er zu der Einsicht gelangt war, daß mit der unvermittelt hereingebrochenen Winterkatastrophe vor Moskau sein gesamtes strategisches Konzept gescheitert war. Zur gleichen Zeit erklärte er den Vereinigten Staaten den Krieg, auch dabei unter anderem von der Absicht geleitet, den letzten Ausweg zu verbauen, und sei es um den Preis der Selbstvernichtung. Bezeichnenderweise stammt auch Hitlers erste Drohung gegen das eigene Volk aus jenen Tagen. Er werde den Deutschen, erklärte er am 27. November 1941 während eines Empfangs, «keine Träne nachweinen», wenn sie in diesem Krieg «durch eine stärkere Macht zugrunde gingen».

Als nach den Zwischenerfolgen des Sommers 1942 die Gewißheit der Niederlage unabweisbar wurde, ist er denn auch zusehends dazu übergegangen, seine Ankündigung wahr zu machen, daß «das deutsche Volk diese Schmach nicht überleben» werde. Allen operativen Entscheidungen war seither das Motiv enttäuschten Hasses gegen das eigene Volk untermischt. Es hat schon die Katastrophe von Stalingrad mitbewirkt, desgleichen seine ständigen Einsprüche gegen die Bildung befestigter Auffangstellungen hinter der Front sowie zahlreiche weitere Entscheidungen bis hin zur Ardennenoffensive vom Dezember 1944, mit der er der an der Oder aufmarschierten Roten Armee den Weg nach Berlin freigab.

Spätestens mit der Wende des Krieges jedenfalls drängt sich der Eindruck auf, daß Hitlers Vorstellung mehr und mehr von den Bildern eines von ihm selber inszenierten Untergangs beherrscht war. Seit 1939 hatte er immer wieder die Alternative von «Weltmacht oder Untergang» beschworen, und nichts erlaubte den Schluß, daß er den Untergang weniger buchstäblich gemeint habe als seinen nunmehr in Stücke gehenden Weltmachtehrgeiz. Von dieser Absicht geleitet, hat er im Herbst 1944, als die gegnerischen Armeen sich den deutschen Grenzen näherten, die Praxis der «Verbrannten Erde» auch für das Reichsgebiet angeordnet und verlangt, dem Feind lediglich eine Zivilisationswüste zu hinterlassen. Seither beherrschte ihn einzig der Wille, das Ende hinauszuzögern – weniger um die eigene Lebensfrist zu verlängern, als um den doppelten Vernichtungsvorsatz so lange irgend möglich zu vollstrecken: den gegen die Juden und den gegen das eigene Volk. Er ist damit weit gekommen.

Nach allem belegbaren Ermessen hat er sich am Ende keineswegs als gescheitert betrachtet, sondern noch im Untergang nur die Bestätigung des «Urgesetzes» vom Sieg des Stärkeren und der Vernichtung des Schwachen gesehen. Einige Militärs aus seiner Umgebung haben sich gelegentlich darüber verwundert, daß er kein beschreibbares Kriegsziel gekannt habe. Aber Krieg war, wie er es sah, zu aller Zeit, und vielleicht deutet die Tatsache, daß er ihn erst nach Osten, dann nach Norden, schon Tage darauf nach Westen und schließlich nach Süden führte, ehe er sich wieder dem Osten zuwandte, etwas von der Richtungsbeliebigkeit seines Aggressionswillens an.

Selbst für «seinen» Feldzug gegen die Sowjetunion und den «unendlichen Raum», den er dort erobern wollte, besaß er kein Konzept. Eine Zeitlang geisterte das Bild eines vorindustriellen «Gartens Eden» durch seine Tischtiraden mit einer «ewig blutenden Grenze» weiter im Osten, an der die Auslese der Besten getroffen und die Rasse im Dauerkampf gehärtet werden sollte. Aber auch vom Durchstoß zu den Ölquellen des Nahen Ostens und sogar vom Griff nach Indien war die Rede, wo er gegen das Britische Empire antreten wollte, das sich seinem Werben so spröde widersetzt hatte: alles nur wilde, vom Augenblick eingegebene Reizvorstellungen, überspannt, verblendet, infantil. Charakteristischerweise taucht in den imperialen Tagträumen, denen er sich wieder und wieder überließ, kein einziger zivilisatorischer Gedanke auf. Durchweg geht es lediglich um Eroberung, Versklavung und Ausbeutung sowie um das Weiterhasten zu neuen Eroberungen, neuen Versklavungen und neuen Ausbeutungen. Anderes zählte daneben nicht. «Schlagen, schlagen und wieder schlagen», hat er in einer Rede vom November 1942 als das «eine Prinzip» ausgegeben, dem er lebenslang gefolgt sei.

Auf diese Weise hat er ein beispielloses Zerstörungswerk angerichtet. In der Mischung aus Demagogie, Kälte und Phantastik, die ihm eigen war, hat man vielfach den Ausdruck einer tief gestörten, krankhaften Verfassung gesehen. Weitaus beunruhigender ist aber, daß er für seinen Furor des Vernichtens und Zugrunderichtens ungezählte Helfer ohne jede psychische Deformation fand. Bei Christopher Browning kann man nachlesen, wie «ganz normale Männer» eines Polizeibataillons, Familienväter mittleren Alters aus dem Hamburger Arbeitermilieu, den Befehl erhalten, die Juden einer kleinen Ortschaft im Distrikt Lublin umzubringen. Anfangs reagieren sie entsetzt, der Kommandeur erteilt vor der angetretenen Einheit seine Anweisungen sogar mit tränenerstickter Stimme. Doch dann verrichten sie mit zunehmender, im ganzen entschlossener Bereitwilligkeit das Mordgeschäft.

Dergleichen Vorkommnisse sind, bei allen Unterschieden im einzelnen, ungezählt. So daß das Erschrecken, das sich mit dem Namen Hitlers verbindet, nicht so sehr auf seine Person zurückzuführen wäre. Vielmehr hat er, mehr als die Welt sich jemals träumen ließ, eine erschreckende Wahrheit aufgedeckt: daß der Mensch jederzeit zu den Akten rechenschaftsloser Barbarei verführbar ist.

Der Schock, den diese Einsicht bereitet, würde die merkwürdige Tatsache erklären helfen, daß Hitlers Bedeutung mit seinem Ende von Jahr zu Jahr gewachsen ist. Desgleichen haben die Opfer, die seinen Weg säumen, all die Abermillionen aus dem Gedächtnis der Welt verdrängt, die andere Gewalthaber vor, neben und nach ihm ermordet haben. Längst gibt es eine Art historischer Orthodoxie mit einer neuen Sünde wider den Geist. Sie verlangt, keine anderen Teufel neben dem einen zu haben, der Hitlers Namen trägt. Als Hans Magnus Enzensberger während des Golfkriegs Saddam Hussein als Wiedergänger eines Hitler beschrieb, der keineswegs «einzigartig» gewesen sei, und einen Zusammenhang zwischen den deutschen und den irakischen Massen, ihrer Blindheit und selbstzerstörerischen Folgsamkeit herstellte, stieß er, in Deutschland jedenfalls, auf nahezu ungeteilte Empörung, als habe er nicht eine bedenkenswerte Überlegung angestellt, sondern einen Akt der Häresie begangen.

Die Ketzerei bestand ersichtlich in der Ausweitung der Perspektive auf die Natur des Menschen im ganzen. Gegen alle herrschenden Klischees sah Enzensberger in Hitler nicht ein ausschließlich deutsches, sondern ein anthropologisches Problem. Die Frage war, was es mit der Suggestion erkennbar katastrophischer Führerfiguren und ihres Untergangsfiebers auf sich habe, was mit den kollektiven Krankungen sowie mit dem Verlangen, sie von einem «Erzfeind» her erklärt zu bekommen. Man kann noch weiter gehen und herauszufinden versuchen, woher selbst in hochentwickelten Nationen die totalitäre Sehnsucht kommt und ob vielleicht ein Rest davon die kampfbesessenen deutschen, französischen oder holländischen SS-Einheiten beseelte, die im Frühjahr 1945, über die buchstäblich letzte Minute hinaus, für ein erkennbar menschenfeindliches Regime in den Tod gingen? In den Lagern des GULAG hat man Gefangene weinen sehen, als Stalin starb.

Fragen über Fragen. Sie drängen die Überlegung auf, ob das nach wie vor herrschende Menschenbild der Aufklärung je etwas anderes war als gleichsam erlauchte Literatur. Jedenfalls hat es mit Hitler, aber auch mit Lenin, Stalin und den anderen Diktatoren der Epoche seine Widerlegung gefunden. Zwar war die Aufklärung eine vielgesichtige Erscheinung. Sie läßt sich weniger als eine halbwegs einheitliche Gedankenrichtung ansehen, sondern eher als ein großes, durch hochherzige Erwartungen verbundenes Stimmendurcheinander. Aber bewahrt und ins allgemeine Bewußtsein eingegangen ist daraus die Vorstellung, daß der Mensch von Natur aus gut, einsichtig sowie vernunftgeleitet sei und, einmal über das Richtige belehrt, das selbstbestimmte Dasein will.

Dem anhaltenden Optimismus dieses Menschenbildes hat Hitler ein Ende gemacht. Wie keiner der demagogischen Machthaber des Jahrhunderts hat er das Verlangen der «einsamen Masse» nach einem gebieterischen Willen, nach Gemeinschaft, Dramatik, Hingebung und in alledem nach einem fremdbestimmten Dasein aufgedeckt. Die meisten, heißt es bei Tocqueville, fürchteten die Vereinsamung mehr als alles andere und nähmen dafür Täuschung und Wahn in Kauf.

Es kann kein Zweifel sein, daß diese Einsicht nach wie vor zutrifft. Zwar gibt es diejenigen Ängste und Ressentiments nicht mehr, die so viel zu Hitlers Aufstieg beigetragen haben. Aber andere sind an ihre Stelle getreten, angefangen vom Schwinden des Geborgenheitsgefühls unter dem gewohnten Dach des Nationalstaats über die Migration bis hin zur Globalisierung im weitesten Sinne, und jede dieser Entwicklungen rührt an eingewurzelte

Instinkte. Zur Hinterlassenschaft Hitlers gehört ein Bewußtsein davon, wie leicht die Affekte dagegen mobilisiert werden können. Auch wie schwach die Dämme aus Kultur, Moral, Religion und Rechtsnormen sind und daß sie verstärkter Befestigung bedürfen. Die Gegenwart hat dieses eigentliche Vermächtnis jener Jahre nie angenommen. Sie baut statt dessen die zivilisierenden Schranken unablässig ab und beglückwünscht sich zu ihrer Lust am Ordinären, zur Mißachtung von Tabus und zur Verhöhnung hemmender Normen. Allenfalls aufkommende Besorgnisse beschwichtigt sie. Vornean steht dabei die Behauptung, wie fremd und folglich chancenlos sich ein Wiedergänger Hitlers in einer Zeit der extremen Individualisierung und der weltumspannenden Vernetzung ausnähme. Doch gibt es in der Anthropologie keine Anachronismen. Das Stück beginnt jeden Tag neu und ist dabei uralt. Nur die Kulissen, die Masken und die Stichworte wechseln. Doch der Zeitgeist malt sich den Menschen schön. Niemand sollte sich einreden, daß Hitler der letzte Akteur auf dieser Bühne war.

Zur weiterwirkenden Bedeutung des Diktators gehört am Ende auch, daß er eine Vorstellung des Bösen in die Welt zurückgebracht hat, das lange Zeit als hinterwäldlerisches Denkbild galt: das «sogenannte Böse», wie die kundigen Köpfe zu wissen glauben, mit dem Teufel als Panoptikumsfigur und Kinderschreck. Aber offenbar benötigt der Mensch für die Schrecken, von denen die Geschichte wie das Leben voll sind, eine leibhaftige Verkörperung und gibt sich nicht zufrieden mit den Abstraktionen, die unterdessen dafür stehen: als sei, was einst «das Böse» hieß, nur die Funktion fehlgelaufener Sozialisationsprozesse, gesellschaftlicher Benachteiligungen, «Marginalisierungen» und was sich sonst noch dazu sagen läßt.

Im Grunde laufen alle solche Deutungen auf den Versuch hinaus, das idealisierte Menschenbild der Aufklärung durch die Zeit zu retten. Aber das zurückliegende Jahrhundert hat es widerlegt und eine Ahnung davon vermittelt, daß es das Böse als reale Macht gibt, wie immer man es nennen mag. Das ist Hitlers totgeschwiegenes Vermächtnis. Es ist in einer Vielzahl von Erscheinungen sichtbar geworden und zeigt sich noch jeden Tag. Man muß nur hinsehen. Hitler hat ihm lediglich den einprägsamsten Ausdruck gegeben.

Damit hat womöglich zu tun, daß der Mensch dabei ist, sich in Hitler eine zeitgerecht umgeformte Gestalt des Bösen zu erschaffen. Das würde sein auffälliges Nachleben erklären, für das er als Person in seiner Nichtigkeit und Leere nicht den geringsten Anhalt hergibt. Auch lieferte es eine Begründung dafür, warum er in Debatten, Exorzismen und Mahnmalen gegenwärtiger ist als irgendein anderer Gewaltherrscher der Epoche. Aber kein Exorzismus hilft, wo Erkenntnisse geboten sind – sowie die Folgerungen, die wir daraus ziehen müssen.

Joseph Goebbels. Eine Porträtskizze

Man hat Joseph Goebbels den neben Hitler «einzigen wirklich interessanten Mann» aus dem Führungspersonal des Dritten Reiches genannt[1], und zweifellos überragte er die Mehrzahl der Günstlinge und Rivalen im innersten Machtbereich des Regimes in beträchtlichem Maße. Was am Nationalsozialismus, zumal während seines Aufstiegs in der sogenannten Kampfzeit, auffällig, auf entgeisternde Weise geistvoll sowie im propagandatechnischen Sinne «modern» war und ihn allen Gegnern, von der einfallslosen Rechten über die gelähmte Mitte bis hin zu den in Orthodoxie und Hörigkeit erstarrten Kommunisten, überlegen machte, ging weitgehend auf Goebbels zurück.

Natürlich war Hitler das Machtzentrum der Bewegung und, als Goebbels hinzustieß, gerade dabei, die letzten konkurrierenden, von undeutlich sozialistischen Zielen bestimmten Gruppen ins Abseits zu drängen. Nach nur kurzem Schwanken hat Goebbels damals die Machtverhältnisse durchschaut und sich instinktsicher auf die Seite der Zentrale geschlagen. Aber daß Hitler aus der bloßen Führungsrolle in der nun zusehends zusammenwachsenden Bewegung zur charismatischen Kultfigur emporwachsen und zu einer Art Heilsbringer werden konnte, der die Verzweiflungen, das Leiden und die Ängste eines verwirrten Volkes auf die Schulter zu nehmen und in die erlösende politische Tat umzusetzen versprach, dankte er keinem anderen als Goebbels.

Beide ergänzten sich auf eine überaus wirkungsvolle, erfolgverheißende Weise: Während Hitler über die intuitiven, weitgehend medial gesteuerten und zu rauschhafter Kommunion drängenden Methoden der Massenbeherrschung gebot, setzte Goebbels mit nahezu jeder Wendung, jedem Satz und jeder Steigerung auf den scharf kalkulierten, mitunter in mehreren Erprobungen durchgespielten Effekt. Schon seine helle, augenblicklich präsente und schneidende Stimme, die man treffend als «dünndrähtig» bezeichnet hat[2], kam aus gänzlich anderen Persönlichkeitsverhältnissen als der tastende, aus seinen gutturalen Dumpfheiten sich erst allmählich befreiende Ton Hitlers. Kälter, wendiger, auch selbstgefälliger als jener, verfügte Goebbels nicht nur über die Vorteile dessen, der keine unverrückbaren Überzeugungen besitzt und im Grunde, wie er selber von sich gesagt hat, ein geborener Apostat war.[3] Vielmehr kam ihm für den Aufstieg in einer totalitären Partei auch die Menschenverachtung zugute, die von früh an in zahlreichen Zeugnissen durchschlägt. «Dieser Haufen Dreck, genannt Mensch», schrieb er in einer Notiz aus den späten zwanziger Jahren; und schon früher heißt es einmal: «Alle sind Canaillen, ich eingeschlossen.»[4] Und am Ende dann, als alles verloren war, richtete er den Schuldvorwurf, wie Hitler auch, gegen das verächtliche, weder dem Feind noch seinem historischen Auftrag gewachsene deutsche Volk, das den Eroberern mit weißen Fahnen entgegenlaufe und nicht einmal kämpfe, wenn seine Frauen vergewaltigt werden. Von seinen engeren Mitarbeitern verabschiedete er sich am 21. April 1945 mit den Worten: «Warum haben Sie mit mir gearbeitet, meine Herren? Jetzt wird Ihnen das Hälschen durchgeschnitten.»[5]

Er war der Intellektuelle der Partei, aber weit darüber hinaus durchaus repräsentativ für den Typus, der sich in den Wirrnissen der zwanziger Jahre zum Übertritt in eines der Lager des politischen Radikalismus entschloß. Es zählt zu den Irrtümern einer späteren Zeit, daß die gleichsam vorgegebene Richtung eines solchen Entschlusses stets nach links gewiesen habe. Die extremistische Anfälligkeit konnte sich vielmehr überall ihre Gründe beschaffen, und gerade der junge Joseph Goebbels bietet ein anschauliches Beispiel für das oftmals lange Schwanken zwischen den verfeindeten Seiten. Bezeichnenderweise schloß er sich zunächst auch dem sozialrevolutionären Flügel der Partei an, der sich in seiner «proletarischen» und «antikapitalistischen» Tendenz entschieden von der «faschistischen» Gruppe um Hitler abzusetzen versuchte. Noch 1926 stellte er in einem offenen Brief an einen «Freund von der Linken» einen ganzen Katalog gleichgerichteter Überzeugungen und Ziele auf, so daß als trennendes Element am Ende nicht viel mehr als eine Reihe taktischer Erwägungen übrigblieb.[6]

Die Frage, warum die Politik in jenen Jahren eine so ungemeine Anziehungskraft auf Intellektuelle übte, kann von den unterschiedlichsten Ansatzpunkten her beantwortet werden. Hier ist vor allem an die berufliche Aussichtslosigkeit zu erinnern, der sich zahlreiche Akademiker durch Krieg und Nachkrieg gegenübersahen, so daß die Politik geradezu zum klassischen Beruf der Berufslosen wurde. Aber das Bedürfnis war älter und hatte sich schon vor der Jahrhundertwende in den gerade unter Intellektuellen verbreiteten Gefühlen einer gesellschaftlichen Ohnmacht angedeutet, die den Gedanken selber in Frage stellte. Generationen hatten papierene Welten erschaffen und einstürzen sehen, ohne je einen Ausweg aus ihren Buchstabengefängnissen zu finden. Jetzt boten die aus dem Chaos hervorgehenden neuen politischen Gruppierungen jedem entschlossenen, phantasiebegabten und bedenkenlosen Aktivismus ungeahnte Aufstiegsmöglichkeiten. Es war die große, gerade von den totalitären Ideologien ausgehende Verlockung für viele Intellektuelle, die bloß begleitende Rolle des Zeitgeistsouffleurs endlich hinter sich zu lassen und als Richtungsweiser, Gesetzgeber und sogar Demiurg des Neuen zu nie vermuteten Karrieren und Wichtigkeiten zu gelangen.

Das alles ist für die kommunistische Seite ausführlich untersucht und beschrieben worden. Aber es gilt, bei nur wenig veränderten Voraussetzungen und Motiven, auch für die Gegenseite. Eine der auffälligsten Gemeinsamkeiten war der tiefe, nicht selten bis zum Ekel reichende Haß auf die bürgerliche Welt, der von Brecht bis Majakowski, von Silone bis zu Ernst von Salomon oder eben zu

Joseph Goebbels reicht. Zwar gab Goebbels sich nach außen hin, wie Hitler auch, gern als treuer Sachwalter des Bürgerlichen. Aber ungezählte Zeugnisse machen sichtbar, daß sein elementarer Destruktionsvorsatz gegen ebendiese verlogene, jüdisch durchsetzte kapitalistische Bourgeoisie gerichtet war, und unter allem, was in Scherben fallen sollte, wenn ihm und seinesgleichen endlich die Welt gehörte, stand sie an vorderster Stelle.

Natürlich war die Ideologie des Nationalsozialismus ohne gedankliche Kohärenz, und die Überredungsmacht eines fugenlos geschlossenen Systems sucht man in dem, was er seine Weltanschauung nannte, vergebens. Aber gerade sein unfertig scheinender, in häufig metaphorischer Unschärfe verschlüsselter Charakter hat viele auf den Plan gerufen, die sich imstande glaubten, die Leerstellen aufzufüllen, sofern sie nicht einfach der Auffassung waren, daß die orientierungslos gewordenen modernen Gesellschaften zurück müßten zu Bindung, Ordnung, Glauben und Ursprung, was immer das im einzelnen bedeuten mochte. An den Ratlosigkeiten der Epoche hätten sie jedenfalls, nicht anders als die revolutionäre Linke auch, teil durch das Grundgefühl eines politischen Advents. Weit über das radikale Lager hinaus war die Empfindung verbreitet, daß ein gänzlich neues, von charismatischen Willensmenschen, rigiden Gesetzen und schroffem Gemeinschaftspathos geprägtes Zeitalter jetzt am Zuge und alles, was das Gewesene ausgemacht hatte: Liberalismus, Demokratie und Menschenrechte, unwiderruflich am Ende sei. Von da war es nur ein kleiner, meist von biographischen Zufällen bestimmter Schritt, ob einer sich im rechten oder linken Lager wiederfand und womöglich auch von einem ins andere überwechselte: Die Anhänger beider Seiten empfanden sich als Vorhut eines neuen Weltalters, ob es nun zur sozialistischen Revolution oder über jene Schwelle führte, hinter der die Herrschaft der Vernunft enden und «das Leben» wieder sein Urrecht erlangen würde.

Zweifellos wirkte, wie immer bei historischen Umbrüchen, im

Einzelfall noch vieles von jeweils unterschiedlichem Gewicht mit: die errechenbaren Chancen hier wie dort, schichtenspezifische Ressentiments, auch Opportunismus, Ehrgeiz oder Zugehörigkeitsverlangen. Aber immer mit im Spiel war das Bedürfnis nach einfachen Glaubensgewißheiten. Nicht ohne Bewegung liest man noch heute den Brief, den Klaus Mann aus Sanary-sur-Mer an Gottfried Benn richtete. Die Geistfeindschaft des Nationalsozialismus, die er darin leidenschaftlich beschwor, konnte indessen die nicht schrecken, die nach so vielen Irrwegen und Ausweglosigkeiten jene unkomplizierten Antworten ersehnten, die das Regime mit seinem barschen Glaubens- und Gehorsamsprinzip zu erteilen versprach. Es war ein durchaus metaphysischer Unterwerfungsanspruch, den es erhob, und nicht zu Unrecht hat man die großen Totalitarismen der Epoche «säkularisierte Religionen» genannt. Dazu gehörte, neben vielem, auch der aus zahlreichen autobiographischen Berichten vor allem von kommunistischer Seite bekannte Exkommunikationsschrecken, die immer präsente Angst vor der Ausstoßung durch die Partei. Arthur Koestler hat das, was ihm lange zu schaffen machte, auf die Formel gebracht, daß der Abtrünnige notwendigerweise «verdorren» müsse. Es ist sicherlich mehr als ein Zufall, daß der gleiche Begriff auch bei dem vom Glaubenshunger umgetriebenen und zu Hitler gelenkten, doch dann von ständigen Zweifeln angefochtenen Joseph Goebbels auftaucht.[7]

Dies sind nur einige andeutende Stichworte, doch werfen sie ein paar Lichter auch auf jenes Motivbündel, das den berufslosen, von verzehrendem Ehrgeiz erfüllten Joseph Goebbels 1924 zur NSDAP führte. Es war denn auch für die Forschung eine seltene Fügung, daß schon vergleichsweise früh jene privaten Materialien aus jungen Jahren auftauchten, die den Prokuristensohn aus Rheydt in seiner Labilität und Orientierungsnot zeigen, auch in seiner verzweifelten Suche nach einem Führer und festem Glaubensgrund, aber zugleich entschlossen, sich um nahezu jeden

Preis irgendwo zu verdingen, wo seinem Hunger nach Beachtung, sozialem Aufstieg und womöglich sogar Macht ein angemessener Lohn winkte. Die ebenfalls schon früh, im Jahre 1948, auszugsweise veröffentlichten Tagebücher aus der Kriegszeit haben dann bereits einen ersten Einblick in die späte Phase gewährt, so daß sich die lebensgeschichtliche Darstellung alsbald auf vergleichsweise zahlreiche originäre Quellen stützen konnte.[8]

Dem gleichen Umstand ist offenbar auch zuzuschreiben, daß die Biographien oder biographischen Essays, die nach den ersten, häufig dämonisierenden Porträts aus dem engeren Mitarbeiterkreis seit den sechziger Jahren zu erscheinen begannen, die Konturen im wesentlichen treffend nachgezeichnet haben, an erster Stelle wohl noch immer Helmut Heibers kenntnisreiche, wenn auch etwas allzusehr um gelehrtenhafte Flottheit bemühte Biographie von 1962[9]. Alles, was später, gestützt auf vereinzelte neue Funde, folgte, hat das Bild nur um Einzelheiten ergänzt und allenfalls ein paar Schattierungen hinzugefügt.

Aber es blieb die Unsicherheit, zumal seit das Geraune über den umfangreichen, in Moskau lagernden Bestand der Kriegstagebücher verstärkt einsetzte. Auch die 1977 von Hoffmann und Campe veranstaltete auszugsweise Veröffentlichung der «Letzten Aufzeichnungen» von Februar bis April 1945 lieferte nur ein weiteres Bruchstück.[10] Erst die umfassende Dokumentation des Instituts für Zeitgeschichte schließt diese Lücke, und am Ende wird sie sich voraussichtlich auf mehr als zwanzig Bände belaufen: Schon diese schiere Menge sichert den Tagebüchern den Rang einer der wichtigsten fortlaufenden Primärquellen aus jenen Jahren. Mit einer bemerkenswerten, niemals nachlassenden Ausdauer hat Goebbels sich Tag für Tag, mitunter sichtlich stundenlang, dieser Pflicht unterworfen, und der Sachverhalt deckt auf, daß es damit tieferreichende Bewandtnisse und der Verfasser mehr im Sinne hatte als eine Chronistenaufgabe.

In der Tat waren die Tagebücher bereits für den «einsamen und eigenbrötlerischen» jungen Mann, wie er sich einmal nennt, eine Art «Zufluchtsstätte». Im Alter von Mitte zwanzig hält er fest: «Ich fühle das Bedürfnis, Rechenschaft über mein Leben abzulegen. Das kann auf keine Weise besser und eindringlicher geschehen, als wenn ich jeden Abend Gerichtstag über mich selbst halte.»[11] Folglich herrschte zu jener Zeit auch der kritische Blick auf das eigene Tun und Verhalten noch vor. Einmal nennt er sich einen «pathologischen Aufschneider», ein andermal einen «Demagogen schlimmster Sorte» und ruft sich verschiedentlich selbst zur Ordnung.[12] Aber mit seinem Aufstieg, der zunehmenden Verstrickung in turbulente Verhältnisse sowie dem Gewinn an Macht und Selbstsicherheit drängen die Ereignisse und das Bemühen, ihren Ablauf festzuhalten, zwangsläufig in den Vordergrund. Gleichzeitig kam ihm aber auch der Abstand zu sich selbst abhanden, und je mehr sich, zumal gegen Ende hin, die Lage dramatisch verschärfte, desto seltener gelang es ihm, einen Schritt zurückzutreten, um das Geschehen im ganzen und die Rolle, die er darin spielte, zu prüfen. Immerhin verließ ihn das Denken, das für ihn, wie er ebenfalls in jüngeren Jahren vermerkt hatte, «eine Qual und eine Lust» war, niemals ganz. Im Gegensatz zu Hitler und dessen allzu starrsinnig blinder Umgebung blieb er denn auch zu Zeiten der größten Machtausdehnung des Regimes von nie ganz auszuräumenden Zweifeln erfüllt. Unvermeidlicherweise trat mit den Jahren dennoch ein auffallender perspektivischer Wechsel ein. Denn unterdessen ging es ihm weniger um Rechenschaften als um die Verfertigung des Bildes, das er und die «Idee», der er mitsamt ihrem Führer diente, einst vor der Geschichte abgeben würden.

Solche Blickverschiebungen, aber natürlich auch die zahllosen Flüchtigkeiten, Irreführungen, Selbstvorspiegelungen und nicht zuletzt die Geschwätzigkeit des Verfassers machen die Lektüre zu einem mühsamen Unterfangen. Dennoch und zum Teil gerade ebendarin bietet sie aber auch eine einzigartige Fundgrube für ein genaueres Verständnis sei es der Zeit, sei es der Person. Vielleicht an erster Stelle fällt die formale Achtlosigkeit der Texte auf, und mitunter ahnt der Leser etwas von dem ungeheuren Stilisierungsdruck, dem sich Goebbels in allen veröffentlichten Äußerungen unterworfen hat: die kaum überbrückbar scheinende Diskrepanz zwischen diesen Eintragungen und der geschärften demagogischen Glätte beispielsweise seiner gleichzeitig publizierten Leitartikel in der Wochenzeitung «Das Reich». Zugleich aber gewinnen die Tagebücher aufgrund ihrer durchgehend ungestalten Beschaffenheit auch einen überzeugend authentischen Charakter.

Auf diese zwei Personen in nur einer stößt man von Anfang an. Alle Schwächen, die ihm eigen waren: die charakterliche Schwerpunktlosigkeit, der Geltungshunger und die der Unsicherheit entstammende Anpassungssucht, verwandelten sich in Stärken, als er in der Bewegung eine Aufgabe und vor allem in der schon bald nach der ersten Begegnung mit nahezu homoerotischem Verfallensein bewunderten Person Hitlers jenen Glaubensgrund gefunden hatte, nach dem er so lange auf der Suche gewesen war. Zwar blieb in der Unterwürfigkeit, die er Hitler über alle gezielten Zurücksetzungen und Demütigungen bis zur buchstäblich letzten Stunde bewahrt hat, immer das Element der Gewalt spürbar, die er sich dabei antun mußte. Aber gebieterischer war die frühe Einsicht, daß der endlich gefundene «Führer» sein einziger Halt und nicht nur die Gewähr seiner herausgehobenen Rolle, sondern seiner Existenz in jedem Sinne war, sein Ein und Alles, ohne das er in jenes nicht nur soziale Nichts zurückfallen würde, aus dem er zu nie vermuteter Höhe emporgestiegen war.

Aus ebendiesem Grunde hat er Hitler vom Beginn bis zum Ende in bewußter Vermischung der profanen mit der religiösen Sphäre gottähnliche Züge verliehen und eine messianische Aura um ihn verbreitet. Schon im «Angriff», der von ihm als Gauleiter von Berlin gegründeten Zeitung, hatte er 1928 in Anlehnung an biblische Texte geschrieben, man könne nur für oder gegen Hitler sein, er scheide die Heißen von den Kalten, speie aber die Lauheit aus aus seinem Munde; viele seien berufen, aber wenige nur auserwählt.[13] Und Jahre später dann, in seiner letzten Ansprache zu Hitlers Geburtstag im April 1945, pries er ihn als Werkzeug Gottes, das berufen sei, die luziferischen Mächte in den Abgrund zurückzuschleudern, dem sie, wie schon manches Mal in der Geschichte, entstiegen seien.[14] Das und die ungezählten Vergötzungsbekundungen, die dazwischenlagen, waren vorab an die Glaubens- und Devotionsbedürfnisse des Volkes gerichtet. Aber vor allem zielten sie auf ihn selber. «Credo, ergo sum!», hatte er in frühen Jahren bekannt.[15]

Die gleiche autosuggestive Anstrengung bezeugen auch die Tagebücher. Sie verschafft ihnen streckenweise geradezu den Charakter einer byzantinistischen Pflichtübung, ganz als wolle Goebbels sich noch in der Einsamkeit des Diktierenden der eigenen, von keiner Enttäuschung je angefochtenen Gläubigkeit vergewissern, die ihm zugleich versagt war. Aus dem nämlichen Grunde bejubelte er durchweg überlaut die militärischen Erfolge der deutschen Truppen und machte seine bohrenden Zweifel damit nur hörbarer. Nicht selten stellt sich auch der Eindruck ein, er bemühe sich, die Dinge so zu sehen, wie sie gesehen werden sollten, und erprobe an sich selber die Betäubungswirkungen der eigenen Propaganda. Die sich verstärkenden Ungewißheiten, die Besorgnisse über Hitlers wachsenden politischen Immobilismus nach dem frühzeitig offenbar werdenden Scheitern des Feldzugs gegen die Sowjetunion, desgleichen die mit der Wende des Krieges im engeren Führungszirkel verstärkt auftauchenden Verdüsterungen oder kleinmütigen Anwandlungen: all das und vieles mehr muß man gleichsam gegen den Strich selbstauferlegter Zuversicht lesen. Aber als pessimistische Grundierung bleibt es unübersehbar.

Tatsächlich enthüllen sich manche seiner Ängste nur, weil der Leser von heute über eine Fülle zusätzlicher Informationen verfügt – sofern er darüber verfügt. Aber am interessantesten bleiben die psychologischen Aufschlüsse, die der Text in überreichem

Maße bietet: als suche der Verfasser auch sich selber gegenüber verzweifelt und ohne jedes Ausgleiten auf jenem Leim zu bleiben, auf den er alle Welt mit soviel Beharrlichkeit zu locken bemüht war. So finden sich, insonderheit bis 1943, immer wieder geringschätzige oder auch verächtliche Bemerkungen über die gegnerischen Mächte, vor allem im Westen, während er die Erfolge der Roten Armee lange Zeit mit bloßen Floskeln über den «Ernst der Lage» oder die «Vertiertheit» des russischen Menschen abtut. Als sich die Stalingradtragödie dem Ende zuneigt, notiert er wider alle Wahrheit, die gewiß auch ihm nicht verborgen geblieben war, die Generäle hätten den Führer in dieses Abenteuer «direkt hineingehetzt»[16]. Wie weit die Bemühung um Selbsttäuschung reichte, geht aber auch aus einer Eintragung vom April 1942 hervor, in der er die Nachricht begrüßt, daß die englische Kriegspropaganda mehr und mehr von jüdischen Emigranten übernommen werde, da, wie es dann heißt, die Juden «bekanntlich keine guten Propagandisten» abgäben.[17]

Aufs Ganze gesehen schlägt in den Tagebüchern, nicht nur in zahlreichen Eintragungen, sondern in der gesamten Faktur jenes tiefe, nie gestillte und gegen Ende wohl habituell gewordene Kompensationsbedürfnis durch, das der eine, so vieles enträtselnde Generalschlüssel zum Charakter von Goebbels ist. Denn daß der knapp Dreißigjährige nach mancherlei Umwegen Anschluß und Aufstieg ausgerechnet in der nationalsozialistischen Bewegung fand, hat alle Merkmale einer politischen Groteske. Hochbegabt, von seiner Umgebung vielfach als «Jesuitenzögling», «Halbfranzose» oder «Rabbiner» verspottet, war er von frühauf dem peinigenden Gefühl körperlicher Unzulänglichkeit ausgesetzt: Er besaß eine schwächliche Konstitution und einen verkrüppelten Fuß, und das eine wie das andere hat ihm in der Hitlerpartei, vor allem von seiten der rüden Kumpanei der SA-Stürme, nicht nur offenen Hohn, sondern auch eine nie ganz beseitigte Geringschätzung eingetragen. Die Bezeichnung «unser kleiner Doktor», die sich alsbald für ihn einbürgerte, bringt etwas von der herablassenden Anerkennung zum Ausdruck, die ihm von der wohlgebauten Geistesschwachheit jener Schlägerbanden und Saalschlachtheroen entgegengebracht wurde, an deren Spitze er stand. Durchweg scheint es denn auch, als habe er durch seine schrill übersteigerte Gläubigkeit eine Art Gegenleistung für seine Verkrüppelung sowie überhaupt für die verminderte Typleistung zu erbringen versucht – die nie zu heilende Wunde. Wie wenig er von dem Gedanken an seine Mißbildung loskam, belegt noch die Äußerung aus späteren Jahren, wonach das Abschreiten einer Ehrenkompanie die schlimmste für ihn ausdenkbare Strafe sei; ihn quälten, so oft dergleichen verlangt werde, nächtelang Albträume.[18] Und es war nicht nur ein Ausdruck seiner gewiß immensen Eitelkeit, sondern ein in allem Aufstieg und Machtzuwachs nie überwundenes Minderwertigkeitsgefühl, das ihn veranlaßte, nicht nur jedes Einverständnis oder gar Lob Hitlers Mal für Mal zu registrieren, sondern auch die Beifallsbekundungen für seine Artikel oder Auftritte, kamen sie auch von dem geringsten Provinzredakteur, der doch nichts anderes unternahm, als die strengen, von Goebbels selber ausgegebenen Sprachregelungen zu befolgen.

Man kennt seine Aufstiegsgeschichte, seit er im Herbst 1926 Gauleiter der dahinkümmernden und zerstrittenen Parteiorganisation in Berlin geworden war und sich binnen kurzer Zeit in die Schlagzeilen brachte: durch herausfordernde Aufmärsche mitten in die tiefroten Bezirke der Stadt, durch Krawalle und Schießereien, einmal auch durch ein fingiertes Attentat, über das er sich nicht genug empören konnte: Er scheute aber auch das Blutvergießen nicht, wobei ihm die eigenen Opfer weit gelegener kamen als die des Gegners, da sie die Partei mit Märtyrern und Reliquien versorgten. Als die gegnerische Agitation ihn als «Oberbanditen von Berlin» angriff, machte er die Bezeichnung mit ganovenhaftem Stolz zu seinem Ehrentitel. Seine Attacken gegen den Stellvertretenden Polizeipräsidenten der Stadt, Bernhard Weiß, der immer neue Schabernack, den er mit einer juristisch wie nicht selten auch politisch befangenen Justiz trieb, die weißen Mäuse, mit denen er die Uraufführung des Films «Im Westen nichts Neues» sprengte, und ungezählte andere Umtriebe machten ihn zum bösen Kobold der zerfallenden Republik. Die Schalen des Hohns, die er mit nie nachlassendem Einfallsreichtum über Parlament, Regierung, Reichspräsident und die Republik im ganzen ausgoß, haben das zusammenschmelzende Häuflein ihrer Anhänger mehr als alles andere entmutigt und als Lehre hinterlassen, wie mühelos ein demokratisches Gemeinwesen durch den zu zerstören ist, der so gut wie keine seiner Spielregeln achtet.

Der Lohn war die Berufung an die Spitze des Mitte März 1933 unter offenem Bruch der Koalitionsvereinbarung gegründeten Ministeriums für Volksaufklärung und Propaganda, das den Auftrag erhielt, die «politische Gleichschaltung zwischen Volk und Regierung» zu bewerkstelligen. Im Rückblick fällt es noch immer schwer zu begreifen, wie es Goebbels im Fieber weniger Wochen gelingen konnte, eine vielgestaltige Gesellschaft mit ihren zahlreichen unabhängigen Macht- und Einflußzentren zu «reiner, gleichmäßiger, gehorsamer Asche» zu verbrennen[19], auch wenn ihm dabei die Einigkeitssehnsüchte eines Volkes, das die Republik vor allem als Tragödie der Zwietracht erfahren hatte, Schritt um Schritt entgegenkam. Er selber hat dabei nicht zurückgestanden und mit äußerster Konsequenz seinen einstigen Vorlieben abgeschworen; die Linie reichte von dem lange verehrten Theodor Wolff, dem Chefredakteur des «Berliner Tageblatts», bei dem er sich zu Beginn der zwanziger Jahre mit Dutzenden von Artikeln um eine Mitarbeit beworben hatte und dessen Werke er jetzt, im Verlauf der Bücherverbrennung, in die Flammen werfen ließ, bis zu dem bewunderten Thomas Mann, über den er acht Jahre zuvor, bei einem Besuch in Lübeck, notiert hatte: «Ich ... denke immer an die Buddenbrooks ... Ich denke immer an Thomas Mann.»[20] Als er bald nach der Übernahme des Ministeramts seine Dienstwohnung bezog, hatte er sich von der Berliner Nationalgalerie einige Aquarelle von Emil Nolde ausgeliehen; jetzt ließ er sie beseitigen, als er damit den Unwillen Hitlers erregte.[21]

Der rasche Erfolg der Gleichschaltung hatte indes für Goebbels eine mißhellige Kehrseite, weil es schon bald keine Gegner mehr gab, deren Schrecken er glaubwürdig beschwören und mit großen Inszenierungen des Volkszorns beantworten konnte. Weniges veranschaulicht so sehr wie die alsbald fallende Bedeutungskurve des Ministers, in welchem Maße er selber, aber auch das Regime, des Feindes sowie überhaupt der mobilisierbaren Anti-Stimmungen bedurften. Gelegentlich hat er denn auch bekannt, er blicke oft sehnsüchtig auf die sogenannte Kampfzeit zurück, als man noch etwas anzugreifen hatte.[22] Da die um internationale Anerkennung besorgten Machthaber zunächst Rücksicht zu üben hatten, sah Goebbels sich weitgehend zur Untätigkeit verurteilt, zumal der von ihm organisierte Boykott jüdischer Geschäfte am 1. April 1933 verbreitete Mißbilligung sowohl in Deutschland als auch vor allem im Ausland erregte und deshalb abgebrochen werden mußte. Die Sowjetunion lag zu weit weg und hatte sich als Standard-Schreckbild im Lauf der Jahre überdies verbraucht. So blieb nur der Rückgriff auf die renitenten «Pfaffen» sowie auf das antisemitische Motiv, und einiges spricht dafür, daß die wiederum von Goebbels veranlaßten Pogrome vom 9. November 1938 ein neuerlicher Anlauf waren, die Figur des konkreten Feindes, nicht zuletzt im Blick auf die ideologische Mobilmachung für den heraufziehenden Krieg, zurückzugewinnen. Einer Eintragung wenige Tage später ist die tiefe Befriedigung zu entnehmen, die ihm der Ausfall nach so vielen Jahren erzwungenen Stillhaltens bereitet hatte: «Das hat gesessen!» jubelte er.[23]

Hier läßt sich auch einer der Gründe dafür ausmachen, warum Goebbels im Lauf der Zeit zum unerbittlichen Verfolger der Juden wurde. Anfang 1943 gelobte er sich, «nicht [zu] ruhen, bis die Reichshauptstadt wenigstens gänzlich judenfrei geworden ist»[24].

Immer wieder kommt das Tagebuch darauf zurück und vermerkt Schikanen, Geiselnahmen und die schließlich anlaufenden Transporte in die Lager des Ostens. Zwar lassen sich einige Notizen aus den Jahren 1942 und 1943 dahin interpretieren, daß er mitunter Skrupel gegen die unverhohlene Brutalität der Endlösung empfand oder doch die Unruhe, die mit den Abschiebungen verbunden war, als störend ansah. Aber die aus vagen Andeutungen hier und da abgeleitete Überlegung, er habe versucht, Hitler von dem einmal gefaßten Entschluß abzubringen, überschätzt doch seine Bereitschaft zum Widerspruch. Weit glaubwürdiger mutet an, er habe das Thema in seinen Unterredungen mit Hitler zur Sprache gebracht, um die eigenen Zweifel auszuräumen: «Jetzt liegt der Weg zum großen Ziel wieder klar», schrieb er nach einem dieser Gespräche, in dessen Verlauf sie auch auf die sogenannten Protokolle der Weisen von Zion gekommen waren, deren Echtheit Goebbels, im Gegensatz zu Hitler, zwar bezweifelte, nicht ohne freilich deutlich zu machen, daß sie für die Propaganda «sehr wohl [zu] gebrauchen» seien.[25]

Gerade die antijüdische Rage, in die sich Goebbels jederzeit zu versetzen wußte, offenbart, wie bedingungslos sein Anpassungswille war. Verdrängt war längst, daß er sich in frühen Jahren nicht nur über den primitiven Antisemitismus völkischer Politiker mokiert, sondern sich bei Gelegenheit auch seine eigene Feindseligkeit gegen die Juden vorgehalten hatte, verdrängt desgleichen die Erinnerung an bewunderte Universitätslehrer wie Friedrich Gundolf, Max von Waldberg oder andere, und lange entschwunden auch jeder Gedanke an seine einstige halbjüdische Verlobte Else Janke. Nicht auszuschließen ist, daß er die Rassentheorie des Regimes von Beginn an mit kritischer Reserve betrachtet hat; einer seiner engeren Mitarbeiter hat jedenfalls berichtet, Goebbels habe sie innerhalb des Ministeriums, wo man sich nichts vorzumachen pflegte, während seiner zwölf Jahre dauernden Amtszeit nicht ein einziges Mal «auch nur erwähnt»[26]. Aber sein Glaubenseifer sowie vor allem sein intellektueller Radikalismus drängten ihn in dieser sowie in allen anderen Fragen durchweg zur äußersten Konsequenz, und auf dem Weg dahin gingen Einwände, Erfahrungen, Vorlieben und Vernunft verloren. Als im April 1943 Berlin tatsächlich weitgehend «judenfrei» war, hat er sich dies in seinem Tagebuch als eine seiner «größten politischen Leistungen» zugute gehalten.[27]

Erst der Krieg oder genauer die Aufgabe, nach den ermüdenden Fanfarenstößen der siegreichen Feldzüge mit den einsetzenden Rückschlägen fertig zu werden, hat Goebbels nicht nur wiederbelebt, sondern ihm schrittweise auch die einstige Bedeutung zurückgebracht. In auffallendem Gegensatz zu Hitler, der auf drohende Niederlagen wie gelähmt reagierte und sie nur mit dem stupiden Schema des Halten-um-jeden-Preis beantwortete, machten Notlagen ihn produktiv. Die Bände aus den Jahren 1941/42 zeigen Goebbels noch mit der von ihm in Gang gesetzten «Wollsammlung» beschäftigt, mit der Besetzung des Dresdner Dirigentenpostens oder mit der Prostitution in Berlin, und man kann nur ahnen, mit welchen Empfindungen er sich der «Kartoffellage» oder der «Fettlücke» gewidmet hat, auch wenn die Tagebücher nichts davon preisgeben. Sein größeres Interesse fanden Film und Wochenschau, wo er auch aus geringfügigem Grund Eingriffe vornahm, bis er sich schließlich, wie bei dem Otto-Gebühr-Film «Der große König», zu einer «gewonnenen Seelenschlacht» beglückwünschen konnte.[28] Aber erst der Beginn der alliierten Luftüberlegenheit noch vor der Kriegswende stellte ihn wieder vor eine jener begierig gesuchten großen Herausforderungen, und es waren, wie aus seiner Umgebung verlautet, «beinahe Glückstage»[29] für ihn, wenn im Verlauf des Bombenkrieges ehrwürdige Städte und berühmte Bauwerke in Schutt fielen. Denn immer dann konnte er seiner Empörung jene Töne ekstatischen Hasses geben, mit denen die kriegsmüde werdenden Massen zu neuen Anstrengungen zu treiben waren.

Mit zunehmender Ungehaltenheit und bald mit hellem Zorn vermerkt das Tagebuch seit dem Jahre 1942 das Wohlleben zahlreicher Parteispitzen sowie überhaupt der «oberen Zehntausend», ihre parasitäre Lebenshaltung mit großem Personal, Jagden und Vergnügungsreisen an die See oder in die exklusiven, von allem Kriegsgeschehen unberührten Winterkurorte. Nachdem Goebbels verschiedentlich seinem Unwillen Luft gemacht hatte, drängte er zu Beginn des Jahres 1943, angesichts des Ernstes der Lage und nicht zuletzt unter Hinweis auf die in England längst verfügten Einschränkungen, zum «radikalsten und totalsten Krieg»[30]. Doch wie immer zögerte Hitler, beeinflußt vor allem von Bormann, Lammers und der Mehrzahl der Gauleiter, die den Wiederaufstieg des Ministers nicht ohne Neid verfolgten, so daß sich die Frage mehr und mehr zu einem Machtkampf weitete. Erst das Menetekel von Stalingrad verschaffte Goebbels die Gelegenheit zu einer Art Durchbruch. In langen Gesprächen rang er Hitler, der zunächst stillschweigend über die Niederlage hinwegzugehen gedachte, die Erlaubnis zur Veranstaltung eines düsteren Totenspektakels ab. Um seinen Erfolg sogleich auszuweiten, rief er schon am 18. Februar ein geladenes Aufgebot aus Parteivertretern, «volkstümlichen Intellektuellen und Schauspielern», das er kurzerhand zur Repräsentanz der Nation erhob, im Berliner Sportpalast zusammen. Es dürfe nun keine Rücksicht auf Rang und Stand mehr geben, rief er aus; hoch und niedrig, arm und reich müßten von jetzt an unterschiedslos Opfer bringen, die Zeit der Privilegien sei vorüber. Dann holte er sich mit Hilfe der berühmten zehn Suggestivfragen «in einem Tohuwabohu von rasender Stimmung», wie er schrieb, die Zustimmung zum totalen Krieg ein.

Es war in der Tat, wie verschiedentlich schon die Mitlebenden erkannten, «eine Art von stillem Staatsstreich», den Goebbels mit dieser Rede unternahm.[31] Angesichts der lange nachhallenden Euphorien seines Auftritts, in deren Verlauf er Stalingrad als «Alarmruf des Schicksals» beschworen hatte, versuchte er sogar nachzustoßen und noch einen Schritt weiter zu gehen. Mit Hilfe vor allem Görings, Speers und Funks plante er einen «Ministerrat für die Reichsverteidigung» zu schaffen, mit ihm als Sonderkanzler und einem Kabinett von «etwa zehn ... kapitale[n] Figuren»[32]. Aber Hitler ließ, wie Goebbels schon bald argwöhnte, den Vorstoß ins Leere laufen, und wie gleichgültig oder sogar lästig ihm alle diese von seinem Minister verzweifelt betriebenen Anstrengungen waren, geht schon daraus hervor, daß er die Übertragung aus dem Sportpalast nicht angehört, sondern die Rede nur im Manuskript überflogen hatte, was Goebbels sichtlich verstimmt notierte.[33] Auch ein nach der Invasion in der Normandie unternommener Anlauf sowie, mit leicht veränderten Kompetenzzuschreibungen, ein weiterer im Anschluß an den 20. Juli 1944 begonnener versandeten, sei es, daß Hitler seinem allzu ehrgeizigen Minister die Machtfülle nicht einräumen wollte, die jener verlangte, sei es, daß er, beeinflußt vor allem von dessen Intimfeind Martin Bormann sowie vom Kartell der Gauleiter, deren Luxusallüren Goebbels vor allem im Auge gehabt hatte, auf das bewährte Prinzip der rivalisierenden Zuständigkeiten setzte.

Immerhin ernannte Hitler ihn durch Erlaß vom 25. Juli 1944 zum «Reichsbevollmächtigten für den totalen Kriegseinsatz», doch das Weisungsrecht für den gesamten zivilen Sektor sowie die Vollmacht, alle Dienststellen von Wehrmacht, Waffen-SS und Polizei im Heimatkriegsgebiet auf überzählige uk-Stellen hin zu überprüfen, entsprach bei weitem nicht jener «inneren Kriegsdiktatur»[34], deren Errichtung Goebbels angestrebt hatte. Infolgedessen drängte er bei Hitler im Februar 1945 abermals auf erweiterte Machtbefugnisse und suchte schließlich Himmler für eine Neuordnung aller Strukturen und Zuständigkeiten zu gewinnen. Seinem Vorschlag zufolge sollte er selber zum Reichskanzler aufrücken, Himmler das Oberkommando der Wehrmacht und Bormann die Führung der Partei übernehmen. Der besorgniserregend überlastete Führer dagegen werde künftig, wie Goebbels meinte, über allem stehen und, dem Tag entrückt, in statuenhafter Erhabenheit nur noch jene historische Größe verkörpern, die ihm, wiederum einer Notiz aus jenen Tagen gemäß, als einem «Wunder an Mensch» gebührte.[35]

Es versteht sich, daß solche Absichten ins Leere liefen, zumal Hitlers Führungsstil derartige Machtteilungen nie erlaubt und er überdies im Fortgang des Krieges, wie die Berichte aus dem Führerhauptquartier übereinstimmend bezeugen, eine geradezu besessene Neigung für die tausend Einzelfragen des Tagesgeschäfts entwickelt hatte. Zudem war er unterdessen zunehmend von dem Gedanken getrieben, die absehbar gewordene Niederlage in jene Katastrophe zu überführen, deren Bild aus überlieferter Schicksalsemphase, aus Wagner-Reminiszenzen und Verachtungsgefühlen für das vor der Bewährung zurückweichende eigene Volk unentwirrbar gemischt war.

Eine schwache, hin und wieder nervös aufflackernde, für einen kurzen Augenblick sogar bengalisch leuchtende Hoffnung richtete sich in der Endphase auf den Bruch der «widernatürlichen Koalition» zwischen den Feindmächten und das «Gebirge von Interessengegensätzen», das ihr, wie Goebbels wieder und wieder versicherte, innewohnte.[36] In einer seiner publizistischen Beschwörungen dieser Hoffnung fand er auch die Wendung vom «Eisernen Vorhang», der nach der Niederlage Deutschlands in Europa niedergehen und den alten Kontinent teilen werde. Lange Zeit redete er sich, wie Hitler auch, ein, es würden dem Land, sobald die Dinge zur Entscheidung trieben, von der einen oder anderen Seite noch «Avancen» gemacht werden und der zermürbende Zweifrontenkrieg ein Ende finden. Das war die überwältigende Chance, die, wie er glaubte, mit jedem Tag, den die Katastrophe näher rückte, größer und greifbarer wurde, weil die Westmächte die Auslieferung Europas an den Bolschewismus nicht hinnehmen könnten.

Im Gegensatz zu Hitler hatte Goebbels dabei zunächst für ein

Arrangement mit dem Westen plädiert. Doch als die Lage sich verschärfte, war der alte antibürgerliche Affekt wieder durchgebrochen. Die Tagebücher enthalten zum Ende hin immer neue Verwünschungen der plutokratischen Mächte, kontrapunktiert von bewundernden Äußerungen über Stalin und den Mut zur «kompletten Revolution», den jener, im Unterschied zu ihnen selber, aufgebracht habe. Nichts anderes sei, fährt er einmal fort, die tiefste Ursache seiner Stärke und der wahre Grund für den «Triumphpunkt», den Stalin erreicht habe: Im einzelnen nennt er die umfassende Politisierung der Roten Armee mitsamt der Liquidierung der einstigen Generalität, die Einführung des Politruks, der als Vorbild des nationalsozialistischen Führungsoffiziers dienen könne, die Ausrottung der Geistlichkeit sowie überhaupt das Prinzip des Terrors, bis es schließlich über Stalin beifällig heißt, man könne «von ihm und seiner Methodik lernen». Es waren die einstigen Bruderschaftsempfindungen, die in diesen Bemerkungen wiederkehrten, der unvergessene Haß von ehedem, als er geschrieben hatte, er wolle «lieber mit dem Bolschewismus den Untergang, als mit dem Kapitalismus ewige Sklaverei» wählen.[37] Schließlich zerbrach auch diese letzte, irreale Erwartung an Hitlers Unschlüssigkeit und seinem Willen zum Ende.

Dieses Ende hat Goebbels wie in einer letzten Demonstration seines Grundsatzes, wonach der Propagandist sich niemals widersprechen dürfe, an der Seite Hitlers im Bunker der Berliner Reichskanzlei gesucht. Es schien, als wolle er damit seinen nie befriedigten Kompensationshunger in einer großen abschließenden Geste stillen und sich, anders als die schmählich geflohenen Mitkämpfer früherer Tage, als der getreueste Gefolgsmann erweisen. Doch in Wirklichkeit war er keineswegs treuer, sondern nur kälter und illusionsloser als die übrigen Paladine, und er täuschte sich auch nicht darüber, in welchem Maße sie sich die zivilisierte Welt zum Feind gemacht hatten. Schon im Herbst 1943 findet sich in den Tagebüchern der Vermerk, die Ausrottung der Juden müsse nicht zuletzt als Signal verstanden werden, daß von nun an alle Brücken zu irgendeinem rettenden Ufer abgebrochen seien. Das Bild taucht noch verschiedentlich auf, auch in seiner Kolumne im «Reich», und die dunklen, verschwiegenen Zusammenhänge, die sich da ergaben, haben vermutlich ihr Teil dazu beigetragen, Führung und Volk selbst in so aussichtsloser Lage noch zusammenzuketten. Wie sehr die Politik des Regimes, die gesamte Nation in einen komplizenhaften Verbrechensverbund zu zerren, einer weit zurückreichenden Strategie entsprach, macht eine Äußerung schon vom Sommer 1941 erkennbar. «Haben wir gesiegt», äußert Goebbels da, «wer fragt uns nach der Methode. Wir haben sowieso soviel auf dem Kerbholz, daß wir siegen müssen, weil sonst unser ganzes Volk, wir an der Spitze mit allem … ausradiert werden.» Und zu Göring, im Frühjahr 1943, es gebe nun «gar kein Entrinnen mehr»[38].

Aus diesem Grunde auch bestürmte er den wiederum zögernden Hitler, das Ende in Berlin zu erwarten, statt nach Berchtesgaden oder anderswo in der Alpenfestung auszuweichen: «Man ficht bis zum letzten nicht um die Sommerresidenz», lautete sein schlagendes Argument, «sondern um die Reichshauptstadt.»[39] In seinem Bemühen sah er sich offenbar noch bestärkt, seit Bormann zusehends ungeduldiger zur Flucht drängte – und jetzt endlich, in allerletzter Stunde und wie verspätet auch immer, gelang ihm der so lange vergeblich erhoffte Triumph über den verhaßten Rivalen. Hitler blieb in Berlin. Eine Woche nach dieser Entscheidung, zwei Tage vor dem Ende, wurde ihm sogar die Genugtuung zuteil, durch die von Hitler testamentarisch verfügte Ernennung zum Reichskanzler auch hierarchisch dem ewig quertreibenden Nebenbuhler vorgesetzt zu werden: Was diesen letzten, sinnlosen Zweikampf zu seinen Gunsten entschied, war ein Entschluß, dem Bormann schlechthin nichts entgegenzusetzen hatte: Aus dem Führerraum tretend und den wartenden Gegenspieler hochmütig ignorierend, sagte Goebbels am 22. April 1945 zu einer von Hitlers Sekretärinnen, seine Frau werde jetzt mit den sechs Kindern in den Bunker übersiedeln und gemeinsam würden sie alle hier, an der Seite des Führers, den Tod suchen.

Es war nicht nur eine große Trumpfkarte, die er in diesem Augenblick ausspielte, und nicht nur die äußerste, vom Schauder vor sich selbst erfüllte Zuckung seines Radikalismus; vielmehr auch sein letzter, alles besiegelnder inszenatorischer Einfall: zum Ende nur noch er, Joseph Goebbels, zusammen mit seiner Frau, und an Stelle der abgefallenen oder untergetauchten Anhänger die unschuldige Statisterie seiner Kinder, aufgestellt zu jenem wiederholt beschworenen «festen Ring», der sich, wie er zu versichern liebte, «in den großen Schicksals- und Entscheidungsstunden» immer um den Führer gebildet habe.[40] Zu diesem, wie er wohl meinte, unvergeßlichen Schlußbild hat er, der stets auch der erste Propagandist seiner selbst gewesen war, seine Kinder zum Sterben auf die Szene geholt. Die Wirkung blieb nicht aus. Hinter dem gefallenen Vorhang geisterte er noch geraume Zeit als dämonische Figur weiter, womöglich bis heute.

Doch die dahinter wirkende Absicht, der Nachwelt durch einen erschütternden Abgang einen Mythos von Kampf, Größe, Selbstopfer und tragischem Untergang zu vermachen und auf diese Weise dem Nationalsozialismus zur Fortexistenz zu verhelfen, ist ihm, entgegen manchen anderslautenden Besorgnissen dieser Tage, nicht geglückt: «Wir werden verbrannt, verglüht, vergraben, vergessen sein», hatte er in einem seiner poetischen Versuche aus frühen Jahren geschrieben.[41] Der Satz, wie literarisch sich sein Pathos auch ausnehmen mag, ist Wort für Wort in Erfüllung gegangen. Was dagegen unvergessen bleiben und weit eher ein Anlaß zur Beunruhigung sein sollte, ist die von Goebbels so erfolgreich umgesetzte Idee von der totalen Lenkbarkeit des Menschen durch die Mittel moderner Massenkommunikation. Mit ihrer Hilfe und auf virtuose Weise hat er organisiert, was immer der Augenblick und die Zwecke der Macht verlangten: Jubel und Ausschreitungen, Pogrome, Vertrauen, auch die Stillstellungen des Gewissens sowie die Regression eines alten Kulturvolkes ins seltsame Glück vorzeitlicher Riten: daß Menschen gemeinsam aufstanden, Kampflieder anstimmten, Hände hoben sowie Treueschwüre leisteten und schließlich, in der Schlußphase des Krieges, sogar eine gegen alle natürlichen Überlebensinstinkte gerichtete Selbstvernichtungswut entfalteten. Noch Tage bevor er seinem Leben ein Ende machte, rühmte er sich, das Volk gegen zahllose Widrigkeiten und angesichts so «ungeheuerlicher Belastungen» bis zuletzt «geschlossen beieinander gehalten» zu haben.[42]

Doch war dies ein Erfolg, den er nun nur noch um seiner selbst willen suchte. Die Sorge, der er sich zum Ende hin vor allem widmete, galt der Sicherstellung der Tagebücher. Bereits im März 1941 hatte er eine Partie von zwanzig voluminösen Bänden in die Kellertresore der Reichsbank verbringen lassen und begründend dazu bemerkt: «Sie sind doch zu wertvoll, als daß sie einem evtl. Bombenangriff zum Opfer fallen dürften. Sie schildern mein ganzes Leben und unsere Zeit. Läßt das Schicksal mir dafür ein paar Jahre Zeit, dann will ich sie für spätere Generationen überarbeiten.» Und zu dem Ingenieur, der die Mikrofichierung der Notizen vornahm, sagte er etwa um die gleiche Zeit, alles könne er verlieren, nur diese Aufzeichnungen nicht.[43]

Entgegen diesem Wunsch sind sie zunächst nicht einmal zusammengeblieben. In die Wirrnisse des Untergangs geraten, gelangten zumindest Teilstücke hierhin und dorthin, einige tausend Blatt sogar in die Hände eines freilich aufmerksamen Altpapierhändlers. Nach abenteuerlichen Wegen ist die Menge der Bestände jetzt wieder zusammengeführt. Was sie bei allen Aufschlüssen, die sie vermitteln, am Ende doch nicht preisgeben, ist die Kardinalfrage, auf die jede Beschäftigung mit jener Zeit hinausläuft und die auch von der Masse der Wörter, die dieser redseligste der Gefolgsleute Hitlers hinterlassen hat, eher verdeckt als beantwortet wird: Wie die trotz aller propagandatechnischen Verschlagenheit, allen

psychologischen Scharfsinns und aller machttaktischen Gewandt-
heit doch auch an ihm unübersehbare persönliche Nichtigkeit so
gewaltige Wirkungen haben konnte. In einem seiner letzten Leitartikel für «Das Reich» hatte er am 19. März 1945, inmitten von
Trümmerbergen, nicht ohne verzweifelte Befriedigung geschrieben: «Wir haben diesem Jahrhundert unseren Stempel aufgedrückt
und es wird einmal ... unseren Namen tragen.»[44] Womöglich nicht
den ihren allein. Aber aufs Ganze gesehen, hat er sich nach einem
Leben, dessen immerwährender Vorsatz die Irreführung sei es anderer, sei es seiner selbst gewesen war, darin noch am wenigsten
getäuscht.

ANMERKUNGEN

1 Werner Stephan, Joseph Goebbels. Dämon einer Diktatur, Stuttgart 1949,
S. 198. Bei vorliegendem Aufsatz handelt es sich um einen Vortrag, der aus
Anlaß der Präsentation der Goebbels-Tagebücher am 21. 2. 1995 im Institut
für Zeitgeschichte gehalten wurde.

2 Ernst Jünger, Strahlungen II, München 1988, S. 427.

3 Das Tagebuch von Joseph Goebbels 1925/26. Mit weiteren Dokumenten
hrsg. von Helmut Heiber, Stuttgart 1960, S. 55 (Eintrg. v. 20. 1. 1926).

4 Ebenda, S. 83 (Eintrg. v. 12. 6. 1926); das spätere Zitat findet sich bei Ralf
Georg Reuth, Goebbels, München 1990, S. 198.

5 Hans Fritsche über die letzte Konferenz bei Dr. Goebbels am 21. 4. 1945,
abgedruckt in: Herbert Michaelis/Ernst Schraepler, Ursachen und Folgen. Vom deutschen Zusammenbruch 1918 und 1945 bis zur staatlichen
Neuordnung Deutschlands in der Gegenwart, Bd. 23, Berlin o. J.,
S. 114 ff.

6 Joseph Goebbels, Die zweite Revolution. Briefe an Zeitgenossen, Zwickau
1926, S. 43.

7 Vgl. Willi Krause, Reichsminister Dr. Goebbels, Berlin o. J., S. 50. Zu Koestler vgl. Michael Rohrwasser, Der Stalinismus und die Renegaten, Stuttgart
1991, S. 89.

8 Tagebuch 1925/26; Goebbels Tagebücher aus den Jahren 1942–43. Mit anderen Dokumenten hrsg. von Louis P. Lochner, Zürich 1948.

9 Vgl. Helmut Heiber, Joseph Goebbels, Berlin 1962, S. 408.

10 Die letzten Aufzeichnungen. Einführung Rolf Hochhuth, Hamburg 1977.

11 Zit. nach Elke Fröhlich, Joseph Goebbels und sein Tagebuch. Zu den handschriftlichen Aufzeichnungen von 1924 bis 1941, in: Vierteljahreshefte für Zeitgeschichte 35 (1987), S. 495.

12 Die Tagebücher von Joseph Goebbels. Sämtliche Fragmente, Teil I: Aufzeichnungen 1924–1941. Im Auftrag des Instituts für Zeitgeschichte und in Verbindung mit dem Bundesarchiv hrsg. von Elke Fröhlich (künftig: Tagebücher I), München 1987, Bd. I: 1924–1930, S. 39 (Eintrg. v. 11. 7. 1924) und S. 82 (Eintrg. v. 4. 9. 1924).

13 Joseph Goebbels, Wenn Hitler spricht, in: Der Angriff. Aufsätze aus der Kampfzeit, München 1935, S. 217f.

14 Michaelis/Schraepler, Ursachen und Folgen, Bd. 23, S. 122f.

15 Joseph Goebbels, Michael. Ein deutsches Schicksal in Tagebuchblättern, München ³1933, S. 25.

16 Die Tagebücher von Joseph Goebbels, Teil II: Diktate 1941–1945. Im Auftrag des Instituts für Zeitgeschichte und mit Unterstützung des Staatlichen Archivdienstes Rußlands hrsg. von Elke Fröhlich (künftig: Tagebücher II), München 1993ff., Bd. 7, Januar–März 1943, S. 169 (Eintrg. v. 23. 1. 1943).

17 Ebenda, Bd. 4, April–Juni 1942, S. 32 (Eintrg. v. 1. 4. 1942); vgl. aber auch ebenda, Bd. 7, S. 149 (Eintrg. v. 21. 1. 1943).

18 Vgl. Heiber, Joseph Goebbels, S. 408.

19 Konrad Heiden, Geburt des Dritten Reiches: Die Geschichte des Nationalsozialismus bis Herbst 1933, Zürich ²1934, S. 260.

20 Tagebücher I, Bd. 1, S. 145 (Eintrg. v. 5. 12. 1925).

21 Albert Speer, Erinnerungen, Frankfurt a. M.–Berlin 1969, S. 40f.

22 Vgl. Ivone Kirkpatrick, The Inner Circle, London 1959, S. 101.

23 Tagebücher I, Bd. 3: 1937–1939, S. 533 (Eintrg. v. 13. 11. 1938).

24 Tagebücher II, Bd. 7, S. 449 (Eintrg. v. 2. 3. 1943).

25 Ebenda, Bd. 8, April–Juni 1943, S. 287 (Eintrg. v. 13. 5. 1943). Zu den verschiedentlich behaupteten Zweifeln von Goebbels an der «Endlösung» vgl. Bd. 4, S. 184 (Eintrg. v. 27. 4. 1942).

26 Stephan, Joseph Goebbels, S. 180.

27 Tagebücher II, Bd. 8, S. 126 (Eintrg. v. 18. 4. 1943).

28 Ebenda, Bd. 4, S. 426 (Eintrg. v. 1. 6. 1942).

29 Joachim C. Fest, Das Gesicht des Dritten Reiches, München 1967, S. 135.

30 Tagebücher II, Bd. 7, S. 32 (Eintrg. v. 1. 1. 1943).

31 Reuth, Goebbels, S. 521.

32 Tagebücher II, Bd. 7, S. 431 (Eintrg. v. 27. 2. 1943) und S. 456 (Eintrg. v. 2. 3. 1943).

33 Ebenda, S. 401 (Eintrg. v. 23. 2. 1943).

34 Ebenda, Bd. 13, Juli–September 1944, S. 135 (Eintrg. v. 23. 7. 1944).

35 Ebenda, Bd. 15, Januar–April 1945, S. 200 (Eintrg. v. 23. 1. 1945); Heiber, Joseph Goebbels, S. 347.

36 Reuth, Goebbels, S. 565 f. Hinweise auf die «widernatürliche», oft auch als «pervers» bezeichnete Koalition der Kriegsgegner finden sich in zahlreichen, mit dem näher rückenden Ende vermehrt auftretenden Eintragungen.

37 Heiber, Tagebuch 1925/26, S. 361 f. (Eintrg. v. 25. 10. 1925). Die bewundernden Vermerke über Stalin und das sowjetrussische Regime finden sich in nahezu allen bisher veröffentlichten Bänden, die hier angeführten Hinweise entstammen durchweg den Tagebüchern II, Bd. 11, Januar–März 1944, S. 126 (Eintrg. v. 20. 1. 1944), S. 162 (Eintrg. v. 25. 1. 1944) und S. 403 f. (Eintrg. v. 4. 3. 1944).

38 Tagebücher I, Bd. 4: 1940–1941, S. 696 (Eintrg. v. 16. 6. 1941); Tagebücher II, Bd. 7, S. 454 (Eintrg. v. 2. 3. 1943).

39 Stephan, Joseph Goebbels, S. 301.

40 So z. B. in der Geburtstagsansprache zum 20. 4. 1943, hier zit. nach Heiber, Joseph Goebbels, S. 398.

41 Ebenda, S. 402.

42 Zit. nach Stephan, Joseph Goebbels, S. 304.

43 Fröhlich, Goebbels und seine Tagebücher, S. 496, 498.

44 Zit. nach Heiber, Joseph Goebbels, S. 405.

Spiel mit hohem Einsatz.
Über Adam von Trott

Die Geschichte ist eine launische Gebieterin und verfährt nach seltsamen Regeln. Sie hat eine Vorliebe für verwickelte Ereignisse und Figuren, deren Darstellung immer einen unauflösbaren Rest zurückläßt. Sie ist verführbar durch das große Drama, durch Glanz und Unglück, Aufstieg und Fall von Mächten und Menschen. Als Voltaire gefragt wurde, warum er über Karl XII. geschrieben habe, erwiderte er, der König sei groß, rätselhaft und verrückt gewesen; das sei der Stoff, aus dem Geschichte gemacht werde. Ihre Geringschätzung gilt dagegen den chancenlosen Verlierern, der Causa victa, die Cato so gefiel, weil in ihr oftmals mehr Ehre und mehr Menschlichkeit zu finden ist als in der Causa victrix. Die Geschichte kümmert das nicht, obwohl sie lange weiß, daß das Los der Besiegten uns oftmals mehr über eine Zeit und ihre Umstände verraten kann als die Darstellung derer, die scheinbar die Sieger sind.

Vielleicht liegt darin schon eine erste Erklärung dafür, warum der deutsche Widerstand niemals einen angemessenen Platz in der Geschichte erlangt hat. Er war keineswegs groß, nicht rätselhaft oder verrückt. Er bestand nur aus einigen einzelnen, die weder von einer übergreifenden Idee noch von einem Gruppengefühl geeint und zu ihrer Zeit nicht einmal durch einen Begriff verbunden waren; die aber in aussichtsloser Lage unternahmen, was die Selbstachtung, die Moral und der Name des Landes geboten. In Deutschland ist denen, die dem erst im nachhinein so genannten «Widerstand» angehörten, bis heute nicht viel mehr als ein mitunter widerwilliger Respekt zuteil geworden. Anderswo weiß man kaum, daß es ihn je gegeben hat, und wo man es weiß, stellt man vielfach seine Motive in Frage. Man kann nicht einmal sagen, der Widerstand sei eine abhanden gekommene oder vergessene Sache. Denn dazu gehörte, daß er irgendwann im allgemeinen Bewußtsein war.

Immerhin gibt es den 20. Juli 1944, als im Hauptquartier Hitlers in Ostpreußen Stauffenbergs Bombe explodierte. Da war nun das unerhörte Ereignis, von dem sich die Geschichte sonst so bereitwillig überreden läßt, und tatsächlich hat das Attentat auch einige Bücher und Filme zur Folge gehabt. Aber dann fiel es wieder aus der Erinnerung, verschlungen von der Wucht des Geschehens, das darauf folgte. Und noch weniger im Gedächtnis blieb der lange Weg bis zu diesem Attentat, die zahlreichen Anläufe, verschwörerischen Betreibungen und unvermutet auftauchenden Hindernisse, all die unsäglichen Mühen und Gefahren einer einzigartigen und jedenfalls unter keinem anderen totalitären Regime je unternommenen Staatsstreichunternehmung.

Man hat, beginnend mit dem Jahr 1938, fünfzehn oder mehr versuchte Anschläge auf Hitler gezählt, mindestens fünf davon hätten, nach menschlichem Ermessen, Erfolg haben müssen. Aber sie alle scheiterten. Einige infolge unvorhersehbarer Umstände, technischen Versagens oder unvermuteter Terminänderungen; andere aufgrund von Hitlers scharfem und fast raubtierhaftem Instinkt für Gefahren.

Im ganzen ist die Geschichte des deutschen Widerstands mit dieser endlosen Folge von Fehlschlägen ein eher deprimierender Gegenstand. Nicht nur weil man den Eindruck gewinnt, als habe Hitler wieder und wieder mit dem «Schicksal» im Bunde gestanden oder jedenfalls mit dem, was wir so nennen, wo rationale Erklärungen nicht weiterhelfen. Sondern auch, weil auf seiten der Verschwörer zwar eine respektgebietende moralische Stärke sichtbar wird; aber auch mehr Entscheidungsschwäche, mehr gedankliche Skrupel und Befangenheiten, als die Erhebung gegen ein übermächtiges, von einer riesigen Polizeimaschine gesichertes Gewaltsystem erlaubt. Das hat den Staatsstreichversuch, seine Planungen und am Ende die Beteiligten selbst in ein unverdient diffuses Licht getaucht. Der Rest an Helligkeit, der allenfalls noch auf sie fiel, wurde von dem Schatten verdunkelt und zuletzt zum Verschwinden gebracht, den Hitler über die Zeit warf.

Die Gründe für die Verdrängung des Widerstands in Deutschland sind nicht schwer zu verstehen; zumindest dann nicht, wenn man jene ersten Jahre nach dem Ende des Krieges ins Auge faßt, die im öffentlichen Bewußtsein die lange gültigen Markierungen gesetzt haben. Zu viele hatten Hitler gewählt (obwohl er in keiner freien Wahl jemals eine Mehrheit gewann), zu viele hatten Gründe gehabt, ihm, anfangs jedenfalls, dankbar zu sein, zu viele seinen zunächst innenpolitischen und dann militärischen Erfolgen zugejubelt, und zu viele waren ihm schließlich, in einer Art Lähmung des Gewissens wie des Überlebenswillens, widerspruchslos in die Katastrophe gefolgt. Keiner sollte jetzt, da das Fieber jener Jahre vorüber war, das Vorrecht in Anspruch nehmen dürfen, schärfer gesehen, nüchterner gedacht und moralisch empfindlicher geurteilt zu haben als jedermann. Zwar wehrte sich die öffentliche Meinung gegen die These von der Kollektivschuld. Aber kollektiv verführt sein wollten alle gleichwohl. Niemand sollte sich von der Masse absetzen und eine besondere Integrität geltend machen dürfen. Schon gar nicht die Angehörigen einer zum Untergang verurteilten Klasse aristokratischer Offiziere, deren Namen in so auffälliger Weise mit dem Widerstand verbunden schienen.

Inzwischen weiß man genauer als in den frühen Nachkriegsjahren, daß sich die Aktivitäten gegen das Regime nicht auf die Angehörigen einer alten militärischen Adelselite beschränken lassen. Sie traten nur im letzten dramatischen Akt, wie in einer Szene des Abschieds, noch einmal ins Helle. In allen früher liegenden Bestrebungen, auch in der politischen Vorbereitung des coup d'état vom 20. Juli, spielten Oppositionelle aus allen Lagern und aus allen Herkünften eine unübersehbare Rolle: Beamte, Geistliche, ehemalige Gewerkschaftsführer, Anwälte oder Professoren. Die Militärs bildeten gleichsam nur den bewaffneten Arm des Komplotts. Unbestritten war hier wie da, daß sie nach dem gelungenen Sturz Hitlers und seiner Komplizen in die zweite Reihe zurücktreten und den Zivilisten die politische Führung des Landes übergeben würden.

Anders sehen die Gründe aus, die in England das Bild des deutschen Widerstands verdrängt haben. Und doch gibt es Ähnlichkeiten. Denn auch dies ist keine ganz ungetrübte Erinnerung. Vielmehr eine Geschichte von Mißverständnissen, falschen Verdächtigungen und zerbrochenen Freundschaften. Als charakteristisch kann man wohl das Verhalten von Sir John Wheeler-Bennett ansehen, der noch zu Anfang des Krieges vielfältige, in persönlicher wie politischer Nähe begründete Beziehungen zu Adam von Trott unterhalten und die innerdeutsche Opposition als «Alliierte der demokratischen Mächte» bezeichnet hatte. Doch später vergaß er die vielen einvernehmlich verbrachten Abende, die gemeinsamen Ausritte und die Beratungen, die sogar zu einer Denkschrift an die britische Regierung geführt hatten. Da gab er vor, Trott nie gekannt zu haben. Zwar mußte er sich dann, unter dem Druck zahlreicher Zeitzeugen, korrigieren. Doch im zweiten Band seiner Autobiographie von 1975 fiel er wieder in die Verleugnung zurück und erwähnte den Freund von einst mit keinem Wort.[1]

Bekanntlich setzte der deutsche Widerstand von Beginn an alle Hoffnung auf Großbritannien, das den meisten in einem ganz buchstäblichen Sinne näher lag, auch verständiger und interessenverwandter schien als die USA oder gar die Sowjetunion. Das hatte sich schon bei jenem höchst seltsamen, in der Geschichte beispiellosen Pilgerzug von 1938 und 1939 offenbart, als rund ein Dutzend Emissäre der Opposition nach London gereist war, jeder «mit einem Strick um den Hals», wie einer von ihnen seine Unterredung mit Sir Robert Vansittart eröffnete. Was sie bei allen

Unterschieden im einzelnen erbaten, war nichts anderes als eine entschlossene Geste der britischen Regierung gegen Hitler. Sie sollte dem deutschen Diktator den Ernst jener Lage vor Augen führen, die er mit seinem Konfliktkurs Schritt für Schritt heraufbeschwor.

Doch bei ihren Gesprächspartnern, angefangen von Chamberlain und Halifax bis zu vielen anderen, stießen sie auf nicht viel mehr als Verwunderung und offene Abwehr, und von einem dieser Zusammentreffen heißt es sogar, die Atmosphäre sei «eisig» gewesen.[2] Denn das Ersuchen lief erkennbar auf das strikte Gegenteil der mit so vielen Erwartungen eingeleiteten Appeasement-Politik hinaus, und kaum irgendwer auf britischer Seite war bereit, darüber Belehrungen ausgerechnet von Deutschen entgegenzunehmen. Das lag zum Teil gewiß auch an dem Auftreten der Abgesandten selber, die zwar gleichlautend nicht mehr als eine energische, womöglich militärisch gestützte Warnung an die Adresse Hitlers verlangten. Aber die Ansichten, die sich dahinter über deutsche Gebietsansprüche, die Rolle des Reiches in Europa oder über die Wiederherstellung der Monarchie auftaten, waren notgedrungen unabgestimmt und folglich allzu widersprüchlich. Jeder einzelne mochte mit aufrichtigen und besorgten Beweggründen gekommen sein. Doch im ganzen hörten ihre Gegenüber aus dem Vorbringen zuviel von jenem alten, unruhigen Ehrgeiz der Deutschen nach einer hegemonialen Rolle heraus, und unüberwindbar blieb, daß sie sämtlich einer Schicht entstammten, deren Typus nicht nur bei den Lesern billiger Massenblätter durch klischeehafte Bilder mit Stehkragen, Monokel und Pickelhaube geprägt war.

Vor diesem Hintergrund nahm sich Hitler, trotz allen Unbehagens, das er weckte, nicht ganz so besorgniserregend aus, wie seine inneren Widersacher behaupteten. Und schließlich darf auch der Hinweis auf die nationalen Befangenheiten der Zeit nicht fehlen, für die solche verschwörerischen Interventionen über die Grenzen hinweg durchaus ungewöhnlich waren und augenblicklich den Verdacht eines abgekarteten Spiels zwischen dem Regime und seinen angeblichen Gegnern wachriefen. Als der britische Militärattaché in Berlin berichtete, daß nach dem Urteil des deutschen Generalstabsoffiziers Gerhard von Schwerin das gerade geschlossene Münchener Abkommen für Hitler nicht mehr als «ein(en) Fetzen Papier» darstelle, fragte sich ein hoher Beamter des Foreign Office, ob sich hinter dieser «ungeheuren, ehrlosen Disloyalität» nicht eine «machiavellistische Lüge» verberge. Und als kurze Zeit später Schwerin selber nach London kam und nicht nur sein Urteil über Hitler, sondern noch einmal die Bitte um ein Signal vortrug, eine Flottendemonstration beispielsweise oder die Verlegung einiger britischer Fliegerstaffeln nach Frankreich, sah man darin nichts anderes als eine «verdammte Unverschämtheit».[3]

Und so immer wieder. Ein Berg von Mißtrauen versperrte jeden Weg zueinander, und es gehört zu den kostspieligsten Ironien der Geschichte, daß Hitlers Wort im London der späten dreißiger Jahre mehr Glaubwürdigkeit besaß als das seiner ruhelosen Gegner. An dieser Mauer von Argwohn, Phlegma und halber Verachtung zerbrachen alle Versuche des Widerstands auch in der folgenden Zeit, die Entfernungen wuchsen sogar noch. Die zunehmend verzweifelter unternommenen Bemühungen dauerten bis in den Sommer 1944. Erst mit den Massenverhaftungen nach dem 20. Juli brachen sie endgültig ab.

Als Beispiel für die Ausweglosigkeit aller Bestrebungen, Hitler gemeinsam entgegenzutreten, kann man Adam von Trott ansehen. Er läßt sich sogar als eine Art Modellfall verstehen, weil seine Biographie alle Voraussetzungen vereinte, die für ein Zusammenkommen der beiden Seiten sprachen. Denn Trott war nicht nur dank seiner Abstammung von John Jay, einem der «aristokratischen Revolutionäre Amerikas von 1776», wie er selber gelegentlich bemerkt hat, angelsächsisch geprägt, sondern hatte auch als Rhodes Scholar am Balliol College in Oxford seine womöglich besten Jahre verbracht. Er war in dieser Zeit zu einem tiefen, wenn auch nicht unkritischen Verständnis britischer Lebensart gelangt und hatte überdies manche Einsichten in die Bewegungskräfte der Politik des Landes gewonnen. Er war selbstsicher, furchtlos und von impulsivem Temperament, das bisweilen ins Halsbrecherische reichte.

In der biographischen Literatur hat man zu Recht auf Trotts Neigung hingewiesen, Grenzen zu erproben und Auseinanderliegendes womöglich zu vereinen[4]: der mitunter idealisierende, von schöneren Vergangenheitsbildern inspirierte Zug, der ihm eigen war, trübte seinen Blick für die strengeren Erfordernisse der Gegenwart nicht, und weder die hohe Einfühlungsgabe, über die er gebot, noch das Spiel mit den Möglichkeiten, das er liebte, setzten die ihn leitenden Prinzipien außer Kraft. Schon in jungen Jahren hatte er die sozialistischen Theoretiker studiert, aber zugleich Hölderlin gelesen, war tief beeindruckt von Ernst Jüngers «Arbeiter» gewesen und als Herausgeber der politischen Schriften Heinrich von Kleists in Erscheinung getreten. Er hat sich stets zwischen zwei Welten gesehen, einer patriotischen und einer europäisch-weltbürgerlichen, einer religiösen und einer liberalen, zwischen alten Werten und neuen Forderungen, ohne doch je ins Schwanken zu geraten. Anders als das bekannte Wort versichert, hat sein Gewissensernst ihn nicht «feige» gemacht, sondern in den Grundsätzen nur immer aufs neue bestärkt.

Alle diese scheinbaren Unvereinbarkeiten waren aber zusammengehalten durch jene schon früh ausgebildeten Konturen seiner Persönlichkeit, die vielen Beobachtern aufgefallen ist. Sie verlieh ihm, im Verein mit dem Charme, über den er gebot, eine ungewöhnliche Fähigkeit, sich Freunde zu machen. In Oxford zählten binnen kurzer Zeit Sir Stafford Cripps dazu und Richard H. Crossman, David Astor, Isaiah Berlin, Lord Lindsay, Maurice Bowra und viele andere. Sie alle öffneten ihm, beeindruckt oder sogar überwältigt, wie sie von ihm waren, neue Türen zu weiteren Verbindungen.

Im Januar 1933, als Hitler in Deutschland an die Macht gelangte, war Trott in Oxford. Seiner Umgebung gegenüber hatte er nie einen Zweifel an seinem prinzipiellen Abscheu vor der aufstrebenden Nazi-Partei gelassen und, wie der Brief eines Freundes offenbart, schon am Abend des 30. Januar mit großer Hellsicht von den Schwierigkeiten gesprochen, in die er aufgrund dieses «schrecklichen Unglücks» persönlich wie beruflich geraten werde.⁵ Dennoch setzte die Entfremdung augenblicklich ein. Ihren greifbaren Ausdruck fand sie in der zunehmenden Gleichsetzung von «Deutschen» und «Nazis», gegen die sich Trott wieder und wieder leidenschaftlich empört und bis zuletzt zur Wehr gesetzt hat.

Er hat offenbar nicht nur eine persönliche Kränkung darin gesehen, sondern auch die Zurückweisung jenes politischen Rollenspiels, in dem er sichtlich damals schon seine Bestimmung sah. Und vielleicht hat er deshalb von nun an mit vermehrtem Nachdruck auf einer Unterscheidung beharrt, die in der Sache vertretbar, aber politisch problematisch war. Wie viele Deutsche jener Jahre glaubte er, Hitler sei nichts anderes als eine Episode, die über kurz oder lang zu Ende kommen werde. Es sei nur eine andere Art der Kapitulation vor diesem Mann, wenn man jedes legitime deutsche Interesse einzig aus dem Grunde verneine, weil es auch von Hitler vertreten werde.

So fuhr er fort, die Interessen seines Landes offen und sogar selbstbewußt zu behaupten. Die Vorwürfe, daß er damit auf die revisionistische Linie des deutschen Diktators gerate, nahm er in Kauf, wie sehr er sich dadurch auch verkannt fühlte, desgleichen die Verstimmungen seiner britischen Freunde. Zu ihrem Befremden schien er den tiefen Bruch zu ignorieren, der sich durch Hitler zwischen Deutschland und den übrigen Nationen aufgetan hatte. Vergeblich wies er auf den grundsätzlichen Unterschied hin, der sowohl in den Mitteln wie in den Zielen zwischen dem wirklichen deutschen Interesse und den Absichten Hitlers bestand.

Was er wohl nicht hinreichend bedachte, war, daß die erregte Zeit für solche feingesponnenen Unterscheidungen nicht gemacht war. Und wenn er es sah, blieb er doch unbeirrt. Aus den erhaltenen Briefen meint man mitunter sogar herauszulesen, daß seine nationale, wenn auch stets am Europäischen orientierte Beharrlichkeit sich im Lauf der Jahre noch versteifte. Zu den in Deutschland sich regenden Kräften des Widerstands unterhielt er enge Beziehungen. Und die Gespräche, das freundschaftliche Einvernehmen mit lauter Gleichgesinnten, die freilich alle vom Zentrum der Macht und deren Entscheidungsquartieren entfernt waren, bestärkten ihn noch in jener Auffassung, daß Hitler nichts anderes als ein Zwischenspiel sei. Der Schein seiner Übermacht verdecke nur das wirkliche Problem: den Ausgleich zwischen den europäischen Nationen und ihre Verständigung auf eine Friedensordnung, die den unseligen und konfliktträchtigen Vertrag von Versailles endlich aus der Welt schaffe. Eine der deutschen Freundinnen Trotts hat von dem «starken romantischen Zug» in seinem Wesen gesprochen, und vielleicht kam etwas davon in solchen weiten Perspektiven zum Vorschein, die den näherliegenden moralischen Irritationen der Zeit allzu wenig Beachtung schenkte. Sie hat freilich hinzugefügt, diese Neigung des Freundes habe «in einer wunderbaren inneren Standfestigkeit ... ein Gegengewicht» gefunden.[6]

Das war der Ursprung der sogenannten Trott-Kontroverse. Im Kern ging es dabei um die Frage, ob man ein unnachsichtiger Gegner des Hitler-Regimes und gleichzeitig ein Anwalt deutscher Interessen sein könne. Und es war nur ein weiteres Beipiel des oftmals verblüffenden Vorherwissens Trotts, daß er schon im März 1933, wenige Wochen nach dem Machtantritt Hitlers, an seine Oxforder Freundin Diana Hubback schrieb: «Was ich persönlich in der Welt am meisten fürchte, ist, daß die Entwicklung der Dinge hier (in Deutschland) mir meine wenigen Freunde in Deinem Land in einem Ausmaß entfremden wird, das den mir immer noch sehr teuren Beziehungen schadet.»[7]

Eine Zeitlang blieb es bei bloßen Entfremdungen. Aber die seit 1938 sich verstärkende politische Spannung untergrub die persönlichen Beziehungen zusehends mehr. Trott hatte immer geglaubt, für das unvermeidliche Dilemma, in das er als Patriot und gleichzeitiger Gegner Hitlers gerate, müßten gerade Freunde Verständnis aufbringen, sofern Freundschaft überhaupt etwas bedeute. Nun erfuhr er, daß dies ein Irrtum war. Nur wenige Verbindungen wie die mit Stafford und Isobel Cripps oder mit David Astor widerstanden den Turbulenzen der Zeit. Die meisten wurden zunächst stillgestellt. In einigen Fällen kam es zum offenen Bruch.

Anfang Juni 1939 reiste Trott für eine Woche nach England, und schon die Tatsache, daß er mit einem Auftrag von Hitlers Verbindungsmann zum Auswärtigen Amt, dem ihm aus früherer Zeit bekannten Botschafter Walther Hewel, kam, erregte unwilliges Stirnrunzeln. Auf dem Landsitz der Astors in Cliveden hatte er Gelegenheit, vier Stunden lang mit dem Außenminister Lord Halifax und dem künftigen Botschafter Londons in den USA, Lord Lothian, zu sprechen. Wie alle Emissäre der deutschen Opposition versuchte auch er, die britische Seite zu einer energischeren Haltung gegen das Reich zu veranlassen. Nur auf diese Weise, trug er vor, sowie durch eine Kette immer neuer Verhandlungen werde man Zeit gewinnen und den von Hitler rastlos betriebenen Krieg womöglich verhindern. Was er verschweigen mußte, war, daß die Verzögerung auch für die Frondeure in Deutschland notwendig war. Es gab zwar das Einverständnis zahlreicher Offiziere, daß Hitler ein Unglück sei oder doch das Land ins Unglück treibe, aber auch die Bindung an den Eid und den Grundsatz, daß Begriffe wie «Meuterei und Revolution … im Lexikon eines deutschen Offiziers» nicht vorkämen.[8] Und es gab die vielen Zirkel, deren Mitglieder die Politik Hitlers mit Schrecken verfolgten, aber alle vereinzelt, unterschiedlich in Entschlossenheit wie Zielvorstellung und schwer oder doch nur unter großem Zeitaufwand koordinierbar.

Die Unterredung mit Halifax stimmte Trott überaus zuversichtlich, und am Ende hat er sich vielleicht sogar das Unmögliche eingeredet: im Namen einer kleinen, politisch kaum definierbaren Gruppe ein Zusammenwirken zwischen London und den alten deutschen Führungsschichten zustande zu bringen. Die Überhebung des Vorhabens lag offen zutage, und Halifax dachte nicht daran, die kühl kalkulierte Appeasement-Politik für solche Träumereien aufs Spiel zu setzen. Allerdings hörte er aufmerksam zu, und unerfahren, wie Trott damals war, verstand er ganz buchstäblich, was nur Redensart war, und glaubte ein Interesse zu erkennen, wo nicht mehr als die Regeln diplomatischer Konversation eingehalten wurden. Wie zu Theo Kordt, bei dem er rund ein Jahr zuvor die gleichen irrtümlichen Vorstellungen erweckt hatte, hätte Halifax auch zu Adam von Trott später sagen können: «Wir sind nicht imstande gewesen, so freimütig zu Ihnen zu sein, wie Sie zu uns waren.»[9]

Immerhin war der britische Außenminister von dem Gespräch in Cliveden so beeindruckt, daß er Trott eine private Unterredung mit dem Premierminister, Neville Chamberlain, vermittelte. In einer ungewöhnlichen Geste wurde Trott, ein junger, nicht einmal dreißig Jahre alter Mann ohne Amt und Status, aber, wie Halifax annehmen durfte, ausgestattet mit dem Vertrauen des Staatssekretärs Ernst von Weizsäcker, in 10 Downing Street empfangen. Doch im Gegensatz zu fast allen voraufgegangenen Gesprächen verlief die Begegnung enttäuschend, in kühler und verständnisloser Fremdheit. «Er kam entmutigt zurück», notierte David Astor darüber, «und sagte, daß Mr. Chamberlain sehr nett, aber bereits ‹wie ein halbtoter Mann› sei. Seinem Eindruck zufolge fiel es Mr. Chamberlain schwer, die vorgetragenen unorthodoxen Andeutungen zu begreifen, wonach er, der britische Premierminister, versuchen sollte, halbwegs abtrünnige Deutsche zum Widerstand gegen ihr Regime zu ermutigen.»[10]

Wie sehr sich das Mißtrauen vereinzelt schon zur stummen Anklage geweitet hatte, die nur darauf wartete, beredt zu werden, zeigte sich andernorts. Wenn Trott von Verhandlungen und Zeitgewinnen sprach, drängte sich vielen seiner Gesprächspartner der nicht unbegreifliche Verdacht auf, er sei auf weitere Konzessionen an Hitler aus. Nur die wenigsten konnte er einweihen. Einer davon war möglicherweise Maurice Bowra, der Warden of Wadham College, den Trott seit seinen Studienjahren kannte und hoch verehrte. Ihn hat er, wenn die Hinweise nicht trügen, zumindest teilweise ins Vertrauen gezogen. Bei einem Besuch im Hause Bowras unterrichtete er ihn über seine mehr privaten Verbindungen zum Auswärtigen Amt und zu einigen oppositionellen Militärs, auf die er große Hoffnungen setzte. Doch ohne auf den Überschwang seines Gastes einzugehen, mit trockener Nüchternheit, fragte Bowra augenblicklich, wie diese Gruppen über Hitlers territoriale Gewinne dächten und ob sie bereit seien, alles Eroberte und zu Unrecht Angeeignete nach einem erfolgreichen Umsturz wieder herauszugeben.

Es gibt keinen verläßlichen Bericht über das, was dann folgte. Vieles spricht dafür, daß Trott unglücklich erwiderte, sich in Widersprüche verwickelte und Verlegenheiten offenbarte, zumal er nicht als Abgesandter einer der erwähnten Gruppen nach England gekommen war, sondern als Kundschafter in mehr oder minder eigener Sache. Hinzu gekommen sein mag, daß er nicht hinreichend bedacht hatte, wie hoch die Wogen der Empörung über Hitlers unlängst unternommenen Einmarsch in Prag noch immer schlugen, und Lord Lothian hatte den Übergriff nicht weniger schwerwiegend genannt als die Verletzung der Neutralität Belgiens im Jahre 1914. Jedenfalls hörte Bowra aus allem, was Trott sagte, offenbar nur heraus, daß die deutsche Opposition zwar Hitler stürzen, aber das von ihm Erraffte behalten wolle. Man weiß nicht, ob Trott auf den naheliegenden Einwand kam, daß eine neue Regierung gleichsam ihren eigenen Sturz herbeiführen müßte, wenn sie in der chaotischen, womöglich bürgerkriegsähnlichen Lage nach einem Putsch ihre Arbeit mit einer Geste des generellen Verzichts begann, und daß fürs erste nur die Wiederherstellung der Tschechoslowakei unstrittig sein konnte. Vermutlich blieben solche Überlegungen in der kalten Erregtheit, in die das Gespräch alsbald übergegangen war, ungesagt. Bowra sah seine schlimmsten Befürchtungen bestätigt und schien in seinem Unmut auch alles zu vergessen, was er je über Trotts leidenschaftliche Gegnerschaft zum NS-Regime gewußt hatte. Eine halbwegs gerechte Rekonstruktion der Szene wird aber auch Trotts psychische Verfassung zu berücksichtigen haben: den Druck der Umstände, unter denen er operierte, das Bewußtsein ständiger Gefährdung sowie die Hochspannung, in die er durch das Verwirrspiel mit immer anderen, von Gespräch zu Gespräch wechselnden Hintergedanken geraten war. Jedenfalls war der Besuch, noch bevor er richtig begonnen hatte, auch schon zu Ende, und Bowra wies seinem Gast kurzerhand die Tür. Das Band war zerrissen. Und wie zum Beweis dafür schrieb der Gelehrte einem einflußreichen Freund in Washington einen Brief. Darin warnte er vor Trott, der, wie er wußte, gerade vor einer Reise in die Vereinigten Staaten stand, um auch dort für seine Auffassungen zu werben. Das Schreiben zerstörte nicht nur jede ernsthafte Gesprächschance, sondern hatte auch zur Folge, daß Trott während seines gesamten Aufenthalts auf Schritt und Tritt observiert wurde, sechsundvierzig FBI-Agenten, so hat man später herausgefunden, haben ihn in den annähernd drei Monaten beschattet. Bowras Unversöhnlichkeit hielt lange an. Noch nach dem Krieg versicherte er einem Oxforder Freund, «daß Trott einer der wenigen Nazis war, die man hätte hängen sollen».[11] Erst in seinen Memoiren, zwanzig Jahre später, nahm er seine bitteren Anschuldigungen zurück.[12]

Seit dieser Zeit spätestens war Trott von einer Aura wispernden Geredes umgeben, das ihn als «Spion» oder «Nazi-Agenten» verdächtigte. Er selber schien diesen Vorwürfen noch Nahrung zu geben. Denn am 22. September 1939 begab er sich, diesmal mit einer offiziellen, von Ernst von Weizsäcker gegen manche Widerstände durchgesetzten Genehmigung des Auswärtigen Amts, zu Schiff von Genua aus auf die Reise in die Vereinigten Staaten. Zwar folgte er damit einer lange ergangenen und Mitte September noch einmal dringlich wiederholten Einladung des «Institute of Pacific Relations» zu einer Konferenz in Virginia Beach. Aber die Tatsache, daß die Reise drei Wochen nach Ausbruch des Krieges stattfand, mußte allem schon bestehenden Argwohn die Vermutung hinzufügen, daß das Regime ihm Privilegien einräumte, die nicht jedermann genoß. Niemandem konnte er erklären, was sein wirkliches Vorhaben war: nämlich die Möglichkeiten zur Beendigung des Krieges zu erkunden, die dem oppositionellen «Freundeskreis» im Auswärtigen Amt als Voraussetzung zur Beseitigung Hitlers erschien.

Die persönliche Bedeutung der Reise war aber anderer Art. Denn sie nötigte Trott die Entscheidung über seinen künftigen Lebensweg ab. Die Frage war, ob er nach Deutschland zurückkehren solle oder nicht. Schließlich war er noch ohne Beruf. Zwar besaß er die juristischen Examen. Doch aufgrund seiner nie verheimlichten Kritik am Hitlerregime und seiner wiederholten offenen Weigerung, der Partei beizutreten, hatte er das Studium nur mit einer befriedigenden Note abgeschlossen. Um die Entscheidung hinauszuzögern, hatte er ein Stipendium des Rhodes Trust angenommen, das ihm einen längeren Aufenthalt im Fernen Osten ermöglichte. Doch inzwischen war kein Ausweichen mehr. Dank seiner weitreichenden Verbindungen mußte er zwar um sein berufliches Fortkommen nicht fürchten, sei es in dem von ihm bevorzugten Auswärtigen Dienst, in einem Anwaltsbüro oder wo sonst auch immer. Die Frage war vielmehr, zu welchen Zugeständnissen und Widersprüchen die politischen Verhältnisse ihn nötigen würden.

Wollte er alledem entgehen, konnte er die Emigration wählen. Auch für diesen Fall mußte er sich beruflich kaum ernstliche Sorgen machen. Er besaß nach wie vor zahlreiche Freunde in England und hatte überdies soeben, während seiner Reise durch die USA, alte Verbindungen wiederbelebt und neue hergestellt. Auch hatte die «Macht seiner Persönlichkeit», von der ein amerikanischer Konferenzteilnehmer gesprochen hat,[13] überall nachhaltigen Eindruck hinterlassen, und seine sachliche Kompetenz sowie sein Scharfsinn und sein Überblick in den Weltbegebenheiten waren nicht einmal bei denen umstritten, die er als Freunde gehabt und verloren hatte. Gerade während seines Aufenthalts in den Vereinigten Staaten ist er verschiedentlich bedrängt worden, Deutschland den Rücken zu kehren, und einflußreich, wie nicht wenige seiner Gesprächspartner waren, mochte er sich ausrechnen, ohne allzu große Umstände eine angemessene Tätigkeit zu finden.

Doch im Grunde ging es nicht so sehr um eine berufliche Entscheidung. Die Wahl, vor der er stand, lautete vielmehr, ob er in «das große Zuchthaus», wie Julius Leber das Deutschland jener Jahre genannt hat, zurückkehren oder als Beobachter von außen die deutschen Dinge verfolgen sollte. Die Konsequenzen der einen wie der anderen Alternative waren ihm zweifellos bewußt. Die Emigration verhieß Sicherheit, Bewegungsraum, nützliche Einflußnahmen, aber auch bedrückende Distanz; die Rückkehr nach Deutschland dagegen hohen Einsatz, Gefahr und womöglich alle Arten von Unglück, den Tod eingeschlossen, verbunden freilich mit dem Bewußtsein, einer besonderen Verantwortung für das eigene Land zu genügen. Gerade wenn man Trotts «romantischen Zug» bedenkt, lag darin eine Verlockung, der nichts auf der Welt gleichkam. Denn wie jedermann wußte er, daß ein Leben sich entweder dem Abenteuer widmen kann und dann zumeist jeden vertretbaren Sinn einbüßt; oder es unterwirft sich einer Aufgabe und bezahlt dafür mit der Ergebung in eine strenge, oft eintönige Pflicht. Im Widerstand gegen das NS-Regime verband sich, was so selten zusammenkommt: das Wagnis und das Bewußtsein sinnvollen Tuns.

Den Zeugnissen zufolge ist Trott die Entscheidung nicht schwergefallen. An die Freundin Shiela Grant Duff hatte er schon vor Jahren geschrieben, das Emigrantendasein sei «erniedrigend». Und später fügte er hinzu, ihre Vermutung sei unverantwortlich falsch, die Angst vor den Machthabern werde ihn, falls er nach Deutschland zurückkehre, «still und willfährig» machen; als weit treffender betrachte er ihre Vorhersage, daß der «richtige Ort» für ihn und seinesgleichen «das Gefängnis» sei.[14] Vielen Freunden gegenüber äußerte er jetzt, Emigranten gebe es inzwischen genug, in den USA war er mit einigen von ihnen zusammengetroffen, angefangen vom Reichskanzler der späten Weimarer Jahre, Heinrich Brüning, über den Journalisten Paul Scheffer bis hin zu Kurt Riezler, dem letzten Kabinettschef der Kaiserzeit. Die Atmosphäre von Verlorenheit, Ohnmacht und gespensterhafter Stille, die sie umgab, die Verdächtigungen und Verratsvorwürfe von der einen wie der anderen Seite, die sie nie loswurden: das alles war nicht seine Sache. Den Freunden von überall her, die ihn beschworen, sein Leben nicht leichtfertig aufs Spiel zu setzen, erwiderte er, dieses Risiko lasse sich nicht vermeiden.[15] Doch wenn Deutschland in die Gemeinschaft der Völker zurückkehren solle, würden Menschen benötigt, die im Lande ausgehalten, den Sturz des Regimes betrieben und die künftige Ordnung kenntnisreich vorbereitet hätten. Viele einzelne seien vonnöten, um jene «Revolution» aller Klassen und Bevölkerungsschichten, vom Militär bis zur Arbeiterschaft, in Gang zu setzen, die er, nicht ohne charakteristische Sorglosigkeit, vor einem ausgewählten Zuhörerkreis in den Vereinigten Staaten gefordert hatte.[16] Über Japan und Moskau kehrte er Anfang 1940 nach Deutschland zurück.

Es war ein dünnes Seil, auf das er sich begab, als er wenig später, durch Vermittlung seines Freundes Josias von Rantzau und halbwegs an Ribbentrop vorbei, als wissenschaftlicher Hilfsarbeiter in das Auswärtige Amt eintrat. Er ging sogar noch weiter und begann, im Büro das Abzeichen der Partei zu tragen, der er kurze

Zeit darauf beigetreten war. Die vielen Beobachter, die ihm das eine wie das andere verübelten und von seiner endlichen Demaskierung sprachen, wußten nicht, daß dies gerade die Maskerade war und zu den Verkleidungen gehörte, die ein totalitäres System seinen Gegnern abverlangt. Denn auch in Deutschland war Trott ständigem Verdacht ausgesetzt. Aber das Doppelleben war der Preis. Jeder, der ihn entrichtete, konnte darauf verweisen, daß die Sorge um den Schein persönlicher Integrität eine falsche Ängstlichkeit verrate und gerade moralisch zuwenig sei für finstere Zeiten.

Natürlich gerieten alle, die solche Akte der Anpassung vornahmen, in ein Zwielicht, und nicht wenige der Verschwörer haben zunehmend darunter gelitten.[17] Die ebenso niederschmetternde wie triviale Wahrheit lautet, daß man nicht als Widersacher des Regimes wirken konnte, ohne ein Teil davon zu sein. Das «andere Deutschland» hatte im Deutschland Hitlers wohl oder übel seinen Platz einzunehmen. Alle Welt mußte inzwischen wissen, wie dichtgespannt das Netz der Überwachungsapparate unter der Diktatur war. Daher baute Trott trotz aller zurückliegenden Enttäuschungen weiterhin auf das Verständnis zumindest derer, die ihn und die Unnachgiebigkeit seiner Überzeugungen kannten. Es war die schon verschiedentlich fehlgegangene, aus Stolz, Eigensinn und Übermut erwachsene Illusion, die er nicht aufgeben wollte.

Von nun an wurden augenblicklich die alten sowie zahlreiche neue Vorbehalte wach, sobald in einer der Denkschriften oder Botschaften, die während des Krieges auf oftmals verschlungenen Wegen nach London gelangten, der Name Adam von Trotts auftauchte. Gewiß ist einzuräumen, daß die gespaltene Existenz, zu der er sich verurteilt hatte, ihn zu manchen Irrtümern verleitete, daß ihm Unbedachtheiten unterliefen und er sich wiederholt in den eigenen Fallstricken verfing. Die Vorwürfe verschärften sich noch, als er 1941 dem Sonderreferat Indien des Auswärtigen Amtes zugeteilt wurde. Denn damit geriet er an einen ausnehmend empfindlichen Bereich der britischen Politik. Seit je hatte er die indische Unabhängigkeit befürwortet und ließ jetzt nicht deswegen davon ab, weil diese Forderung der Politik des Reiches entsprach. Alles, was er fortan zu deren Förderung unternahm, deckte ihn zwar gegen das Mißtrauen der Mehrzahl seiner Amtskollegen ab, setzte aber zwangsläufig auch seine auswärtigen Verbindungen aufs Spiel, und manch einer seiner englischen Gegenspieler fragte sich, was diesen Feind des Regimes eigentlich von dessen Anhängern unterschied. So ist die Indien-Mission von Sir Stafford Cripps im Frühjahr 1942 nicht zuletzt aufgrund der Propagandaeinsätze Trotts gescheitert, und jeder Erfolg, den er von da an für die indische Sache erzielte, brach unvermeidlicherweise ein Stück seines ohnehin beschädigten Ansehens in London weg.

Es war ein Spiel mit hohen Einsätzen, und Trott gab sich offenbar nicht hinreichend Rechenschaft darüber, daß die Karten nur gegen ihn fallen konnten. Selbst Richard Crossman, der ihm noch immer freundschaftlich zugetan war, schrieb 1942 über ein Memorandum von Trott, es sei, wie «geistreich» auch immer, sich seiner «intellektuellen und politischen Unehrenhaftigkeit nicht bewußt».[18] Als jedoch Anthony Eden dazu bemerkte, Trott gehöre zu jenen nicht untypischen Gegnern Hitlers, die «nie bereit gewesen seien, den Preis für ihre Überzeugungen zu zahlen und unter dem NS-Regime den Dienst zu quittieren», belehrte ausgerechnet Stafford Cripps ihn, daß Trott «einen viel höheren Preis bezahlt (habe), indem er es ablehnte, sich dem Nationalsozialismus anzuschließen, und dennoch nach Deutschland zurückging, um für die Ziele zu kämpfen, die er für richtig hielt».[19]

Aber das war die Stimme eines Freundes, der die Nötigung zur Tarnsprache und die zermürbende Spannung nachempfand, die das Los der inneren Regimegegner war. In den amtlichen Stellungnahmen dagegen fehlte dieser Einfühlungswille fast stets. Die Quellen sind reich an Dokumenten einer deprimierenden Phantasiearmut. Als Beispiel kann eine weitere Notiz Edens zu der erwähnten Denkschrift Trotts dienen: Er habe nicht die Absicht, «diesen Leuten zu antworten», schrieb der Außenminister, «bis sie ins Offene kommen und ein sichtbares Zeichen ihrer Bereitschaft geben, beim Sturz des Nazi-Regimes dabei zu sein».[20] Der Satz bedeutete nichts anderes als die Aufforderung zum Selbstmord als Vorbedingung für mögliche Annäherungen. Es war die alte starre Front, an der sich seit 1938 jeder Vorstoß festgelaufen hatte: London verlangte eine sichtbare Tat, bevor es (vielleicht) Unterstützung gewährte; die Opposition dagegen erwartete eine Geste der Unterstützung, um der Tat möglichst breiten Rückhalt zu verschaffen. Es war ein tödlicher Zirkel.

Von seiten der Mitverschwörer fiel auf die Hingabe Trotts an die gemeinsame Sache in allen Jahren niemals der leiseste Zweifel. Im «Kreisauer Kreis» des Grafen Helmuth von Moltke war er einer der führenden Köpfe und genoß nicht nur das höchste Ansehen, sondern galt auch als außenpolitischer Sprecher der Gruppe. Unermüdlich war er, formal gedeckt durch seine Stellung im Auswärtigen Amt, auf Reisen und von 1942 bis Juli 1944 insgesamt sechzehnmal im Ausland: in Schweden, in der Schweiz, in Italien und anderswo, um Verbindungen zu knüpfen und, in welcher Form auch immer, die Front gegen Hitler zu stärken. Die Serie von Niederlagen, in der alle seine Versuche endeten, die von Churchill errichtete Mauer des «absoluten Schweigens» zu durchbrechen, ließ ihn unentmutigt. Die Aufgabe, von der politischen und moralischen Substanz seines Landes zumindest einen Rest aus dem sichtlich näherrückenden Desaster zu retten, blieb das Wichtigste. Ihr widmete er sich um so verzweifelter, je aussichtsloser die Lage wurde.

Schon die von Roosevelt verkündete Forderung nach «Bedingungsloser Kapitulation», Anfang 1943, traf ihn, wie die gesamte Opposition, tief: sie hatte nun keine Karte mehr in der Hand. Gleichwohl gab Trott nicht auf, sondern verstärkte womöglich noch seine Bemühungen. In den Fühlungnahmen mit der anderen Seite jedoch schrumpften seine Forderungen zusehends zusammen. Am Ende verlangte er im Grunde nicht mehr als den Verzicht der Alliierten auf alle Unternehmungen, die den geplanten Staatsstreich behindern mußten, kam aber daneben auch auf den alten Anstoßpunkt zurück, der die Deutschen im ganzen mit dem Regime gleichsetzte. Doch selbst damit fand er nicht länger Gehör. Die deutsche Position, die er jenseits der Hitlerschen Zielsetzung stets vertreten hatte, besaß kein Gewicht mehr. Der von Anfang an herumgeisternde Verdacht gerade der Engländer, daß der Widerstand weniger gegen das NS-Regime als gegen dessen Scheitern aufbegehre, zerstörte den allenfalls verbliebenen Rest an Aussichten. In seiner wachsenden Ratlosigkeit erwog Trott verschiedentlich noch einmal das «Mühlespiel» zwischen Ost und West, ohne freilich große Hoffnungen darauf zu setzen. Vom Frühjahr 1944 an drängte sich ihm die Ahnung auf, daß er vollkommen gescheitert war, und was er an Kraft noch besaß, verbrauchte er im Widerstreben gegen diese Einsicht.

Im April des Jahres, bei seinem letzten Besuch in der Schweiz, sagte er zu seinem Freund Willem A. Visser't Hooft, dem niederländischen Generalsekretär des Ökumenischen Rats der Kirchen, er sei «tief enttäuscht, ja sogar erschüttert», alle weiteren Anstrengungen seien jetzt nutzlos; und einem schwedischen Freund schrieb er: «Im Augenblick kann man dem fürchterlichen Gericht, das über die ganze Menschheit niedergehen wird, nicht Einhalt gebieten.»[21] Eine Serie von Paßfotos aus jener Zeit zeigt ein früh gealtertes, fahles Gesicht mit seltsam entleerten Zügen. Eine Mitarbeiterin der britischen Gesandtschaft in Bern, die ihm damals begegnete, bezeichnete ihn als «einen Schatten seiner selbst» und nannte ihn einen «gebrochenen Mann».[22] Ihr sagte er, er erwarte seine Verhaftung, sobald er nach Deutschland zurückkehre. Den Gedanken an Flucht lehnte er, schon seiner Frau und seiner Kinder wegen, jetzt und späterhin ab. Er kannte seine Schuldigkeiten.

Es gab keine «Troubled Loyalty», wie der Titel der kritischen Biographie lautet, die Christopher Sykes über Adam von Trott verfaßt
hat. Die existierte eher auf der Gegenseite. Anfang Juli 1944, kurz
nach der letzten Reise Trotts nach Schweden, meldete die BBC,
daß ein ehemaliger «deutscher Rhodes-Stipendiat» in Stockholm
«Friedensfühler» ausgestreckt habe.[23] Aufmerksame Freunde ver-
hinderten, daß die Meldung in die amtliche Pressemappe geriet.

Eine todbringende Indiskretion vergleichbarer Art beging die
britische Kriegspropaganda kurze Zeit später, unmittelbar nach
dem Scheitern des 20. Juli. Während viele der Verdächtigen sich
möglichst unsichtbar machten und auf die Standfestigkeit ihrer Freunde in den Gestapo-Verhören hofften, gab sie über den
Rundfunk «ständig Namen von Leuten bekannt, von denen sie
behauptete, daß sie ebenfalls am Staatsstreich teilgenommen hätten». Und der Präsident des Volksgerichtshofs, Roland Freisler,
konnte den Angeklagten triumphierend ein britisches Flugblatt
entgegenhalten, das die Verschwörer mit ähnlichen Worten ver-
höhnte wie die Goebbels-Propaganda.[24]

Vielleicht war es nicht verwunderlich, daß sich die britische
Öffentlichkeit weithin befriedigt zeigte über den Fehlschlag des
Versuchs, «das Hakenkreuz durch den Schaftstiefel zu ersetzen»,
wie der «Daily Telegraph» am 22. Juli 1944 schrieb. Ungewöhnlich dagegen war wiederum das Verhalten John Wheeler-Bennetts.
Er legte dar, daß das Scheitern des Attentats ebenso wie die Verfolgung und Auslöschung des Widerstands im britischen Interesse
liege: «Die Gestapo und die SS haben uns einen anerkennenswer-
ten Dienst erwiesen, indem sie eine Anzahl von Leuten beseitig-
ten, die nach dem Krieg als ‹gute› Deutsche posiert hätten ... Es
ist deshalb zu unserem Nutzen, daß die Säuberung weitergeht.» In
Vorbereitung der Unterhaussitzung vom 2. August 1944, in der die
Regierung zu den Vorgängen in Deutschland Stellung nahm, hatte
er überdies eine Unterredung mit Anthony Eden geführt, und es
ist aufschlußreich, daß die Aktennotiz für den Premierminister,

die daraus hervorging, bis heute und noch auf Jahre hin in den Archiven verschlossen bleibt.[25] Aufs Ganze gesehen und zumal unter Berücksichtigung auch der amerikanischen Reaktionen, muß man wohl der Bemerkung Patricia Meehans beipflichten, daß «die Presse des Westens, als das Scheitern des 20. Juli bekannt wurde, sich in der Verdammung der Verschwörer fest hinter Hitler stellte».[26] Man wünschte nicht nur die Nazis zur Hölle, sondern «das andere Deutschland» auch.

In die gleiche Richtung, wenn auch im Ton zurückhaltender, zielte dann, in der Parlamentsdebatte vom 2. August, Churchills bekannte Äußerung: «Die höchsten Persönlichkeiten im deutschen Reich ermorden sich gegenseitig.»[27] Der historische Betrachter steht oft ratlos vor den Ausbrüchen eines so extremen, ebenso blinden wie unsinnigen Hasses denen gegenüber, die unter großen persönlichen Gefahren für die am Ende gemeinsame Sache gekämpft hatten. Die Feindseligkeit der Zeit ließ nicht einmal Akte einfacher Menschlichkeit zu. Als Bischof George Bell von Chichester, der sich über Jahre hin, wenn auch vergeblich, für die Sache des Widerstands verwendet hatte, im August bei der Regierung anfragte, ob man den in Deutschland Verfolgten nicht bei der Flucht behilflich sein könne, wich Eden aus, nicht ohne hinzuzufügen: «I cannot admit that we have any obligation to help those concerned in the recent plot.» Vor diesem Hintergrund nimmt es sich geradezu als Lichtblick aus, daß Allen W. Dulles, der Leiter des amerikanischen «Office of Strategic Services» in Bern, keine Mühe scheute, dem Verschwörer Hans Bernd Gisevius zur Flucht in die Schweiz zu verhelfen.[28]

Natürlich kann man bei alledem die in Jahren angehäufte Erbitterung nicht außer acht lassen und auch nicht die Wirkungen der psychologischen Kriegführung, der, wie die Erfahrung lehrt, oftmals diejenigen erliegen, die sie inszeniert haben. Aber auch die generationenalten Brandmarkungen des deutschen Konservatismus, der Junker und des hohen Offizierskorps, taten wieder ihre Wirkung: «Our enemies are both, the Nazis and the Generals», notierte der Privatsekretär des britischen Außenministers in seinem Tagebuch,[29] und tatsächlich war die Sorge nicht unbegreiflich, die deutschen Militärs könnten sich wiederum, wie schon 1918, aus der Verantwortung davonstehlen. Schließlich spielten auch Erwägungen der politischen Strategie der Alliierten hinein. Ihr langfristiges Ziel war, die Machtverhältnisse in der Mitte Europas ein für allemal zu regeln. Seit sie sich aber, wenn auch durch Hitler veranlaßt, entschlossen hatten, dies ausgerechnet im Verein mit der Sowjetunion zu tun, war jede innerdeutsche Opposition, was immer ihre Motive oder Absichten sein mochten, nur eine störende Unabsehbarkeit. Vermutlich ging darauf auch zurück, daß Churchill, der sonst so sehr die ritterlichen Gesten liebte, in seinen Kriegsmemoiren kein Wort der späten Anerkennung für die Verschwörer des 20. Juli gefunden hat.

Dabei blieb es über die Jahre hin. Auf längere Dauer hat die Mehrzahl der britischen Darstellungen jener Zeit den Widerstand teils verschwiegen, teils herabgemindert oder unter Verdacht gestellt. Die Änderung vollzog sich nur sehr allmählich, und in der breiteren Öffentlichkeit herrscht die Skepsis wohl bis heute vor. Vielleicht war die Person, anhand deren zuerst das Totschweigen durchbrochen wurde, der Theologe Dietrich Bonhoeffer, der eine Zeitlang im Südosten Londons als Auslandspfarrer gewirkt und seit jenen Jahren, nicht anders als Trott, enge Verbindungen nach England unterhalten hatte. Der Respekt, den ihm die Kirche alsbald für sein Märtyrertum zollte, kam schließlich manchen seiner Freunde und Mitverschwörer zugute. Aber auch die amerikanische Journalistin Dorothy Thompson, der aus Deutschland emigrierte Historiker Hans Rothfels mit seinem Buch «The German Opposition to Hitler: An Appraisal», William Carr, Terence Prittie, Michael Balfour und manche andere bis hin zu Klemens von Klemperer haben das tiefverwurzelte Vorurteil zu beseitigen versucht, daß von einem deutschen Widerstand im Grunde nicht zu reden sei; was so genannt werde, sei nur eine geschickter getarnte Form des ewigen deutschen Eroberungshungers. «Eine Rasse fleischfressender Schafe», hatte der sarkastische Hugh Dalton die konservativen Gegner Hitlers genannt und die Trott, die Kordt und Schwerin durchaus einbezogen. Doch war es immer ein Irrtum, zumindest die Angehörigen der jüngeren Generation des Widerstands in die Tradition des wilhelminischen Expansionsstrebens zu stellen, und gerade von Trott stammt die Bemerkung, die Verschwörer müßten «nach innen und außen, jeden Anstrich von ‹Reaktion›, ‹Herrentum›, Militarismus» vermeiden.[30] Richard Lamb und Patricia Meehan haben unlängst nachzuweisen versucht, daß und in welchem Ausmaß die Schwäche des deutschen Widerstands mit den Schwächen und Konfusionen der Politik Whitehalls zu tun gehabt habe.

Natürlich ist das nur ein Aspekt der unglücklichen Geschichte, und man sollte die Schuldzuweisungen besser vermeiden. Es gibt Konfrontationen, die kein Entkommen erlauben, zumal wenn so starke Emotionen im Spiel sind wie in diesem Fall, Gefühle gegenseitiger Bewunderung und enttäuschter Übereinstimmung, die es geradezu erlauben, von einer «Affäre» zu sprechen. Auf deutscher Seite war viel idealistischer Überschwang am Werk, viel Selbsttäuschung sowie ein Element politischer Naivität, und nicht ganz zu Unrecht hat Werner von Trott seinen jüngeren Bruder Adam einmal einen «modernen Don Quichotte» genannt.[31] Was er wie seine Mitverschworenen der Welt vergeblich begreifbar machen wollten, war, daß auch die Deutschen selber zu den «unterdrückten Völkern» zählten. In der Tat sahen sie schärfer als viele auf der Gegenseite, daß Hitlers Kampfansage nicht nur auf eine neue Ordnung in Europa zielte und nicht einmal nur auf die Eroberung von Lebensraum. Vielmehr hatte er der gesamten zivilisierten Welt den Krieg erklärt, ihren Überlieferungen von Freiheit, Recht und Menschenwert. Wollte man sie bewahren, durfte es kein eng nationales Interesse und keine Machtpolitik alten Stils mehr geben. Alle hatten sich gegen den zu verbünden, der der Feind aller war.

Gewiß bestand diese Einsicht nicht von Anfang an. Aber sie wurde im Fortgang der Zeit zum stärksten einigenden Band der Opposition. Es hat sich in den endlos philosophischen, vielfach religiös durchsetzten Debatten hergestellt, zu denen die Freundesrunden immer wieder zusammenkamen. Und verstärkt wurde es im Fortgang der Jahre durch den für viele zunächst mühsamen Abschied vom alten Nationalstaat und der Wendung zu einem föderalistischen Europa. Bereits 1937 hatte Adam von Trott in einem Brief an Shiela Grant Duff «eine große europäische Allianz» beschworen und seit 1939 Vorstellungen entwickelt, die eine gesamteuropäische Staatsbürgerschaft, eine Zoll- und Währungsunion sowie einen einheitlichen Höchsten Gerichtshof vorsahen.[32] Wer über das Scheitern des Widerstands nachdenkt, wird bald darauf stoßen, daß die spekulative Neigung, die ihm eigen war, nicht nur viel zu seiner inneren Unbeugsamkeit beigetragen hat. Vielmehr ist ihr auch zuzuschreiben, daß der kürzere Weg zur befreienden Tat so schwer und steinig wurde: gedankliche Entschiedenheit und Schwäche im Vollbringen gingen hier, wie so oft, zusammen.

Von den zahlreichen Fehlurteilen, die das Bild der inneren Gegner des Regimes verzerren, ist der Zweifel an ihrer charakterlichen Festigkeit und ihrem Mut gewiß der gravierendste. «Auseinandergehende Wege» hat Shiela Grant Duff ihre Erinnerungen an Adam von Trott genannt. Gemeint war damit, daß sie und die Welt, für die sie stand, den Weg von Moral und Gewissen einschlugen, während Trott mit der Rückkehr nach Deutschland davon desertierte. Die Frage ist aber gerade, wohin Moral und Gewissen einen Deutschen jener Jahre wiesen. Dietrich Bonhoeffer, der im Sommer 1939 in den USA war und sich, ähnlich wie Trott kurze Zeit später, von allen Seiten bedrängt sah, Deutschland hinter sich zu lassen, notierte schon bald nach seiner Ankunft in seinem Tagebuch: «Mir ist ganz deutlich, daß ich zurück muß.» Und wenige Tage danach ergänzte er, es sei «vernichtend», in dieser Situation aus Deutschland wegzugehen.

Dem einen wie dem anderen war nicht verborgen, daß er mit der Rückkehr in eine Art Abseits geraten werde und womöglich in die menschliche Vereinsamung. Auch daß er sich, angesichts der steten Todesgefahr, zum Verstummen verurteilte und vermutlich nie eine Möglichkeit zur Rechtfertigung gegen seine Ankläger haben werde. In der Tat besitzen wir bis heute nur wenige Zeugnisse, die dem Widerstand eine Stimme geben. Einer der engen Freunde Adam von Trotts, Hans Bernd von Haeften, hat seit 1936 kein Schriftstück mit halbwegs politischem Inhalt aufbewahrt und selbst in seinen Privatbriefen jede einschlägige Andeutung bewußt vermieden.[33] Auch von den Debatten des «Kreisauer Kreises», dem Drängen der Stauffenbergs und Tresckows, den Gesprächen des «Freundeskreises» im Auswärtigen Amt, den Reflexionen Moltkes, Yorcks oder Lebers sind allenfalls ein paar Sätze überliefert. Sonst nichts. Auch Trotts letzte Denkschrift über Deutschlands Rolle «zwischen Ost und West», von der er sagte, er habe sie «mit Herzblut» geschrieben, ist verloren.[34] Und selbst die Protokolle der Verhandlungen vor dem Volksgerichtshof, in denen die Verschwörer ein letztes Mal die Maximen ihres Handelns vortragen konnten, sind nur in unzureichenden, mitunter von der Zensur verfälschten Bruchstücken erhalten.

Dieses Schweigen der Quellen hat die Isolierung, die den Widerstand von Beginn an umgab, in die Geschichte verlängert. Das hat mitbewirkt, was man seine zweite Niederlage nennen kann. Deshalb ist es nicht nur ein Akt noblen Gedenkens, daß ein Ort im Balliol College nach Adam von Trott benannt wurde. Es ist auch ein Akt der Gerechtigkeit gegenüber der Geschichte, die, wie Sie wissen, so überaus launisch ist.

ANMERKUNGEN

1 John W. Wheeler-Bennett, Special Relationship. America in Peace and War, London 1975.

2 Vgl. Joachim Fest, Staatsstreich. Der lange Weg zum 20. Juli, Berlin 1994, S. 84.

3 Vgl. Klemens von Klemperer, Die verlassenen Verschwörer. Der deutsche Widerstand auf der Suche nach Verbündeten 1938–1945, Berlin 1994, S. 121; ferner David Astor, Adam von Trott. A Personal View, in: Redley Bull (Hrsg.), The Challenge of the Third Reich, Oxford 1986, S. 25.

4 Eberhard Bethge, Adam von Trott und der deutsche Widerstand, in: Vierteljahreshefte für Zeitgeschichte 11 (1963), S. 213 ff.; ferner auch K. von Klemperer, a.a.O., S. 40.

5 So C. E. Collins, zit. in: Clarita von Trott zu Solz, Adam von Trott zu Solz. Eine Lebensbeschreibung, Berlin 1994, S. 60.

6 Margret Boveri, Der Verrat im 20. Jahrhundert, Hamburg 1956, Bd. II, S. 75.

7 C. v. Trott, a.a.O., S. 61.

8 Zit. nach Romedio Galeazzo Graf von Thun-Hohenstein, Der Verschwörer. General Oster und die Militäropposition, Berlin 1982, S. 70.

9 J. Fest, a.a.O., S. 79.

10 C. v. Trott, a.a.O., S. 135. Nach einer Mitteilung David Astors dem Verf. gegenüber hat Adam von Trott ihm versichert, daß E. von Weizsäcker tatsächlich über die Reise informiert war und Trotts Vorhaben billigte.

11 David Astor, a.a.O., S. 29.

12 C. M. Bowra, Memories 1898–1939, Cambridge, Mass., 1966.

13 C. v. Trott, a.a.O., S. 141.

14 A.a.O., S. 126; ferner K. von Klemperer, a.a.O., S. 176.

15 M. Boweri, a.a.O., S. 73.

16 C. v. Trott, a.a.O., S. 142.

17 Hans Bernd von Haeften «litt zunehmend darunter, dem Nazireich als Beamter zu dienen» und bedauerte, nicht gleich 1933 in die Emigration gegangen zu sein. Gleichzeitig jedoch sah er seinen Platz in Deutschland. Vgl. Barbara von Haeften, Nichts Schriftliches von Politik. Hans Bernd von Haeften – Ein Lebensbericht, München 1997, S. 40.

18 Zit. nach K. von Klemperer, a.a.O., S. 244.

19 A.a.O., S. 245.

20 Zit. nach D. Astor, a.a.O., S. 33.

21 Vgl. K. von Klemperer, a.a.O., S. 296.

22 A.a.O, S. 293; die erwähnte Serie der Paßfotos bei C. v. Trott, a.a.O., S. 184 f.

23 Henry Malone, Adam von Trott zu Solz. Werdegang eines Verschwörers 1909–1938, Berlin 1986, S. 225 sowie dazu die Anm. S. 300.

24 Marie Wassiltschikow, Die Berliner Tagebücher der ‹Missie› Wassiltschikow 1940–1945, Berlin 1987, S. 267; ferner Detlef Graf von Schwerin, Dann sind's die besten Köpfe, die man henkt. Die junge Generation im deutschen Widerstand, München 1991, S. 44 f.

25 Lothar Kettenacker, Die Haltung der Westalliierten gegenüber Hitlerattentat und Widerstand nach dem 20. Juli 1944, in: Gerd R. Ueberschär (Hrsg.), Der 20. Juli. Bewertung und Rezeption des deutschen Widerstands gegen das NS-Regime, Köln 1974, S. 23.

26 Patricia Meehan, The Unnecessary War. Whitehall and the German Resistance to Hitler, London 1992, S. 335 f.

27 Winston Churchill, The War Situation, abgdr. in: Complete Speeches 1897–1963, Bd. VII, hrsg. v. Robert R. James, New York–London 1974, S. 6985.

28 L. Kettenacker, a.a.O.

29 John Harvey (Hrsg.), The War Diaries of Oliver Harvey 1941–1945, London 1978, S. 348 (30. 7. 1944), zit. nach L. Kettenacker, a.a.O., S. 23.

30 Vgl. Friedrich Frhr. Hiller von Gaertringen (Hrsg.), Die Hassell-Tagebücher 1938–1944, Berlin 1988, S. 289. Zur Bemerkung Hugh Daltons vgl. Hevda Ben-Israel, Im Widerstreit der Ziele: Die britische Reaktion auf den deutschen Widerstand, in: Jürgen Schmädeke/Peter Steinbach (Hrsg.), Der deutsche Widerstand gegen den Nationalsozialismus. Die deutsche Gesellschaft und der Widerstand gegen Hitler, München–Zürich 1986, S. 739.

31 K. von Klemperer, a.a.O., S. 42.

32 Hans Mommsen, Der deutsche Widerstand gegen Hitler und die Überwindung der nationalstaatlichen Gliederung Europas, in: Manfred Hettling/Paul Nolte (Hrsg.), Nation und Gesellschaft in Deutschland, München 1996, S. 65 ff.

33 B. von Haeften, a.a.O., S. 5.

34 Trott hielt die Ausarbeitung für so wichtig, daß er mehrere Abschriften davon anfertigen ließ, eine davon wurde in Potsdam-Wildpark vergraben; sie konnte aber nach dem Krieg nicht mehr gefunden werden. Vgl. dazu C. von Trott, a.a.O., S. 192 ff.

Gedanken zum 20. Juli.
Rede in der Paulskirche am 20. Juli 2004

Der Umsturzversuch vom 20. Juli zählt, mitsamt dem Widerstand, der ihn trug, zu den erinnerungswürdigen Ereignissen der deutschen Geschichte. Kein Land hat viele Tage solchen Ranges. Aber wo immer dergleichen geschah, erinnern sich die Völker mit Genugtuung und Stolz der oftmals lange zurückliegenden Hergänge und borgen sich etwas von deren Glanz für das Alltagsgrau der Gegenwart.

Nur die Deutschen nicht. Jedenfalls nicht bis an die Schwelle dieses Tages. Sie kennen zwar alle Verdammungsformeln für das Hitlerreich und die Rituale der Beschwörung. Aber vom Widerstand, der doch einen der Lichtpunkte im Schreckensbild jener Jahre darstellt, ist wenig die Rede. Er dient weder als einigende Erinnerung noch zur Vergewisserung des eigenen Wertegrundes. Eine Umfrage aus den frühen fünfziger Jahren machte bereits das mehrheitlich ablehnende Urteil über den 20. Juli deutlich. Die Verschwörer seien der Nation in den Rücken gefallen, lautete der Vorwurf, und in Erinnerung an den Ersten Weltkrieg: Deutschland verliere seine Kriege Mal um Mal durch Verrat. Was da nachwirkte, war sichtlich das Erbe der Hitlerzeit sowie, weiter zurück und tiefer eingewurzelt, die obrigkeitliche Tradition.

Zwar ist das Land nach sechzig Jahren über solche Reflexe hinaus. Aber der Widerstand hat wenig dadurch gewonnen. Die Mehrheit stand ihm die längste Zeit nicht mehr ablehnend gegenüber, sondern gleichgültig. Seit einigen Jahren läßt sich außerdem eine Neigung ausmachen, die Verschwörer herabzusetzen und ihre Integrität in Frage zu stellen. Zum nationalen Besitz jedenfalls ist die Erinnerung an ihr Tun nicht geworden. Desgleichen finden der Mut und die Bereitschaft, mit alteingeübten, wenn auch problematisch gewordenen Maximen zu brechen, nur zögernde Anerkennung.

Wohl gibt es die jährliche Feierstunde im Hof des Bendlerblocks, in dem noch in der Nacht des Staatsstreichs Stauffenberg und drei seiner Mitverschworenen im Licht aufgeblendeter Autoscheinwerfer erschossen wurden. Aber über die Jahre hin haben die Politiker, von denen viele unausgesetzt auf der Suche nach Medienauftritten sind, nur in kleiner Besetzung daran teilgenommen und allenfalls an den runden Gedenktagen eine Ausnahme gemacht. Immerhin werden seit einiger Zeit die Rekruten am 20. Juli vereidigt.

Die Erinnerungslosigkeit, auf die man stößt, ist viel beschrieben worden, sowohl von Zeitzeugen wie in späteren Deutungen. Sie schloß bruchlos an die seelische und moralische Betäubtheit an, die 1945 das Land erfaßte. Das Entsetzen angesichts der von vielen erahnten, doch jetzt ins Unwiderlegliche rückenden Verbrechen der Diktatur, die unklaren Schuldgefühle mitsamt dem Bewußtsein des geschändeten guten Namens traten hinzu und verschlossen die Mienen. So, als sei nahezu jedermann unfähig zur Trauer: über die ungezählten Ermordeten, die zerstörten Städte, die verlorenen Provinzen – und über die eigenen Toten auch.

Hinzu kam, daß von politischer Seite nichts oder wenig unternommen wurde, dem Widerstand Anerkennung zu verschaffen. Man irrt wohl nicht mit der Feststellung, daß Adenauer dem 20. Juli oder doch seinen Hauptakteuren wenig abgewinnen konnte. Denn die Gegensätze, die von der Erinnerung an diesen Tag noch lange aufgerissen wurden, widersprachen nicht nur seiner Politik der Aussöhnung zwischen den selbst ranghöheren Mitläufern einerseits sowie den Regimegegnern andererseits. Als selbstbewußtem rheinischem Bürger war ihm die Erhebung vom Sommer 1944 wohl auch zu «preußisch», zu «ostelbisch» und womöglich gar zu «protestantisch». Später, unter den folgenden Regierungen, war es dann das Gegenwartsfieber der Deutschen, das aus dem Widerstand eine Sache des nachgeordneten Interesses gemacht hat.

Für das öffentliche Gedächtnis, das die Kenntnis der Motive und der Hemmnisse voraussetzt, denen die Tat entsprang, haben auch die Historiker des Landes wenig getan. Zwei, drei Veröffentlichungen haben gleich nach den Hitlerjahren erste Orientierungen verschafft. Aber in den folgenden Jahrzehnten ist aus dem universitären Bereich nicht eine einzige umfassende Darstellung des Widerstands zustande gekommen. Die Ausnahme ist Peter Hoffmanns Standardwerk «Widerstand, Staatsstreich, Attentat» – aber ist es ein Zufall, daß Peter Hoffmann als Universitätslehrer in Montreal tätig ist?

Die deutsche Historikerzunft hat eine Anzahl zum Teil bemerkenswerter Einzeluntersuchungen vorgelegt. Aber ist es wiederum ein Zufall, daß die Befangenheiten oder Verstrickungen der Verschwörer allzu oft den Kern der Fragestellung bilden? Nicht selten vermeint man, durch alle Gelehrsamkeit hindurch einen halblauten Ton des Vorwurfs zu vernehmen: daß die Beteiligten viel zu lange dem Ungeist Tribut geleistet, sich nicht hinreichend demokratisch überzeugt gezeigt sowie sich viel zu spät zur Tat entschlossen hätten. Auch hielt man ihnen vor, daß sie gescheitert seien, womöglich sogar zum Besseren des Landes. Und so immer weiter.

Am Ende fragt man sich, wieviel Herabsetzungswille darin steckt, die Tresckow, Beck und Stülpnagel bis hin zu Bonhoeffer und Goerdeler in so viel fragwürdiges Licht zu rücken? Hängt die Neigung, jedem der Akteure des Widerstands einiges Anschwärzende nachzusagen, mit den egalitären Bedürfnissen einer Gesellschaft zusammen, die kein beispielhaftes Verhalten duldet? Die sich mit Vorbildern schon deshalb schwertut, weil sich in jedem Vorbild ein stummer Vorwurf geltend macht? Oder hat man es nur mit einem Mangel an historischer Einfühlung zu tun? Es gibt auch eine Borniertheit der späten Geburt.

Natürlich sind die Vorwürfe unschwer beizubringen. Gerade

unter den Militärs gab es, anfangs zumal, viele, die Hitlers Politik der nationalen Selbstachtung und des Widerrufs von Versailles begrüßten und natürlich auch die Karrierechancen bedachten, die sich unverhofft für sie auftaten. Überdies läßt sich angesichts des umfassenden Schuldzusammenhangs, den das Hitlerreich geschaffen hat, nahezu jedem, insbesondere an herausgehobener Stelle, ein Versagen nachweisen. Niemand kommt je ganz ohne Gewissensbeschwerung aus solchen Zeiten heraus, weil ebendies in den Absichten der Machthaber liegt. Es gibt von Hitler verschiedene Äußerungen, die von der Überlegung sprechen, durch gestückelte Zuständigkeiten den einzelnen nicht nur blind für seinen Schuldanteil, sondern zugleich zum Komplizen eines Riesenverbrechens zu machen.

Zwei Vorhaltungen vor allem werden dem Widerstand gemacht. Die eine lautet, daß er sich weitaus zu spät, bei schon absehbarer Niederlage, zur Tat entschlossen habe. Doch läßt man den sogenannten Röhmputsch mit dem Mord an den Generalen Schleicher und Bredow beiseite, der ein folgenreicher Sündenfall war, entzündete sich die erste und vermutlich aussichtsreichste Staatsstreichunternehmung bereits 1938 an Hitlers erkennbar hervortretender Entschlossenheit zum Krieg. Das Stoßkommando, das die Reichskanzlei einnehmen und Hitler ausschalten sollte, lag in den umliegenden Häuserblocks schon bereit, als die Meldung kam, daß England und Frankreich eingelenkt und sich bereiterklärt hätten, zur Konferenz nach München zu kommen. Für eine verworrene Weltsekunde stand Hitler damit als eine Art friedwilliger Staatenlenker da, obwohl er im engen Kreis klagte, die Westmächte hätten ihm seinen Krieg verdorben. Viele Regimegegner resignierten damals angesichts der unausgesetzten Erfolge des Diktators. Einer der beteiligten Offiziere hat versichert, die Münchener Konferenz habe den Widerstand «dezimiert».

Der nächste Vorstoß erfolgte rund ein Jahr später. Doch als habe er die verborgenen Widerstände innerhalb der Heeresführung erahnt, rief Hitler die militärischen Spitzen unvermittelt zu einem Appell in der neuen Reichskanzlei zusammen. Seine Ausführungen waren durchsetzt von finsteren Drohungen gegen alle Zweifler und von Ankündigungen brutaler Rücksichtslosigkeit gegen jeden, der es an Siegeswillen fehlen lasse. Der Vorwurf der Feigheit, den die Rede enthielt, so hat einer der Widerstandsakteure der ersten Stunde, Hans Oster, bemerkt, habe «die Mutigen erst feige gemacht».

Während der folgenden Jahre eilte Hitler von Triumph zu Triumph, und es zeugt von wenig politischem oder gar historischem Verstand, den Regimegegnern aus ihrer Untätigkeit in dieser Zeit einen Vorwurf zu machen. Hitler war nie gefeierter und populärer als nach dem Sieg über Frankreich. Im Wald von Compiègne, wo er vor seinen Generalen einen von der Wochenschau überlieferten Freudentanz aufführte, fanden zahllose Demütigungen vergangener Jahrzehnte ihr Ende. Wer immer Hitler zu dieser Zeit gestürzt hätte, wäre politisch in eine aussichtslose Lage geraten. General von Stülpnagel riet damals dem Generalstabschef Franz Halder von allem Revoltieren ab: «Die Kommandeure und die Truppen würden Deinem Ruf (gegen Hitler) nicht folgen.»

Erst mit dem Rußlandfeldzug lebte die Verschwörerszene wieder auf. Ihre Mittelpunktfigur und unablässig antreibende Kraft war Henning von Tresckow, der erste Generalstabsoffizier der Heeresgruppe Mitte. Der früheste Vorstoß erfolgte bereits während der Aufmarschwochen. Und im weiteren Verlauf ging vom Stabsquartier der Heeresgruppe eine Attentatsplanung nach der anderen aus: alle an mitunter unfaßlichen Zufällen und womöglich ebenso oft an Hitlers immerwachem Raubtierinstinkt gescheitert. Manche Untersuchungen kommen auf nicht weniger als annähernd vierzig Anläufe, durch die Ausschaltung Hitlers jenen «eidfreien Zustand» herzustellen, der viele nach wie vor wirksame Bindungen ausräumen würde. Kann man angesichts all dieser Umstände von einem beständigen «Zu spät» sprechen?

Der andere Einwand zielt auf die gesellschaftliche Zusammensetzung des Widerstands: er sei ganz überwiegend eine Vereinigung von Militärs und Aristokraten gewesen. Aber auch diese Auffassung hält bei genauerem Zusehen nicht stand. Natürlich trifft sie einigermaßen für den 20. Juli zu, weil die Offiziere begreiflicherweise den Planungsstab und sozusagen den Stoßtrupp des Staatsstreichunternehmens stellten. Doch daneben und dahinter stand eine Vielzahl teils enger, teils lockerer verbundener Gruppen: die einen aus dem national-konservativen Lager um den ehemaligen Leipziger Oberbürgermeister Carl Friedrich Goerdeler; die anderen zusammengeschlossen in dem von christlich-sozialistischen Motiven geprägten Kreisauer Kreis des Grafen Helmuth von Moltke. Die stärkste Gruppe hingegen bildeten die Einzelgänger, die nach Herkunft und politischer Richtung nicht nur unterschiedlicher, sondern mitunter sogar gegensätzlicher Farbe waren: Anwälte, Personen aus der Wirtschaft, ehemalige Gewerkschaftsführer, Theologen sowie Angehörige der Beamtenschaft und andere.

Jeder von ihnen hatte seine eigene Veranlassung zur Gegnerschaft. Das auslösende Element waren meist die oftmals unscheinbaren Unrechtserfahrungen des totalitären Alltags. Sie schärften den Blick für die Willkür des Lebensgrundes und unterbauten die Zweifel durch ein unterschiedlich starkes moralisches, religiöses oder nationales Empfinden. Es schärfte den Unterscheidungswillen zwischen Recht und Unrecht; auch daß man das Faustrecht des Stärkeren nicht dulden dürfe mitsamt allem, was daraus folgte: dem gewissenlosen, rassischen, ideologischen oder sonstwie barbarischen Denken, damit die Gesellschaft der Ort bleibe, wo Menschen mit Menschen zusammenleben können.

Insoweit bestand Einvernehmen unter allen Beteiligten. Doch gleich jenseits solcher grundsätzlichen Übereinstimmungen begannen die Meinungsverschiedenheiten. Zu jeder Auffassung gab es den Widerspruch, gegen den sich andere Widersprüche erhoben, nicht endend, ins Uferlose sich weitend und hochspekulativ. Aber doch, wie jeder glaubte, der Klärung bedürftig und, wie die Prinzipienfragen im Reich des Geistes immer, durch keinen Kompromiß aus der Welt zu schaffen.

Noch schärfer traten die Gegensätze hervor, sobald es um einen Tatentschluß ging. Nicht einmal über die Hauptfrage, ob Hitler gewaltsam beseitigt oder nach Recht und Gesetz vor Gericht gestellt werden müsse, konnten die Akteure sich einigen. Die Wucht der philosophischen sowie religiösen Einwände gegen eine Gewalttat wog schwer. Doch der unerschrockene von soviel Überschwang wie Kälte beherrschte Stauffenberg hatte 1942 auf die Frage, wie mit Hitler zu verfahren sei, die unüberbietbar lakonische Antwort gegeben: «Töten!» Bei anderer Gelegenheit war er den immer neuen Skrupeln mit der Überlegung entgegengetreten: *Ein* Unrecht müsse, wer die umfassende Rechtlosigkeit in Deutschland beenden wolle, in jedem Falle auf sich nehmen. Die Beseitigung Hitlers sei das geringste.

Das Wort richtete sich nicht zuletzt gegen die Mitglieder des Kreisauer Kreises. Sie waren mehrheitlich gegen jede Gewalttat, und Eugen Gerstenmaier, der zu den führenden Köpfen der Runde zählte, war eine auffällige Ausnahme mit seinem Bekenntnis, er habe neben der Bibel auch die Pistole dabei. In einem späteren Gespräch hat er bemerkt, daß der Gewissensernst eine gewinnende Neigung sei. Doch mitunter habe er die Freunde darauf hingewiesen, daß sich durch Denkschriften und Debatten kein Diktator stürzen lasse.

Ich führe das alles an, um die Voreingenommenheit der Hauptvorwürfe gegen den Widerstand aufzudecken: daß die Beteiligten sich zu spät entschlossen und insbesondere die Absicht verfolgt hätten, in gleichsam letzter Stunde Einflußmöglichkeiten und Besitzstände zu retten. Dergleichen hat es gegeben. Doch was die Wortführer des Staatsstreichs angeht, verkennen diese Einwände auf geradezu widersinnige oder böswillige Weise, was die Akteure zur Tat trieb. Axel von dem Bussche, der als junger, leidenschaftlicher Hitlerbewunderer in der HJ hochgestiegen und inzwischen, als Dreiundzwanzigjähriger, zum Major befördert war, hatte 1942 in Dubno die SS bei einer Massenexekution von Juden beobachtet. Nach einer Phase selbstquälerischer Zweifel warf er unter dem Eindruck dieses Erlebnisses alles ab, was ihn zum Anhänger des Systems gemacht hatte, und gelangte schließlich zu dem Entschluß, ein Selbstmordattentat auf Hitler zu verüben. Er habe, hat er gesprächsweise versichert, dabei gewiß nicht an irgendwelche «Standesinteressen» gedacht und «nicht einmal an die Rettung Deutschlands. Sondern ganz einfach: ‹So etwas darf nicht sein! Das muß aufhören! Nicht nur der Opfer, sondern mindestens ebensosehr unsretwegen!›»

Gewiß war ein so radikaler Bruch mit allen anerzogenen, generationenlang unbefragbar gewesenen Maximen die Ausnahme. Viel häufiger waren, wie immer unter Menschen, Schwäche, Unterwürfigkeit, Liebedienerei oder Opportunismus. Zahlreiche Offiziere, selbst solche, die dem Regime mit erkennbaren Vorbehalten oder sogar in scharfem Widerspruch gegenüberstanden, haben sich bei ihrer Weigerung, der Verschwörung beizutreten, auf ihren Eid berufen und sich zu bloßen Spezialisten für das Waffenhandwerk erklärt: «Schlägt den Kragen hoch und sagt: ‹Ich habe zu gehorchen!›», hat der einstige Botschafter Ulrich von Hassell in einer bitteren Tagebuchnotiz über den Feldmarschall von Brauchitsch festgehalten, und Stauffenberg hat sich ähnlich über den Feldmarschall von Manstein geäußert.

Gleichwohl sollte man um der Gerechtigkeit willen, die unter den Pflichten des Historikers obenan steht, nicht aus dem Blick verlieren, daß die Eidesbindung zu jener Zeit noch eine Verbindlichkeit besaß, die sie unterdessen verloren hat. Nicht jeder, dem die Verwerflichkeit des Regimes erkennbar war, hat sich ohne Bedenken auf die Seite der Verschwörer geschlagen. Denn allzu schroff widersprachen Attentat und Staatsstreich allen Traditionen, und bezeichnenderweise hat sich aus der höchsten Generalität, die noch überwiegend vom älteren Herkommen geprägt war, nur eine Handvoll von Offizieren an der Verschwörung beteiligt. Selbst Tresckow und Stauffenberg haben, wie andere auch, unter diesem Konflikt gelitten.

Zu bedenken bleibt darüber hinaus, daß viele Frontoffiziere von der begreiflichen Sorge um die ihnen anvertraute Truppe umgetrieben waren. Wer Widerstand leistete, brach nicht nur mit Hitler. Das mochte man auf sich nehmen. Weit schwerer wog, daß er die in schwere Kämpfe verwickelten Kameraden rechts und links im Stich ließ, und das stellte nahezu jeden, der in diese Lage geriet, vor kaum lösbare Konflikte. Auch fürchteten viele einen Bürgerkrieg und die unausdenkbaren Folgen, die sich bei brechenden Fronten daraus ergeben mochten.

Womöglich am stärksten aber beunruhigte die Verschwörer, daß aller Widerstand, selbst noch im Jahre 1944, ein Widerstand ohne Rückhalt im Volk war und vermutlich sogar gegen die übergroße Mehrheit des Volkes. Im Rückblick ist das schwer begreiflich, und doch war es so. Erkundigungen, die Julius Leber und andere anstellten, belegen das ebenso wie die amtlichen Quellen. Quer durch alle Schichten der Bevölkerung scharten sich die Menschen angesichts des sichtlich heranrückenden Endes so nahe um das Regime wie selten zuvor.

Alle diese und manche weiteren Bewandtnisse haben jeden, der sich zum aktiven Widerstand entschloß, menschlich wie gesellschaftlich ins Abseits gedrängt. Er hatte fortan eine Art Doppelleben zu führen, sich auf wenige Gleichgesinnte zurückzuziehen und die stete Gefährdung von Angehörigen und Freunden in Kauf zu nehmen. Moltke hat in einem Brief vom Juni 1942 die tausend Einschränkungen samt der Vereinsamung beschrieben, die das Frondieren ihm aufnötigte. Wie weit das reichte, geht unter anderem daraus hervor, daß zwei der Hauptbetreiber des Widerstands, Hans Oster und Henning von Tresckow, sich trotz der ungezählten Einzelfragen, die sie in Vorbereitung des Umsturzes beständig abstimmen mußten, niemals persönlich getroffen oder gesprochen haben.

Diese äußeren Schwierigkeiten sind im Verein mit den inneren Hemmnissen wohl auch die Ursache für den Mangel an Zuversicht gewesen, der fast allen Verschwörern zu schaffen machte. Ihre Entschlossenheit zur Beseitigung Hitlers hat darunter zwar nicht gelitten. Doch selbst Stauffenberg hatte starke Zweifel am Gelingen, über die er sich mit der Überlegung hinweghalf, daß Tatenlosigkeit schlimmer wäre; desgleichen Tresckow, Cäsar von Hofacker, Schulenburg und andere. Von fast allen sind Äußerungen überliefert, die das Scheitern spätestens im Kampf gegen Himmlers SS- und Polizeimacht vorhersagen und sicherlich auch gegen eine Anzahl regimetreuer Militärs. Von Berthold Stauffenberg, dem Bruder des Attentäters, stammt die Äußerung: «Das Furchtbarste ist zu wissen, daß es nicht gelingen kann und daß man es dennoch ... tun muß.» Dem genaueren Blick entgeht überhaupt der Ausdruck tiefer Melancholie nicht, der über dem Gruppenbild der Verschwörer liegt. Adam von Trott sagte kurz vor dem Attentat: «Wenn dieser Koloß Hitler zusammenbricht, reißt er uns alle mit in die Tiefe ...»

Abweisend und keineswegs ermutigend war aber auch die Haltung der Kriegsgegner. Zumindest bei den Westmächten hielt man viele der konservativen Namen, die in den Berichten über den Widerstand auftauchten, für mindestens so anstößig wie denjenigen Hitlers, und nicht wenige begrüßten sogar die Verfolgungen, die nach dem 20. Juli einsetzten: Mochten sich die Deutschen gegenseitig umbringen. Hinzu kam, daß England und die Vereinigten Staaten im Januar 1943, auf der Konferenz von Casablanca, die «bedingungslose Kapitulation» beschlossen hatten und folglich für kein Entgegenkommen zu gewinnen waren.

So stießen die Verschwörer überall auf Unverständnis, äußere Beschwernisse sowie innere Sperren. Zudem standen sie unter der ständigen Überwachung des totalitären Polizeiapparats. Wer daher das Geschehen einzig vom Erfolg her beurteilt, wird sich mit dem Verständnis schwertun. Einzelne Stimmen im engsten Kreis haben denn auch geraten, abzuwarten und das Regime seine Fahrt in den Abgrund ungehindert vollenden zu lassen: man selbst verhalte sich vernünftiger und für das Land dienlicher, meinten sie, wenn man sich für die nachfolgende Zeit bewahre.

Die Antwort hat Henning von Tresckow gegeben, sie ist das Schlüsselwort zum Verständnis des 20. Juli. Kurz nach der Invasion vom Juni 1944 hatte Stauffenberg bei ihm anfragen lassen, ob denn Attentat und Umsturz noch einen Sinn hätten, da so offensichtlich nichts mehr zu bewirken war. «Das Attentat», ließ Tresckow ausrichten, «muß erfolgen, coute que coute. Sollte es nicht gelingen, so muß trotzdem gehandelt werden. Denn es kommt nicht mehr auf den praktischen Zweck an, sondern darauf, daß die deutsche Widerstandsbewegung vor der Welt und vor der Geschichte unter Einsatz des Lebens den entscheidenden Wurf gewagt hat. Alles andere ist daneben gleichgültig.»

Die Sätze machen unmißverständlich, worum es ging. Nicht um ein konkret politisches, gesellschaftliches oder im engeren Sinne nationales Interesse. Sondern um einen demonstrativen Akt der Verneinung gegen Hitler und alles, was er sowie seine Herrschaft bedeuteten. Die Welt sollte wissen, daß der Diktator nicht ausschließlich von Exekutoren oder – wie der spätere Ausdruck lautet – «willigen Helfern» umgeben war.

Insoweit war der 20. Juli vor allem eine symbolische Tat. Sie trug ihren Sinn und ihre Rechtfertigung in sich. Ein Fehlschlag tat der Idee, die dem Entschluß zugrunde lag, keinen Abbruch. Die Erhebung sollte ein Zeichen setzen. Das meinten offenbar auch die Worte Fritz-Dietlof von der Schulenburgs am Abend des 20. Juli, als der Fehlschlag offenkundig wurde. Einem jungen Offizier in der Bendlerstraße, der an Flucht dachte, sagte er, daß die Erhebung auch als «Opfergang» zu verstehen sei: «Wir müssen diesen Kelch bis zur Neige leeren.»

Es ist ein deutsch-romantisches Pathos, das sich in diesem Satz kundtut, nicht anders als in der Parole, die Stauffenberg – dem Bericht zweier oder dreier Zeugen zufolge – dem Exekutionskommando in der Nacht des 20. Juli entgegenrief: «Es lebe das geheime Deutschland!» Dergleichen ist uns, aus begreiflichen Gründen, inzwischen fern gerückt: ein Pathos und eine Emphase, die auf viele befremdlich wirken.

Das ist mitunter kritisch vermerkt worden. Anderes auch. Wie es überhaupt zum Widerstand unterschiedliche Meinungen gibt und geben darf: zu seinen Gesellschaftsbildern, zu seiner Tatschwäche oder auch, daß für zahlreiche Offiziere der ursprüngliche Anstoß zur Erhebung aus der eher technischen Überzeugung kam, daß der Krieg strategisch falsch geführt werde. Etwas ganz anderes jedoch ist die Kaltschnäuzigkeit, mit der einige Stimmen urteilen. Olbricht oder Tresckow müssen sich vorwerfen lassen, Handlanger des Regimes gewesen zu sein, Stauffenberg werden ein paar Briefsätze über die Zustände irgendwo im Osten angelastet und so unentwegt weiter bis zu Dietrich Bonhoeffer, der den Hitlergruß nicht konsequent genug vermieden habe. Von den Schreibtischen der Historiker ist es mitunter unendlich weit bis zu den Fleischerhaken und Klavierdrähten in Plötzensee.

Vielleicht ist es nicht nur Unvermögen, was die Urteilssprüche von so hoher Warte hervorbringt. Mir jedenfalls drängt sich seit geraumer Zeit der Eindruck auf, einem Land zu spät geborener Helden anzugehören. Wäre ihnen doch, scheinen sie unausgesetzt einzuwenden, statt ihrer unterwürfigen Vorfahren die Zeitgenossenschaft zu Hitler vergönnt gewesen! Zu Paaren hätten sie ihn mitsamt seinem braunen Mob getrieben. Jetzt bleibe ihnen nur zu zeigen, um wieviel besser sie es gemacht hätten.

Sie hätten nichts besser gemacht. Jeder ihrer Sätze zeugt von historischem Hochmut, von mangelndem Einfühlungsvermögen, ideologischer Verranntheit sowie dem Verlangen, selbst um den Preis des Skandals auf sich aufmerksam zu machen: durchweg Eigenschaften, die nicht zum Bild eines Verschwörers unter totalitären Verhältnissen gehören. Ihm sogar widersprechen. Wer so redet, macht sich ein gutes Gewissen, weil er sicher ist, daß es in Zeiten moralischer Bequemlichkeit wie den unseren keine Bewährungsproben auf große Worte gibt.

Zu den neueren Einwänden gegen den Widerstand gehört, daß keiner der Beteiligten die politisch-soziale Ordnung der Bundesrepublik im Sinn gehabt habe. In der Tat waren die meisten keine Demokraten, und ihre Skepsis war von den Malheurs der glücklosen Republik von Weimar noch verstärkt. Der Blick ins Freie, in Länder mit demokratischer Überlieferung, mit gefestigten Institutionen und einem halbwegs gelassenen Umgang mit den Krisen der Welt war ihnen aus vielen Gründen verstellt. Unausgesetzt geisterten durch ihre Überlegungen die Weimarer Gespenster der gesellschaftlichen Wirren, des «Parteienhaders» mitsamt der Angst vor dem unberechenbaren Volk. Selbst Julius Leber dachte mit Schrecken an die Schatten zurück, die das «Weimarer Experiment» über die Zeit geworfen hatte – und daß am Ende diese Republik es gewesen war, die Hitlers Aufstieg ermöglicht oder jedenfalls nicht verhindert hatte.

Viele taten sich daher schwer mit der Demokratie, und manche mußten einen langen Weg zurücklegen, ehe sie alle Zweifel an dieser Ordnung überwunden hatten. Doch zu Recht hat Eugen Gerstenmaier bemerkt, daß die Vorbehalte der einen oder anderen Seite sich in den Verhandlungen über das künftige Staatswesen abgeschliffen hätten; und daß die schließlich verabschiedete und nach einer Übergangsfrist in Kraft gesetzte Verfassung dem Grundgesetz im ganzen ziemlich nahe gekommen wäre.

Die vorbereitete Regierungserklärung begann mit dem Satz: «Erste Aufgabe ist die Wiederherstellung der vollkommenen Majestät des Rechts.» Das war der alle politischen und persönlichen Gegensätze übergreifende Konsens der Beteiligten. Daß sie sich darauf geeinigt hatten, bot ihnen eine Art Beweis, daß die starren Positionen überwindbar waren. Gegen jede diktatorische Tendenz, waren sie überzeugt, würden sie stets zusammenstehen. Diese antitotalitäre Übereinstimmung hat bezeichnenderweise noch während der Anfangsjahre der Bundesrepublik als stabilisierendes Element gewirkt. Eine Zeitlang schuf sie der Überzeugung Raum, daß Meinungsverschiedenheiten bei Beachtung bestimmter Spielregeln nicht nur eine Mühsal sind, sondern auch die Gewähr für ein freiheitliches Gemeinwesen. Dann wurde diese Einsicht von der Protestgeneration verworfen, die auf der Zurückweisung historischer Erfahrungen und ihrem Recht zur Unwissenheit bestand.

Für diejenigen, die der moralischen oder politischen Seite des Widerstands nichts abgewinnen können, gibt es ein weiteres und, wie ich meine, unwiderlegbares Argument. Zu den beherrschenden Absichten der Regimegegner im zivilen wie militärischen Bereich zählte, soviel wie möglich an menschlicher wie materieller Substanz vor der heranrückenden Katastrophe zu retten. Eine Denkschrift nennt die Opfer innerhalb der deutschen Bevölkerung, die zwischen dem Tag des Kriegsbeginns, dem 1. September 1939, und dem 20. Juli 1944 ihr Leben verloren. Das waren etwas über 2,8 Millionen Menschen. In den verbleibenden knapp zehn Monaten vom 21. Juli 1944 bis zum Ende des Krieges betrug die Zahl der Toten jedoch 4,8 Millionen.

Noch beklemmender ist der daraus errechnete Durchschnitt. In der Zeit bis zum Attentat in Rastenburg kamen alle vierundzwanzig Stunden 1588 Menschen ums Leben. In den verbleibenden zehn Monaten bis zum Mai 1945 waren es aber 16 641 Tag für Tag. Das sollten auch diejenigen bedenken, die das Scheitern des Staatsstreichs einen «Glücksfall» nennen.

Und das folgende ebenfalls: Vernichtet wurden nach dem 20. Juli vor allem die Städte Stuttgart, Darmstadt, Kassel, Nürnberg, Essen, Würzburg, Kiel, Ulm, Mainz, Dresden, Potsdam. Das sind nur einige Namen aus einer weit längeren Liste. Daneben lief der

Luftkrieg gegen die übrigen, durch den vollständigen Zusammenbruch der deutschen Luftabwehr schutzlos preisgegebenen Städte ungehindert weiter. Und darüber hinaus muß man der annähernd vier Millionen Toten anderer Nationen auf den Schlachtfeldern an Deutschlands Grenzen gedenken sowie der ungezählten Opfer der bis zuletzt weitergeführten Vernichtungspolitik.

Trotz alledem ist der Sinn der Erhebung vom 20. Juli Teilen der Öffentlichkeit noch immer versperrt. Eine der überlebenden Frauen hat in den achtziger Jahren, gegen Ende ihres Lebens, dem Zweifel Ausdruck gegeben, «ob es denn eigentlich etwas bewirkt (habe), für die gerechte Sache einzustehen». Nicht selten, meinte sie, habe sie der Gedanke gequält, die vielen Menschen, die sie damals im engsten Familien- und Freundeskreis verlor, seien «vollkommen umsonst gestorben».

Das war nicht, was sich die Akteure des 20. Juli erhofft hatten. Über alle Vergeblichkeitsängste haben sie sich mit dem Gedanken hinweggerettet, dem Land zumindest ein Vermächtnis zu hinterlassen. Es ist bis heute kaum angenommen. Aber bewirkt hat die Tat, daß sich das Urteil über die Hitlerzeit entscheidend verändert hat. Weil es den Widerstand gab und gewiß nicht nur den des 20. Juli, können wir uns jenen Jahren offener, sogar mit einigem Selbstbewußtsein stellen. Gerade die tausend Hemmnisse, Nöte und Ängste, die fast jeder auszuhalten hatte, der sich gegen die Machthaber entschied, machen sein Tun und Verhalten erinnerungswürdig; rückt die Regimegegner uns zugleich menschlich nahe.

Dergleichen ist bislang kein Gemeingut. Aber zum ersten Mal gibt es in diesem Jahr, zum 60. Gedenktag, Anzeichen einer Wende. Die Gedenkstätte im Bendlerblock verzeichnet seit kurzem steigende Besucherzahlen, und der «Stauffenberg»-Film vom Februar dieses Jahres hatte, ebenso wie die Programme der letzten Tage, Millionen von Zuschauern. Fast drei Viertel der Deutschen achten oder bewundern nach einer neuesten Umfrage die Verschwörer, und vielerorts wurden heute Veranstaltungen ausgerichtet, die das öffentliche Interesse auf den Widerstand lenken, und der Bundeskanzler hat im Bendlerblock gesprochen. Dank gebührt der Frankfurter Oberbürgermeisterin Petra Roth sowie dem Minister Udo Cords, auf deren Initiative die Feierstunde hier in der Paulskirche, an diesem bedeutungsreichen Gedächtnisort deutscher Geschichte, zurückgeht.

Ich hoffe, das alles bleibt. Denn die Gesellschaften leben von solchen Erinnerungen, mehr als den meisten bewußt ist, und manche Unzulänglichkeit des Landes hat wohl mit erloschenen Erinnerungen zu tun. Es sind Lehren daraus zu ziehen – sofern man sie zieht. Die Botschaft, die das Geschehen enthält, fällt niemandem zu, sondern muß der Geschichte abgenötigt werden. Der 20. Juli sowie der Widerstand überhaupt öffnen ein Wegstück zum besseren Verstehen sowohl jener Zeit als auch zu dem, was allezeit wichtig ist. Die längere Strecke muß noch zurückgelegt werden. Das ist, genaugenommen, eine Aufgabe, die nicht endet.

Die Intellektuellen und die totalitäre Epoche.
Gedanken zu einer Geschichte
der Täuschungen und Enttäuschungen

Der Kollaps des Sozialismus hat die Schauhäuser gefüllt, und auf den Seziertischen häufen sich die Abgänge. Eine erste Bestandsaufnahme unter denen, die in den Sturz hineingerissen wurden, wird vor allem zwei Gruppen ausmachen, die der abgelebten Epoche das Gesicht gegeben haben.

Zum einen die historischen Täter mit ihren Exekutoren, Helfern und Zuträgern, die den Willen und die Macht besaßen, den Weltlauf auf eine vorgegebene Bahn zu stoßen. Und zum anderen die Intellektuellen, die nicht nur, wie seit Vergil immer wieder, mit verklärender Prosa die Macht begleitet haben. Den Totalitarismen des abgelaufenen Jahrhunderts haben sie vielmehr Entwürfe einer neuen Ordnung geliefert und dabei erstmals auch als Person eine aktive, die gesellschaftlichen Prozesse nicht selten vorantreibende Rolle gespielt. Der in zahllosen Pronunciamentos erhobene Anspruch lautete, daß dem Gedanken die Herrschaft über die Wirklichkeit gebühre und niemand sonst ihr die revolutionierenden Impulse geben könne, an der es ihr immer gefehlt habe. Daß die Philosophen bisher die Welt nur interpretiert hätten, während es darauf ankomme, sie zu verändern, war die Maxime, die, weit über den Marxismus hinaus, Selbstbewußtsein und Mitwirkungsanspruch der Intellektuellen begründet hat.

Jetzt werden die Steine umgedreht, und was ans Licht kommt, ist geeignet, diesen Anspruch zu zerstören. Die Geschichte der intellektuellen Verstrickungen, die am Ausgang der Epoche zu erzählen ist, ist allenfalls für die Phase des wie immer unschuldigen Beginns eine Geschichte hochgreifender Träume. Sehr bald schon fällt sie ins Gewöhnliche zurück, und wo immer man hinsieht, geraten die Bilder von Selbstverrat, Blindheit und Schwäche in den Blick.

Das klingt nach einem Generalverdikt, wie es Umbruchzeiten mit sich bringen, und wer die öffentlichen Auseinandersetzungen zu diesem Thema verfolgt, wird aus allem Stimmengewirr nur diesen einen Schuldspruch heraushören. André Glucksmann beispielsweise hat, frühere Urteile von Julien Benda, Raymond Aron und Manès Sperber über die Bestechlichkeit der Intellektuellen durch die Totalitarismen jeder Farbe aufgreifend und verschärfend, bemerkt: «Der Intellektuelle ist nicht, wie er der Welt eingeredet hat, der Wortführer der Humanität, sondern viel eher der Anwalt der Inhumanität.» Die Radikalität des Urteils spiegelt die Anspruchshöhe wider, aus der jetzt der Sturz erfolgte.

Aber die wirklichen Fragen beginnen immer jenseits der moralischen Antworten, die sich, einem alten Wort zufolge, meist von selbst verstehen. Welche Erwartungen waren da am Werk, und mit welchen historischen Kräften verbanden sie sich? Woher kamen die Gewißheiten und woher die Ermächtigungen, so gewaltige Opfer zu fordern? Und wie sah das System der Rechtfertigungen aus, als die Sache vom Wege geriet und das große Ziel hinter Bergen von Toten verschwand? Auch das Völkerglück ausblieb und die neue Welt die öde Farbe eines riesigen Arrestlokals annahm? Die Antworten sollte man, vor allem anderen, auf gedanklichem Felde suchen, weil es den Intellektuellen ausmacht, in Tun und Unterlassen, Behauptung und Versagen, auf Gründe angewiesen zu sein.

Auch eine kursorische, nur die gröberen Linien nachzeichnende Betrachtung muß bis ins 18. Jahrhundert zurückgehen. Im weiteren Sinne war die Aufklärung nichts anderes als die Machtergreifung des Gedankens, der sein Vorrecht gegenüber den bis dahin geltenden, auf bloßer Herkunft oder Ancienität beruhenden Herrschaftsverhältnissen behauptete und schließlich durchsetzte.

Die Macht, hieß das, bedurfte der Rechtfertigung durch die Vernunft, und weit zurück, befangen in der Düsternis dynastischer und religiöser Vorurteile, lag mit einem Mal alle voraufgegangene Zeit. Das hat der Epoche den großen, überschwenglichen Aufbruchston verschafft, dessen Nachhall bis in unsere Tage reicht. Nicht nur ein Zeitalter war zu Ende, sondern der ganze verworrene Erdenzustand, wie er sich aus dämmerndem Beginn von Generation zu Generation vererbt hatte, und der neue Kalender, den die Französische Revolution proklamierte, drückte nichts weniger als die Gewißheit aus, daß die Welt jetzt erst ihre eigentliche, von den Ungereimtheiten und Widersprüchen des biblischen Schöpfers freie Erschaffung erlebe.

Das gesamte 19. Jahrhundert tut sich groß im Erdenken immer neuer Entwürfe für eine nach den Prinzipien der Vernunft geordnete Welt: die Philosophen gaben sich diesen Planspielen ebenso hin wie die Dichter und die Schreibenden überhaupt, und die Leidenschaft dafür erfaßte selbst die Künstler mit den Träumen einer endlichen Versöhnung von Kunst und Leben. Unversehens verwandelte sich die Welt in ein Labor abgemachter Zwecke und mit Menschen, die ein beliebig formbares, auf die reine gesellschaftliche Funktion reduziertes Material abgaben. In den Marschsäulen der totalitären Systeme, drei oder vier Menschenalter später, ist dieser Sachverhalt noch symbolisch ausgedrückt, in den opferreichen Arbeitseinsätzen und den Umsiedlungsaktionen bis hin zu den Massenausrottungen dann mit allen Konsequenzen des realen Vollzugs.

Es ist das eigentümlich experimentelle Verhältnis zur Welt, das den radikalen Bruch zur voraufgegangenen Zeit ausmacht. Weder gewachsene Ordnungen noch die Ansprüche auf Leben, Recht und Glück des einzelnen hemmen die großen Kalküle, die sich in zusehends kühneren Konzepten sei es der Neuordnung, sei es der Erlösung der Welt über dergleichen hinwegdenken. In Koestlers «Sonnenfinsternis» sagt der Vernehmungsbeamte zu dem Angeschuldigten über die Massenliquidation der Kulaken: «Es war eine chirurgische Operation, die ein für allemal durchgeführt werden mußte; aber in den guten alten Zeiten vor der Revolution sind in Dürrejahren ebenso viele vor Hunger verreckt, bloß daß ihr Tod sinn- und zwecklos war. Die Opfer der Überschwemmungen in China gehen mitunter in die Hunderttausende. Die Natur ist so großzügig mit ihren sinnlosen Experimenten an der Menschheit, und du wagst es, der Menschheit das Recht abzusprechen, an sich selbst zu experimentieren?»

Dieses demiurgische Hochgefühl bildet den stabilen theoretischen Unterbau aller totalitären Systeme. Es ist weniger überraschend, als viele meinen, daß sie für die millionenfachen Unrechtsakte, die damit einhergingen, immer wieder die intellektuellen Anwälte und sogar Ermutiger fanden. Denn es waren die Eingebungen von Intellektuellen, die hier Gestalt annahmen. Lion Feuchtwanger war nicht blind, als er Ende 1936, zur Zeit der Stalinschen Säuberungsgreuel, die ein Zehntel der Sowjetbürger trafen, in die UdSSR fuhr und wie durch einen Garten zu gehen glaubte, aufatmend, wie er schrieb, «wenn man aus dieser drückenden Atmosphäre einer verfälschten Demokratie und eines heuchlerischen Humanismus ... kommt». Und Romain Rolland war es nicht und Sidney und Beatrice Webb so wenig wie George Bernard Shaw. Auf der anderen Seite war es auch Hanns Johst nicht, als er während einer Reise durch die eroberten Ostgebiete das Aufbauwerk des NS-Regimes pries, zusammen mit seinem Begleiter «eine Prise Erde» in die Hand nahm, daran roch und «über die weite, weite Fläche (sah), voll, übervoll von dieser guten, nahrhaften Erde», auf der die Bevölkerung vertrieben und eine neue Welt im Entstehen war.

Dieses Pathos der Omnipotenz hat eine ungemeine Verführungskraft entfaltet und die Intellektuellen in Bann geschlagen, vor allem in den zwanziger und dreißiger Jahren, als noch alles Aufbruch, Verheißung und Vision war. Eine schwer übersehbare, in ihren Motiven und argumentativen Verkettungen noch kaum erforschte Literatur macht das deutlich, und selbst der Stalinsche Terror samt den Moskauer Prozessen hat die Emphase kaum gedämpft. Die Rechtfertigungen von Heinrich Mann, Ernst Bloch und Nelson Algren, von Georg Lukács und Martin Andersen Nexö bis hin zu Dashiell Hammett haben durchweg zum Ausgangspunkt, daß die Liquidierungen nichts anderes als notwendige Abräumaktionen seien, um dem Neuen den Boden zu bereiten. Und manchem schien die Größe der Aufgabe gerade dadurch verbürgt, daß sie so viele Opfer kostete. Louis Aragon antwortete auf die Frage von Simone Signoret, wie Stalin 16 Millionen Menschen habe umbringen können: «Wer spricht von 16? Es waren mindestens 18 Millionen!»

Man verkennt daher den Charakter solcher und beliebig vieler ähnlich lautender Äußerungen, wenn man sie lediglich als Zeugnisse niedriger Gesinnung abtut. Zu den Erfahrungen der Epoche zählt gerade, daß sich das im literarischen Werk durchschlagende Erbarmen für die Leidenden mit einer Kälte verbinden kann, die durch keine der Tragödien ringsum erreicht wird und sich gerade ihre Ungerührtheit wie einen moralischen Sieg über sich selbst zugute hält.

Denn es waren nun keine jener Glasperlenspiele mehr, die insonderheit den Literaten so bedrückende Gefühle von Ohnmacht und Vergeblichkeit beschert hatten. Der Anziehungsmacht totalitärer Systeme gegenüber waren sie nicht zuletzt deshalb wehrlos, weil sie sich zur Politik entschlossen hatten und hier das Erdachte erstmals in die Wirklichkeit einbrach, papierne Träume zum Leben kamen und die Weihe eines säkularen Auftrags gewannen. Mit einer treffenden Wendung hat man schon früh die Utopien, die den beiden großen Gewaltherrschaften des Jahrhunderts zugrunde lagen, als «säkularisierte Religionen» definiert. Vom verlassenen Platz der christlichen Kirchen her boten sie den sinnbedürftigen Massen eine Deutung des Weltgeschehens, versorgten sie mit Gefühlen des Erhabenen wie des Verabscheuungswürdigen, bestimmten die Werte, befanden über Gut und Böse und richteten schließlich eine große, wenn auch innerweltliche Hoffnung auf. Niemand anderem als den Intellektuellen fiel die Aufgabe zu, den Ersatz für die Wahrheiten von gestern zu erfinden und die Leere zu füllen, die der Tod Gottes hinterlassen hatte.

Es war eine Aufgabe, die ihnen Stolz, Wichtigkeitsgefühle und Kälte vermittelte. Als Theologen oder sogar Kardinäle der künftigen, aber schon im Entstehen begriffenen Welt gewannen sie eine Bedeutung, für die es in aller Geschichte kein Beispiel gab. Sie entschädigte nicht nur für das Unglück, das bis an die eigene Schwelle kam und oft genug darüber hinweg, für die Drangsalierungen der Zensur oder den Verlust der eigenen Ausdrucksformen. Vielmehr stärkte gerade die dogmatische Starre das Bewußtsein, einer neuen Kirche anzugehören und in ihrem Namen zu sprechen. Wer sich fragt, wie es möglich war, daß Johannes R. Becher seit den zwanziger Jahren jede der hektischen, das eigene Werk dementierenden Wendungen der sowjetischen Kulturpolitik mitmachen und sogar zu ihrem unnachsichtigsten Anwalt werden konnte, wie er nach all den Entsetzensjahren im Moskauer Exil, der quälenden Angst, den entwürdigenden Verhören, Selbstbezichtigungen und Verrätereien weiter an die humane Botschaft des Kommunismus glauben und nach der Rückkehr nach Deutschland an herausgehobener Stelle dafür werben konnte, findet in dem einzigartigen Bedeutungsgewinn, der ihm und seinesgleichen zukam, eine Erklärung. Ein spätes Echo davon ist noch aus der Bemerkung Volker Brauns herauszuhören, die DDR habe die Schriftsteller und Künstler, anders als die Welt des Westens, immerhin so wichtig genommen, sie zu verfolgen und auszubürgern.

Gewiß gilt dies alles vorwiegend für den Moskauer Kommunismus, in den viel von der byzantinischen Tradition des Ostens eingegangen ist. Umso mehr verblüfft die Willfährigkeit, mit der sich westlich geprägte Intellektuelle seiner Orthodoxie mitsamt den gespenstischen Unterwerfungsritualen wieder und wieder gefügt haben. Zu den erwähnten Kompensationsmotiven, die unschwer zum System auszubauen waren, kommt denn auch in aller Regel ein weiteres hinzu: der tiefe, nicht selten bis zum Ekel reichende Haß gegen die bürgerliche Welt. Sie repräsentierte alles, was verachtenswert war: den Zweifel gegen jedwede fundamentalistische Position, das Verlangen nach Berechenbarkeit, den Kompromiß, den Respekt vor dem einzelnen, vor Institutionen und dem bewährten Herkommen sowie das Mißtrauen gegen alle grandiosen Projekte, kurz, die Abneigung gegen jeden gesellschaftlichen oder menschlichen Extremismus.

Dieser antibürgerliche Affekt ist eine der stärksten Antriebsenergien für so gut wie alle Radikalismen der Epoche, unter welchem Vorzeichen sie auch stehen mochten, bei Brecht und Ehrenburg so sehr wie bei Ernst Toller, bei Majakowski ebenso wie bei Ignazio Silone und Erich Mühsam oder Ernst von Salomon, man kann die Linie mühelos ausziehen bis in die Gegenwart. Zwar endete er nicht immer in der terroristischen Kampfansage gegen das Bestehende, es gab auch die sanfteren Alternativen des Rückzugs ins Einzelgängerische, mochte es nun in Friedrichshagen, auf dem Monte Verità oder bei einer Landkommune zu finden sein. Aber weit häufiger, der Heftigkeit der Empörungskomplexe angemessener, war doch der Wunsch, sich einer Bewegung anzuschließen, wohin sie auch immer aufbrach, ins Gestrige oder in die bessere Zukunft, sofern sie nur Ernst machte mit der Absage an die verhaßte bürgerliche Welt.

Die motivierende Kraft dieser Tendenz ist im Zusammenhang noch nie untersucht worden, obwohl sie einer der auffälligen Berührungspunkte zwischen den beiden totalitären Systemen der Epoche ist. Denn der Nationalsozialismus hat das Bürgertum zwar benutzt und sich gern als dessen treuer Sachwalter ausgegeben. Aber das war die täuschende Außenseite. Eine überwältigende Anzahl von Belegen dokumentiert, daß sein elementarer Destruktionsvorsatz gegen ebendiese bürgerliche Ordnung gerichtet war, und unter allem, was in Scherben fallen sollte, ehe ihm die Welt gehörte, stand sie an vorderster Stelle.

Im ganzen hat es der Nationalsozialismus den Intellektuellen leichter und schwerer zugleich gemacht, auf seine Seite überzuwechseln. Zwar fehlte ihm jede gedankliche Kohärenz, und den Zauber eines fugenlos geschlossenen Systems, der zumal auf deutsche Köpfe eine so unwiderstehliche Wirkung übt, sucht man in dem, was er seine Weltanschauung nannte, vergebens; sie bot viel eher Ideenfetzen und Bruchstücke, die sich nur auf obsessive Weise zusammenreimten.

Aber gerade der unfertige, die eigenen Absichten häufig in metaphorischer Unschärfe verschlüsselnde Charakter dieser Weltanschauung hat auch die Geister auf den Plan gerufen, die sich imstande glaubten, die Leerstellen aufzufüllen, und nicht wenige redeten sich ein, der offenbar noch suchenden Bewegung Richtung und Ziel weisen zu können. Bezeichnenderweise begleiten Meinungsverschiedenheiten über ihr Wesen schon die Aufstiegsgeschichte, wie der Streit über die sozialistische Programmatik zeigt, sie setzen sich während ihrer Herrschaft fort und sind zum Teil bis heute nicht entschieden. Die Auseinandersetzung beispielsweise, ob der Nationalsozialismus eher der revolutionären oder aber der konservativen und sogar reaktionären Richtung zuzuschlagen sei, geht nach wie vor hin und her. Der Begriff der «Konservativen Revolution», der in Erweiterung seiner ursprünglichen Bedeutung mitunter dafür Verwendung findet, überbrückt das Problem nur formelhaft und trägt wenig dazu bei, eine politische Erscheinung zu erfassen, die vorgab, der Wiederherstellung der gestörten und denaturierten Weltordnung zu dienen, die aber, wo immer ihr die Macht dazu gegeben war, einen äußersten, vor nichts zurückschreckenden Änderungswillen bezeugte.

Viel stärker als auf ideologischem Felde hat der Nationalsozialismus seine Verführungskraft durch theatralische Mittel entfaltet:

durch die Inszenierung des Führerkults, durch Massenappelle, Fackelzüge, Paraden, Weihestunden, Höhenfeuer und jene Totenfeiern, die der Idee des preisgegebenen Lebens ständig neue Blendwirkungen abgewannen. Es waren eher Bilder als Gedanken, in denen er seinen Ausdruck suchte. Gewiß knüpfte er damit an die verbreitete, vom Glanz und Gloria der Kaiserzeit vorgeprägte Neigung zur Ästhetisierung der Politik an, die in den Jahren der Republik von Weimar mit all ihrem grauen Mittelmaß so kurz gekommen war. Aber das heißt nicht, daß er ohne intellektuelle Suggestionskraft blieb. Es waren gerade die in den Bildern zur Anschauung gelangenden, einfachen Antworten, die auf komplizierte Gedankenmenschen eine so starke Anziehung entfalteten.

Sie vereinten, in eigentümlicher Mischung, reaktionäre und revolutionäre Impulse, Romantizismus und bürokratische Effizienz, nationale und sozialistische Ideenstücke. Was immer jedes dieser Elemente im einzelnen bedeuten mochte, hat dieses dauernd unruhige Oszillieren zwischen den lange totgeredeten Gegensätzen von links und rechts doch dem Eindruck vorgearbeitet, daß in dieser Bewegung die Abkehr von den im Ratlosen endenden Irrwegen der Geschichte sich ankündige. Sie verhieß die Befreiung von den unauflösbaren Widersprüchen moderner Gesellschaften, die Überwindung der Egoismen, der individualistischen Auflösungstendenzen und den lange ersehnten Rückgriff auf die ehrwürdigen Maximen von Ordnung, Bindung und Ursprung. Wie weit der Nationalsozialismus mit alledem auch von der revolutionären Linken entfernt scheinen mochte, verband die einen mit den anderen zuletzt doch jenes die ganzen zwanziger Jahre beherrschende Grundgefühl eines politischen Advents. Gerade die literarischen Zeugnisse der Zeit machen hier wie da dieses Vorhofbewußtsein offenbar: die Empfindung, daß eine gänzlich neue, von charismatischen Willensmenschen, strengen Gesetzen und schroffem Gemeinschaftspathos geprägte Ordnung historisch jetzt am Zuge und jedenfalls die liberale Demokratie am Ende sei.

Im Gegensatz zum Kommunismus, der sich zeit seines Bestehens auf ein humanistisches Erbe berief, griff der Nationalsozialismus die antirationalistischen Stimmungen auf, die auf eine seit der Französischen Revolution anschwellende Tradition verweisen konnten. Ihre pessimistischen, häufig von resignativen Zügen durchsetzten Einwürfe wurden durch Nietzsche und Bergson erstmals in einen Tremor grandioser Erwartungen gewendet, von Sorel in die politische Handlungsprogrammatik übersetzt und dann in die Gemeinplätze einer radikal irrationalistischen Zeitbetrachtung ausgedehnt. Sie machte den «Geist als Widersacher der Seele» (Ludwig Klages) aus, faßte die unterschiedlichsten Erscheinungen zum Bild einer «systematischen Triebrevolte ... gegen die übersteigerte Intellektualität» (Max Scheler) zusammen und hatte von da nur noch einen kleinen Schritt zu tun, um in der Hitlerbewegung die Vorhut eines neuen Weltalters zu erkennen, das die Herrschaft der Vernunft ablösen und das Leben wieder in sein Urrecht einsetzen würde.

Schon diese wenigen Andeutungen machen erkennbar, warum der Nationalsozialismus nicht viel mehr Mühe gehabt hat, intellektuelle Wegbegleiter und Auspreiser zu finden, als der Kommunismus, und wer es darauf anlegte, konnte sich immer auch die Gründe für seine Selbsttäuschungen zurechtlegen. Der Tatbestand ist durch die Emigration, in deren Verlauf eine Vielzahl namhafter Schriftsteller, Künstler und Gelehrter wie in einem Massen-Exodus das Land verließ, weitgehend verdeckt worden. Aber schon im Jahre 1931 war die studentische Selbstverwaltung an allen deutschen Universitäten in der Hand des NS-Studentenbundes, am 3. März 1933 erklärten sich dreihundert Hochschullehrer und Schriftsteller in einem Wahlaufruf für die neue Regierung, im Mai, als die vertriebenen Kollegen schon die Plätze in den Universitäten und Akademien räumten, erschien ein weiteres Massenbekenntnis zum Regime, im November, unter der Beteiligung namhafter Künstler, Schriftsteller und Theologen, ein drittes.

Gewiß spielten Opportunismus, Ehrgeiz und Mitläuferei bei diesen Massenkonversionen eine Rolle. Aber sie waren auch hier, wie auf der Gegenseite, keineswegs alles. Zu viele Namen erschienen unter den Resolutionen, deren Trägern der ausschließlich moralisch begründete Zweifel am Ende doch nicht gerecht wird. Die Zeugnisse darüber sind spärlich, weil das einzigartige politisch-moralische Desaster, in dem das Regime endete, vielen nicht einmal das Eingeständnis eines Irrtums zu erlauben schien, einiges liegt auch noch, unausgewertet, in den Nachlässen. Doch für eine größere Anzahl galt sicherlich jenes Motivbündel aus Selbsttäuschung, Hoffnung und Zugehörigkeitsverlangen, das Gottfried Benn in dem berühmten Brief vom Mai 1933 an den emigrierten Klaus Mann genannt und das ihn, wenn auch für kurze Zeit, an die Seite der neuen Machthaber gebracht hat: die Sehnsucht des in seine Buchstabenwelt eingesperrten Intellektuellen nach Leben, Schicksal und vitaler Nähe, man kann auch sagen, nach jenen «Wonnen der Gewöhnlichkeit», die Thomas Mann als Lebensthema einer Generation entdeckt hat. Und die oftmals, auch von Klaus Mann in seinem Brief aus Sanary-sur-Mer beschworene Geistfeindschaft des Nationalsozialismus konnte die nicht schrekken, die längst des ewigen Theorienstreits müde waren und aus all den erbitterten Konflikten der Epoche nur die Einsicht zurückgebracht hatten, daß man «den Dingen mit Gedanken nicht mehr nahe» komme.

Das Verlangen nach primitiven kollektiven Zugehörigkeiten bestand hier wie dort, auch wenn es bei dem dogmatisch starreren Kommunismus, der zudem dem Klassenfremden mit schwer überwindlichen Vorbehalten gegenübertrat, schwieriger zu verwirklichen war. Beispielhaft dafür ist noch immer der geradezu wütende Eifer, mit dem Johannes R. Becher sich wieder und wieder ermahnte, die Reste seiner großbürgerlichen Herkunft zu «verbrennen», wie er im November 1928 in einem Artikel unter dem Titel «Partei und Intellektuelle» schrieb, die eigene Identität auszulöschen und dabei weder die ästhetischen Kategorien noch auch die Genossen aus vergleichbarem Sozialmilieu zu schonen. Die Einbußen in seinem Werk, das sich, nach aufsehenmachendem Beginn, im Belanglosen verlor, finden in diesem Lustzelotentum ebenso eine Erklärung wie sein Denunziantenwesen, das auf diese Weise schon geraume Zeit vor den Stalinschen Säuberungen die theoretischen Begründungen gewann.

Das übermächtige Bedürfnis nach Selbstaustilgung wird womöglich, von der entgegengesetzten Seite her, noch anschaulicher: der panischen Angst vor der Ausstoßung aus der Partei. Die autobiographischen Berichte vieler Renegaten zeigen, daß der Exkommunikationsschrecken das schwierigste Hemmnis in dem oft langwierigen und verzweifelten Ringen war, das dem Bruch gewöhnlich voraufging; denn damit setzten sie die Kirche aufs Spiel, die Evangelien und sogar Gott. Selbst die nur befristete Trennung von der Partei, die immer auch Zuflucht war sowie Heimat im umfassendsten übertragenen Sinne, hat ihnen allen zu schaffen gemacht. Der plötzliche Verlust dieses Zusammenhalts sei die schwerste Erfahrung seiner Exiljahre im «provenzalischen Paradies» gewesen, schrieb der nach Frankreich emigrierte Gustav Regler. Und Arthur Koestler hat ihrer aller Befürchtungen auf den Satz gebracht, daß der Ast, der sich vom Baume abbreche, notwendigerweise verdorren müsse.

Jenseits aller regressiven Geborgenheitswünsche, die von Fall zu Fall zu analysieren wären, hat dieses Zugehörigkeitsverlangen sicherlich mit dem zu tun, was man unterdessen die Legitimationskrise des modernen Schriftstellers nennt, seine tiefen Zweifel am eigenen Tun, seit alle Wege ans Ziel gekommen und alle Spiele zu Ende gespielt schienen. Nach so vielen fruchtlosen Disputen und den tausend absurden Seligkeiten des L'art pour l'art, sollte es endlich wieder um etwas gehen, um große Fragen, Menschheitsanlässe, um Leben und Tod. Die Literatur war, sofern sie Ernst machte, mehr als eine schöne Metapher, sie konnte ihre Moralität nur zurückerobern, wenn sie vom Gedanken zur Tat drängte, so daß der Darstellung des Hasses der Haß folgte, der Verurteilung im Wort die Vollstreckung in der Wirklichkeit und gewiß auch der verheißenen Morgenröte das Glück des neuen Tags. Sie sollte nicht länger in jener Gravität und thronenden Unverbindlichkeit verharren, auf die sie sich so viel zugute tat, schon gar nicht die Nöte lindern, sondern gerade das Empfinden ihrer Unerträglichkeit verschärfen. Denn die Schriftsteller standen nicht außerhalb der gesellschaftlichen Prozesse, sondern mittendrin, Opfer von Kränkung und Ausbeutung auch sie oder, marxistisch gesprochen, so wenig im Besitz materieller Produktionsmittel wie das Volk, dessen Sache auch die ihre war, und wie Herwegh hatte, wer die Zeichen der Zeit erkannte, zu rufen: «Partei, Partei!»

Dabei ist den Schriftstellern mit bürgerlichem Hintergrund das Volk immer fremd geblieben und aller literarische Populismus von einer linkischen Bemühtheit nie losgekommen. Selbst Bertolt Brecht hat trotz seiner didaktischen Gaben den hohen Kunstton, wie sehr er ihn auch mit biblischen und plebejischen Elementen versetzte, nicht vermeiden können. Seine Leser und Verbreiter waren gerade nicht die Arbeiter, sondern die Deutschlehrer sowie die bourgeoise Amüsiergesellschaft, die seinen Texten verfeinerte Theorien entnahmen, wie man mit Arbeitern zu sprechen habe. Der intellektuelle Aristokratismus schlug immer durch, er war nicht abzuschütteln, sondern allenfalls zu verbrämen, etwa durch Lenins Maxime von der Führung der Unwissenden durch die Wissenden. Heinrich Mann forderte zu Beginn der zwanziger Jahre, angesichts der sich in zusehends tiefere Ausweglosigkeiten verstrickenden Republik von Weimar, ohne alles Versteckspiel mit dem Volkswillen, die «Diktatur der Vernunft», die Politik sei überhaupt «Angelegenheit des Geistes», und binnen kurzem diente ausgerechnet Stalin ihm, wie anderen auch, als Inbild des Intellektuellen an der Macht.

Das war indessen nur das allgemeine Dilemma, und bald schon

geriet, wer sich seit den frühen dreißiger Jahren zum Moskauer Sozialismus bekannte, in weit bedrängendere Nöte. Jeder spürte, wie er mit seinem Übertritt nicht nur in eine strenge, finstere Gegenwelt, sondern auch in eine Zone dauernden Verdachts gelangt war. Die Lähmungen durch die Allmacht der sowjetischen Kulturwarte, die quälende Abhängigkeit von den «Direktiven der ‹Prawda›», die Angst vor dem Abweichlertum wurden anfangs zwar von dem Bewußtsein abgefangen, einem Orden anzugehören, dem die alten Libertinagen zu opfern seien. Aber dahinter warteten andere Zweifel. Was es mit dem Personenkult um Stalin auf sich habe, der dem im Hitlerschen Deutschland so zum Verwechseln glich? Was mit der willkürlichen Verfolgung ganzer sozialer Gruppen? Wie das Zerrbild der politischen Justiz zu rechtfertigen sei oder die Erfahrungen zunehmender Ohnmacht, die den Rausch von gestern mitsamt dem hochmütigen Klerikerstolz mehr und mehr untergruben?

Beschleunigt und zum Ausbruch gedrängt wurden diese Skrupel durch den Spanischen Bürgerkrieg. Zwar schien es vielen zunächst, als würden hier, nach all den «bedrückenden Moskauer Zuständen», endlich die Fronten geklärt: der Kommunismus im Kampf für Demokratie und Freiheit gegen das sich formierende Lager der faschistischen Mächte. Maurice Blanchot schrieb über die Intellektuellen, die in großer Zahl für die Spanische Republik in den Kampf zogen: «Hier war einmal ein Krieg, in dem sie sich wiedererkennen» und vor allem der Einheit von Wort und Tat, unter Einsatz des Lebens, den gesuchten und geschuldeten Beweis liefern konnten.

Doch der mörderische, hinter den Linien geführte Kampf der sowjetischen Kommissare gegen die übrige Linke offenbarte rasch, daß Moskau längst auch in Madrid war: mit seinen Hysterien, dem Verdacht jedes gegen jeden, der unerbittlichen Zensur. George Orwell erinnerte sich an ein Gespräch mit Arthur Koestler anläßlich einer Begegnung in Spanien, in dem sie zu der Auffassung kamen, daß die Geschichtsschreibung hier und jetzt, in diesem Jahr 1936, ans Ende komme: «In Spanien las ich zum ersten Mal Zeitungsberichte», bemerkte er, «die mit den Tatsachen überhaupt nichts mehr zu tun hatten, nicht einmal so viel, wie für gewöhnlich mit einer Lüge verbunden ist.» Beschrieben und berichtet wurde nicht mehr, «was sich ereignet hatte, sondern was sich, je nach der ‹Parteilinie›, hätte ereignen sollen» (vgl. M. Rohrwasser, Der Stalinismus und die Renegaten. Stuttgart 1991, S. 60). Aber warum hätte der große und stolze Gedanke, daß alles machbar sei, gerade vor der Geschichtsschreibung zurückstecken sollen?

So wurde der Spanienkrieg zur ersten großen Bruchstelle in vielen Biographien. Arthur Koestler und André Malraux, Stephen Spender und George Orwell, Ernest Hemingway, Franz Borkenau und viele andere kehrten als Renegaten oder doch als Gegner des totalitären Kommunismus aus dem Krieg zurück. Verschärft wurde der Konflikt noch durch die gleichzeitig einsetzenden Moskauer Prozesse, in deren Verlauf Stalin, mit der einen Ausnahme Trotzki (der in Mexiko ermordet wurde), das gesamte Leninsche Politbüro umbringen ließ. Aber die Prozesse waren nur die spektakuläre Gestalt der großen Säuberung. Die Mehrzahl der Opfer wurde ohne Verfahren in den Verhörkellern, Gefängnissen und Lagern ermordet. Allein von den siebenhundert Teilnehmern des sowjetischen Schriftstellerkongresses von 1934 waren fünf Jahre später über sechshundert im System des GULAG verschwunden.

Als sei das Maß der Zumutungen mit alledem noch immer nicht erschöpft, schloß Stalin im Herbst 1939 mit Hitler jenen Pakt, der das Signal zum Beginn des Zweiten Weltkriegs wurde: die «größte politische und moralische Niederlage für die gesamte antifaschistische Linke», wie Manès Sperber schrieb. Zu den Folgen zählte nicht nur das an alle Komintern-Parteien erlassene Verbot, die Vokabel «Faschismus» künftig in irgendeinem herabsetzenden Sinne zu verwenden. Die Konzessionen reichten vielmehr bis ins Alltägliche. So mußte die Zeitschrift «Internationale Literatur» den Vorabdruck von Anna Seghers' Roman «Das siebte Kreuz» abbrechen, Theodor Plivier sein Buch «Das große Abenteuer» umschreiben. Aber die eigentlich bestürzende Erfahrung war, daß Stalin nahezu eintausend nach Moskau geflohene Genossen unverlangt, wie zur Besiegelung des neuen Einvernehmens, an die Gestapo auslieferte.

Damit schien die Kraft zu moralisch motivierten Entschlüssen verbraucht. Nur wenige von denen, die dem sowjetischen Diktator so lange durch das Labyrinth seiner tödlichen Launen gefolgt waren, ließen sich jetzt noch irremachen, die größere Anzahl tat die sich meldenden Skrupel durch ein besonders eiferndes Apologetentum ab: Lion Feuchtwanger, Heinrich Mann, Bertolt Brecht. Ernst Bloch, von dem die wütendsten, das Moskauer Vokabular noch überbietenden Ausfälle stammten, bestritt noch 1956 der «Kloake», wie er die Abgefallenen bezeichnete, sogar das Recht, je recht haben zu können (vgl. M. Rohrwasser, a.a.O., S. 171). Im ganzen kann man unterscheiden zwischen einer Minderheit, die unbeirrt blieb in ihrer nachbetenden Gläubigkeit; ferner denjenigen, die die großen Worte von Gerechtigkeit, Mitleid und schöner neuer Welt von nun an als notwendige Drapierung verstanden und der Politik diejenigen Zynismen zubilligten, die offenbar unvermeidlich waren; und einer dritten Gruppe, die in einem schrankenlosen Opportunismus die einzig verläßliche Überlebensmaxime sah. Die Mehrheit jedoch, in der auch einige der Zyniker und Opportunisten anzutreffen waren, kultivierte mit zunehmend äquilibristischem Instinkt die eigene Schizophrenie und entwickelte eine Kunst des Doppellebens mit all den Fertigkeiten der organisierten Wahrnehmung, der moralischen Indifferenz und der Vertauschung von Realität und perspektivischer Fiktion, für die es sonst kein Beispiel gibt.

Wie habituell diese besondere Pathologie der kommunistisch geprägten Schriftsteller inzwischen war, wird daran erkennbar, daß sie die Zeit der terroristischen Verängstigung überdauert und sich über die sechziger Jahre hinaus erhalten hat, obwohl der Einsatz längst nicht mehr auf Leben oder Tod lautete. Als die Überlebenden 1945 im Gefolge der Roten Armee in ihre mitteleuropäischen Heimatländer zurückkehrten, waren sie, in all ihrer laut und aggressiv übertönten Gebrochenheit, selbst ein Teil der Moskauer «Bedrückungen» geworden. Die Erfahrungen während des Exils hatten ihnen überdies eine Ahnung von der moralischen Riesenlast vermittelt, die der Kommunismus von jetzt an mitzuschleppen hatte, und nur das Bewußtsein des Sieges über den «Faschismus» konnte die Unruhe darüber verdrängen. Denn ein Sieg war es endlich, und in dem oftmals schrillen Ton, mit dem sie ihn reklamierten, klang unüberhörbar auch die Erinnerung an ein Leben mit, das nach dem visionären Optimismus des Beginns eine einzige Folge von Niederlagen und Demütigungen erfahren hatte.

Infolgedessen taten die eingeübten Mechanismen weiter ihren Dienst. Das Bekenntnis persönlicher Verstrickungen, das Andenken so vieler zugrunde gerichteter Freunde gingen im Schweigen unter oder in der Ausflucht, vom Unrecht ringsum nichts gewußt zu haben. Inzwischen gibt es erdrückende Belege dafür, daß die Stalinschen Verbrechen jedermann bekannt waren. Bezeichnenderweise wirkte Chruschtschows berühmte Rede auf dem XX. Parteikongreß auf die Intellektuellen auch keineswegs als ein Schock, der sie aus tiefer Ahnungslosigkeit riß. Vielmehr war sie nur das Signal, daß über die Massenverbrechen der Stalinära künftig, wenn auch mit Einschränkungen, gesprochen werden dürfe (vgl. M. Rohrwasser, a.a.O., S. 166). Aber auch jetzt gedachte kaum einer der Davongekommenen derer, die unglücklicher gewesen waren, und kein Epitaph erinnerte an die Babel und Bulgakow, an Anna Achmatowa, Ossip Mandelstam und all die namenlosen Toten, die, wie Arthur Koestler bemerkt hat, «jeder von uns in den Kellergewölben seines Gewissens herumschleppte».

Faßt man die deutschen Verhältnisse in den Blick, so kann der prägende Einfluß nicht außer acht bleiben, den das Beispiel Bertolt Brechts gegeben hat. Zwar lassen sich in seinem Werk immer wieder Passagen ausmachen, die seine Nöte und Skrupel, mehr oder minder verschlüsselt, aufdecken. Doch nach außen gab er sich stets linientreu. Obwohl er nicht zur Moskauer Emigration gehörte, sondern das Exil im fernen Amerika vorgezogen hatte, intervenierte er weder für die verhaftete und später ermordete Carola Neher noch gegen die Liquidierung seiner Mitstreiter Tretjakow und Meyerhold. Der Parteidisziplin noch über das Ende hinaus ergeben, hat er sogar die kritischen Stalingedichte, die er nach Chruschtschows Anklagerede verfaßte, nicht zur Veröffentlichung freigegeben. Gewiß hat dabei die Sorge um seinen ständig gefährdeten Lebenstraum, das ihm von der DDR zur Verfügung gestellte Theater, eine überaus wichtige Rolle gespielt. Aber die Verbindung aus Jasagerei und Scheinheiligkeit, Zweifel, Treue und einer Verschlagenheit, die auch unter despotischen Umständen den eigenen Nutzen bedachte, hat weithin als Vorbild gewirkt, auch wenn die meisten seiner Nachahmer sich dabei übernahmen. Man kann, wie es geschehen ist, den «Galileo Galilei» als Auseinandersetzung mit der stalinistischen Inquisition deuten; sicherlich jedoch auch als Verteidigung der Anpasserei, das wenn auch doppelbödige Hohelied auf die Hundeseele.

Die Entschädigungsgefühle durch den Sieg über Hitler-Deutschland und das Beispiel Brechts sind aber natürlich nur zwei unter vielen Antworten auf die Frage, warum die Schriftsteller dem DDR-Regime, im ganzen jedenfalls, so viel ausdauernde Loyalität entgegengebracht haben, mehr als die Schriftsteller in Polen, der Tschechoslowakei oder selbst in der Sowjetunion den Machthabern dort. Zwar war der Zauber jener Motive, die in den zwanziger Jahren eine so überwältigende Suggestion entfaltet hatten, verflogen. Aber manche mochten sich einreden, daß das Experiment jetzt, unter den vertrauteren, auch überschaubaren Verhältnissen in Deutschland, mit besserem Erfolg wiederholt werden könne. Horst Domdey hat nachgewiesen, wie diese Vorstellung weiterwirkte bis in die Zeit des Mauerfalls, als Volker Braun die DDR in einer letzten trotzigen Geste als «Weltmodell des Reformsozialismus» anpries.

So große Hoffnungen anderer Art beim Neuanlauf zum Sozialismus setzten freilich auch auf spezifisch deutsche, weiter östlich fehlende Bedingungen wie Tüchtigkeit, gesellschaftliche Disziplin und Organisationsvermögen; denn die DDR war nicht, wie Ulbricht bei Gelegenheit nicht ohne Hochmut bemerkt hat, die 16. Republik der Sowjetunion. Auch baute man auf die obrigkeitsstaatliche Tradition, die vielen der Untertanen des ersten Arbeiter- und Bauernstaates auf deutschem Boden das Empfinden eines gleitenden oder doch bruchlosen Übergangs vom einen Totalitarismus in den anderen bescheren mochte. Zwar verbreitete die Besatzungsmacht wiederum die Moskauer «Bedrückungen», und auch die östliche, gleichsam russische Manier des Regimes erzeugte manche Vorbehalte. Aber wer seine Zweifel beschwichtigen wollte, konnte auch da auf alte, aus historischem Dunkel auftauchende Gedankengespinste zurückgreifen.

Schon in den frühen dreißiger Jahren hatte Gustav Regler keinen Zufall darin gesehen, daß die antikapitalistische Offenbarung aus Rußland gekommen war, und die Hoffnung, die sich daran band, später mit dem Satz beschrieben: «Die alte Illusion war wieder da: der Osten!» Dafür gab es, spätestens seit der Jahrhundertwende, eine zusehends reichere Überlieferung. Sie war bei Rilke und Barlach greifbar, bei Morgenstern und Moeller van den Bruck, auch bei Thomas und Heinrich Mann und bis hin zu Rathenau, Maximilian Harden, Ernst Niekisch und vielen anderen, die einer deutsch-russischen Seelen- und Schicksalsgemeinschaft gegen den «seichten», hedonistischen Westen das Wort redeten.

Die nicht ohne Erfolg wiederbelebten Stimmungen gegen die materialistische Glücksmoral des Westens machten es auch vergleichsweise leicht, das wirtschaftliche Zurückfallen der DDR zu rechtfertigen und ihre Erstarrung, das Absinken in den sozialistischen Jammer, als einen Gewinn an Menschlichkeit, Wärme und sogar Tiefe auszugeben. Frank Schirrmacher hat darauf hingewiesen, welche Bedeutung dieses Motiv der ideologisierten Askese schon in dem ersten Buch von Christa Wolf, «Der geteilte Himmel», besitzt, das diese traditionell deutsche Gemütsvariante des Ost-West-Konflikts zum Gegenstand hat: der Republikflüchtling sieht sich, kaum daß er die Grenze überwunden hat, von dem Selbstvorwurf eingeholt, «dem Druck des härteren, strengeren Lebens nicht standgehalten zu haben». Die westliche Freiheit erschien in diesem Lichte geradezu als etwas Unerlaubtes, ein Prostitutionsreiz und jedenfalls eine Flucht in trügerische Annehmlichkeiten, die keinen Ausgleich boten für jene innere Freiheit, wie sie allein unter drückenden Verhältnissen gedieh. Wolf Lepenies hat bemerkt, daß es im Kernland des deutschen Protestantismus keine große Mühe kostete, «den Leninismus als Calvinismus der Unterprivilegierten» auszugeben.

Von ungleich größerem Gewicht als diese und noch manche andere Motive, mit denen sich die DDR Zustimmungen aller Art erwarb, war jedoch ihr zu einer Art Staatsräson erhobener Antifaschismus. Er beschwichtigte die Zweifel und vertrieb die Einwände. War nicht der Kommunismus der geschworene Feind des Faschismus gewesen und hatte die Sowjetunion nicht die größten Opfer bei seiner Überwältigung gebracht? Das Zusammenspiel mit den Nationalsozialisten in den Jahren der untergehenden Republik von Weimar lag weit zurück, der Hitler-Stalin-Pakt wurde, wie schon die Säuberungen der dreißiger Jahre, als präventiver Gegenzug gedeutet, und die enthüllenden Parallelen in der Machtpraxis, von der faktischen Alleinherrschaft einer Partei über die reichverzweigten Kommando- und Kontrollstrukturen des Regimes bis hin zu dem einschüchternden Pomp der Aufmärsche, Paraden und Fahnenwälder, blieben dem Vergleichsverbot unterworfen. Seine Wirksamkeit ging nicht zuletzt darauf zurück, daß schon der bloßen Analogievermutung das Gefühl deutscher Schuld entgegenstand. Das Bedürfnis nach Wiedergutmachung, Entsühnung und womöglich auch Selbstbestrafung hat gerade für die mittlere Generation der Schriftsteller eine kaum zu überschätzende Bedeutung gehabt, und kein Zweifel trübte die Gewißheit, daß der Bruch mit der Vergangenheit seinen entschiedensten Ausdruck im Bekenntnis zum Sozialismus finde. Die gegen alle Unrechtstatbestände und alle sozialistische Misere so schwer zu bewahrende Überzeugung, auf seiten des besseren Deutschland zu stehen, hatte hier ihren festen Grund.

Bestärkt und affektiv aufgeladen wurde dieses Bewußtsein noch durch den Antagonismus zur Bundesrepublik. Sie war das bourgeoise Deutschland, das die kapitalistischen Strukturen wiederhergestellt hatte und sich anschickte, die Irrwege der Geschichte noch einmal zu gehen; zwar wirtschaftlich prosperierend, aber unwissend darüber, daß kein Wohlstand die Fatalitäten aufwog, auf die soviel historische Renitenz unweigerlich hinauslief. Diese von Neid ebenso wie von Geringschätzung und sogar feindseliger Verachtung geprägte Dauerrivalität erklärt zu einem erheblichen Teil den Sonderweg, den die Schriftsteller der DDR auch und gerade innerhalb des sozialistischen Lagers gegangen sind. Die Tatsache, daß sie sich im ganzen bedingungsloser gefügt, halbherziger zu Wort gemeldet und keine Dissidentenbewegung entwickelt haben, hat gewiß viele Gründe; am bestimmendsten jedoch und von den staatlichen Aufsehern unablässig ins Spiel gebracht war das bedrängende Gegenbild der Bundesrepublik. Dessen Beschwörung konnte auf die gleichsam fixe Staatsidee des Sowjetreiches zurückgreifen, wonach sich die sozialistische Welt in einem dauernden Belagerungszustand befand. Aus dieser Vorstellung, die seit je dem Terror und den tausend Alltagsnöten die Begründungen verschafft hatte, folgte die Maxime, wonach alle Kritik nur dem Feind nütze. Sie hatte zwar von früh an zum Repertoire der intellektuellen Selbstgleichschaltung innerhalb der kommunistischen Bewegung gehört. Nirgendwo sonst jedoch konnte diese alte, lange obsolet gewordene Verbotstafel so erfolgreich wieder aufgerichtet werden wie in der DDR, die im westdeutschen Staat jenen Feind in leibhaftiger, beunruhigender Gestalt vor Augen hatte.

Die von der DDR mit so vielen Gesten moralischer Selbstgewißheit herausgekehrte antifaschistische Gesinnung war auch das wichtigste Verbindungsstück zur westdeutschen intellektuellen Szene. In einer Vielzahl politischer und persönlicher Beziehungen fand man seit den sechziger Jahren in der Verdammung des «restaurativen», zur präfaschistischen Väterwelt zurückgekehrten Bonner Staats zusammen. Wie in einem letzten Aufbäumen all der ideologischen Verranntheiten, die das Jahrhundert heimgesucht hatten, gewann der Marxismus nun auch in der Bundesrepublik noch einmal den Rang einer Alternative. Der postume Sturz Stalins lag schon geraume Zeit zurück. Aber weder der Umstand, daß damit zugleich der Schleier der Täuschungen über die frühe Praxis der sozialistischen Herrschaft zerrissen war, noch der Blick auf die Gegenwart des europäischen Ostens in der Nacht seiner babylonischen Gefangenschaft ernüchterte die Sinne. Selbst Alexander Solschenizyns «Archipel GULAG», das die so wirkungsvoll ausgelöschte Erinnerung an Millionen von Toten ins Bewußtsein zurückrief, verfing nichts, zumal sein Erscheinen Anfang 1974 mitten in die tollen Tage des revolutionären Befreiungskampfes gegen die Staatsmacht der Bundesrepublik fiel. Nirgendwo sonst in der westlichen Welt ist das Buch so vergleichsweise echolos geblieben wie hier. Das gleiche gilt, unter veränderten Vorzeichen, für die DDR.

Faßt man, mit all den Unschärfen und Verallgemeinerungen, die eine überblicksweise Darstellung unvermeidlich macht, die Schriftsteller hier wie dort in den Blick, so bleibt eine auffallende Gemeinsamkeit: das Unvermögen, die behauptete antifaschistische Grundüberzeugung zu einer antitotalitären Haltung zu erweitern. Gerade wenn der Faschismus weniger eine Ideologie als die machttechnische Instrumentalisierung autoritärer Dispositionen war, lag nichts näher, als ihrem Fortbestand unter anderem Vorzeichen nachzugehen. Aber dagegen stand das Bewußtsein, die historisch richtige Wahl getroffen zu haben, und statt des halbwegs verbesserten und deshalb nur umso schlimmeren Alten das beschwerlich ringende Neue darzustellen. So konnte Ernst Bloch, ohne Anstoß zu erregen, nach der Zensur rufen, Peter Weiss sozialistische Konzentrationslager rechtfertigen, Heiner Müller den Terror als «das tägliche Brot der Revolution» gutheißen. Die gleichen Gründe waren bestimmend für die Distanz, die die Schriftsteller im Osten wie im Westen des Landes zu den Oppositionellen in Warschau und Prag beobachteten. Ihre ideologischen Panzerungen überwand nicht, was beispielsweise Václav Havel, wieder und wieder, über die Widersprüche zwischen dem real existierenden Sozialismus und den Menschenrechten schrieb, dergleichen verhallte so ungehört, als sei Prag, insoweit zumindest, ein böhmisches Dorf.

Diese Hinweise, wie gerafft sie auch sein mögen, können eine zumindest umrißhafte Vorstellung davon vermitteln, wie es möglich war, daß so viele ostdeutsche Schriftsteller bis zuletzt den Bestand der DDR verteidigten. Keine andere soziale Gruppe, womöglich nicht einmal die Funktionärskader der obersten Ränge, hat ihr eine so unbeirrbare Anhänglichkeit erwiesen und eine Treue über das Ende hinaus. Die Veranstaltung vom 4. November 1989 auf dem Berliner Alexanderplatz war denn auch ein letzter, verzweifelter Versuch, jene Welt der Fiktionen, in der sie sich eingerichtet hatten, zu retten; die Privilegien freilich auch.

Doch in Wahrheit offenbarte der Auftritt nur, wie fern die Schriftsteller den Menschen und der Wirklichkeit inzwischen waren. Wer sich erinnert, daß ihre Väter sich einst der Sache des revolutionären Sozialismus auch deshalb angeschlossen hatten, um der gesellschaftlichen Isolierung zu entkommen, kann ermessen, wie weit und vergeblich der Weg gewesen war. Kaum jemals jedenfalls ist die Entfremdung zwischen den Schriftstellern und dem Volk schärfer hervorgetreten als in jenen Wochen. Es rundet dieses Bild nur ab, daß sogleich der alte Verachtungston zurückkam, als das Volk die Botschaft ausschlug und nicht ein weiteres Mal im Zeichen einer sozialistischen Utopie aus Ruinen auferstehen wollte. Volker Braun sprach ebenso wie Stefan Heym von der Käuflichkeit der Massen, Christa Wolf verächtlich von «Ameisenvolk», andere sprachen von «Pöbel» oder «Mob» und entdeckten die faschistischen Konnotationen wieder, mit denen die Vokabel imprägniert war.

Es ist, aufs Ganze gesehen, eine Geschichte der Täuschungen und der Enttäuschungen, in die man in Betrachtung der Intellektuellen angesichts der totalitären Versuchung gerät. Das eine wie das andere wird nicht enden, solange die Eingeständnisse eines Irrtums ausbleiben. Es gibt sie auf der einen Seite von Gottfried Benn, auf der anderen von Wolf Biermann und wenigen weiteren, meist aus der DDR vertriebenen Schriftstellern. «Wir waren verfilzt», schrieb Biermann, «verfilzt und hochverschwägert mit unseren Widersachern.» Von denen dagegen, die in ihm einen Überläufer sehen, ist nicht einmal heute ein Wort zum Stalinismus vernehmbar, ganz als wohnten sie noch immer in dem Haus, in dem man vom Strick nicht spricht. Das gleiche meint auch der knappe Bescheid von Thomas Langhoff zu den Stasi-Verwicklungen: «Ich will nicht aufklären!»

In der Tat betrachten er und seinesgleichen sich nach wie vor zuerst als Anhänger einer Partei; auch das nach dem Vorbild der Väter, deren Entscheidung für den Sozialismus ja zugleich als Übertritt aus der Literatur ins Lager der Politik gemeint war. Damals schien das ein großer und ernster Entschluß. Doch die Zeit hat gelehrt, daß er nur in Widersprüche führte, die das Innerste der Literatur berühren. Solange nicht eingeräumt wird, daß dem millionenfach erpreßten Leiden der Menschen selbst der Schimmer einer Rechtfertigung fehlte, ist daher auch im Schriftstellerischen wenig zu erwarten. Bezeichnenderweise hat die literarische Beschäftigung mit der abgelaufenen Epoche bislang nicht viel mehr sichtbar gemacht als die erfahrungslose Welt des Totalitären, ganz als hielte deren alles ertötende Abstraktheit über das Ende hinaus an und als agierten statt der Menschen immer nur Schatten, entrückt der Wirklichkeit, körperlos und ohne Biographie, obwohl doch jeder die Tragödien ahnt, deren Zeuge oder Opfer sie waren. Sigmar Faust hat vor einiger Zeit bemerkt, es gebe bislang keine Romanliteratur über die Wirklichkeit der DDR; wer sich ein Bild machen will, solle Sachbücher lesen.

Das ist das wenig befriedigende Ende der Geschichte: Ein ganzes Zeitalter, das Jahrhundert der totalitären Systeme, kommt in großer Literatur kaum oder doch nicht zureichend vor. Arthur Koestlers «Sonnenfinsternis», Thomas Manns «Doktor Faustus», «Die Blechtrommel» von Günter Grass, von Solschenizyn «Der Archipel GULAG» und weniges andere: das ist der ganze literarische Ertrag so gewaltiger, Menschen, Länder und Kulturen verheerender Vorgänge. Es fällt ins Auge, daß alle diese Werke von Autoren stammen, die auf die eine oder andere Weise an den fatalen Entwicklungen teilgehabt hatten: die Vorbereiter, Begleiter, Gläubige oder Verstrickte gewesen sind. Sie alle haben auch von sich selber berichtet, als sie die Katastrophe beschrieben. Vielleicht steht der Bruch mit den innersten Motiven und Hoffnungen dieser Zeit noch aus; die Einsicht, daß dies ein Ende ist, das Ende einer Epoche, die geprägt war vom Glauben an das Absolute und wie es in der Welt zu gewinnen sei. Vier oder fünf Generationen lang hielt dieser Glaube vor und suchte sich seine umkämpften Lösungen. Aber irgendwann in der Mitte des Jahrhunderts ging, was davon übriggeblieben war, verloren, und die Beschwörungen derer, die gleichwohl daran festhalten, gleichen zusehends Geisteranrufungen. Was wir antreffen, ist nur noch die traurige, versprengte Nachhut eines tönern gewordenen Gedankens. Wir irren aber, wenn wir aus ihrem Auftreten Schlüsse aufs Ganze ziehen. Die Nachhut sagt uns nicht, was war. Sie ist nur das Zeichen, dem wir entnehmen, daß die Erforschung des Gewesenen beginnen kann.

DIE PREKÄRE NATUR DER
FREIHEIT.
LITERATUR UND POLITIK
IN DEUTSCHLAND

«Verwandtschaft und Affront»: Thomas Mann und der Westen

Deutschlands Mittellage gehört zu den vielerörterten historischen und bis in die Gegenwart umstrittenen Gegenständen des Nachdenkens. Aber das Bewußtsein, das sich daraus bildete, und die Stichworte, die dieser Komplex aus dem kulturellen Bereich erhielt, sind zwar wieder und wieder behauptet, doch im einzelnen so gut wie unerörtert geblieben. Dabei haben sie womöglich erst jenem Vorstellungskomplex zu seinen umfassenden, in zahlreiche konkrete politische Entscheidungen umgesetzten Wirkungen verholfen.

Seit der Mitte des 19. Jahrhunderts und spätestens mit der Reichsgründung hat sich Deutschland in einem stetig verschärften Konflikt zwischen Ost und West empfunden. Der Gegensatz, in zunehmend kühneren Abstraktionen hochgetrieben, stellte das Land ins Spannungsfeld zweier schroffer, im Grunde unvereinbarer Prinzipien. Der Osten war Menschentum, Seele, Tragik, Vergeistigung, Religiosität und wie dergleichen Begriffe sonst lauten mögen, der Westen dagegen Vernunft, Zivilisation und Fortschrittsemphase, das alles verbunden durch einen unstillbaren Hunger nach den Segnungen des Diesseits. Und dazwischen, ewig schwankend, in einer Art Seelentumult auch innerlich zerrissen, Deutschland, das an «östlicher» Tiefe ebenso wie an «westlichem» Form- und Ordnungswillen teilhatte und seine Berufung darin sah, vom Kampfplatz zum Ort ausgleichender Mittlerdienste zu werden. Gerade weil es, schon seiner geographischen Lage wegen, der kalkulierenden Weltlichkeit des Westens offenstand, durfte es sich nicht taub machen gegen die Spiritualität des Ostens, in den es weit hineinragte. In der vielfarbig schillernden, von den gegensätzlichsten Ideologien in Anspruch genommenen Ex-oriente-lux-Metapher, die das Heil mit einer Himmelsrichtung verknüpfte, fand diese Vorstellung eine ins Mythische reichende Erhöhung.

Wer die Literatur, die bildende Kunst oder die politische Traktatphilosophie der Jahrhundertwende überblickt, stößt auf immer andere Ausbildungen dieses Motivs. Man kann es bei Rilke entdecken, bei Moeller van den Bruck, Ernst Barlach und anderen bis hin zu einer Unzahl unruhiger Köpfe aus allen Herkünften und Richtungen. Der Glaube, daß aus dem Osten «ein großes Licht» komme, hat bei vielen, von den Sozialisten bis hin zu den deutschen Nationalbolschewisten, die Sympathien auch für die Oktoberrevolution und die aufsteigende Sowjetunion mitgetragen und zu einer Art innerweltlicher Heilserwartung mit eschatologischen Zügen überbaut.

Eine der literarischen Beispielfiguren für diese Tradition ist Thomas Mann, und einer der großen Texte, die diese Vorstellung im Bürgertum heimisch gemacht haben, sind die im Verlauf des Ersten Weltkriegs entstandenen «Betrachtungen eines Unpolitischen». 1921, in der Zeit seiner politischen Wirrnisse, als sein Denken zwischen den von Krieg und Niederlage vermittelten Affekten gegen den «Westen» sowie gegen den «Riesen-Gemeinheitsbetrieb» der Demokratie richtungslos umhergeisterte und Rußland ihm trotz aller Revolutionsgreuel als die säkulare Menschheitsalternative erschien, hat Thomas Mann bekannt, zwei Erlebnisse hätten ihn, wie keine anderen, zur Gegenwart in Beziehung gesetzt und ihm Brücken in die Zukunft gebaut: Nietzsche sowie der Einblick in das russische Wesen, und im einen wie im andern Falle gehe es um ein neues Menschentum und um eine neue Religion.

Dergleichen war noch ganz aus dem Schatten der «Betrachtungen» gesagt, jener 1918 nur zögernd freigegebenen «Gedankenbeichte», die auf einen letzten, schon von Abschiedsempfindungen durchsetzten Versuch hinauslief, das deutsche Wesen zu beschreiben, und deren widersprüchliche, oftmals unbeholfene, auch anrührende Passagen nur vom polemischen Schneid gegen den «Westen» überdeckt waren. Die berühmten, im Hohen und Ungefähren entschwindenden Antithesen von Kunst und Leben, Kultur und Zivilisation oder Deutschtum und Politik begannen und endeten nicht zufällig mit einer Beschwörung des Russischen. Und zwischendurch immer wieder, fast leitmotivisch anklingend, die Geständnisse des Überwältigtseins durch all die Turgenjew, Dostojewski, Tolstoi oder Tschechow, die «menschlichste Literatur von allen», wie er vermerkte, für die er, Jahre zuvor schon im «Tonio Kröger», jetzt aber in Anlehnung an ein Wort von Hermann Bang, das Epitheton «heilig» fand, das von da an zum feststehenden Begriff wurde, sooft er darauf zu sprechen kam.

Es war überhaupt, einer weitverbreiteten Vorstellung folgend, ein metaphysischer Horizont, der sich im Osten weitete, und zugleich, in der Mischung aus Bewunderung, Schauder und Leseglück, ein ganz und gar literarisches Bild, das Thomas Mann sich davon zurechtgemacht hatte. Keine Geschichte kam darin vor, kein Kerenski, Lenin oder Trotzki, auch keine blutigen Bürgerkriegsschrecken, sondern nur die Archetypen des Menschlichen, sichtbar gemacht in der betörenden Galerie der Myschkin und Stawrogin, der Wolkonski und Besuchow mitsamt dem unendlichen Gefolge von Pilgern und frommen Büßern im Hintergrund.

Wie es allem apolitischen Romantizismus entspricht, wollte Thomas Mann aber gerade aus seinen literarischen Bezauberungen politische Folgerungen gezogen sehen. «Wenn Seelisches, Geistiges überhaupt», so schrieb er, «als Grundlage und Rechtfertigung machtpolitischer Bündnisse dienen soll und kann, so gehören Rußland und Deutschland zusammen»: dies ist, fuhr er fort, «seit den Anfängen des Krieges der Wunsch und Traum meines Herzens». Und auf den letzten Seiten der «Betrachtungen», die, wie er eigens vermerkte, am Tag der beginnenden Waffenstillstandsverhandlungen zwischen Rußland und dem Reich geschrieben wurden, sprach er die Hoffnung aus, daß beide Länder, brüderlich verbunden in ihrer «Weltanstößigkeit», den Kampf weiterführten «gegen den Westen alleine ..., gegen die ‹Zivilisation› ..., die Politik, den rhetorischen Bourgeois».

Die seltsam blinde, aus der Ineinssetzung von Literatur und Wirklichkeit genährte Verlockung kam nie ganz zur Ruhe. Wie sehr die russische Literatur auch zu den großen Bildungserlebnissen seiner frühen Jahre zählte, drängt mit dem Fortgang des Krieges der Verdacht sich auf, sein demonstratives Eintreten dafür sei nicht ganz frei von politischen Erwägungen und bewahre, mal stärker, mal schwächer, zumindest einen Rest jenes zeitweilig zwar zurückgestellten, doch nie gänzlich aufgegebenen Ressentiments gegen den «Westen». Die Abneigung saß so tief, daß er gelegentlich sogar den Kommunismus, wie wenig er sich über dessen Natur auch täuschte, in Kauf nahm. Nie schien er sich im klaren darüber, woher die verhängnisvollere Gefahr kam, und in Abwandlung eines berühmten späteren Wortes mochte er sich sagen, daß die Sowjetunion «nur» die Freiheit Deutschlands bedrohe, während die Weltdemokratie ihm die «Seele» raube. «Soweit er Entente-feindlich ist», heißt es einmal im ersten Band der veröffentlichten Tagebücher, «liebe ich den Kommunismus beinahe», und Ende März 1919, als die Friedensbedingungen der Westmächte bekannt wurden, verstieg er sich in seinen Notizen zu einem Stück ungewöhnlicher Appellprosa: «Ablehnung des Friedens durch Deutschland! Aufstand ... Nationale Erhebung, nachdem man sich von den Schwindelphrasen dieses (westlichen) Gelichters das Mark hat zermürben lassen, in Form des Kommunismus denn meinetwegen ... Ich bin imstande, auf die Straße zu laufen und zu schreien ‹Nieder mit der westlichen Lügendemokratie! Hoch Deutschland und Rußland! Hoch der Kommunismus!›»

Wie wenig wörtlich, wie «literatenhaft» solche und andere Ausbrüche gemeint waren, wurde offenbar, als wenig später, im April 1919, die Arbeiter- und Soldatenräte in München die Macht

ergriffen. Thomas Mann mokierte sich zwar über den «Faschings-
charakter» dieser Revolution, die «wüste Narrenwirtschaft ...
von bodenständiger ‹Gemütlichkeit› und kolonialem Literatur-
Radikalismus»; aber nach einigen Tagen notiert er auch: «Ich hätte
nichts dagegen, wenn man sie (die Anführer) als Schädlinge er-
schösse.» Seine tiefere Erbitterung galt indessen nach wie vor dem
«Entente-Kapitalismus», der Deutschland die Rolle zudiktiert
habe, «Landsknechtsdienste zu leisten, indem es sich dem Bolschewismus entgegenwirft, die entsetzlichste Kulturkatastrophe,
die der Welt je gedroht hat, die Völkerwanderung von unten» mit
der «Kirgisen-Idee des Rasierens und Vernichtens». Dann wieder
überlegt er, einen Aufruf zugunsten der Räterepublik zu veröf-
fentlichen, spricht aber schon einen Tag später vom «Charakter
des Unfugs und des kulturellen Hottentottentums», den das kommunistische Schwärmerwesen zumindest in seiner Münchner oder
Schwabinger Zurichtung besitze, nicht ohne sich freilich sogleich
mit der Hoffnung zu widersprechen, dies würde es «in Deutschland kaum auf die Dauer haben».

Bei dieser «Zwiespältigkeit» der Empfindungen zwischen Kommunismus hier und, wie er in bezeichnendem Begriffswandel nun
immer häufiger schrieb, kapitalistischer Finanzdemokratie dort,
blieb es von da an im Grunde zeit seines Lebens. In seinen wechselnden, mal von den Ereignissen und manchmal auch von Zufalls-
gesprächen diktierten Stimmungen, neigte er der einen oder anderen Seite zu. Mit dem Soupçon, den Ungehaltenheiten und sogar
seinen Empörungen war es nicht anders. In einer Vortragsstudie
über Goethe und Tolstoi, die er in einer ersten, später zu einem
Großessay ausgearbeiteten Fassung im Jahre 1921 niederschrieb,
bot er noch einmal den russischen Dichter als Gewährsmann eines zivilisationsfeindlichen, sogar «barbarischen» und jedenfalls
besseren Menschentums auf, und wenn die «in höchstem Grade
wilde, willkürliche und ungebührliche Kopulation», wie er selbst
einräumte, auch zu wenigem taugte, war sie doch geeignet, jene

deutsch-russische Gemütsbrüderschaft ins Bewußtsein zu rufen, die er nicht verlorengab. Denn alles, was dagegen stand, die auch von ihm nicht geleugneten Abgründe, die sich unterdessen zur Sowjetunion aufgetan hatten, war «nur» Politik.

Desgleichen hat er die Vorbehalte gegen jene demokratische Ordnung, die sich ihm so eng mit Schreckbegriffen wie Zivilisation, Vernunftkomödie, Tugendpalaver und verlogener Freiheitsrhetorik verband, nie gänzlich aufgegeben. Er teile nicht die «Affenliebe zur West-Demokratie», hat er gelegentlich bekannt. Zwar bezeichnet die aufsehenerregende Rede vom 15. Oktober 1922, mit der er sich anläßlich der Feier zum 60. Geburtstag Gerhart Hauptmanns im Berliner Beethovensaal zur Republik bekannte, einen dramatisch verstandenen Wendepunkt, und Thomas Mann selber hat seinen Auftritt später einen der «gehobenen Augenblicke» seines Lebens genannt. Aber die Vermutung liegt nahe, daß er damit eher das festliche, vor dekorativer Kulisse ablaufende Staatsschauspiel meinte und die Hauptrolle, die ihm darin zugedacht war: der eine Repräsentant der kulturellen Nation neben dem anderen, und unter den Zuhörern der Reichspräsident Friedrich Ebert, Minister, Würdenträger, Rang und Namen. Welches Maß an Selbstüberredung das Bekenntnis ihm abgenötigt hatte, wie unpolitisch dieser Betrachter noch in der entschiedenen Parteinahme für die Republik war, geht nicht zuletzt aus dem steifen Schwung des Redetextes hervor, der ausgedachten Emphase, mit der er Novalis und den «Donnerer von Manhattan», Walt Whitman, zusammenband, ehe er diese wiederum wilde und willkürliche Kopulation von «Vater Ebert» absegnen ließ. Er sprach von Fremdem, fremd Gebliebenem, und konnte sich nicht einmal mit dem Begriff der «Demokratie» versöhnen. Er trete für etwas ein, bemerkte er, was «Demokratie» genannt werde, doch er selber nenne es besser und richtiger «Humanität», weil er die Abneigung nicht loswerde «gegen die humbughaften Nebengeräusche, die jenem anderen Wort anhaften».

In Wirklichkeit verstand er das Bekenntnis zur Republik als einen Akt der Ergebung in das Schicksal, sie sei, «ob wir wollten oder nicht ..., uns zugefallen», rief er aus, und das hieß zugleich, daß sie keine Sache fragloser Übereinstimmung war, keine Sache von Gefühl und Herzschlag, sondern allenfalls eine der Vernunft. Mehrfach betonte er die Verantwortung aller fürs Ganze, und gerade dieser gesellschaftliche Gesichtspunkt, dessen Geltung er für den Künstler stets bestritten hatte, offenbart, wie sehr er eine «Weltrolle» übernahm bei seinem Versuch, die Bürger mit dem Staat zu versöhnen. Im literarischen Werk, vom soeben begonnenen oder fortgesetzten «Zauberberg» bis hin zum «Doktor Faustus», kehrte er denn auch stets aufs neue, kunstreich verborgen meist oder als Rollenprosa ausgegeben, in den geliebten Sündenstand von einst zurück. Selbst die «Betrachtungen eines Unpolitischen» hat er nie verleugnet, und nicht nur der Berliner Rede in der Druckfassung später eine Verteidigung jenes früheren Buches vorangestellt, sondern noch in der Emigration bekannt: «Am Ende bin ich der Verfasser der ‹Betrachtungen eines Unpolitischen›, war es nicht nur, sondern bin es.» Er glaube sogar, daß jener Essay höher stehe als alle politischen Wortmeldungen seit 1922 und daß das Buch die demokratischen «Gutmütigkeiten» der späteren Jahre überleben werde.

Doch dieses Verharren im Gewesenen äußerte er lediglich in Briefen an engere Vertraute, auf den Seiten seines Tagebuchs oder in dem von Winkeln und Verstecken durchsetzten Werk. In seinen öffentlichen Auftritten half er sich über die beibehaltenen Reserven mit einem Demokratiebegriff hinweg, der so weit und vage war, daß er die alten Rausch- und Zauberworte nahezu mühelos darin unterbringen konnte: Romantik und Deutschtum, Kultur, Konservatismus und Wahrheitsliebe, auch Bürgerlichkeit, Ironie und Menschlichkeit. Die einzige Stellung, die er tatsächlich räumte, war der hochmütige, mit aggressivem Stolz versetzte Nationalismus von einst, und genau besehen bezeichnet die Rede «Von deutscher Republik» Thomas Manns Wandlung zu einem europäischen und noch über Europa hinaus gestimmten Kosmopolitismus.

Nur Frankreich, den Hauptfeind der «Betrachtungen», der die «Zivilisation», die «Tugendsuada», den «Westen» überhaupt wie keine andere Macht verkörperte, nahm er von seiner weltbürgerlichen Versöhnungsbereitschaft vorerst aus, zumal ihm das Nachbarland durch seine unnachgiebige Politik der Ruhrbesetzung und der rigoros eingetriebenen Reparationsleistungen, aber auch der moralischen Demütigungen noch geraume Zeit hinreichend Vorwände lieferte. Erst 1926, während einer längeren Reise nach Paris, geehrt und umjubelt von Ministern, Professoren, Akademiemitgliedern und bedrängt von den ersten Journalisten des Landes, redete er der Verständigung auch zwischen diesen beiden Ländern das Wort, der neuen «Solidarität der Völker Europas», wie er sagte, und «daß die Welt ein anderes Gesicht erhalten würde», wenn das «tiefnachbarliche Verhältnis der beiden durch Haß verbundenen Völker sein Vorzeichen änderte».

Der Begriff, dem er seine gewonnenen Einsichten zuordnete, ihn immer neu deutend und abwandelnd, war die «Idee der Mitte». Sie beschrieb, was Deutschland ins Beziehungsgeflecht der Völker einzubringen habe. Doch bedeutete der Begriff weit mehr als die Summe der aus Geographie und Geschichte gewonnenen Erfahrung. Er beschrieb, wie Thomas Mann es sah, einen dem Deutschen tief wesensmäßigen Hang zu Ausgleich und Balance, die Fremdheit gegenüber allen Extremen, so daß man «Mitte», wie er hinzusetzte, auch als Bürgerlichkeit verstehen könne, und unversehens war er, wie es seiner innersten Neigung entsprach, wieder dabei, den Begriff durch Erweiterung ins Ungreifbare aufzulösen; denn im nächsten Schritt schon bedeutete «Mitte» auch Demokratie, dann Humanität, Sozialismus und schließlich sogar «Weltgewissen». In dem um die gleiche Zeit entstandenen «Zauberberg» hat er diese Idee in ein Werk der Literatur übersetzt;

denn im Kern ist der Roman nichts anderes als die verklärende Parabel der Mitte. In den leidenschaftlich ausgetragenen Disput der beiden vorherrschenden Ideologien der Zeit gestellt, zwischen Settembrini, den Anwalt naiv eifernder Aufgeklärtheit, und seinen Gegenspieler Naphta, den Wortführer eines theokratischen Totalitarismus, zwischen West und Ost auch, behauptet der von beiden Seiten pädagogisch umworbene Hans Castorp die Idee der Distanz, und sein Zögern offenbart nicht nur seine Entscheidungsschwäche, sondern auch, wo alle pathetische Sympathie des Autors zu finden ist. Nicht bei den Parteigängern welcher Richtung auch immer, nicht bei Advokaten und Bürodienern irgendeines Weltgeistes, überhaupt bei keinen vorgeblichen Wahrheiten, sondern bei den Skeptikern. Das war seine eigene Position. Thomas Mann hat sie mit allem Wortreichtum, über den er gebot, zur Idee bewahrter Menschlichkeit in einer Epoche sich verschärfender ideologischer Gegensätze ausgebaut.

Eine Zeitlang trat er nun auch zum Sozialismus in Distanz, zumal er in Paris einigen russischen Emigranten begegnet war, deren Berichte über den Terror und die Greuel des Sowjetregiments ihn tief erschütterten. In der Anwendung radikaler Theorien auf das Leben, dem «Dünkel der Abstraktion», sah er die eigentliche Ursache aller Schrecken der Zeit und sprach von den «Sprengstoffprofessoren», die nicht das geringste zum Bau einer besseren Gesellschaft beigetragen und keine Träne getrocknet hätten, wiewohl sie «auf ihren Lippen stets die Arbeit am menschlichen Glücke führen». «Aber», setzte er hinzu, «welch blutbefleckte Sekte.»

Womöglich noch entschiedener und jedenfalls noch paraphrasenreicher wandte er sich gegen den anderen Extremismus der Zeit, den aufkommenden Nationalsozialismus mitsamt all der «Nordgläubigkeit» und «Germanisten-Romantik» im Hintergrund und dem «hackenzusammenschlagenden» Primitivismus auf der Vorderszene: «Massenkrampf, Budengeläut, Halleluja und derwischmäßiges Wiederholen monotoner Schlagworte, bis alles

Schaum vor dem Munde hat», rief er 1930 in der «Deutschen Ansprache» aus. Aber wer diese mit so besorgtem Verteidigungswillen gehaltenen Reden aus der Zeit der untergehenden Republik durchsieht, wird den Eindruck nicht los, daß sie in mehr als einem Sinne über die Köpfe der Zuhörer hinweggesprochen waren. In dem bürgerkriegsähnlich entzweiten, von Privatarmeen und lärmenden Demagogen widerhallenden Deutschland jener Jahre war ihnen kaum eine Wirkung beschieden, auch wenn zu sagen bleibt, daß Thomas Mann der einzige deutsche Schriftsteller von Rang war, der die Sache der glücklosen Republik zu der seinen gemacht hat, wie fremd sie ihm noch immer sein mochte. Darin unterschied er sich sichtbar von dem so pompös schweigenden Gerhart Hauptmann oder all den Döblin, Feuchtwanger, Werfel und Brecht, die dem Ruin bis zuletzt mit zynischem oder jedenfalls ungerührtem Blick zusahen.

Mit Beginn der Emigration ist Thomas Mann politisch zunächst verstummt. Die Sorge um den zurückgelassenen Besitz, um die materiellen Verhältnisse eines Autors, der seine Leserschaft vor allem in Deutschland hatte, auch das Verlangen, sich aus den quälenden Debatten der bald in viele Lager zerfallenden Emigrantengruppen herauszuhalten und die Rolle des Repräsentanten der deutschen Kultur nicht im Tagesgezänk zu verspielen: das und anderes kam zusammen und ließ ihn zum Unwillen vieler lange schweigen. Nahezu durchweg weigerte er sich auch, seinen Namen unter die Kundgebungen irgendwelcher Aktionsausschüsse zu setzen. Seine Tagebücher sind voll von kommentierenden Notizen über die politischen Ereignisse jener Jahre, aber selbst einen vom Grauen diktierten Brief über die Moskauer Prozesse an den in zahlreiche linke Bündnisse verstrickten Bruder Heinrich vernichtete er gleich nach der Niederschrift, um seine Auffassung nicht öffentlich zu machen und wohl auch, um die nach dem heftigen Streit der Weltkriegsjahre gefundene brüderliche Übereinstimmung nicht aufs Spiel zu setzen. Möglicherweise enthielt er ihm überdies, was immer er an Einsichten über die kriminelle Verwandtschaft des Moskauer Regimes mit dem Hitlerreich gewonnen hatte, mehr an Eindeutigkeit im Urteil, als ihm, dem Ideologen des Vorbehalts, tunlich schien.

Erst als ihm Anfang Dezember 1936, nicht zuletzt aufgrund einer von der «Neuen Zürcher Zeitung» herausgeforderten Stellungnahme zur Emigration, die deutsche Staatsangehörigkeit und wenig später auch die einst verliehene Ehrendoktorwürde der Universität Bonn aberkannt wurde, hat er sein Schweigen über die NS-Herrschaft gebrochen. Aber selbst dann noch lehnte er die Teilnahme an allen Emigranten-Komitees ab, sosehr ihn auch eine undeutliche Sympathie mit den Volksfrontbetreibern als den energischsten Gegnern des Hitler-Regimes verband. Nicht einmal der Bitte um einen Beitrag, die der sowjetische Schriftstellerverband 1937 an ihn richtete, kam er nach, er sei kein kommunistischer Schriftsteller, erwiderte er, und wolle sich deshalb nicht dem Mißverständnis aussetzen, er mute den Deutschen zu, «eine Diktatur mit der anderen zu vertauschen». Doch schon wenig später äußerte er auch, die «extrem antikommunistische Haltung» erscheine ihm «noch falscher als (die) kritiklos-sympathisierende» Einstellung.

Zusehends häufiger war Thomas Mann im Verlauf der Emigrationsjahre in die Vereinigten Staaten gereist, und während seines dritten Aufenthalts im Frühjahr 1937 hatte er Agnes E. Meyer kennengelernt. Sie war die Tochter eines deutschen Auswanderers aus einer niedersächsischen Pastorenfamilie und hatte, vielseitig begabt, nach turbulenten Jugendjahren Eugene Meyer geheiratet, eine einflußreiche Figur auf der politischen Szene und bald auch der Besitzer der «Washington Post», die er binnen kurzer Zeit aus kümmerlichen Anfängen zu einem der meistbeachteten Blätter der Ostküste machte. Nach einem Interview, das sie als eine der Starjournalistinnen des Landes mit dem Dichter geführt hatte, schrieb sie ihm einen bewundernden Brief, der Thomas Manns literarisches Werk ebenso feierte wie seine politische Integrität. Wenn die Kommunisten, bemerkte sie abschließend, Anspruch auf ihn «gegen die negative und destruktive Macht des Faschismus» erheben sollten, «dann vergessen Sie bitte nicht, daß die rationalen Kräfte der Demokratie Ihre individuelle Führung brauchen, um den geordneten Fortschritt der Freiheit und der Gerechtigkeit hier drüben zu bewahren».

In diesen unverfänglich klingenden Sätzen war angedeutet, was beide schon bald eng zusammengeführt und ihre rasch sich weitende Freundschaft begründet und getragen hat; der Ursprung eines großen Mißverständnisses aber auch. Thomas Mann erkannte binnen kurzem die politischen und gesellschaftlichen Verbindungen, über die sie gebot, und die reichen Auftrittsmöglichkeiten, die sie ihm verschaffen konnte. Agnes Meyer hingegen redete sich ein, der wortmächtigste und prominenteste Gegner des Hitlerregimes müsse auch ein überzeugungsfester Liberaler ihres Schlages sein, und deutete sich im eigenen Sinne zurecht, worüber er sich öffentlich ausschwieg: all die stummen Vorbehalte und antiwestlichen Reizbarkeiten, die er trotz seines demokratischen «Wanderpredigertums» nach wie vor mit sich trug. Die Stärkung der «rationalen Kräfte», die sie sich von seinen politischen Einsätzen versprach, verkannte, welche Affekte ihn noch immer bewegten und wie viele nie ausgeräumten, nur rhetorisch neutralisierten Vorbehalte ihn gegenüber jener Welt erfüllten, in der sie so vorbehaltlos zu Hause war.

Die ersten, bald sich einstellenden Mißtöne wurden noch vom Reiz des Neuen abgefangen, von ihrem Hochgefühl über die Verbindung mit dem weltberühmten Mann und seiner Dankbarkeit für die mächtige Gönnerin mit den vielen geheimnisvollen Schlüsseln zu Türen und Toren. Aber dann wurden die Trübungen stärker, ließen sich auch nicht mehr einfach mit ein paar versöhnlichen Worten aus der Welt schaffen und führten Schritt für Schritt zu wechselseitiger Entfremdung. Am Ende glitt die große Freundschaft ins Förmliche einer bloßen Bekanntschaft zurück. Das eine wie das andere ist festgehalten in einem der bemerkenswertesten Briefbände, die Thomas Mann hinterlassen hat. Er offenbart nicht nur seine Unsicherheit und seinen Wankelmut in politischen Dingen, sondern auch sein Anpassungsbedürfnis, seine Flüchtigkeit in Überzeugungsfragen und die persönlichen Motive, die ihn dabei leiteten.

Agnes Meyer war es auch gewesen, die ihn 1938 zur Übersiedlung aus dem ständig unsicherer werdenden Europa in die Vereinigten Staaten überredet und ihm sowie der Familie den Weg durch die sperrigen Einwanderungsprozeduren geebnet hatte. Doch schon der erste Brief, mit dem er sie aus seinem neuen Haus in Princeton grüßte, mußte sie einigermaßen befremdlich anmuten. Angesichts der Erfolge, die Hitler von den Mächten zugespielt würden, schrieb Thomas Mann, sei «der Boden, wo man stehen kann, ... fast weggeschwunden». «Nein –», fuhr er, sich ins Wort fallend, fort, «hier ist er und in Rußland. Verzeihen Sie die Zusammenstellung, aber die Hoffnung beruht tatsächlich auf diesen beiden Ländern.» Und als er ihr vier Wochen später den Aufsatz «Dieser Friede» zuschickte, der neben vielen zutreffenden Einzeleinsichten eine einzige Anklage gegen die Westmächte enthielt, die nicht nur Hitler mit aller Macht zu retten trachteten, sondern es ihm auch untersagten, den Faschismus zu ruinieren, und den Handel mit der Opferung der Tschechoslowakei bezahlten, schrieb sie ihm begütigend-doppelsinnig etwas von «Wegweisung» und «Trost», besonders durch die «schöne Sprache», in die er seine Auffassungen zu kleiden wisse, ließ aber auch ihre Besorgnis durchblicken, er könne sich «zu sehr von politischen Tätigkeiten» in Anspruch nehmen lassen. Nicht ohne einen Ton taktvoller Bevormundung fügte die herrische Frau hinzu, er müsse künftig vor den Zudringlichkeiten der Tagesereignisse «beschützt» werden.

Das wurde nun der zähe, mit gutem Zureden, überschwenglichen Beifallsbekundungen und halbverdecktem Unmut geführte Kampf der folgenden Jahre. Nicht ohne Beklemmung sah Agnes Meyer jeder politischen Äußerung Thomas Manns entgegen und der seltsamen Mischung aus Urteilskraft und Gedankendunst, die er in Fragen der Politik offenbarte, so wenn er, um ein Beispiel zu nennen, dem verbreiteten Mißverständnis der Zeit erlag, daß die Welt zu wählen habe zwischen dem Kapitalismus und seinen faschistischen Fürsprechern einerseits und dem Sozialismus welcher Form auch immer andererseits; die Position der freiheitlichen Demokratie, die es doch, wie gerade Amerika lehrte, auch gab, war ihm dabei ganz ins Vergessen geraten. Gleich darauf jedoch zeigte sie sich wieder überwältigt durch die literarischen Werke jener Jahre, von «Lotte in Weimar» bis zum «Doktor Faustus» sowie den essayistischen Arbeiten, die er, wenn auch seltener als vordem, verfaßte. Daneben wärmte sie sich, stolz und den Neid ringsum auskostend, an den Strahlen, die auch sie als die engste Vertraute des großen Mannes streiften, dem Jubel und der Verehrung, die ihm auf den meist von ihr selber ausgerichteten Empfängen und Festbanketten entgegenschlugen.

Als der Krieg schon annähernd ein Jahr alt war und Frankreich zusammenbrach, fand Thomas Mann das Land «mit Schuld bedeckt» und vom lange Verdienten endlich eingeholt. Gleichzeitig damit brachen einige der alten Sentiments wieder auf, die Agnes Meyer durch sein «political awakening» überwunden oder doch stillgestellt glaubte, vor allem sein zivilisationskritischer Pessimismus sowie sein stummer Dauervorwurf gegen die Schwäche der Demokratie, und mit untrüglichem Gespür hörte sie aus seinen Worten heraus, was alles an Vorbehalten und an Unbegriffenem sich darin vernehmbar machte. Manche Blätter in den Tagebüchern jener Jahre rufen tatsächlich, nur schwach gedämpft, die schrillen Töne antiwestlicher Generalabfertigungen von ehedem ins Bewußtsein. «Gericht über den Kapitalismus?» fragte er einmal. Und mit diesem Reizwort in die offenbar noch immer verführerischen Fänge der Kritik am Westen geraten, nahm er auch das Gastland Amerika nicht mehr davon aus: «Ich glaube *nicht* an dieses Land», schrieb er, «längst nicht mehr. Es ist unterminiert, gelähmt, fallreif wie die übrige sogenannte Civilisation. Uns wird es möglicherweise nicht mehr lange Sicherheit bieten.»

Vielleicht brach sich seine Verdüsterung so radikal Bahn, weil ihm urplötzlich der Sozialismus als Alternative abhanden gekommen war, korrumpiert durch das von ihm «schmachvoll» genannte Bündnis, das die Sowjetunion im Jahr zuvor mit Hitler geschlossen hatte. Die Hoffnung, auch Hoffnung gegen jenes Amerika, dessen Bild er sich zurechtgemacht hatte, blieb Roosevelt. Er war ihm einige Zeit zuvor erstmals durch Vermittlung der Meyers begegnet, jetzt wurde er in einer ungewöhnlichen Ehrung für Mitte Januar 1941 zu einem zweitägigen Besuch ins Weiße Haus geladen. Sein übermächtiges, hinter aller Ironie verborgenes Bedürfnis nach Größe und Verehrung, das so lange einzig in der Literatur und der Musik Befriedigung gefunden hatte, sah sich nun erstmals einer Figur der Politik gegenüber. «Ergriffen von seiner Gegenwart», hielt er fest, «Naivetät, Gläubigkeit, Schlauheit, Schauspielerei, Liebenswürdigkeit», und fand sich in der Vermutung bestärkt, endlich jenem Gegenspieler Hitlers gegenüberzustehen, den er und, wie er meinte, die Geschichte in allen voraufgegangenen Jahren so sehr entbehrt hatten: dem «Rollstuhl-Cäsar», wie er an Bruno Frank schrieb, seine Bewunderung wie stets sogleich hinter einer jener treffend bizarren Wortbildungen verbergend, die ihm unerschöpflich zuströmten.

Trotz der beiden großen Tage in Washington, die er zu den eindrucksvollsten Erlebnissen seiner amerikanischen Jahre rechnete, blieben die Zweifel an dem Gastland. Als er nicht aufhörte, unglücklich und oftmals depressiv gestimmt, wie er in seiner Unkenntnis Amerikas war, seiner Patronin Vorhaltungen über die abwartende Politik des Landes zu machen, kam es zu einem ersten Zerwürfnis. «Ein Verhängnis waltet, und auch Amerika weiß sich

ihm nicht zu entziehen – soll es vielleicht gar nicht», meinte er sie
aufzuklären und fügte kurz darauf noch hinzu: «Gestehen Sie es
nur, daß nicht alles nach Würde, Mut und Größe aussieht, was
hier vor sich geht! Wenn erst Amerika seine Vichy-Regierung hat,
so können Sie auch hier die schönste Coopération complète mit
Hitler erleben.» Der knappe Brief, mit dem Agnes Meyer, müde
und verletzt, die Anwürfe vieler Monate quittierte, endete mit
dem Satz: «Alles war vergebens.»

Der Bruch wurde mit einem gehörigen Aufwand an Worten halbwegs überdeckt, aber im privaten Kreis äußerte Thomas
Mann, er sei «immer in Versuchung, gegen die königliche Gou-
vernante, die mich pädagogisch tyrannisiert, ausfällig zu werden».
Und etwas später nannte er sie in einer Tagebuchnotiz eine «be-
schwerliche Geist-Pute». Das wurde nun im Familienkreis, sooft
die Rede auf sie kam, zum stehenden Begriff.

Aus seinen Niedergeschlagenheiten hat ihn erst der Überfall
Hitlers auf die Sowjetunion befreit, auch wenn er frühzeitig ahnte,
daß die Beziehung zu «der Meyer» bald neuen Belastungen ausgesetzt sein werde. Aber so sicher er sich war, daß die Sowjetunion
in kurzer Zeit zusammenbrechen werde, kam damit doch endlich
wieder die Alternative in die Welt, die ihm das Spiel zwischen den
Fronten zurückschenkte und die «unverbindlich abenteuernde
Freiheit» des Künstlers, von der er einmal gesprochen hat. Von
früh an hatte er seine Schwäche in Bekenntnisdingen zu einem
überlegenen Prinzip erhoben und seine Unsicherheit als eine Art
Lebensluft aller Kunst ausgegeben, als «souveräne Treulosigkeit,
der es Spaß macht, die Anhänger im Stich zu lassen» und «heiteren
Verrat des einen an das andere» zu üben.

Das kam nun zurück und trug die vielen widersprüchlichen
Äußerungen, mit denen er über die Jahre hin die Erwartungen
auf allen Seiten enttäuschte. Er sah sich darin noch bestärkt, als
die Vereinigten Staaten im Dezember 1941 in den Krieg eintraten,
weil der Gegensatz, in dem er sich bewegen konnte, damit noch

schärfer ausgezeichnet war. «God bless America!» telegrafierte er am Tag, als Hitlers Kriegserklärung eintraf, an Agnes Meyer und schrieb ihr bald darauf: «Nun ist der Löwe erwacht.» Aber schon wenige Zeilen später reizte er sie mit einem Professoren-Zitat, das er ähnlich schon einmal selber vorgebracht hatte: «Auf zwei Ländern beruht die Hoffnung der Welt: Amerika und Rußland.» Und als sei es damit nicht genug, fügte er, auf jenen Gelehrten verweisend, noch hinzu, das Wort habe einen «tiefen Sinn».

Man kann nicht sagen, daß solche Kränkungen aus seiner Lust am Widerspruch und an der Düpierung seiner Umgebung kam. Wiederum zeigt ein Blick in seine Tagebücher, daß er auch in der Einsamkeit des Selbstgesprächs nicht anders verfuhr und sein Wankelmut aus einer Art Wankelmutwillen herrührte. So notierte er einmal, er fürchte die Weltrevolution nicht, «ich wäre dem Kommunismus loyal und würde mich seiner Diktatur, wenn er die Alternative gegen den Nazismus wäre, bereitwillig, beinahe mit Freude unterwerfen». Auf der anderen Seite fragte er geringschätzig: «Wer wird sich mit dem liberalen Humanismus identifizieren.» Begierig saß er jedem Gerede auf, das seinen antiwestlichen Vorurteilen Nahrung gab, so wenn er auf dem Höhepunkt des Krieges den Verdacht äußerte, reaktionäre Kreise «in Washington und anderswo» knüpften Kontakte zu den deutschen Kapitalisten und Militärs, um den gemeinsamen Schlag gegen die Sowjetunion vorzubereiten. Sogar das Gerücht, an der Konferenz von Casablanca zwischen Roosevelt und Churchill hätten Franco und der Kronprinz von Italien teilgenommen, hielt er nicht für aus der Welt, er glaubte an den deutschen Vorsprung in der Entwicklung der Atombombe und schrieb, nun wieder in einem Brief, bei aller Kenntnis des Stalinschen Terrors, der ihn wenige Jahre zuvor noch in fassungsloses Entsetzen getrieben hatte, die Oktoberrevolution sei «ein Schritt auf der Linie des großen Menschheitsstrebens nach sozialem Fortschritt, mehr Glück, mehr Freiheit» gewesen. Aber als er anläßlich der Gründung des Nationalkomitees Freies

Deutschland zusammen mit Bertolt Brecht, Lion Feuchtwanger und anderen eine Adresse nach Moskau unterschreiben sollte, lehnte er das Ansinnen ab und brachte dadurch das Vorhaben zum Scheitern.

So ließ er sich von nun an, weit über den Krieg hinaus und eigentlich bis ans Ende, immer wieder vernehmen: weltblind, realitätenfremd, die Augen groß und verständnislos auf alles gerichtet, was in der Wirklichkeit vorging: in der Tat ein «unwissender Magier», wie Golo Mann ihn in Erinnerung an seine politischen Expektorationen genannt hat. Im Marshallplan beispielsweise sah er nichts anderes als ein Instrument der «Kolonisierung Europas» mit dem Ziel, dem alten Erdteil den Sozialismus mitsamt der Demokratie «abzukaufen», und deutete die damals ausbrechenden Unruhen in Frankreich und Italien als Rebellionen gegen die Amerikanisierung des alten Kontinents. Fast ging er so weit, die großzügige Geste der Vereinigten Staaten mit der Unterwerfungspolitik Stalins zu vergleichen: «Wer lobte den Terror!» ereiferte er sich, «aber sind nicht auch die Bedingungen des Geldgebers nur eine ‹humanere› Form davon?» Den kommunistischen Staatsstreich in der Tschechoslowakei hielt er der «faschistischen Slowaken wegen nötig» und gab zu wissen vor, die Sowjetunion sei keineswegs daran interessiert, in ihrer Einflußsphäre den «totalitären Kommunismus russischer Prägung» einzuführen. Einmal bis dahin gelangt, kam ihm auch die Gleichsetzung von Rußland und Menschlichkeit zurück, «eine tiefere Menschlichkeit gab es nie und nirgends», schrieb er wie in den «Betrachtungen eines Unpolitischen» und sprach wieder von «der *heiligen* russischen Literatur».

Nahezu zwangsläufig brachte diese teils privat, teils aber auch öffentlich geäußerte Wendung das alte Ressentiment gegen Amerika neu zum Vorschein, und Thomas Mann konnte sich nicht wundern, daß er damit zugleich eine breite Kritik auf sich zog. Als auch seine literarischen Werke aus jenen Jahren, vor allem der vierte Band des «Joseph»-Romans und später der «Doktor Faustus» bei den traditionell respektlosen Rezensenten vor allem der Ostküste auf Einwände stießen («more ponderous than profound»), war er zunehmend bereit, an eine riesige Verschwörung zu glauben, die von der unsäglichen Kamarilla um den Senator McCarthy gesteuert sei. Er begriff nicht, was vorging, und schien es geradezu darauf anzulegen, immer neue Verstimmungen in seinem Gastland zu erzeugen.

Mißhelligkeiten mußte, wie ihm wohl bewußt war, auch die Reise erregen, die er im Goethejahr 1949 nach Frankfurt und Weimar unternahm. Empört und nicht ohne Verbitterung, aber doch wie süchtig nach so viel kontroverser Aufmerksamkeit, registrierte er den Pressestreit, den sein Entschluß auslöste, und sah zumal in den kritischen Einlassungen der westdeutschen Öffentlichkeit nur Böswilligkeit, ungestillte Kriegslaune und selbst nazistische Verstocktheit. Als er bei der Rückkehr aus Europa den offenen Brief vorfand, den der schwedische Journalist Paul Olberg in einer schweizerischen Zeitung veröffentlicht hatte, entschloß er sich, die Dinge ebenso offen zurechtzurücken; indessen machte er sie, gereizt und in die Ecke gedrängt, wie er sich fühlte, nur schlimmer.

Olberg hatte in seinem Brief gefragt, wie der Dichter, «der so radikal mit Nazi-Deutschland gebrochen und mit so unerbittlicher Schärfe den Kampf gegen Gewalt und Terror geführt hat, die Einladung eines Regimes annehmen konnte, das in nicht minder brutaler Weise Freiheit und Humanität mit Füßen tritt». In seiner Antwort wies Thomas Mann, den im Grunde leicht durchschaubaren Inszenierungen seiner ostdeutschen Gastgeber erliegend, darauf hin, daß in Thüringen durchaus ein Mehrparteiensystem bestehe und eine Freiheit des Wortes, über die «Sie sich gewundert hätten». Im übrigen aber weigere er sich, «an der Hysterie der Kommunistenverfolgung» teilzunehmen, und werde auch weiterhin für den Frieden «in einer Welt (reden), deren Zukunft ohne kommunistische Züge ja längst nicht mehr vorzustellen ist».

Er verlor sich immer tiefer im Gestrüpp seiner Leichtgläubigkeit, in dem Hörensagen und den Einflüsterungen, die vor allem von der «haßverzehrten» Erika kamen. Im nächsten Schritt mahnte er den schwedischen Zeitungsmann, bei allen Hinweisen auf die politischen Freiheiten und staatsbürgerlichen Rechte, die in Westdeutschland zweifellos gewährt würden, nicht den Gebrauch zu vergessen, der davon gemacht werde: «Es ist ein unverschämter Gebrauch», fuhr er fort. «Der autoritäre Volksstaat hat seine schaurigen Seiten. Die Wohltat bringt er mit, daß Dummheit und Frechheit, endlich einmal, darin das Maul zu halten haben.» Und als rücke ihm, mehr noch als die westdeutsche Presse, deren brüskeres amerikanisches Gegenüber vor Augen, setzte er hinzu: «In der Ostzone habe ich keine schmutzigen Schmähbriefe und blöden Schimpfartikel zu sehen bekommen, wie sie im Westen vorkamen – und nicht nur ‹vorkamen›. Habe ich das allein der Drohung Buchenwalds zu danken, die, eingreifender als im Westen, Sorge trägt für den Respekt vor einer geistigen Existenz wie der meinen?» Natürlich, räumte er ein, seien Konzentrationslager «ein furchtbares Agitationsmittel». Aber die Versuche, den Sozialismus «gewaltlos zu verwirklichen», hätten nun einmal «keine Gunst gefunden». Dann verlor er sich in grüblerische Gedanken über den «asketischen Ernst» auf den Stirnen, die «strenge Ruhe, Entschlossenheit und eine der Verbesserung des Irdischen zugewandte Frömmigkeit», wie er sie in Weimar und anderswo beobachtet habe. Nur wem dergleichen nie begegnet sei, könne versucht sein, «Ideale dagegen auszuspielen, die so vielfach schon zu heuchlerischen Vorwänden des Interesses geworden sind».

Die Ideale, von denen er sprach, waren Freiheit und staatsbürgerliche Rechte, und man kann sich kaum eine Vorstellung davon machen, mit welcher Erregung auch das gutwillige, dem Dichter gegenüber nachsichtig gestimmte Amerika auf diese Reverenz vor dem kommunistischen «Volksstaat» und die kaum verhohlene Preisgabe alles dessen reagierte, was das Land nicht nur dem Begriff, sondern auch der Lebensform nach war oder sein wollte. Jahre zuvor hatte Agnes Meyer ihm durch die Ernennung zum Berater der «Library of Congress» eine Art dotierter Ehrenstelle verschafft, die ihn zu nichts anderem als einem gelegentlichen Vortrag verpflichtete. Nun schrieb sie ihm, es sei ratsam, den Auftritt für dieses Jahr abzusagen, zumal noch nichts darüber bekannt sei. «Sagen wir ganz ehrlich», bemerkte sie, «daß Sie den Feinden der Vernunft zu viel Stoff zum Angriff gegeben haben.»

Thomas Mann hat diese Kränkung nie verwunden, und sie war der wohl nur noch letzte Anstoß zum Bruch mit Amerika. Von nun an machte er sich mit dem Gedanken an eine neuerliche, seine fünfte Emigration vertraut, zumal dem Land, wie er mit nie nachlassendem, depressivem Eigensinn behauptete, eine «faschistische Machtergreifung» bevorstehe, womöglich mit Joseph McCarthy als kommendem Präsidenten. In seinem Tagebuch notiert er, es verfolge ihn «zuweilen der Wunsch, Europa möchte als Ganzes kommunistisch organisiert und in Züchten aufgebaut werden. Es wäre Amerika zu gönnen.» Dann, bei wieder zurückgewonnener Besinnung, schrieb er, «recht niedergedrückt», an einen Freund: «Wüßte man nur, wie noch in Hitlers Maienblüte, auf welche Seite man gehört mit seinem Nein und Ja. Die Kommunisten mit ihrem infantilen Amoralismus sind unmöglich, aber an die Zukunft dieser korrupten und offenbar verurteilten spätkapitalistischen Profitwelt kann man auch nicht glauben.» Er wisse im Grunde nicht, wohin, schloß er, und meinte, er müsse «wohl sitzen bleiben und den Genickfang abwarten, denn gut geht es nicht aus».

Man greift sehr hoch, wenn man aus alledem, wie Thomas Mann es immer wieder nahegelegt hat, ein elementares Bedürfnis nach Balance und Mittlertum herausliest, den Hang zum «erasmischen Sowohl-Als-Auch». Für dergleichen besaß er zu wenig große, teilnehmende Unabhängigkeit, zu wenig Weltabstand und gelassenes Über-der-Sache-Stehen, zu viele alte, ein Leben lang mitgeschleppte Vorurteile, und oft ging er weit über das hinaus, was als «heiterer Verrat» allenfalls hinzunehmen wäre.

Man kann die Antwort im Persönlichen suchen und beispielsweise auf die Affektentladungen verweisen, die das strenge Regelwerk seines asketischen Tagesablaufs als Kompensation verlangte. Womöglich benötigte auch der behagliche Erzählton, zu dem er sich im Literarischen anhielt, der gelegentlichen Durchgängerei. Denn etwas Gewolltes war immer durchhörbar, wenn er allen Sinn für das Gemäße davonwarf und geradezu den Anstoß suchte und das Aufsehen, das ihn ebenso quälte wie in seinem Rang und seiner Besonderheit bestätigte. Darüber hinaus läßt sich auch sein grenzenloser Haß gegen das Hitlerregime nicht übersehen, der um so größer war, als diese Herrschaft gleichsam die «Verhunzung» von Vorlieben und Versuchungen darstellte, die er vor Jahren in halbwegs unschuldiger Gestalt selber empfunden hatte. Sein Abscheu veranlaßte ihn, alle genaueren Unterscheidungen zurückzustellen und im Kommunismus, was immer es damit auf sich haben mochte, nur den Verbündeten gegen jenen «ehrlosen Rachsüchtigen mit Gemüt» zu sehen, das «durch und durch Dreckhafte», wie er Hitler und den Nationalsozialismus einmal genannt hat.

Spätestens mit dem Ende des Krieges jedoch mußten solche taktischen Überlegungen zurücktreten und die politisch-moralischen Gesichtspunkte, die das Feld seines Nachdenkens waren, wieder an Gewicht gewinnen. Merkwürdigerweise hat Thomas Mann diese Folgerung nicht gezogen. Es bleibt daher die Olberg-Frage, warum er sich gegen Hitler so unnachgiebig für die Behauptung von Werten eingesetzt hat, die er dem Kommunismus gegenüber ohne sichtliche Bedenken ein ums andere Mal preisgab.

Neben den Gründen, die für die ganze Zeittendenz der Anfälligkeit nach links gelten, wird man bei Thomas Mann immer wieder auf die Prägungen der frühen Jahre zurückkommen. Auch nach dem spektakulären Bekehrungsauftritt von 1922 blieb die Grundgereiztheit gegen den «Westen», nur machte sie jetzt, wie er selbst es genannt hat, einem Empfinden von «Verwandtschaft und Affront» Platz. Und es blieb die Dauerromanze mit dem Irrealen, die enthobene Gleichsetzung von Literatur und Wirklichkeit mit der daraus abgeleiteten Gewißheit, daß aus dem Osten das Licht komme, die Hoffnung der Welt und die Menschlichkeit, Tolstoi und Tschechow, Turgenjew und Puschkin, desgleichen Dostojewski, wenn auch mit Maßen: all die schönen, komplizierten und «tiefen» Gedankengespinste, denen er die Treue bewahrte, was immer die Zeiten mit sich brachten, die urvertraute Welt des «unpolitischen» Obrigkeitsstaats nicht zu vergessen, der sein Bild der kommunistischen Herrschaft so trügerisch durchsetzt und gemildert hat. Es war, alles in allem, die Welt der «Betrachtungen», in die er nach so vielen geduldig abgeleisteten demokratischen Pflichtübungen erleichtert heimkehrte, und anders als die wohlmeinende Thomas-Mann-Philologie versichert, war jenes frühe Werk kein für sich stehendes, von Einschränkungen und Rücknahmen überdies abgemindertes Zeitdokument, sondern Lebens- und Schlüsselwerk seines politischen Denkens bis zuletzt.

In einer charakteristischen Kehre kam er am Ende seines Lebens aus all den Ausweglosigkeiten, in die er mit seinen politisierenden Auftritten, den Reden und unwissenden Orakeln geraten war, auf die Vorlieben der frühen Jahre zurück. Wie mühelos er daran anknüpfte, offenbart nicht nur der «Doktor Faustus», sein «Lebensabschiedswerk», das einen Einfall von 1904 wiederaufgriff und trotz aller zeitgeschichtlichen Einbettung ein letztes Mal die weltabgewandte Seite des «deutschen» Wesens beschwor, Musik, Romantik, Politikferne, Fachwerk sowie Todesverbundenheit, und zu Leonhard Frank sagte er, er habe keine Imagination je so geliebt wie Adrian Leverkühn, Hanno Buddenbrook vielleicht ausgenommen. Ganz entsprechend war, was er sich für Gegenwart und Zukunft ersehnte, eine Welt diesseits aller politischen Nötigungen, und was er wieder und wieder träumte, war der alte deutsche Traum vom Ende aller Politik. Mehrfach taucht in seinen späten Äußerungen die Hoffnung auf eine «entpolitisierte Welt» auf, ein «entpolitisiertes Europa» auch, «in dessen Atmosphäre allein», wie er einmal hinzufügte, «Deutschland groß und glücklich sein» könne.

Es ist eine melancholische Geschichte, an die man in der Betrachtung der politischen Biographie Thomas Manns gerät; die Geschichte deutscher Verfehlung jener Wirklichkeit, die, in Abwandlung eines Wortes von ihm, der «Platitüde» so nahe liegt. Sie ist hier, wie mir aufgegeben war, der alleinige Gegenstand. Sie wäre nicht so eingehender Betrachtung wert, wenn es das Werk nicht gäbe. Zum Glück gibt es dieses Werk, und zum Glück hat der Dichter es von den politischen Trugbildern, in denen er sich so häufig verlor, freigehalten. Vielleicht hat dessen Dauer damit zu tun; und vielleicht auch sind die heillos verschlungenen Irrwege, auf die er im Politischen geriet, gerade der Grund dafür, daß jeder von uns bis heute so viel eigenes darin wiedererkennt.

Die anderen Betrachtungen eines Unpolitischen.
Über Heinrich Manns
nachgelassene Aufzeichnungen
«Zur Zeit von Winston Churchill»

Kaum ein Schriftsteller von vergleichbarem Rang hat sich in den öffentlichen Angelegenheiten so wider alle Einsicht geäußert wie Heinrich Mann, keiner sich so hochherzig blind darin erwiesen. Das Dilemma, das im Verein mit anderen Ausstattungsmängeln fast sein gesamtes Lebenswerk in Mitleidenschaft gezogen hat, bestand darin, daß er von der Politik nicht lassen konnte und seine Wunschbilder für die Wirklichkeit nahm. Am gelungensten sind denn auch diejenigen seiner Werke, die vom Politischen absehen wie «Die kleine Stadt» oder «Henri Quatre». Überall sonst schlug seine Neigung zum Pamphletistischen durch, selbst «Der Untertan» ist, trotz aller bösen Genialität, ein streckenweise ins Sozialmythologische aufgeblähter Hampelmann.

Heinrich Mann liebte an seinen Figuren die karikaturesken Möglichkeiten, und diese Neigung hatte mancherlei Motive. Vorab kam darin das antibourgeoise Ressentiment zum Ausdruck, das zu den inspirierenden Kunstlaunen der Epoche zählte und im Fall Heinrich Manns noch durch den großbürgerlichen Abstammungshintergrund verstärkt wurde. Er verdammte alles, was, wie mittelbar auch immer, dieser Welt entsprang. Frühe Verlautbarungen zeugen vom Affekt gegen Liberale, gegen Sozialdemokraten sowie Republikaner, und selbst antisemitische Begleittöne fehlen darin nicht. Auch hatte er eine fatale Vorliebe fürs Outrierte, und das Falsche störte ihn nicht, sofern es nur mit sattsamer Verve formuliert war.

Eine kaum weniger gewichtige Rolle für seine Parteinehmerei spielte die brüderliche Rivalität. War Thomas in den frühen Jahren der nachlaufende Bruder Heinrichs gewesen, kehrte sich die Rangordnung mit dem Erscheinen der «Buddenbrooks» alsbald um. Da Thomas sich auf hochtrabende Weise unpolitisch gab, sah sich Heinrich geradezu ins Politische gedrängt und entdeckte plötzlich «das Volk», den «Fortschritt», die «Menschenrechte» und wie die glitzernden Münzen der besseren Welt sonst noch hießen. Für Thomas sagte sich der ältere Bruder damit von der Literatur los.

Doch blieben beide selbst im schroffsten Gegensatz noch Brüder, der eine von allem politischen Grundverständnis so weit entfernt wie der andere. Was immer sie zum Tag äußerten, war Rhetorik. Während die Politik für Heinrich eine Art Märchenland hergab, für das man Projekte und Paradiese ausdenken konnte, betrachtete Thomas die öffentlichen Dinge die längste Zeit mit interesseloser Verachtung. Anders als sein Bruder benötigte er die idealen Vorstellungen nicht, nach denen jener ungeduldig auf der Suche war. Bald nach der Jahrhundertwende entdeckte Heinrich in Italien, was den steifleinenen Deutschen fehlte, doch zu jedem, wie er meinte, politisch-menschlichen Dasein zählte: Anmut, Farbigkeit und schöner Theaterglanz noch auf den engsten Gassen, ferner naive Animalität, wie es einmal heißt, sowie das Genie zum Glück.

Um jedoch den Gegensatz zu Thomas womöglich noch provozierender hervorzukehren, umarmte Heinrich nach dem Weltkrieg das siegreich-rachsüchtige Frankreich mit ebenso stürmischer Emphase wie vordem Italien. Es war nun der Richtsatz allen zivilisierten Denkens, die Heimat der Bürgerrechte und der Verfassungen mit dem verklärten Bild der Großen Revolution im Hintergrund. Er hatte sich eine seltsam altertümliche Vorstellung davon zurechtgemacht, aber die Patina, die darüber lag, empfand er nicht als überholt, sondern sie rührte ihn ans Herz. Frankreich gab für ihn den Maßstab für den politischen Entwicklungsstand jedes Landes ab: ob eine Nation ihre Bastille bereits erkämpft hatte oder der Sturm noch bevorstand, entschied über ihren Rang.

Es konnte bei alledem nicht ausbleiben, daß Heinrich im Lauf der zwanziger Jahre zu einem glühenden Bewunderer der Sowjetunion wurde. Noch 1919 hatte er geschrieben, die Oktoberrevolution sei ein Gebilde aus «Blutdurst und Logarithmen». Doch die Rauschwirkung der großen Menschheitsworte löste bald jeden Vorbehalt auf, und schon wenig später gab er dem fragwürdigen Regime in Moskau allen Kredit, den er der verzweifelt um ihren Bestand ringenden deutschen Republik versagte.

Thomas verstand seinen Bruder nicht mehr und die Abwege nicht, in die Heinrich sich so begeistert verlief. Doch wie weit sich die beiden Brüder unterdessen voneinander entfernt hatten, blieben sie auch jetzt noch in ihrer Politikfremdheit aufs engste verwandt. Bezeichnenderweise enthalten ihre Reden und Stellungnahmen zur Zeit der untergehenden Republik von Weimar keinen Beleg der Sorge über das Desaster, dem das Land entgegentaumelte. Im demagogischen Aufruhr, in parlamentarischen Tumulten und gewalttätigen Auseinandersetzungen bis hin zu den sogenannten Blutsonntagen kündigte sich das Bevorstehende auf Schritt und Tritt an. Aber die Brüder sahen die Zeichen an der Wand nicht, und die Emigration, zu der sie bald nach dem Machtantritt Hitlers genötigt waren, traf sie weitgehend unvorbereitet.

«Vertriebene haben immer etwas falsch gemacht», notiert Heinrich Mann in den Aufzeichnungen, die jetzt erstmals veröffentlicht werden. Sie werden eröffnet mit einem Rückblick vom Jahr 1941 auf den Herbst 1939; zu dessen Beginn der Autor sich vorstellt: Er sei, schreibt Heinrich Mann, ein kontinentaler Europäer, der insbesondere Italien und Frankreich liebe und später, infolge der politischen Wirrnisse, in die Vereinigten Staaten geraten sei, ohne aber je dort anzukommen. Es sind knappe, kommentierende Einwürfe, die auf diese ersten Kapitel folgen. Kurzessays zum Fortgang des Krieges, über die Figur des Deserteurs, den gezielten Einsatz von Greuelmeldungen oder den General Gamelin. Dann erst setzt das Hauptstück ein: das Tagebuch, das Heinrich Mann am 8. September 1939, eine Woche nach dem deutschen Einmarsch in Polen, in Nizza zu schreiben begann und das annähernd ein Jahr darauf, am 22. August 1940, gleichsam mitten im Satz abbricht, weil er sich wenig später zusammen mit seiner Frau, seinem Neffen Golo sowie den Werfels vor der nachrückenden Wehrmacht auf die Flucht über die Pyrenäen begab.

Das Jahr war nahezu ausschließlich von deprimierenden Ereignissen beherrscht. Begonnen hatte es mit dem Hitler-Stalin-Pakt, der den Krieg gegen Polen ermöglichte, und Andeutungen Heinrich Manns legen nahe, daß er sich, «betroffen und ratlos», zwei Tage in seiner Wohnung einschloß, um sich darüber klarzuwerden, daß die Sowjetunion keinen «Verrat» begangen hatte. Dann folgte die unerwartet rasche Niederlage Polens und die drôle de guerre bis hin zum kläglichen Zusammenbruch Frankreichs, von dem er ein ums andere Mal gesagt und geschrieben hatte, es könne nicht unterliegen, weil es, anders als im Ersten Weltkrieg, wisse, wofür es einzustehen habe. Der Widerhall der steten Schreckensnachrichten bis hin zu Frankreichs Bereitschaft zur Kollaboration wird in dem aus Besorgnis und Atemlosigkeit gemischten Grundton vernehmbar, der auf fast jeder Seite durchschlägt.

Der gleichen Verzweiflung entspringt die Leichtgläubigkeit, mit der Heinrich Mann den unsinnigsten Gerüchten aufsitzt. So behauptet er, daß Hitler den Deutschen eine Woche lang den Ausbruch des Krieges verheimlicht habe, und kennt unbegreiflicherweise nicht das triumphale «Seit fünf Uhr fünfundvierzig wird zurückgeschossen!». An anderer Stelle hält er fest, daß die Wehrmacht allenthalben kapituliere, weil den Soldaten fälschlicherweise gesagt worden sei, sie zögen ins Manöver, daß die Frauen sich aus Verzweiflung vor die Züge würfen und anderes dieser Art. Er glaubte zu leicht, was er wahrhaben wollte, und Hermann Kesten hat bei Gelegenheit an Heinrich Mann eine auffallende «Naivität» und eine geradezu «groteske Unkenntnis der Wirklichkeit» festgestellt.

Seine Wahrnehmungen waren eine eigentümliche Verbindung

aus Unglück, Irrtum, Zuversicht und ideologischer Verbohrtheit. Die Gewißheiten, die er daraus gewann, waren schwer zu widerlegen, weil erdachte Welten keine Korrektur dulden. So versicherte Heinrich Mann allen Ernstes, die Kommunisten seien «in Europa die letzten Verteidiger der Demokratie», oder vermerkte noch nach der Aufteilung Polens im Herbst 1939, die Sowjetunion hege keine Eroberungsabsichten. Aber die melancholische Stimmung, die sein Wesen war, machte ihm zunehmend zu schaffen: denn immer wieder zerschlug ihm die Wirklichkeit die schönen Gaukelbilder. Schon wenig später überfiel Moskau das kleine Finnland, und Heinrich Mann notierte, dieser Angriff sei wirklich «unentschuldbar». Den gestern noch bewunderten Stalin nannte er diesmal den «Schakal im Kreml» und sorgte sich darüber, daß die Sowjetunion sich als «erster Feind an Hitlers Platz» dränge.

Die vorliegenden Aufzeichnungen sind kein Tagebuch im herkömmlichen Sinne. Heinrich Mann, der das Private so liebte und oft darüber klagte, einem Jahrhundert anzugehören, in dem die Macht das Menscheninteresse kujoniere, vermeidet auf diesen Seiten fast jedes persönliche Wort. Weder die Lebensumstände im geliebten Süden Frankreichs noch die Verbindungen zu anderen Emigranten werden vermerkt, und selbst die Hochzeit mit Nelly Kröger, die in die Zeit der Niederschrift fällt, findet keine Erwähnung. Statt dessen kommentiert er die sich überstürzenden politischen Ereignisse und sitzt weiterhin seinen Irrtümern und falschen Tröstungen auf. Viele dieser Seiten bestehen aus geschwollener Leitartikelprosa. Aber dann und wann fällt im Schnellgeschriebenen ein Satz, der Thomas Manns geringschätzige Bemerkung über Heinrichs eilige «Blasebalg-Poesie» vergessen und den großen Schriftsteller erkennbar macht. Alles verläuft in hohem Tempo, «presto allegro», hält Heinrich an einer Stelle fest, «und langsam sind nur die Tränen, die beiseite fallen».

Natürlich gelingen ihm auch im Politischen verschiedentlich Formulierungen von mitleidlos kalter Hellsicht, so wenn er die

Mitschuld des Westens am Aufstieg Hitlers verzeichnet oder schon einen Monat nach dem Abschluß des Hitler-Stalin-Pakts vermerkt, daß der von den neuen Bündnispartnern losgetretene Krieg nicht enden werde ohne Hitlers Versuch, ein großes Stück der Sowjetunion an sich zu reißen. Er bereue seine Verirrungen nicht, schreibt Heinrich Mann einmal, und habe sie wörtlich stehenlassen: «Die Irrtümer sind, was am reichlichsten lohnt», fährt er fort. «Gegen die Wirklichkeit gehalten, zeigen sie, wer wir waren und warum.»

Eine Erklärung verlangt der Titel des Buches «Zur Zeit von Winston Churchill». Heinrich Mann hat die Wahl verschiedentlich begründet. Auffallend daran war seit je, daß er weder das zur Wahlheimat erhobene Frankreich nannte, auch nicht das ihm immer fremd gebliebene Amerika noch gar die Sowjetunion, mit der er bald nach dem Zerwürfnis wegen des Überfalls auf Finnland wieder seinen Frieden gemacht hatte: denn in seiner politischen Anlehnungsbedürftigkeit benötigte er das Land, ungeachtet der zahllosen Barbareien, die von dort gemeldet wurden, als Hoffnung und feierte bald wieder den «Ruhm der Moskauer Prozesse».

Doch England gegenüber gab es keine Vorbehalte. Und Churchills einsame Standfestigkeit gegen den eurasischen, aus Deutschland und der Sowjetunion gebildeten Mächteblock erkannte er als eines der Wunder der Zeit. Im erwähnten Rückblick auf das Tagebuch, mit dem die vorliegende Veröffentlichung einsetzt, zitiert er die berühmten Shakespeare-Verse aus «Richard II.» von der «fortress built by Nature for herself/ Against infection and the hand of war»: sie seien so gültig wie am ersten Tag. Und an Thomas Mann schrieb er Anfang Mai 1940: «Ich setze mein Vertrauen in Großbritannien. Lebenslang war mein Interesse für England schwach; nicht einmal die Sprache habe ich erlernt. Umso tiefer bewegt mich die neue Erfahrung. Bei den Engländern ist die Vernunft, Voraussicht und Entschlossenheit. Sie kämpfen wirklich.»

Die nachgelassenen Aufzeichnungen haben eine umfangreiche, verworrene Entstehungsgeschichte. Der Herausgeber Hans Bach hat die Einzelheiten in einem umfangreichen Editionsbericht sachkundig dargelegt. Ein breiter Anmerkungsteil, der die Vorgeschichte des Werkes widerspiegelnde Briefwechsel sowie eine Zeittafel sind hinzugefügt.

Trotz der Zeitbedingtheit des Buches und der vielfach verengten Sicht des Verfassers ist die Veröffentlichung ein aufschlußreiches Dokument. Gleich vielen seiner apolitischen Landsleute ist Heinrich Mann den Weg vom allzu hoch gehängten Ideal in die Resignation mit- oder gar vorausgegangen. Trotz all der appellhaften Töne dieser Notizen blieb die Zuversicht ihres Autors gering. Mit nachlassender Kraft hoffte er auf das Ende des «irrationalen Zeitalters», in dem er zu leben gehabt hatte, doch es dauerte und dauerte. Mitunter zweifelte er überhaupt an einer Besserung der Umstände und zumal daran, daß mit literarischen Mitteln irgendetwas zu bewirken sei. Schon von seinem erfolgreichsten Buch, dem «Untertan», hatte er gesagt, das Publikum habe es «verschlungen», doch geändert habe sich nichts.

An zahlreichen Stellen des Tagebuchs klingt durch, daß Heinrich Mann die «kriegerischen Aufzeichnungen», wie er das Konvolut während des Entstehens einmal nennt, vor allem für sich selber geschrieben habe. Zu den Einsichten seines zum Abschied kommenden Lebens gehörte, daß ihm das Schreiben nicht einmal mehr über seine pessimistischen Bedrückungen hinweghalf. Das vorliegende Tagebuch endet an Silvester 1939 mit dem an sich selber gerichteten Zuspruch aus einem «Discours» de La Mettries, man solle sich beim Schreiben durch keine Rücksicht beirren lassen: wie wenn man im All allein wäre. Alle Worte, setzt Heinrich Mann als eine Art Lebensweisheit hinzu, seien ein «leiser Gesang, um Mut zu behalten». Dann folgt noch der Nachsatz: «Auf dem Weg in das Dunkel.»

Das Zifferblatt der Welt entschlüsseln.
Börnes Freiheit und was es noch immer
damit auf sich hat

Ich habe zunächst nach mehreren Seiten hin zu danken: der Bör-
ne-Stiftung und ihrem Vorsitzenden Dr. Michael Gotthelf für den
großzügigen Preis, den sie ausgesetzt haben. Sodann der Kultur-
dezernentin der Stadt Frankfurt, Frau Linda Reisch, für die nach-
denklichen, auch der eigenen Position gegenüber kritischen Worte,
die sie gesprochen hat und auf die ich nicht näher eingehen muß,
da Herr von Dohnanyi alles Erforderliche dazu gesagt hat – besser
als ich es könnte oder auch sollte. Und zu danken habe ich nach
hierhin wie dorthin für das wiederbelebte Andenken an Ludwig
Börne. Denn dieser Schriftsteller war dem öffentlichen Bewußtsein lange Zeit so gut wie abhanden gekommen. Im Grunde behauptete er allenfalls einen mehr redensartlichen Platz neben und
zugleich weit hinter Heinrich Heine, obwohl er im Persönlichen
wie im Sachlichen, sieht man von der Herkunft ab, wenig mit ihm
gemein hatte.

Ich kann nicht umhin, bei dieser Gelegenheit von einem Berliner Freund zu sprechen, der 1933 gegen alles beschwichtigende
Reden in seiner Umgebung nach Palästina ausgewandert war. Er
hat in dieser Anfangsphase des Hitler-Regimes noch seine wert-
volle Bibliothek deutscher Erstausgaben mitnehmen können, die
er zwei Jahrzehnte später, bei seiner Rückkehr nach Berlin, der
Stadt Jerusalem vermachte, wo sie bis heute ein wenn auch schat-
tenhaft gewordenes Dasein führt. Er wies mich Mitte der sechziger Jahre, als die fünfbändige Ausgabe der Werke Börnes im Joseph Melzer Verlag erschien, mit einer an ihm ganz ungewohnten
Passioniertheit auf den Schriftsteller hin: er sei der einzige Sänger

der bürgerlichen Freiheit, meinte er, den die Deutschen hervorgebracht hätten, aber, fügte er hinzu, ein «Sänger in Prosa», ohne Dunkelheiten, ohne große Fliegerkünste, auch ohne Weltschmerz, und vielleicht sei es das, was ihm den Nachruhm verdorben habe, lange bevor die NS-Germanisten ihn in Bann taten und 1937 das Denkmal hier in Frankfurt zerstört wurde. Er verlangte mir den Kauf des Werkes mit dem Bemerken ab, er wolle demnächst mein Urteil dazu hören. Ich habe daraufhin die Ausgabe erworben, auch eine längere empfehlende Notiz darüber verfaßt, aber dem Joseph Melzer Verlag, der sich mit der aufwendigen Unternehmung in Schwierigkeiten gebracht hatte, war damit wenig geholfen: Die Öffentlichkeit nahm keine Kenntnis von Börne. Ich wage nicht zu sagen, das habe sich geändert. Aber ich wünschte mir, dieser Preis und diese festliche Veranstaltung trügen zu einer Änderung bei.

Sodann gilt mein sehr herzlicher Dank dem Juror dieser Auszeichnung, Klaus von Dohnanyi. Und natürlich den freundlichen oder gar freundschaftlichen Worten, die er für mich und meine schreibenden Bemühungen gesagt hat. Ich kann nicht wie Joachim Kaiser, der Preisträger des Jahres 1993, gegenüber seinem Juror, Marcel Reich-Ranicki, auf eine jahrzehntelange, von strittigem Einverständnis geprägte Verbindung verweisen. Die längste Zeit kannten wir uns nur flüchtig. Aber natürlich habe ich Klaus von Dohnanyis Weg verfolgt wie er sichtlich den meinen. Als wir dann, vor gar nicht so langer Zeit, erstmals ausführlicher ins Gespräch kamen, machten wir jene Erfahrung, die schon ihrer Seltenheit wegen erinnernswert ist: bei unterschiedlicher Herkunft und charakteristisch abweichenden Lebenswegen sich unversehens in Übereinstimmung zu wissen, die gerade aus dem andersartigen Hintergrund Reiz und Spannung bezieht. Das bleibt eine Art Glücksfall, zumal in späteren Lebensjahren. Ich denke gern daran und an jedes der Gespräche, die wir seither hatten.

Trotz allen Nachdenkens kann ich nicht mehr sagen, was ich

mir vor Jahren in jener Buchempfehlung zu Ludwig Börne einfallen ließ. Ein Stichwort war natürlich mit der Wendung vom «Prosaiker des Freiheitsgedankens» gegeben, und ich täusche mich gewiß nicht bei der Rekonstruktion des so lange Zurückliegenden, daß dies der Hauptpunkt war. Denn mit den Erfahrungen der Hitlerjahre im Hintergrund besaß jeder aus der Generation, der ich angehöre, eine Art Hellhörigkeit für dieses Thema, und anders als die Angehörigen späterer Jahrgänge, denen die Freiheit ein oft allzu selbstverständlicher Besitz war, sind sich viele von uns ihrer prekären Natur immer bewußt geblieben.

Darüber hinaus stieß ich auf anderes, was mir den Mann bemerkenswert und ungewöhnlich machte: seine Weigerung etwa, Idee und Realität zu trennen oder, was auf dasselbe hinausläuft, das eine mit dem anderen in brachialer Weise zusammenzubiegen, worin ich damals eine der Ursachen des deutschen Jammers erkannte. Zeitlebens hat Börne die erdachten Systeme verworfen, deren Urheber nach der Art übergescheiter Rechenmeister auf alle Fragen eine Antwort haben und nur nicht zu sagen wissen, wo dabei die Menschen bleiben. Bei Gelegenheit hat er bemerkt, die großen Theorien seien nur eine Decke zur Verhüllung von Fehlern, solcher im Denken wie im Tun. Und deren Verfertiger hätten über all ihren Geisterkämpfen das Bild der wirklichen Welt verloren. Er dagegen wolle schreibend nicht mit Dämonen ringen wie die Mehrzahl seiner Landsleute, die sich so viel auf vorgeblich übernatürliche Gegnerschaften zugute hielten und deshalb immer gleich an die Metaphysik gerieten, «selbst wenn sie nur vom Kartoffelbau» handelten. Weit verdienstvoller, wenn auch mühsamer sei die Auseinandersetzung mit den diesseitigen Mächten, Obrigkeit, Polizei und Zensur, auch mit der Unduldsamkeit der organisierten Interessen und was sonst immer das freie Denken behindere.

Diese Nähe zur Wirklichkeit hat, mehr als alles andere, den schwächlichen, ewig kränkelnden und, nach dem Wort eines Zeitgenossen, «physisch unversprechenden» Mann aus dem Frankfurter Ghetto in Widerspruch zu den gleich ihm aufbruchgestimmten Köpfen der Zeit gebracht. Wie überwältigend sein Interesse an den öffentlichen Angelegenheiten schon in jungen Jahren war, kam heraus, als er mit dem politisch enttäuschenden Ausgang der Freiheitskriege alles: Beruf, Judentum, Namen abwarf und als Herausgeber einer Zeitschrift neu ansetzte. Bis dahin hatte er als Polizei-Aktuar im Römer gearbeitet. Jetzt wechselte er gleichsam auf die andere Seite. Und zwar nicht nur vom Rande her. Dazu war er zu couragiert, zu ungestüm und kämpferisch, auch zu erfolgreich schon bald. Er selber bestimmte die Distanzen, die er nach hierhin und dorthin hielt. Bereits seine ersten Veröffentlichungen offenbarten, daß er die Gabe großer Journalisten besaß, die Lager im Publikum zu teilen, sich Feinde zu schaffen, aber Bewunderer auch.

In alledem war Börne die Figur einer Übergangszeit, der Bruch reicht über die äußeren Daten der Biographie hinaus. Am Beginn stehen poetische Neigungen, dilettierende Versuche im Literarischen, und noch in seiner Zeitschrift «Die Wage» hat er sich vor allem als Theaterkritiker betätigt. Doch die Verhältnisse in der Zeit der Heiligen Allianz, der Karlsbader Beschlüsse und der Juli-Ordonnanzen haben ihn zusehends in die Politik gedrängt, «in das wilde Land der Weltgedanken», wie es einmal heißt, und das Bild verrät, wie wenig geheuer ihm der Übertritt aus der hohen Sphäre der Literatur ins Politische erschien. Vielleicht hat er auch schon früh geahnt, was er selber später eingeräumt hat: daß seine Erfindungskraft nicht zureichend und seine Teilnahme an den Geschöpfen der Phantasie zu gering war. Er benötigte die Schicksale wirklicher Menschen, den Atem der Weltbegebenheiten, «was jeder Morgen brachte (und) was jede Nacht bedeckte», um produktiv zu werden. Er hat dafür die bezeichnende Begründung gefunden, für einen Schriftsteller sei er nicht kalt genug gewesen.

Mit ihm betritt der Typus des Publizisten die Szene, des Zeitbeobachters mit dem umfassenden Interesse an den Entwicklungen in Politik, Gesellschaft, Kultur oder Wissenschaft, deren verborgene Zusammenhänge ihm den Stand der Dinge anzeigen. Die literarische Form, in der er sich äußerte, war der Essay, und Börne hat die damals noch kaum verbreitete Gattung, die Überblick, Enträtselungsgabe, gegebenenfalls auch Angriffslust verlangt und weniger auf akademische «Wahrheit» als auf den Ausdruck persönlicher Wahrhaftigkeit zielt, zu früher Meisterschaft geführt: er selber hat, anläßlich seiner Übersiedlung nach Paris, von seiner Neigung gesprochen, auf dem «Zifferblatt der Welt» die Stunde abzulesen.

Nichts anderes als dieses Gegenwartsinteresse war das Motiv der bis zum Hohn reichenden Kritik Börnes an der deutschen Klassik: an dem «mutlosen» Schiller beispielsweise, der «hinter Wolkendunst versteckt ... die Menschen (vergaß), denen er Rettung bringen wollte». Vor allem aber an Goethe, und zu dem wenigen, womit er in Erinnerung geblieben und sogar zum Ruhm des bis heute ausdauernd Zitierten gelangt ist, zählen seine Anwürfe gegen den Weimarer «Götzen». In einer berühmten Wendung hat er ihn als «Stabilitätsnarr» bezeichnet, dessen «Lorbeerkrone von Hopfen und Petersilie» durchschlungen sei und der es beim Anbruch eines neuen Zeitalters als «eine ungeheuer hindernde Kraft» erreicht habe, «sein Volk aufzuhalten».

Aus dem Abstand der Zeit ist unschwer zu erkennen, daß sich in diesem Streit unvereinbare Positionen gegenüberstanden. Dort die Zeitabgewandtheit der Klassiker, der gesuchte hohe Stand über allen Tagessachen aus der Erkenntnis, daß die politischen Prozesse nur ein ewig gleiches Theater vor wechselnden Kulissen seien, zeitlose Bilder, denen die Gegenwart eine trügerische Wichtigkeit zumesse – und hier die vehemente Einmischung in die Verhältnisse, in den Streit der Interessen und Parolen, sowie der unbeirrte Glaube, daß die Welt, nach anhaltendem Dunkel, heller und besser werde. Darüber hinaus war es auch ein Aufbegehren gegen den

Riesenschatten, den die Klassiker warfen, das hochfahrende «Pereat!» des Generationenkonflikts, in dem sich die Jüngeren nicht als Erben, sondern gleichsam als Erdrückte sahen.

Aber die Gründe lieferte das Politische. Auch in Börnes erbitterte Auseinandersetzung mit Heinrich Heine wirkt dieser Konflikt ein. Börnes Vorwurf lautete, daß Heine den Tag nicht ernst nehme, die Dinge der Welt nicht, daß er ein Mensch ohne Überzeugungen sei, mal für die Freiheit, mal voller schnöder Belustigung für deren oftmals schlichte Anhänger, mal für die Republik, mal für die Monarchie, am Ende sei ihm alles eins: Sein Literatensinn werde «immer nur das wählen», hielt Börne ihm entgegen, «was in dem Satz, den er eben schreiben will, gerade einen besseren Tonfall macht». Heine hat sich, wie man weiß, grausam an Börne gerächt in jener polemischen Schrift, die er einige Zeit nach dem Tod des Widersachers veröffentlichte: ein «hyänisches Gelächter», wie ein Zeitgenosse befand, «ein sittenloser Purzelbaum auf dem Leichenstein» des Toten. Börne, darauf lief Heines Schmähung hinaus, habe von den Bewandtnissen der Kunst nichts begriffen und die dichterische Form für eine Art «Gemütlosigkeit» gehalten. Die Aufforderung, einige persönlich kränkende Passagen zu streichen, hat Heine mit jener vielerwähnten Antwort abgewehrt, die Börne noch nachträglich ins Recht setzte: «Aber es ist doch so schön geschrieben!» Auch diese Positionen waren unvereinbar.

Auf immer erstaunlich bleibt, daß Börne dem politischen Utopiewesen, das zu ebenjener Zeit alle politisch unruhigen Köpfe zu erfassen und bald zu verhexen begann, niemals erlag. Er kannte den Konstruktionsfehler von Mensch und Welt, wieviel Unfriede davon herkam, auch wieviel Ungerechtigkeit, doch ließ er sich nie überreden, es könne eine Art Heil schon in der geschichtlichen Zeit geben. Heines «Himmelreich auf Erden» empfand er nur als schöne Verrücktheit. In aller Aufgebrachtheit, wie sie ihn oft überfiel, in allem Zorn bewahrte er stets eine höhere Nüchternheit, den Sinn für das Mögliche, der das Wesen des Politischen ist.

Schon die frühe Freundschaft mit den revolutionären Patrioten Joseph Görres, Ernst Moritz Arndt, Jahn oder Menzel hatte er abrupt beendet, als ihm bei aller Gemeinsamkeit in der Sache aufgegangen war, daß jene die Politik nicht zuletzt als ein Mittel ansahen, sich mit Rauschzuständen zu versorgen. Denn die Einheit der Nation und die Freiheit wollte er auch, deutsch empfand er nicht weniger leidenschaftlich als sie, und einmal hat er gesagt, er werde selbst im Himmel unglücklich sein, weil die Engel ihren Lobpreis, wie es eigentlich sein müßte, gewiß nicht auf deutsch sängen. Was ihn trennte, war das Maßlose, die Ausreißerei der Freunde ins Ungebärdige, ihr politischer Phantasmus. Er blieb statt dessen im Erreichbaren, in dem, was sich bewirken ließ, auch wenn es sich kleinmütig ausnehmen mochte, wie die Berücksichtigung des Möglichen fast immer.

In allem kämpferischen Affekt waren ihm die großen Ideen, die Menschheitsprojekte und selbst die Worte dafür immer suspekt. «Es ist wohl an der Zeit», schrieb er in einer Betrachtung, die sich wie ein Kommentar aus der Zeit nach dem November 1989 liest und damals auch fast wörtlich so zu hören war, «daß der eingerissene Ideen-Götzendienst einmal aufhöre, daß der lebendige Mensch nicht mehr einem luftigen Ideal geopfert und mit ihm nicht mehr (ein) Experiment angestellt werde». Wie deutsch ihm diese Neigung erschien, hat er schon früher, in einer Rezension des «Hamlet», angedeutet, die den Dänenprinzen als Produkt deutscher Vorlieben und Schwächen interpretierte. Da heißt es: «Er kennt (wie die Deutschen) die Menschheit, (doch) die Menschen sind ihm fremd.»

Das alles war gegen den Überschwang der Epoche und die Tendenz zu erlöserischen Abstraktionen gesagt. Deren Kardinalfehler war, daß sie den einzelnen vergaßen oder geringachteten, der, wie Börne es sah, Zweck und Ziel aller politischen Bemühung sein mußte. Wo er nicht zählte, lief die Sache immer auf Unwissenheit oder Betrug hinaus: «Wer selbst nichts ist», schrieb er einmal,

«muß sich natürlich unter den Schutz (einer) Idee als einer einge-
bildeten Macht begeben.» Was er verlangte, blieb ganz im Nahen
und Konkreten: parlamentarische Volksvertretung, die Unantast-
barkeit der Person, Freiheit von Handel und Gewerbe samt der
Abschaffung von Zünften und Privilegien, ferner Öffentlichkeit
der Justiz, Schutz der Religionen und natürlich die Abschaffung der Zensur, den ungehinderten Austausch von Gedanken
und Meinungen. In der Freiheit der Presse, schrieb er, habe man
gleichsam den «Rubikon» der Staatsverfassungen, sei er einmal
überschritten, laufe alles auf jene Freiheit zu, die die eigentliche
«Bestimmung der bürgerlichen Gesellschaft» sei.

Es steckt ein übermächtiges Vertrauen in die regulierende Kraft
der Freiheitsidee in diesem Ausgangs- und Endgedanken der politischen Schriften Ludwig Börnes, auch, wie man von heute her
urteilen mag, ein hohes Maß an hochgesinnter Naivität. Getragen
von der Emphase des Zeitalters, erkannte er in der Freiheit, wie es
einmal heißt, «das ewige, ursprünglich schlechthin Eine, das eins
ist mit der Vernunft, eins mit Gott, eins mit dem Unbedingten, das
sich selbst erklärt». Habe man sie erst zum Leben erweckt, steht
da auch noch, «dann sehe ich nicht ein, was einem weiter zu tun
könnte übrig bleiben».

Doch die rund anderthalb Jahrhunderte seither haben uns gelehrt, wie viele Kehrseiten die Freiheit hat und daß es sich pro-
blematischer damit verhält, als Börne ahnte und als die schönen
Lieder wissen, die sie besingen: daß sie keineswegs Inbegriff und
Ziel aller politischen Bestrebungen ist, sich vielmehr beständig
aufs Spiel gesetzt sieht durch Unvernunft, Gedankenlosigkeit
oder auch durch den in Krisenlagen hervortreibenden Überdruß
derer, die sich in ihr wie ausgesetzt fühlen; daß sie im Zeichen
konkurrierender Begriffe wie «Sicherheit» oder «Gleichheit» in
Frage gestellt werden kann, auch durch ein vermeintliches «Ziel
der Geschichte»; daß ihre regelnde Kraft sich nur innerhalb eines
verbindlichen Wertesystems behauptet und daß zuletzt alle Frei-

heit die Möglichkeit ihrer Selbstbeseitigung einschließt. Wir haben es wieder und wieder erlebt, es war geradezu das Kennzeichen der ausgehenden Epoche. Ich bin nicht sicher, daß es mit dieser Erfahrung schon ein Ende hat.

Bei Börne findet sich zu alledem keine Andeutung. Wenn er überhaupt Gefährdungen seines großen Ziels sah, lagen sie in der politischen Apathie zumal der Deutschen, ihrem Mangel an jener Verbindung aus zivilistischem Mut, Entschlußkraft und Vernünftigkeit, die er als Fundament jedes Systems geordneter Freiheit betrachtete. «Die so stolzen, herrischen Deutschen», vermerkte er nicht ohne einen Ton schwermütiger Gereiztheit, «haben noch und wollen keine Freiheit», die Türken, die Spanier und die Juden seien der Sache der Freiheit weit unbedingter ergeben. Der Deutsche dagegen verstehe sich nach Herkommen und Tradition viel eher als «Bedienter» und sei beständig auf der Suche nach einem Herren oder doch nach einem Prinzip, das Unterwerfung gebiete: «Er könnte frei sein, aber er will es nicht.»

Äußerungen wie diese haben begreiflicherweise viel Unmut hervorgerufen und Börne den Ruf eines, wie es bei Gelegenheit heißt, «preßfrechen Individuums» eingetragen. Auch die ältere Geschichtsschreibung hat solche Ausfälle eher kritisch vermerkt. Denn es gab sie doch, «die deutsche Freiheit», mochte ihr Weg auch mitunter beschwerlicher gewesen sein, als es die Ungeduld und Erhitztheit eines der Wortführer des Vormärz verlangten. Erst die neueren Darstellungen des 19. Jahrhunderts haben versucht, Börne gerecht zu werden und die Verwirklichung des politischen Freiheitsgedankens als die melancholische Geschichte zu beschreiben, die sie womöglich ist. Ich bin nicht sicher, ob sie dabei nicht einen Schritt zu weit in die entgegengesetzte Richtung getan haben. Nicht selten läßt sich denn auch zwischen den Zeilen ein Ton der Selbstbeglückwünschung heraushören, daß die lange mächtigen gesellschaftlichen Vorbehalte gegen die Freiheit ihre Kraft verloren haben: eine mit dem Desaster des Hitlerreichs endgültig abgerissene Tradition und inzwischen nur noch Erinnerung an eine fremd gewordene Welt, auch wenn sie einmal die eigene war. In jeder Feierstunde der Republik, zumal an den Gedenktagen des Überwundenen, kann man vernehmen, daß die Deutschen ihre Lektion gelernt und die Freiheit als unveräußerliches Gut in Besitz genommen hätten.

Nicht jeder wird jedoch die Zuversicht der Feierstunden-Redner teilen. Und wer die Augen offenhält, kann sich auch gegenwärtig leicht in seiner Skepsis bestärkt fühlen. In der Zeit des endenden Ost-West-Konflikts beispielsweise gab es immer etwas, was der Freiheit vorgeordnet war: die Entspannung natürlich, das gute Konferenz-Einvernehmen nach möglichst allen Seiten, die «Verantwortungsgemeinschaft» selbst mit totalitären Machthabern – die Belege sind zahllos. Man kann, um das eine und andere kurz zu erwähnen, an die Verlegenheiten in Politik und Publizistik bei der Ausrufung des Kriegsrechts in Warschau erinnern, an die vielen mißmutigen Seufzer damals, in denen die Freiheit nur als friedensgefährdende Laune figurierte, von der die ewig romantischen Polen in ihrer an sich ganz liebenswerten, eigentlich aber doch sträflichen Unbesonnenheit nicht lassen mochten. Ein weiteres, beliebig herausgegriffenes Beispiel liefert etwa die westdeutsche DDR-Wissenschaft, die sich über Jahre hin alle möglichen Konvergenzprozesse zwischen Deutschland-West und Deutschland-Ost einfallen ließ und von so hoher Warte aus argumentierte, daß sich der Gegensatz von Freiheit und Unterdrückung geradezu subaltern ausnahm.

Seinen sprechendsten Ausdruck fand der alte Soupçon gegen die Freiheit im ratlosen Verstummen nahezu der gesamten intellektuellen Szene, als die Mauer fiel. Der Weg in die Vereinigung war begleitet von immer neuen, nicht selten schrillen Einwürfen. Ein Frankfurter Philosoph deutete das Geschehen als Aufbruch in den «D-Mark-Nationalismus», ein Schriftsteller beklagte den Verlust des so anheimelnd «gemächlichen Lebensganges» in der dahinschwindenden DDR, andere ließen sich ungezählte weitere Bedenklichkeiten einfallen, und wenige nur sahen ihre Einwände wettgemacht durch die Befreiung von siebzehn Millionen Landsleuten. Ein ehemals Ständiger Vertreter setzte sogar mit zusehends vermehrtem Nachdruck zum Lob der vielen kleinen Freiheiten in den Nischen des einstigen Zwangsstaates an, und unversehens erschien die wirkliche, institutionell gesicherte Freiheit nicht nur entbehrlich, sondern geradezu als jene Art von politischem Betrug an den neuen Bürgern, mit dessen Hilfe die Bewohner der alten Bundesrepublik schon lange zum Narren gehalten worden waren.

Ich wäre gründlich mißverstanden, wenn man diesen paar Hinweisen und den Zufallsbenennungen eine polemische Absicht unterstellte. Dafür ist dies nicht der Ort. Aber hinwegsehen darüber kann man, wo von den Deutschen und der Freiheit die Rede ist, auch nicht. Schon Anfang der achtziger Jahre hatte der langjährige Weggefährte Jean-Paul Sartres und führende Theoretiker der Neuen Linken in Frankreich, André Gorz, bemerkt, der deutschen Geschichte und Gegenwart fehle der kulturelle Bezug zur Freiheit. Man müsse unterscheiden zwischen Völkern und Ländern, die ihre Sache auf elementare Weise mit der Idee der Freiheit verknüpft sähen wie Polen, Frankreich, Großbritannien oder, wie er meinte, «trotz allem die Vereinigten Staaten». Ihnen gegenüber stünden die Nationen, die, mit Abstufungen im einzelnen, der Freiheit einen geringeren Wert einräumten. Jetzt verschärfte er sein Urteil noch. Mit Blick auf die Rolle der Intellektuellen während der Vereinigungsmonate bemerkte er: «In Deutschland hat die Freiheit keine Heimstatt.»

Das ist, wie solche Theoreme immer, nicht ohne den Willen zur Zuspitzung formuliert, und es gibt zweifellos manches, was sich dagegen ins Feld führen ließe. Aber ein Anstoß zum Nachdenken bleibt es auch. Wie erklärt es sich, daß selbst in den Neuen Ländern, deren Bewohner fast sechzig Jahre lang gleich zwei aufeinanderfolgende Diktaturen ertragen mußten, nur sieben Prozent mit dem Jubel von Mauerfall und beginnender Vereinigung das Wort «Freiheit» verbinden und die deprimierende Zahl sich noch einmal halbiert bei der Frage nach der Bedeutung der Meinungsfreiheit? Wie, daß die Freiheit von so überwältigend vielen nur als Angst- und Schreckbild begriffen wird und als billiger Preis, wenn dafür die ohnmächtige und überdies trügerische Sicherheit der zunehmend verklärten DDR eingetauscht werden kann? Gewiß muß man die tausend Schwierigkeiten des Vereinigungsprozesses bedenken, Enttäuschung, Trotz, Identitätsverluste. Niemand kann das außer acht lassen. Aber außer acht bleiben kann auch nicht, daß die Idee der Freiheit, selbst bei den bis gestern Unfreien, sichtlich keine Heimstatt hat.

Aufs Ganze kommt hinzu, daß die hochentwickelten modernen Sozialstaaten dem Freiheitsgedanken auf ihre Weise Abbruch tun. Nicht ohne Grund ist das öffentliche Bewußtsein zumal der Bundesrepublik noch immer beherrscht vom Gefühl der Bedrohung durch einen rechten oder linken Radikalismus. Doch ihrer wird das Land sich zu erwehren wissen. Dergleichen ist vorhanden, man soll es nicht leichtnehmen, aber auch nicht der zu einer Art Sucht gewordenen Gespensterfurcht anheimfallen. Vor allem soll man sich davon den Blick für die neuartigen Gefährdungen der freien Ordnungen nicht trüben lassen. Sie kommen unterdessen weit eher aus deren eigenem Innern: aus dem Rückzug der Bürger in eine Welt privatistischer Befriedigungen, aus der chimärischen Jagd nach Selbstverwirklichung sowie vergleichbaren Denk- und Lebensformen, die unter dem Begriff der Freiheit nichts anderes verstehen als das Recht zur Absage an jeden verpflichtenden gesellschaftlichen Zusammenhang; auch aus dem übermächtigen Verlangen nach Absicherungen, das Politiker, Verbände und einzelne dazu bringt, ein perfektionistisches System von Vorkehrungen zu errichten, vor dem sich die Freiheit als nur noch großes Sicherheitsrisiko ausnimmt; schließlich aus einer Konsumentenhaltung gegenüber der Politik, die alles in Ansprüche umdeutet.

In den gleichen Zusammenhang gehört der Zerfall des Kanons hergebrachter Normen, mit dem die Sache der politischen Freiheit stets zusammengedacht war. Unleugbar ist doch, daß die tausend Daseinserleichterungen und individuellen Freiheitsgewinne der modernen Welt die Bedeutung der sogenannten zivilen Werte erhöhen. In Wirklichkeit beobachten wir aber ihren Zerfall. Das ist nicht als Klage zu verstehen. Doch kann man die Augen davor nicht verschließen, sofern man die Sache der Freiheit ernst nimmt. Sie hat mehr als diese Gesellschaft weiß, mit Grenzen zu tun. Nach einem Wort von Thomas Hobbes gibt es überhaupt keine Freiheit, wo nicht freiheitsbeschränkende Regeln gelten, nicht nur in Form von Gesetzen, sondern mehr noch von selbstauferlegten, in einem Ethos begründeten Verboten. Ganz ähnlich heißt es in einem damals modernen Bild bei Börne: «So viel als die Lebensluft der Beimischung des Stickgases bedarf, um atembar zu sein, so viel muß die Freiheit beschränkt werden, um genießbar zu bleiben.»

Doch das ist nur die eine Seite des Bildes. Ergänzt wird es paradoxerweise durch die umfassende Tendenz zur Verstaatlichung des Daseins. Unter fürsorglichem Reden dringt der Staat in die von den Bürgern geräumten Bereiche ein, mit Vorliebe im alles verschleiernden Mantel des Wohltäters, und entzieht dem einzelnen mehr und mehr das Recht zu jenen persönlichen Entscheidungen, die einem Leben die unverwechselbare Kontur geben. In einer Art Regulierungswahn sind Politiker und eine ausufernde Bürokratie unablässig auf der Suche nach Lebensgebieten, die eine Vorschriftenlücke aufweisen, und dichten noch die letzten Stellen ab: die offene Gesellschaft als geschlossenes Regelsystem mit Millionen genormter Biographien – darauf läuft es hinaus. Verblüffend ist, daß kaum jemand die damit einhergehende Einschränkung der Bürgerrechte und folglich des Freiheitsraumes zu empfinden scheint. Das Bundesgesetzblatt ist unterdessen auf rund 80 000 Seiten reiner Gesetzestexte angeschwollen, ein labyrinthischer Papierbau voller Ungereimtheiten, und die Staatsquote liegt bei über fünfzig Prozent.

Was sich da vor aller Augen ereignet, stellt sich dem genaueren Blick als ein umfassender Entmündigungsprozeß dar. Zum Vorschein kommt der alte paternalistische Obrigkeitsstaat, der, demokratisch kostümiert, zu wissen vorgibt, was dem einzelnen zum Besten gereicht. Traditionen wie diese sind sichtlich tiefer im Innersten der Menschen, quer durch alle Ränge und politischen Lager, verankert, als jedem zu jeder Zeit bewußt ist. Sie überdauern, in wie wechselnder Gestalt auch immer, sogar die großen Epochenbrüche. Und beides zusammen, die privatistische Abkehr von dem, was alle angeht, und die Usurpation immer ausgedehnterer Bereiche durch den Staat, machen die moderne Bedrohung der Freiheit aus.

Ich bin scheinbar weit abgekommen von Ludwig Börne und doch noch immer nahe bei ihm und seinem Freiheitsbegriff. Denn der Grundgedanke dieser Andeutungen lautet, daß die Bewahrung der Freiheit der Mitwirkung jedes einzelnen bedarf, seiner Bereitschaft, das Seine als das Seine festzuhalten und persönliche Verantwortungen nicht auf die Allgemeinheit abzuschieben. Ebensosehr verlangt sie aber den Zuständigkeitsverzicht des Staates. «Es wird zu viel regiert», klagt Börne einmal, zu viel eingegriffen, zu viel von einer Obrigkeit bestimmt, die sich im Besitz aller Weisheit glaubt. Natürlich ist unverkennbar, daß dem Staat Aufgaben zugewachsen sind, die in der ersten Hälfte des 19. Jahrhunderts jenseits aller Vorstellung lagen, Börnes Staatsbegriff beispielsweise ist noch ganz ohne soziales Motiv, das bald darauf zu so überragender Bedeutung gelangte. Er sah nur Individuen und ihr ungewecktes oder unentwickeltes Freiheitsbedürfnis. Wogegen er sich stellte, war die nahezu schrankenlose Zugriffsmacht des Staates, und was er verlangte, war nicht dessen Abschaffung, sondern dessen Rücknahme aufs Unumgängliche. Da die Menschen sind, wie sie sind, notierte er, sei der Staat eine «traurige Notwendigkeit».

Aber nicht mehr als das. Trotz allen zeitlichen Abstands und allen eingetretenen Wandels bleibt als dauernde Aufgabe die Bestimmung der Grenze, an der das Staatsgebot endet, wo die Notwendigkeit zur Nötigung wird und das Erfordernis zur Plage. Das ist ein immerwährendes Projekt und heute womöglich dringlicher denn seit langem. Jede Zeit hat den politischen Freiheitsgedanken neu zu definieren. Der unsere erschöpft sich nicht mehr in der Wendung gegen einen übermächtigen Staat und ist über die eindimensionale Frontstellung zwischen dem einzelnen und der jeweiligen Herrschaft unterdessen hinaus. Die Freiheit besteht weniger in der Wahrung einer ganz und gar selbstbestimmten Verfügungssphäre als in der Teilhabe möglichst aller an den vielen öffentlichen, nicht zuletzt materiellen Gewährleistungen. Das hat zur Folge, daß der Freiheitswille nicht zur Entstaatlichung führt, sondern umgekehrt gerade zur Ausdehnung staatlicher Tätigkeiten. Zwangsläufig entsteht damit ein immer dichteres Geflecht von Zuwendungen, Ansprüchen und wechselseitigen Verantwortungen, die, zumindest der Theorie nach, der Freiheit nicht abträglich sind, sondern sie auf erweiterter Ebene sichern helfen.

Das Doppelgesicht dieses gewandelten Freiheitsbegriffs ist unschwer erkennbar. Weil aber die individuellen Rechte inzwischen weitaus enger gefaßt sind als in der ersten Hälfte des 19. Jahrhunderts und mit Einschränkungen zugunsten des Ganzen durchsetzt, ist der geschrumpfte Kern umso entschiedener zu behaupten. Das wird weder gesehen noch als Gegenstand der Besorgnis begriffen. Vielmehr ist es noch immer so, wie Börne in einer seiner grimmigen Stimmungen vermerkte: Wenn die Deutschen «frei wären, sich ihrer eigenen Freiheiten zu begeben, (würden) sie all ihr Tun und Lassen, ihr Denken und Reden, ihr Gehen und Stehen, … alles bis auf ihre Träume, dem Maße der Gesetze, Richter und

Verwalter unterwerfen». Da hat er, über die Zeiten hinweg, eine Zukunft vorausgesehen, die inzwischen Gegenwart ist.

Die Epoche seit Börne war voll von Plänen, Theorien und hochfliegenden Gegenbildern zur bestehenden Ordnung. Das ist fürs erste vorbei. Zur Verfassung der Freiheit gibt es keine denkbare Alternative. Die verlorene Möglichkeit, der Realität Idealentwürfe entgegenzustellen, bekümmert nicht wenige: die sehnsüchtigen Konstrukteure erdachter Systeme, die bis gestern ihre große Zeit hatten und nun dem Gewesenen nachtrauern. Aber womöglich eröffnet die Krise, an deren Rand die freien Ordnungen gerade geraten, auch die Chance, so etwas wie den Argwohn Börnes zurückzugewinnen, seinen Wahrnehmungssinn für die Gefährdungen, denen die Freiheit allezeit ausgesetzt ist, und für den unmerklichen Prozeß der Unterhöhlung, der zu ihrem Wesen gehört.

Auf seinem Weg nötigten ihm die Verhältnisse Mal um Mal die Einsicht ab, wie mühsam die Dinge in Bewegung zu bringen sind. Während der letzten Lebensjahre in Paris erfaßte ihn verschiedentlich die Verzweiflung über die Schwerfälligkeit des Geschichtsganges und darüber, daß, in seinem Bilde, die Zeiger auf dem Zifferblatt der Welt nicht weiterrücken wollten. Mitunter verließ ihn dann sogar alle Besonnenheit, und er bekannte sich zur Gewalt, weil die Freiheit, die man geschenkt bekomme, nichts wert sei, wie er einmal hinschrieb; man müsse sie «stehlen oder rauben». Anschließend wieder überließ er sich melancholischen Stimmungen: «Ich führe jetzt seit fünfzehn Jahren Krieg», vermerkte er, «ich will mich einmal ausruhen» und «Reisebilder à la Heine» schreiben, «da soll kein Wort Politik hinein». Doch sobald die resignativen Zustände endeten, mahnte er sich zur Vernünftigkeit, die im Politischen wichtiger sei als alle großartige Vernunft. Ohne sie komme nichts zustande, was den Menschen weiterhelfe. Mehr als alles andere benötige man Geduld, sie sei die «Beherrscherin der Deutschen und der Schildkröten», fügte er, ein andermal, in einer halb ironischen, halb selbstkritischen Wendung hinzu.

In dieses Schwanken geriet er zuletzt häufiger. Es spiegelt, über den Einzelfall hinaus, etwas vom deutschen Verhältnis zur Freiheit wider. Es ist eine verworrene Geschichte. Wie Börne fragten viele sich zu vielen Zeiten, ob man mit Gewalt weiterkomme. Ob man, zumindest für die eigene Person, besser dran sei mit dem Rückzug ins Private, wo «kein Wort Politik» hineindringe. Oder ob man es mit zäher, immer von Rückschlägen bedrohter Geduld versuchen solle? Börne hat die Verführungsmacht der extremen Antworten gekannt, aber doch immer wieder verworfen, er war nicht gemacht dafür, und die Verhältnisse, wußte er, waren es auch nicht.

Einsichten wie diese hat er sich mit wachsenden Jahren abgerungen, und einige davon bilden vielleicht sogar eine Art Hinterlassenschaft, die auch zur Gegenwart noch spräche: daß die politischen Ideen ihr Bewährungsfeld im Wirklichen haben oder aber ins Monströse auslaufen; daß alles Tun Stückwerk bleibt und doch unendliche Besserungsmöglichkeiten enthält; daß man den großen Worten in der Politik ebenso mißtrauen soll wie den Rauschzuständen; oder auch, daß die verwirklichte Freiheit ein stets gefährdeter Besitz ist.

Solche einfachen Wahrheiten, aus denen Börne sein Leben lang einen nie erschöpfbaren Enthusiasmus bezog, könnten ihn, über die bloß literarhistorischen Belebungsversuche hinaus, ein Stück weit aus dem Vergessen holen. Er hat, bei allem Verstricktsein in die Tagesdinge, im Grunde stets vom Elementaren gesprochen, von dem, was er für reine Anthropologie hielt, eine Art Unverleugbarkeit, solange es Menschen gibt; was jedoch gleichwohl, durch Dauer und Gewöhnung, immer aus dem Bewußtsein zu geraten droht: Freiheit eben. «Ich hatte nur eine Richtung des Geistes, eine», hat er rückblickend bekannt.

In dieser Einseitigkeit hat man vielfach eine Begrenzung gesehen; aber zugleich macht sie Börne und sein Werk erinnerungswert. Vielleicht ist er uns, mit all seinen einfachen Wahrheiten, nicht ganz ohne Grund verlorengegangen, weil die deutschen Wahrheiten immer tief, kompliziert und metaphysisch sein müssen. Bezeichnenderweise gibt es bis heute keine den neuen Kenntnisstand vermittelnde Börne-Biographie. Ihr Zustandekommen setzte mehr als eine philologische Anstrengung voraus. Einiges von dem, was hinzukommen müßte, habe ich anzudeuten versucht. In einer Feierstunde wie dieser soll man auch vom Ausstehenden sprechen. – Ich danke allen, die sie ermöglicht und ausgerichtet haben.

PERSÖNLICHKEIT ALS HÖCHSTES GLÜCK. ÜBER WEGGEFÄHRTEN UND ZEITGENOSSEN

Karl Dietrich Bracher:
Denker im Dienste von Frieden
und Freiheit

Die persönliche Würdigung des Jubilars, um die ich gebeten worden bin, erlaubt es gewiß, eine allgemeine Überlegung an den Beginn zu stellen – zumal bei einem Mann, dessen Wirken so eng mit den öffentlichen Dingen verbunden ist. Im Rückblick erscheint mir, was die Bundesrepublik wurde und ist, mitunter noch immer, um einen ehrwürdigen Begriff zu verwenden, als ein «Mirakel». Zu viele hindernde Strukturen, von weit herkommende Traditionen und zumal die Erblasten der Hitlerjahre lagen ihr auf. Aber dann gab es, unvorhersehbar und wider alle vermeintlichen Determinismen, immer wieder die Wendung ins Gelingen.

Dabei verlief ihr Weg weit weniger geradlinig und frei von Abirrungen, als es in aller Erinnerung ist. Oft kamen ihr Umstände, Personen und bisweilen auch Glücksfälle zu Hilfe. Dazu zählt schon ihre Entstehungsgeschichte mit der Trias ihrer Gründungsväter im engeren Sinne: mit Konrad Adenauer und seiner Entschlossenheit, das Gesicht des Landes nach «Westen zu drehen», dem ersten Bundespräsidenten Theodor Heuss, der den Deutschen durch sein wohltuend zivilistisches Auftreten bereits den unseligen Geschmack am Martialischen vergällte, sowie schließlich Ludwig Erhard, dessen großes Verdienst es war, das seit den Weimarer Jahren tief eingewurzelte Vorurteil wegzuräumen, daß Demokratie und Wohlstand nie zusammenkämen. Und auch später, in den Turbulenzen etwa der sechziger und siebziger Jahre oder den gedanklichen Wirrnissen der Folgezeit, stellten sich immer wieder Personen ein, die ihr gegen allen kopflosen Lärm den Weg wiesen. Wenn ich von Glücksfällen sprach, die den freiheitlichen Bestand des Landes über solche Fährnisse hinweg mehr, als jedermann zu jeder Zeit bewußt ist, sichern halfen, ist obenan Karl Dietrich Bracher zu nennen. Sein Werk zählt in der Tat zum «geistigen Fundament» der Bundesrepublik.

Nicht ohne den leichten Schrecken, der einen in höheren Jahren beim Blick auf eine zurückgelegte Lebensstrecke überfällt, hat mir der Anlaß dieses Tages zu Bewußtsein gebracht, daß wir uns erstmals vor bald fünfzig Jahren begegnet sind. Und es gab von Beginn an spürbare Übereinstimmungen: die bildungsbürgerliche Herkunft zunächst, ferner die sogenannten musischen Neigungen (obwohl ich nie, wie Karl Dietrich Bracher, in einem britischen Offiziers-Casino aufgespielt habe) sowie schließlich das Interesse an der antiken Welt, die auf den einen wie den anderen nicht nur den unendlich stimulierenden Reiz ausgeübt hatte, der generationenlang wirksam gewesen ist, ehe er jetzt verlorengeht. Vielmehr schien diese Vorliebe auch, wie ich von hier und da weiß, manchem von uns in den Schülerjahren eine Berufsaussicht zu eröffnen, durch die man dem herrschenden Kommandoregime halbwegs entkommen mochte. Aber was uns mehr als solche eher vagen Vorlaufprägungen zusammenführte, waren natürlich die Zugehörigkeit zur gleichen Generation, die frühen Wahrnehmungen der Gewalt auf den Straßen, von Krieg und Zerstörung sowie die Folgerungen, die wir nicht nur politisch, sondern bis in die Lebensplanung hinein daraus zogen.

Von kaum zu überschätzender Bedeutung war das besondere «Bildungserlebnis», das diese Erfahrungen erst ordnete und mit sehr neuartigen Orientierungen versah. Als Angehöriger des Afrikakorps war Karl Dietrich Bracher etwa zur Mitte des Krieges in amerikanische Gefangenschaft und anschließend in ein Lager im Mittleren Westen geraten. Die Lagerleitung ermöglichte ihm, zusammen mit anderen Gefangenen, eine Art Gymnasium zu gründen, in dem er selber Lateinunterricht gab, und das einen später anerkannten Abiturabschluß verlieh. Die zugleich errichtete

Akademie oder, wie sie sich ehrgeizigerweise nannte, «Universität» konnte im Lauf der Zeit eine Verbindung zur nahe gelegenen University of Kansas herstellen, die den Studiengängern am Ende sogar ein Diplom mit mächtigem Siegel ausfertigte.

Man muß solche Einzelheiten anführen, weil sie von der ohne große Worte gewährten Generosität und Offenheit Amerikas zeugen, die sich über alle Abgesperrtheiten des Lagerlebens mitteilten. Es gab unzählige andere Beispiele, und alles zusammen vermittelte dem, der den Sinn dafür aufbrachte, die Ahnung eines sowohl freien wie starken, im Selbstbewußtsein gesicherten Gemeinwesens. Bracher selber hat als auffällige, nach der subalternen Enge der heimischen Verhältnisse tief beeindruckende Erfahrung genannt, daß im Leseraum des Lagers die «New York Times» als meinungsführende Stimme der Roosevelt-Anhängerschaft auslag, aber zugleich auch die regierungskritische «Chicago Daily Tribune». Amerikanische Lehrjahre.

Sie haben eine ganze Generation, sofern sie daran teilhatte, geprägt. Ich muß an dieser Stelle ein paar Sätze über die eigenen Erfahrungen einfügen, weil sie die Vorbehalte kenntlich machen, die es auch gab. In das amerikanische Gefangenenlager in Nordfrankreich, in dem ich annähernd zwei Jahre verbrachte, kam von Zeit zu Zeit ein Bildungsoffizier, der eine kleine Runde von Interessierten in die Anfangsgründe der Demokratie einführte. Die Mehrzahl der Teilnehmer begegnete ihm und dem pathetischen Bild, das er von einem freiheitlichen Gemeinwesen entwarf, mit so etwas wie abgebrühter Ironie. Aber bald war zu beobachten, daß die Langmut, die sich der drahtige, sichtlich zum Kurzangebundenen neigende Offizier in der Beantwortung aller Einwände abverlangte, ihre Wirkung nicht verfehlte: ein, wie die Dinge lagen, machtvoller Mann, der sich Widerspruch nicht nur gefallen ließ, sondern sogar verlangte – das war eine ungewohnte Erfahrung. Einer der Teilnehmer, mit dem mich bald eine Gesprächsfreundschaft verband, Anfang vierzig, Oberleutnant und im Zivilberuf

Staatsrat der Hansestadt Hamburg, sagte nach einer der Veranstaltungen über unseren «Commanding professor», wie er ihn mit alteuropäischem Hochmut nannte: «Ein im Grunde barscher Mann! Der Typus, den wir kennen! Aber er hat eine Überzeugung, die ihm sozusagen Zaumzeug anlegt. Wenn die ewige Rede von der Freiheit zu so viel Duldsamkeit führt, bin ich damit einverstanden. Nur, daß es mit der Freiheit meistens schiefgeht – das behält er für sich.» Und abschließend noch, mit einer bezeichnenden Wendung: «Ach, diese arglosen Amerikaner!»

Ich habe mich später bisweilen gefragt, ob die Zweifel, die unter den Gefangenen, zumal anfangs, häufig zum Vorschein kamen, nicht gerade das waren, was unser Lehrer im Sinne hatte – viel eher jedenfalls, als uns vom einen Tag zum anderen in Musterdemokraten zu verwandeln, die sich mit ihrer neuen Belehrtheit groß taten. Wer immer aus der vielgeschmähten «Reeducation» die richtigen Schlüsse zu ziehen imstande war, hatte weniger begriffen und gleichzeitig mehr: daß Skepsis und Widerspruch nicht nur erlaubt, sondern für ein freies Gemeinwesen sogar geboten sind. Und wenn die Amerikaner arglos waren, hatten wir um so bessere Gründe, argwöhnisch zu sein.

Was ich da in wenigen offenen Strichen skizziert habe, ist eine nicht unwichtige Facette im Bild der «skeptischen Generation». Abweichend von Helmut Schelskys Beschreibung gegen Ende der fünfziger Jahre, auf die das Stichwort zurückgeht, gehören ihr im lebensgeschichtlichen Sinne, bei allen Unterschieden im einzelnen, die Jahrgänge zwischen 1920 und dem Anfang der dreißiger Jahre an. Ihre frühen Erfahrungen hatten ihnen einen Wirklichkeitssinn vermacht, der in Deutschland, der Heimstatt der Realitätsverweigerung, mitunter befremdend wirkte. Dem schon während der fünfziger Jahre auftauchenden Gerede, man brauche «neue Ideen für die Jugend», hat diese Generation so wenig abgewinnen können wie zehn Jahre später dem romantizistischen Aufbruch der Studentengeneration.

Das politische Engagement, zu dem sich eine beträchtliche Anzahl von ihnen entschloß, kam ohne alle idealisierenden Großprojekte aus. Auch mußte es nicht einmal den Weg über die Parteien und Parlamente nehmen. Wenn Karl Dietrich Bracher bekannt hat, er sei nach ursprünglicher Neigung als Historiker eher «unvorhergesehen» gewesen, so hat die spätere Wendung zur Zeitgeschichte mit ebendem erwachten Bewußtsein für den Vorrang des Politischen zu tun. Erst unter dem Eindruck von Diktatur und Krieg, heißt es an einer Stelle, sei sein Interesse an der «katastrophengeschichtlichen Dimension unseres Zeitalters» erwacht. Ein Nachhall der Vorlieben von ehedem klingt noch im Titel seiner Tübinger Promotionsarbeit an: «Verfall und Fortschritt im Denken der frühen römischen Kaiserzeit». Das Krisenbewußtsein jener Epoche war hier als Paradigma verstanden und der einsetzende Niedergang des antiken Rom, verkürzt gesagt, auf die wachsende Verdrängung der Wirklichkeit durch ideologische Vermeintlichkeiten zurückgeführt. Ansatzweise war damit bereits das Thema angeschlagen, das auf Jahre hin die Gegenwartsdeutungen des Verfassers bestimmt hat: daß die gesamtgesellschaftlichen Entwürfe, die das eigene Zeitalter bestimmten, gerade nicht, wie deren Anwälte glauben machen wollten, der Ausdruck neuer Zukunftsgewißheiten waren, sondern Symptome von Orientierungsverlegenheit, Aggressivität sowie Machthunger und damit Vorboten heranrückender Verhängnisse.

Nichts ergibt sich im gelebten Leben von selbst. Aber der Schritt hinüber in die Politikwissenschaft lag für Bracher damit nahe. Ein Stipendien-Aufenthalt in Harvard hat, wie jede Auslandserfahrung in jenen Jahren, die Wendung ins Gegenwärtige noch verstärkt, zumal alle Welt zu wissen drängte, wie 1933 möglich geworden war. Nicht unerwähnt bleiben kann, daß Bracher schon in Tübingen seine Frau kennengelernt hat, die aus der Familie Schleicher stammte. Ihr Vater war noch Anfang 1945 aufgrund seiner Verbindungen zum Widerstand vom Volksgerichtshof zum

Tode verurteilt und in gleichsam letzter Stunde, in der Nacht vom 22. auf den 23. April des Jahres, im Zuge der Auflösung des Gestapo-Gefängnisses in der Lehrter Straße zusammen mit fünfzehn weiteren Häftlingen auf einem nahen Trümmergrundstück ermordet worden. Auch sie hat Brachers Augenmerk auf die NS-Herrschaft gelenkt und nicht nur bei dem zusammen mit Willy Brandt herausgegebenen Erinnerungsbuch Annedore Lebers über den deutschen Widerstand «Das Gewissen steht auf», sondern auch bei anderen Veröffentlichungen anregend und als kundige Ratgeberin mitgewirkt.

Der sich verdichtende Blick auf die Gegenwartsgeschichte nahm festeren Umriß an, als Bracher 1950 die Chance erhielt, in das von der Freien Universität und der Deutschen Hochschule für Politik neugegründete Institut für Politische Wissenschaft als Assistent einzutreten. Die Gefährdungskomplexe, die in so hohem Maße die Debatten des Parlamentarischen Rates beherrscht hatten und aus dem Grundgesetz, einem bekannten Wort zufolge, eine «Krisensicherungsanlage» gemacht haben, wirkten noch nach und ließen die Frage nach einer ebenso gründlichen wie wissenschaftlich kompetenten Erkundung der Ursachen für das Scheitern der ersten Deutschen Republik nicht verstummen. Das war einer der Anstöße, die Karl Dietrich Bracher veranlaßt haben, ein Forschungsprojekt über den Untergang des Staates von Weimar zu übernehmen. Die Kenntnisse darüber steckten, wie die Politikwissenschaft überhaupt, zu jener Zeit noch in den Anfängen. Das vorherrschende Bild setzte sich aufs widersprüchlichste aus den beteuernden, am Ende vielfach in eine Art Geschichtsfatalismus auslaufenden Erinnerungsschriften jener Generation zusammen, die Zeuge oder Teilnehmer des Geschehens gewesen war. Alles war noch offenes, ungeordnetes und verworrenes Terrain.

Man ist auf historischem Feld selten irgendwo der erste. Wer in die Lage gerät, sieht sich zahllosen Mühen und einer Vielzahl jener «Kärrnerpflichten» gegenüber, von denen Theodor Mommsen gesprochen hat. Es ist aber auch eine Chance. Wer sich des Aufsehens erinnert, das Karl Dietrich Bracher mit seiner 1955 veröffentlichten Habilitationsschrift über «Die Auflösung der Weimarer Republik» erregt hat, weiß auch, auf wie außerordentliche Weise er sie genutzt hat. «Wie aus dem Stand», hörte ich damals Golo Mann sagen, habe da ein junger Historiker nicht nur eine in jeder Hinsicht überzeugende Darstellung der Verendensgeschichte von Weimar vorgelegt, sondern zugleich eine Fallstudie über die Frage, wie und woran Demokratien krank werden und zugrunde gehen. Dann fügte er, der, wie man weiß, für irgendeine Form des Überschwangs wahrlich nicht gemacht war, eine mir unvergeßliche Bemerkung hinzu: «Wenn es das Schicksal gut mit einem meint, ist man vielleicht einmal im Leben beim Erscheinen eines solchen Werkes dabei.»

Ich habe Golo Mann Jahre später noch einmal nach seiner Äußerung befragt und zur Antwort bekommen, er habe den analytischen Scharfsinn des Autors bewundert und die Entschiedenheit, mit der er die Verantwortlichkeiten aufdeckte. Aber mehr noch sei er vom Wiederaufleben der Erinnerung überwältigt worden, von dem Zorn, den Ohnmachtsgefühlen und der Verachtung, die er beim Todeskampf von Weimar empfunden habe. Er habe durch das Buch gewissermaßen die Gründe erfahren, die ihn ins Recht setzten. «Nachträglich natürlich», fügte er hinzu, «und zu spät wie immer.»

Ebendie Vorzüge, die Golo Mann dem Werk bescheinigte, riefen anderwärts, zumal bei den Historikern der traditionellen Richtung, Einwände oder doch Reserven hervor. Sie liefen in mancherlei Gestalt darauf hinaus, daß der Verfasser dem Geschehen den Maßstab eines funktionierenden demokratischen Verfassungsstaats zugrunde gelegt und an der Weimarer Ordnung schon im Ansatz Bruchlinien ausgemacht habe, die bei der Heraufkunft der Krise in Verantwortungsflucht und Selbstblockade gemündet waren. Viel zu nachdrücklich bringe er, methodisch noch verstärkt durch die Trennung von struktureller Analyse und prozessualer Beschreibung, die vermeintlichen Alternativen ins Spiel, die damals vertan worden seien. Bracher indessen hat sich von dieser Kritik nicht beirren lassen und an seinem vielfach als «unhistorisch» bezeichneten Ansatz festgehalten. Seine Gelehrsamkeit wollte sich von Beginn an durch die Geschichte auch belehrt zeigen.

Als bloßer Chronist des Gewesenen hat er sich jedenfalls nie verstanden, sondern die Geschichtsschreibung stets mit einer Intention verknüpft: daß die erlebten Schrecken totalitärer Machtausübung immer im Bewußtsein zu halten und die «kleinen Inseln der Freiheit im Meer der Diktaturen», wie es einmal in einem hochgezogenen Bilde heißt, mit allem Einsatz zu verteidigen seien.

Die Erkenntnis, daß die zahllosen Bedrohungen noch anhielten, hat insbesondere den späteren, vom politischen Geschehen beeinflußten Arbeiten Brachers einen unverkennbar lehrhaften Ton gegeben. Die Absicht trat nie aufdringlich hervor, war aber bei aller deutenden Kühle jederzeit wahrnehmbar: politische Pädagogik großen Stils. Als Ende der sechziger Jahre die «Deutsche Diktatur» als eine für ein breiteres Publikum geschriebene Zusammenfassung erschien, sagte mir ein bestallter Germanist mit der ganzen Hoffart des Zunftgelehrten, der Herr Kollege Bracher sei sichtlich dabei, an die historische Volkshochschule überzuwechseln. Ich konnte die Frage nicht unterdrücken, ob er schon belegt habe.

Naturgemäß herrschte in den frühen Schriften zu den Entwicklungen der Bundesrepublik die Sorge vor den Wiedergängern des Hitlerregimes vor, die nicht nur in einigen parteilichen Gruppierungen dieser Jahre ihr Gespensterwesen trieben, sondern auch in manchen verfestigten Vorstellungen und Verhaltensweisen nachwirkten. Bald jedoch schon wurden diese Bedenklichkeiten durch neue Besorgnispunkte verdrängt. Ihre Ursprünge gingen bis in die frühe Nachkriegszeit zurück, als hier und da kleine, oft um eine Zeitschrift oder einen Studierzimmerdemagogen gebildete Zirkel zusammenkamen, die ihre Enttäuschung nicht verbergen konnten, daß die staatliche Neugründung des Landes im Zeichen des «restaurativen» bürgerlichen Parteienstaats erfolgt war: sie wollten das ganz und gar Andere und daß der Tag der Geschichte gleichsam neu beginne. Ein Gutteil ihrer moralischen Autorität bezogen sie aus der Unbeirrtheit, mit der sie den Verlockungen wie dem Druck des nationalsozialistischen Machtapparats standgehalten hatten. Für geraume Zeit in sektiererische Unscheinbarkeit abgesunken, verschaffte ihnen jetzt der Fortgang der Dinge Widerhall und Zulauf: die Wiederbewaffnung, die Ostermärsche oder die Notstandsgesetzgebung. Vor allem verhalf ihnen der Gedanke des versäumten Widerstands gegen Hitler zu beträchtlicher Zustimmung: Diesmal sollte das Land den Anfängen wehren!

Karl Dietrich Bracher war von der gleichen Überlegung beherrscht, doch hat er entgegengesetzte Schlüsse daraus gezogen. Im Wissen um die Triebkräfte der Geschichte erkannte er in diesen Erscheinungen, was immer die oftmals gutwilligen Anstöße des einzelnen sein mochten, etwas von jener Epochenkrankheit, die dem Jahrhundert über alle Brüche und Antagonismen hinweg den Zusammenhang gab. Alsbald bildeten die unterschiedlich motivierten Gruppen, aus denen das zunehmende Protestwesen bestand, nicht nur Strukturen und Führerschaften. Vielmehr gingen sie auch vom Widerspruch gegen bestimmte Entscheidungen der Politik zur Kritik des Systems im ganzen über.

Es ist hier weder die Zeit noch der Ort, die komplexen Ursachen des abrupten Stimmungsumbruchs zu beschreiben, der damals erfolgte: die Prozesse grenzenloser Industrialisierung, der Umweltzerstörung sowie der besorgniserregenden Bevölkerungsvermehrung haben ebensoviel dazu beigetragen wie das Generationsproblem, und vom Hintergrund her lebten die Angstrufe wie die Umsturzappelle wieder auf, die seit der Jahrhundertwende das Bild der Zukunft teils verdüstert, teils verklärt hatten.

Die besondere Richtung, die das Stimmengewirr in der Bundesrepublik nahm, ist schwer verständlich ohne die Auftritte einiger bejahrter Meinungsmacher, die der Unrast vor allem an den Universitäten die suggestiven Stichworte lieferten. Viele haben sich damals gefragt, wie es möglich war, daß das schon zu Beginn der dreißiger Jahre intellektuell abgewirtschaftete, vielfach korrumpierte und verbrechensbelastete kommunistische Heilsversprechen noch einmal soviel Anziehungskraft entwickelte. Ein Teil der Antwort ist wohl auf dessen sprachmächtige Ausrufer zurückzuführen, die sich im Ideendurcheinander der Weimarer Jahre jene Idealbilder einer erlösten Welt zurechtgemacht hatten, die beim Machtantritt Hitlers zu Bruch gegangen waren und jetzt eine zweite Chance beanspruchten. In irgendwelchen Eremitagen hatten sie die Jahre über ihren Jugendträumen nachgehangen und sich geweigert, wie altersgrau sie unterdessen auch sein mochten, den Rezepten von ehedem abzusagen. Als Linkshegelianer waren und blieben sie vernarrt ins Bild vom Unglück der Menschheit. Jetzt boten sie einer ratlosen, auskunftsbedürftigen Generation eine Ideologie der radikalen Alternative.

Keineswegs widerlegt fühlten sie sich durch die Einsicht, daß die Hitlerzeit das Desaster einer geschlossenen Weltdeutung war. Vielmehr setzten sie einfach die ihre dagegen, und plötzlich war, nach dem Skeptizismus der Nachkriegszeit, alles wieder da: die Entdeckung einer zutiefst verkehrt laufenden Welt, der Zauber großer Verheißungen mitsamt dem Glauben an die Utopie konfliktfreier Ordnungen, deren Friedfertigkeit, der Formel eines der wiedergekehrten Propheten zufolge, so weit ging, daß «die großen Fische nicht mehr die kleinen» fräßen. Was solche und viele ähnlich lautende Verheißungen über alle bloße Skurrilität hinaushob und zu verbreiteten Besorgnissen führte, war der erbitterte Ernst, mit dem sie vorgetragen und geglaubt wurden, und wer immer einen Vorbehalt dagegen geltend machte, sah sich als «Realitätsfetischist» verhöhnt. Auch trat binnen kurzer Zeit eine wachsende Bereitschaft zu brachialen Einsätzen zutage, die sich ein gutes Gewissen machte, indem sie sich kurzerhand als «Gegengewalt» deklarierte. Bezeichnenderweise hat die Gefolgschaft dieser in aller historischen Unschuld als «Bewegung» auftretende «Revolution» nie begriffen, wie nahe sie vielfach jener Vergangenheit rückte, als deren legitimer, einzig unbelasteter Ankläger sie sich ausgab.

Mit wachem Sinn hat Bracher den Aufruhr dieser Jahre verfolgt und geradezu zum Anstoß seiner zweiten Schaffensphase gemacht. Er hat in den Umtrieben, von denen das Land widerhallte, stets mehr gesehen als ein augenblicksweises Einbrechen schwärmerischer, von soviel Allmachtswahn wie politischem Rigorismus entfachter Sehnsüchte: was da geschah, kam von viel weiter her, und was es so beunruhigend machte, war, einem Buchtitel aus jenen Jahren folgend, die «Totalitäre Erfahrung». Sie hatte, wie Bracher darlegte, seit dem Jahrhundertbeginn fast alle europäischen Länder auf die eine oder andere Weise heimgesucht, und gerade die Anfechtungen, mit denen die Bundesrepublik zu tun hatte, machten bestürzend deutlich, heißt es einmal, «wie stark immer wieder die besonderen Belastungen deutscher Geschichte und deutschen Denkens auf die Verhaltens- und Orientierungsprobleme zumal der jüngeren Deutschen» einwirkten: Die öffentliche Diskussion erscheine ihm bisweilen «wie ein Rückfall in die Demokratie- und Zivilisationskritik der zwanziger Jahre». Jede Generation hatte sich auf die Suche nach einer neuen, ideologiegestützten Ordnung gemacht: zuerst die Jugendbewegung, sodann die Kampfbünde der Weimarer Zeit, die Hitlerjugend, die FDJ sowie schließlich die Protestbewegung – und kein Ende schien absehbar. Die Hoffnung, der Komplexität moderner Verhältnisse durch eine einfache Formel zu entrinnen, alterte nicht.

Das war die Sorge, zumal alle diese Aufbrüche in den Vorhof oder sogar die Mannschaftsquartiere des Totalitarismus geführt hatten. Sie wurde noch verstärkt, als im Zeichen der Entspannungspolitik pazifistische und neutralistische Bestrebungen wachsende Resonanz fanden und zusehends größere Gruppen dem Staat entfremdeten. Die Befürchtung war keineswegs aus der Welt, daß es der Republik, nicht unähnlich der von Weimar, mehr Mühe bereite als zunächst gedacht, im Gefühl der Menschen heimisch zu werden. Bis weit ins bürgerliche Lager jedenfalls reichten die Stimmen, die plötzlich von Konvergenz oder Äquidistanz zwischen den Blöcken sprachen und das Land wieder auf eine Mittlerrolle zurückführen wollten: einer der angesehenen Wortführer jener Jahre brachte die lange verdrängten antiwestlichen Affekte auf die Formel, die sowjetischen Interessen seien den deutschen weit näher als die der «strukturell friedensunfähigen» Vereinigten Staaten. In einer seiner Interventionen bemerkte Bracher dazu, dergleichen zeuge von «Illusion oder schon Selbstpreisgabe».

Unnachsichtig, auch nicht ohne gelegentliche Schärfe, ist er diesen Erscheinungen über die Jahre hin mit kritischen Einwürfen entgegengetreten. Schon als er Anfang der siebziger Jahre die DDR als «Zweite deutsche Diktatur» bezeichnete, hat er ebenso heftige Gegenvorstellungen hervorgerufen wie mit der Verteidigung des Totalitarismusbegriffs. Der Hauptvorwurf, zumal von seiten der Anwälte des gängigen «Antifaschismus», lautete, Bracher lasse die unterschiedlichen Herrschaftsziele außer acht und offenbare sich damit als Parteigänger des Kalten Kriegs. Korrigierend hat er dazu bemerkt, daß die Nähe der Systeme schon in den zwanziger Jahren erörtert worden sei und alle unvoreingenommene Betrachtung nicht daran vorbeikomme, daß jedes totalitäre Regime auf drei Wesenszügen gründe: der unbedingten Geltung einer Ideologie, dem umfassenden Machtanspruch der jeweiligen Führung sowie ihrer pseudodemokratischen Selbstermächtigung. Wo diese Voraussetzungen zuträfen, sei die Verwendung des Begriffs nicht nur erlaubt, sondern unumgänglich, was immer die politische Opportunität verlange. Mit Vorliebe hat er George Orwells Wort über den Hauptirrtum vor allem der linken Intellektuellen zitiert: daß sie «antifaschistisch sein wollten, ohne antitotalitär zu sein».

Das Feld der Beobachtung weitete sich im Lauf der Zeit noch, und Bracher entdeckte, wohin er den Blick auch richtete, immer neue Signale der Beunruhigung. Er wandte sich, um das eine und andere zu nennen, gegen den Antiamerikanismus, den Mißbrauch des Widerstandsbegriffs, die Behauptung vom Ende des ideologischen Zeitalters oder die Wunschbilder von Dritten Wegen, die, unter zeitgenössisch veränderten Vorzeichen, auf ein noch immer vorhandenes deutsches Sonderwegsbewußtsein hindeuteten.

Er hat sich mit diesen und anderen Warnungen zahlreichen Angriffen von rechts wie links ausgesetzt, doch waren sie hier, wie immer, nur der Preis eines wahrhaft unabhängigen Denkens. Im größeren Zusammenhang hat er verschiedentlich auf die Anfälligkeit gerade der Intellektuellen angesichts heraufziehender Diktaturen hingewiesen. Das beschreibe zwar eine alte Erfahrung. Anders als vordem sei aber ein geschärftes Bewußtsein dafür vonnöten, daß eine Parteinahme für geschlossene Ordnungen nicht mehr nur ein Spiel mit Gedanken sei, sondern jederzeit zur Rechtfertigung mißbrauchter Macht dienen könne. Er selber hat gezeigt, wie man den Meinungsstreit ohne Abstriche bestehen kann. Und jedesmal, wenn sich die immer neuen Sturzbäche der politischen Moden verlaufen hatten, trat er mit einem Zuwachs an Autorität aus der Szene hervor.

Er ist bei alledem zu keiner Zeit dem vielvermerkten Berufsleiden der Historiker erlegen und zum Pessimisten geworden. Mit Nachdruck hat Karl Dietrich Bracher sich bereits in den sechziger Jahren, bei Beginn der Vergleichsdebatte über Bonn und Weimar, gegen die plötzlich verbreitet auftretenden Leichenbitter gewandt, die allenthalben Krisensymptome ausmachten, deren Erzeuger sie selber waren. Tatsächlich, widersprach er, unterscheide sich die eine Gründung von der anderen schon durch die Ausgangslage. Der unvermittelte Wirklichkeitssturz, auf den das Scheitern der ersten Republik in so hohem Maße zurückzuführen war, hatte im Blick auf Bonn schon Jahre zuvor, auf dem Wendepunkt des Krieges stattgefunden, und durch den Schock der Hitlerjahre war, auch im mehrheitlichen Bewußtsein, jede Rückwendung politisch wie moralisch unter Verruf gestellt. Desgleichen hatte die zunehmende Prosperität dem Land Stützen vermacht, über die das ewig glücklose Staatswesen von Weimar nie gebot, und schließlich war der Bundesrepublik in der Idee eines geeinten Europa eine mobilisierende Zielvorstellung gegeben – dies alles abgesichert durch das Schutzbündnis mit den Vereinigten Staaten.

Diese dem Land teils zugefallenen, teils von ihm erworbenen Vorteile, hat Bracher wieder und wieder gemahnt, dürften nicht verspielt werden. Wie berechtigt seine Sorge und wie labil die innere Verfassung des Landes war, zeigte sich ausgerechnet in den Monaten der Vereinigung. Stärker als zuvor kamen damals, zumal im intellektuellen Milieu, die antiwestlichen Ressentiments zum Vorschein. Ein gefeierter Schriftsteller sprach von dem «Vernichtungsgefühl», das ihn angesichts des Untergangs der sozialistischen Hoffnung erfülle, und wie hergeholt die Einwände vielfach waren, offenbarte, als ein Beispiel nur, Günter Grass, der die Menschen in der kollabierenden DDR bedroht sah von einer Welle grauenhafter Verkehrsunfälle zum Nutzen der kapitalistischen Gebrauchtwagen-Industrie.

Von anderer Seite wiederum war zu hören, das 1917 eröffnete und eigentlich kurze, für die unmittelbar Betroffenen freilich allzu lang ertragene Jahrhundert, das der Gegenstand von Karl Dietrich Brachers Nachdenken gewesen war, gehe jetzt zu Ende. Doch als der beharrliche Ernüchterer, der er sein Leben lang gewesen war, versicherte er, daß die totalitäre Epoche keineswegs abgeschlossen sei und das aus den Beengungen des Provisoriums befreite Deutschland die transnationalen, auf Kooperation abzielenden

Ausrichtungen nicht aufgeben dürfe. Was dem Land und der Welt mit dem Zusammenbruch des Sowjetimperiums zugefallen sei, bedeute lediglich das «Glück einer neuen Chance».

Denn Chance – nicht mehr, aber auch nicht weniger – war in den Wechselfällen des politischen Geschehens alles, Gewißheit nichts. Die Fragen bewahrter Freiheit stellen sich immer neu: vom Niedergang der Parlamente in einer von den Medien beherrschten Welt bis hin zu den inneren Widersprüchen einer übernationalen Gemeinschaft, die nicht zuletzt der Gewährleistung demokratischer Verhältnisse in Europa dienen soll, sie aber für sich selber nicht zustande bringt. Das hieß zugleich: daß die Bürger sich ihrer Mitwirkungspflicht an dieser Ordnung jederzeit bewußt sein müßten; auch lernten, daß die Konflikte, deren Lärm den Alltag begleiten, nicht nur ein notwendiges Übel, sondern die Essenz eines Zusammenlebens in geordneter Freiheit sind. Sowie schließlich, daß der häufig zu hörende Einwand gegen die «Formaldemokratie» ins Leere geht, weil die Formalien mitsamt dem Respekt davor das Herz der Dinge sind. Alle Verheißungen harmonischer Zustände laufen, wie die Erfahrung lehrt, auf totalitäre Verhältnisse hinaus. Unvermeidlicherweise ist jedes demokratische Gemeinwesen unvollkommen und befördert folglich geradezu zwangsläufig die Suche nach perfekten Lösungen. Wirklich perfekt werden die Lösungen aber nie sein. Diese Spannung muß man aushalten in dem Bewußtsein, daß die idealen Entwürfe nur von dem Papier ertragen werden, auf dem sie geschrieben stehen; von den Menschen hingegen nicht.

Das alles sind schlichte Einsichten aus dem Grundlehrgang der Demokratie. Aber die Katastrophen des zurückliegenden Jahrhunderts haben sie mit einem Pathos aufgeladen, das der Welt bis dahin fremd war. Zugleich ist die Zeit der naiven Freiheitsemphase dahin, und wie viele Angehörige seiner Generation hat Bracher nie davon abgelassen, diese Erfahrungen zusammenzudenken. Die «schwierige Freiheit» – das war und ist sozusagen der Grundton, auf den ihr Denken gestimmt blieb. Nicht zuletzt diese Überlegung begründet die Sorge über den zunehmenden historischen Gedächtnisverlust, zumal unter den Jüngeren, die ganz im Gegenwärtigen aufgehen und die Vergangenheit mitsamt ihren Menetekeln hinter einen Horizont aus Unkenntnis oder verordneter Erinnerung fallen lassen.

Mit alledem: seinem wissenschaftlichen Werk, seinen Stellungnahmen zur Lage sowie nicht zuletzt über die Vielzahl seiner akademischen Schüler, hat Karl Dietrich Bracher auf herausragende Weise zur geistigen Verankerung der Bundesrepublik in der Wertegemeinschaft des Westens beigetragen. Sie war nie unumstritten. Die Neigung zur Wirklichkeitsverachtung, zur Neuerfindung der Welt mit Hilfe zergrübelter Theorien, hat eine lange Tradition, und selbst die kurze Geschichte der Bundesrepublik ist reich an Belegen dafür. An einem Tag wie diesem, der zu manchen Rückblicken einlädt, mag es Karl Dietrich Bracher mit Genugtuung erfüllen, daß sich zumindest einige der Gegenspieler von gestern inzwischen ebenfalls ein Verdienst daraus zurechtmachen, an der Wendung nach Westen mitgewirkt zu haben. Aber es bleibt der Zweifel, ob solche nicht ohne großes Tamtam vorgetragenen Einsichten nicht nur ein weiteres Symptom der Instabilität ihres Denkens sind.

Weg und Werk Karl Dietrich Brachers machen sichtbar, was immer der Geschichte zu entnehmen ist. In der Tat vermittelt sie zahlreiche Lehren oder doch Fingerzeige. Aber zu sagen ist auch, daß die Lektionen, die sie enthält, und alle Beschwörungen nichts helfen, wenn der Sinn für das Vernünftige fehlt. Wo der nicht ist, sind die freiheitlichen Ordnungen mehr bedroht als durch ihre geschworenen Feinde. An einer Stelle seines Werks drückt Karl Dietrich Bracher seine Ungewißheit aus, ob der Mensch von einem elementaren Verlangen nach Freiheit erfüllt und diesem Verlangen im alltäglichen Vollzug auch «gewachsen» sei. Ich denke oft, daß seine denkwürdigste Leistung darin besteht, gegen allen

Widerspruch die Zuversicht bewahrt und weitergegeben zu haben, daß diese Vernünftigkeit möglich und die belehrte Skepsis die erste und oberste Gewähr eines menschengerechten Zusammenlebens ist. Dafür gebührt ihm, über diesen Tag und diesen Anlaß hinaus, der Dank aller, denen dieses Land und seine Zukunft wichtig sind.

Autorität und Menschlichkeit.
Laudatio auf Willy Brandt
anläßlich der Verleihung
des Dolf-Sternberger-Preises 1992

Meine sehr geehrten Damen und Herrn,
sehr verehrter Herr Bundeskanzler,

Dolf Sternberger, der Namensgeber des Preises, den wir heute vergeben, hat zeitlebens den engen Zusammenhang von Sprache und Politik erwogen. Der unlängst erschienene, vorerst letzte Band seiner Gesammelten Schriften erörtert diesen Gegenstand in einer Vielzahl von Beiträgen, die schon in den frühen dreißiger Jahren einsetzen und bis in die späten achtziger Jahre reichen. Aristoteliker, der er war, hat er den Menschen für ein politisches Wesen gehalten, das mit Sprache ausgestattet ist. Sprache und Politik waren nahezu dasselbe, die Sprache deckte alles auf. Sie erlaubte keine Täuschungen und offenbarte, wie einer es auch anstellte, Wesen, Einstellungen und Absichten.

Diese Einsicht war von Anfang an da. Am Beispiel der Sprache des Reichskanzlers Franz von Papen hat Dolf Sternberger sie bereits 1932 in einem Artikel für die «Frankfurter Zeitung» dargelegt und den interessengebundenen Charakter dieser Regierung aufgedeckt, die ein autoritär-altertümliches Herrschaftsdenken hinter pathetischen und mythologischen Begriffen verbarg. Spätere Betrachtungen galten der Sprache de Gaulles, Churchills und Kennedys, den Reden der Bundespräsidenten, dem Debattenstil des Bundestags, und nicht selten hat er aus dem sprachlichen Gestus das Porträt eines Menschen entwickelt oder auf Rang und Zustand einer Institution geschlossen. Am bekanntesten geworden ist das unmittelbar nach dem Ende des Hitlerreiches, zusammen mit Gerhard Storz und Wilhelm Emanuel Süskind, herausgegebene «Wörterbuch des Unmenschen», dessen leitender Gedanke war, daß sprachliche Greuel nur Ankündigung oder Ausdruck politischer, in der Wirklichkeit verübter und zu ertragender Greuel seien.

Auch Reden sind Taten: der Titel einer der Abhandlungen Dolf Sternbergers bringt diese Einsicht auf die kürzeste Formel. Sie besagt zunächst, daß, für den Politiker zumindest, die Unterscheidung zwischen unverbindlich gemeinter Rede und verantwortungsbewußtem Handeln nicht besteht. Das eine hat soviel Gewicht wie das andere. Im zweiten Erkenntnisschritt meint die Formel aber noch mehr. Wenn Demokratie die Herrschaft durch den offenen Austrag von Meinungsgegensätzen ist, ist die Rede nicht nur ein bloßes Instrument. Sie ist so viel wie die Sache selbst. Die Schlüssigkeit der Argumentation, ihre Überzeugungskraft, die Bereitschaft, über das enge Interesse hinauszusehen und das Ganze im Blick zu behalten, auch der Respekt vor dem Gegner und die Leidenschaft im Ringen um die jeweilige Entscheidung: das alles sagt mehr über den Zustand eines Gemeinwesens als Gesetze und Verfassungsartikel. In ihren öffentlichen Auseinandersetzungen legt eine Demokratie Zeugnis von sich selber ab.

Zu den fast schon redensartlich gewordenen Wendungen über die Bundesrepublik gehört, daß sie, anders als die glücklose Republik von Weimar, Fortüne gehabt habe. Zu dieser Fortüne gehört vieles. Nicht zuletzt, daß sie in ihren Gründungsjahren und noch einige Zeit danach mit einer großen Anzahl außergewöhnlicher rhetorischer Begabungen ausgestattet war: Ich denke an Kurt Schumacher und Ludwig Erhard, an Thomas Dehler, Carlo Schmid, Eugen Gerstenmaier, Adolf Arndt und viele andere, bis hin zu Franz Josef Strauß, Helmut Schmidt und ganz gewiß auch Willy Brandt. Sie alle haben ihr großes Verdienst daran, daß die Öffentlichkeit des Landes sich in diesem Staat wiedererkannte und das hinrichtende Wort von der «Schwatzbude», das dem Weimarer Reichstag so unverlierbar angehangen hatte, niemals aufkam.

Man erwähnt jene Namen und jene Zeit unterdessen nicht ohne melancholische Empfindung. Sie liegen weit zurück. Eine Tradition haben sie nicht begründet. Ich kann den Ursachen dafür hier nicht nachgehen, sie haben mit vielem zu tun. Aber am auffallendsten ist, daß die Parlamente im Bund wie in den Ländern damals von Menschen geprägt waren, die gleichsam eine Biographie besaßen und nicht nur einen Lebenslauf. Und diese Biographie, die vielfach mit dem Scheitern des Weimarer Anlaufs zur Demokratie zu tun hatte, in jedem Einzelfall jedoch mit den Hitlerjahren, also mit Verfolgung, Krieg, Zerstörung und den politisch-moralischen Folgen von alledem, gab ihnen allen einen großen, leidenschaftlichen Ernst. Jede parlamentarische Auseinandersetzung war damals eine Debatte über Grundsatzfragen und bestätigte die Regel, daß ein großer rhetorischer Streit auch des großen Anlasses bedarf.

Womöglich ist dies schon einer der Hauptgründe dafür, daß jene Jahre so weit entfernt wirken. Denn das Parlament ist zusehends zu einem Ratifizierungsinstitut für die Verteilungsfragen geworden, die das wachsende Sozialprodukt aufwirft. Selbst die dramatische Phase der deutsch-deutschen Einigung, die doch wahrhaftig ein großer Anlaß war und wo zeitweilig ein historischer Tag dem voraufgegangenen den Rang ablief, ist rhetorisch nicht angemessen begleitet gewesen. Dabei gab es durchaus starke Meinungsgegensätze. Aber sie sind kaum in der direkten Konfrontation ausgetragen worden. Gewiß stößt, wer die Chronik jener Monate nachliest, auf herausragende Reden. Doch sie blieben Einzelwerk. Im Parlament jedenfalls, das der Verhandlungsort dieser Ereignisse und der daran sich entzündenden Kontroversen hätte sein müssen, gab es die Stunden nicht, die sich dem Gedächtnis eingeprägt haben und einem Gemeinwesen die Erinnerung geben.

Sie bemerken sicherlich, daß ich noch dabei bin, diesem Preis und seiner Widmung Begründungen zu verschaffen. Man kann noch weiter ausholen und darauf verweisen, daß die politische Rede es in Deutschland durchweg schwer gehabt hat. Sie stand immer in Verruf, ein Werkzeug der Demagogie, der aufwiegelnden Leidenschaft zu sein, und die «Herrschaft des Redners» galt bis ins späte 19. Jahrhundert geradezu als Metapher, wenn eigentlich die «Herrschaft der Straße» gemeint war. Herder wiederum hatte bemerkt, daß das Leben der Deutschen überwiegend in Schreibstuben und auf Paradeplätzen stattfinde, so daß sich eine Tradition der öffentlichen Rede nicht habe bilden können. Wichtiger als diese bloß geistreiche Pointe war vermutlich, daß in Deutschland, anders als in Frankreich oder England, die advokatorische Schule fehlte, weil die Justiz nicht das öffentliche Verfahren, sondern den geheimen Aktenprozeß bevorzugte. Auch gab es die Salons nicht oder doch nicht so verbreitet wie anderswo, um Technik und Spielregeln des politischen Disputs einzuüben.

Die Paulskirchenversammlung wirkte denn auch wie eine Befreiung, und tatsächlich hat das Parlament von 1848, neben vielen im Luftigen sich verlierenden Beiträgen, glanzvolle Zeugnisse politischer Beredsamkeit hinterlassen. Doch der erste Reichstag, zwanzig Jahre später, kehrte die Verhältnisse wieder ins Gewesene zurück. Zwar war Bismarck selber ein überragender Redner, der, zumal in seinen frühen Jahren, alle demagogischen Techniken beherrschte und bedenkenlos anwandte. Aber erfüllt vom allgemeinen Soupçon gegen die politische Rede, hat er bald auf die rhetorischen Appelle, sogar auf Wahl- und Versammlungsreden überhaupt verzichtet. Selbst seine Auftritte im Reichstag beschränkten sich meist auf einen knappen, schmucklosen Verlautbarungsstil. Kaum hatte er sie beendet, verließ er, als gingen ihn die Stellungnahmen der Bebel, Virchow oder Windthorst nichts an, in aller Regel umgehend das Parlament. Er erhebe «nicht den Anspruch», hat er noch in einer seiner letzten Reichstagsreden

1886 bemerkt, «ein Redner und ein Redekünstler zu sein, ich bin Minister, Diplomat und Staatsmann und würde mich für gekränkt halten, wenn man mich einen Redner nennte».

Solche Qualifizierungen, die ja nie aus dem Ungefähren kommen, sondern verbreitete Stimmungen ausdrücken, wirken weiter, und sie haben sicherlich ihren Teil dazu beigetragen, dem Weimarer Reichstag jenes Prestige zu entziehen, das der Volksvertretung in demokratisch verfaßten Ordnungen zukommt. Alle Gegnerschaft zur Republik sammelte sich geradezu in der Verachtung des Parlaments, es stand für Entzweiung statt Einheit, für Durcheinander statt Ordnung, für die Geringschätzung energischen Handelns, indem jedes Vorhaben zum Gegenstand eines nicht endenden Palavers erniedrigt wurde. Die radikalen Flügelparteien von links und rechts haben es, vor allem in den späten Jahren der Republik, vergleichsweise leicht gehabt, an diesen Affekt anzuknüpfen. Aber auch die Parteien der Mitte, Sozialdemokraten, Zentrum und bürgerliche Demokraten, verloren schon frühzeitig ihr Zutrauen in die Funktionstüchtigkeit der Volksvertretung. Statt durch das immer neue, gewiß oft mühselige Für und Wider der öffentlichen Debatte nicht zuletzt die eigene Verfassungsposition zu behaupten, ergaben sie sich nur allzu bereitwillig dem Notverordnungsregime, das im Grunde nichts anderes bedeutete als die Selbstabschaffung des Parlaments. Das Ermächtigungsgesetz vom März 1933, dem die Parteien mit der rühmenswerten Ausnahme der Sozialdemokraten zustimmten, besiegelte nur einen Abdankungsprozeß, der lange zuvor schon eingesetzt hatte.

Der Bundestag hat den traditionellen antiparlamentarischen Affekt zwar weitgehend ausräumen können, und sein Rang ist ernsthaft kaum umstritten. Aber zu dem Ort, an dem das Land in öffentlicher Auseinandersetzung seine Angelegenheiten regelte, ist er gleichwohl nicht geworden. Das hat weniger damit zu tun, daß seine Stellung deutlich schwächer ist als die des einstigen Reichstags. Immerhin ist er das von der Verfassung gewollte

Forum für den Austrag des politischen Meinungsstreits. Dieser Streit selber jedoch ist das Problem. Der immer wieder zu hörende Hinweis, daß der Bundestag ein Arbeitsparlament sei, daß alle wichtigen Fragen in den Ausschüssen behandelt würden, die Tatsache, daß die Mehrzahl der Abgeordneten sich als Spezialisten versteht und zu den großen, die Allgemeinheit bewegenden Themen niemals das Wort ergreift: das alles zeigt den noch immer fortwirkenden Vorbehalt gegen das Parlament als Arena der politischen Rede an.

In seinen ersten Legislaturperioden entwickelte sich der Bundestag durchaus gegen dieses deutsche Erbteil, und ich habe bereits darauf hingewiesen, worauf das vor allem zurückzuführen war: auf die traumatischen Erfahrungen der zurückliegenden Jahre, die keinen verschont gelassen hatten, wo er auch stand. Die Handbücher des Bundestags verzeichnen, mehr oder minder deutlich, zahlreiche Brüche und Widersprüche in den Biographien, wie widersprüchliche Zeiten sie unvermeidlicherweise hervortreiben.

Die Lebensgeschichte des Preisträgers von heute ist dafür exemplarisch. Wer sie im ganzen überblickt, kann darin alle großen Themen der Epoche wiederfinden: schon in jungen Jahren die Wendung gegen die Jahrhundertpsychose der Despotie, als in der Zwischenkriegsepoche eine ganze Zeit an der Demokratie irre wurde und den totalitären Evangelien mehr zutraute als den umständlichen Prozeduren verfassungsgemäßer Entscheidungsfindung. Dann Widerstand und Emigration, Rückkehr und wiederum Widerstand, nun gegen die andere Gewaltherrschaft vom bedrohten Berlin aus. Selbstbehauptung zwischen den Blöcken. Die Suche nach Ausgleichslösungen, Entspannungen nach außen vor allem, aber dann auch, auf gesellschaftlichem Feld, nach innen. Europäische Einigung mit dem Ziel, mehr daraus zu machen als eine Sache Brüsseler Technokraten. Zugleich, immer stärker nach vorn rückend, die Probleme der Umweltbewahrung. Die Sorge um den Abstand zwischen den wohlhabenden und den bis heute stetig weiter zurückfallenden Nationen. Schließlich doch noch, kaum mehr erwartet, der Zusammenbruch jenes anderen Gewaltsystems mitsamt der Einigung der Nation und der Wiedererlangung ihres Rechts auf Selbstbestimmung.

Dies alles sind nur Stichworte, bei weitem nicht vollständig, und hinzu kommt, daß viele von ihnen Willy Brandt nicht etwa von der Tagesordnung der Jahre aufgegeben wurden. Vielmehr hat er selber nicht weniges davon in freier Entscheidung zu seinem und damit zum öffentlichen Gegenstand gemacht, unablässig treibend, sich exponierend, werbend. Auch täuscht die Aufzählung eine Folgerichtigkeit vor, die es im gelebten Leben nicht gibt. Denn da ist keine unsichtbar leitende Hand, auch wenn es manchmal so scheint. Sondern alles ist Entscheidung, abgerungene Einsicht, ein Ergebnis von Überlegung, Unbeirrbarkeit in den Maßstäben und dem Mut zu sich selber.

Blättert man die verschiedenen Erinnerungsbände durch, die Willy Brandt verfaßt hat, so treten diese Züge schon in der Zeit der Emigration deutlich hervor. Es waren im Grunde Lehrjahre. Doch wie in fast allen Biographien von Bedeutung ist die Persönlichkeit schon vorhanden, bevor es, dem bloßen Lebensalter nach, die Persönlichkeit gab. Im Deutschland der zu Ende gehenden Republik von Weimar hatte Willy Brandt der SPD den Rücken gekehrt, weil sie ihm so viel verbales Pathos mit einer resignativen Praxis verband. Statt dessen war er einer linken Splittergruppe beigetreten, die zwar marxistisch strenggläubiger war, sich jedoch auch energischer der heraufziehenden Diktatur widersetzte. In Skandinavien, mit dem geweiteten Blick, den das Leben in der Fremde verschafft, tat er, wie er selber bemerkt hat, jene «doktrinären Eierschalen» nach einiger Zeit ab. Er löste sich von dem Glauben, daß Demokratie nur ein Mittel zur Verwirklichung des Sozialismus sei und Freiheit kein Wert an sich, sondern lediglich ein «Abglanz von Gleichheit». Dort hat er gelernt, wieviel ideologische Voreingenommenheit in dergleichen steckte und im Rückblick, nicht ohne Ironie, vom «politischen Dilettantismus» seiner Jugendjahre gesprochen. Im ganzen hat ihn die Emigration, in der tätige Hilfe weit wichtiger als alle Scholastik war, aber auch der Reformismus der skandinavischen Sozialdemokratie zu der Einsicht geführt, daß lebensferne Heilskonzepte ebenso zu meiden seien wie aller ideenlose Pragmatismus. Das eine führte in die Irre inhumaner Glücksdiktate, das andere in den Leerlauf des politischen Betriebs. Die Imprägnierung seiner sozialistischen Grundüberzeugung mit christlichen und humanistischen Vorstellungen hat er selber bei Gelegenheit als den Ertrag jener Jahre bezeichnet. Es war so etwas wie der Dritte Weg, den er damals schon fand und nach dem bis heute so viele noch immer auf vergeblicher Suche sind. Gleichzeitig haben jene Jahre auch seinen Blick ins Offene geweitet, so daß er über Grenzen hinwegsah, über die geographischen im Raum wie die historischen in der Zeit, und die größeren Zusammenhänge zu erfassen lernte.

Vielleicht läßt sich alles das, was damit angedeutet ist, als die Einsicht zusammenfassen, wie wenig die universalen Gewißheiten taugen, sobald es um die Menschen selber geht; daß die großen Schreibtischtheorien die Wirklichkeit ignorieren und der einzelne nicht Erlösung erwartet, sondern das, was Willy Brandt später «Compassion» genannt und als «Mit-Leidenschaft» übersetzt hat.

Solche Begriffe nahm er durchaus ernst, sie waren keineswegs intellektuelles Spielmaterial. Vielleicht blieb er deshalb auch frei von allem Remigranten-Ressentiment, man meint sogar, ihn habe in der Wirklichkeit des Nachkriegs-Deutschland, in dem ja weit mehr als die Städte zerstört war, nicht einmal ein Anflug davon gestreift. Versucht man, die Lehre jener Jahre auf einen Begriff zu bringen, so war dies wohl die große Entdeckung: daß die Realität, ihre Wahrnehmung oder auch Anerkennung, der Ausgangspunkt allen politischen Handelns sei.

Die Formel, die darin anklingt, gehört indes in eine spätere Zeit.

Die Wende, die zunächst zum Zuge kam, fällt in die Berliner Jahre. Margret Boveri hat von einer Diskussion im Berlin des Jahres 1947 berichtet, auf der eine Anregung Ferdinand Friedensburgs erörtert wurde, zur Pariser Außenministerkonferenz Deutsche aus allen vier Besatzungszonen als Beobachter zu entsenden, «als ein junger Mann aufstand und mit der Begründung widersprach, er könne Vertreter der Ostzone nicht als Deutsche ansehen. Es war Willy Brandt.» Und Margret Boveri schließt die viele Jahre später, zur Zeit der Ostverträge, geschriebene Betrachtung mit der Bemerkung, Willy Brandt sei danach einen weiten Weg gegangen. Aber es sei der Weg gewesen, den die Deutschen im ganzen zurücklegen mußten.

Und so immer wieder. Vielleicht hat kein Politiker in der Geschichte der Bundesrepublik so viel untrügliches Gespür für die Wendepunkte gezeigt, die sich, den meisten noch verborgen, im historischen Prozeß einstellen. Die ein Umdenken verlangen, den Verzicht aufs bisher Geltende, aber auch dem entschlossenen Zugriff eine Chance eröffnen. Wir alle waren Zeuge, wie Willy Brandt am 1. September 1989, in der Rede zum 50. Jahrestag des Kriegsausbruchs, die Politik der kleinen Schritte für beendet erklärte und den Beginn einer neuen Zeit ansagte. Und während die Partei noch die eingeübten Zweistaatlichkeitsthesen weiter memorierte und alle Mühe hatte, den Blick von Mailand oder Florenz nach Leipzig zu wenden, war er schon jenseits der Elbe unterwegs, um dem Überschwang, der Unruhe und doch auch der Ratlosigkeit, die da plötzlich hervorbrachen, einen ersten politischen Grund zu geben.

Irgendwo las ich, daß Willy Brandt eine Neigung und eine Vorliebe dafür habe, unablässig neu anzufangen. Das war womöglich sogar als Einwand gemeint. Aber es umfaßt doch auch die Fähigkeit, die Dinge mit unverbrauchtem Blick zu sehen und Gestriges als überholt, sogar als Irrtum zu erkennen. Auch sich selbst zu ändern. Das Besondere ist jedoch, daß Willy Brandt bei allen

Neuanfängen nie den Eindruck des Schwankens in den Grundsätzen gemacht hat.

In der Tat zählt die Konstanz im Prinzipiellen, bei so vielen taktischen Umwegen, wie er sie zu gehen hatte, zu den auffälligsten Zügen des Politikers Willy Brandt. Selbst seine entschiedenen Gegner zur Zeit der Neuen Ostpolitik haben nicht in Zweifel gezogen, daß er ein Mann des Westens und frei von allen Versuchungen war, verlorengegangene ideologische Sentiments wiederzubeleben, was sie nicht jedem seiner Parteigänger zugestanden. Das machte er nicht nur durch die stete Kernthese glaubhaft, daß die Ostpolitik auf der von Adenauer ins Werk gesetzten Westpolitik basiere und das Land ohne die Verankerung im europäisch-atlantischen Bündnis in Gefahr gerate, zwischen den Systemen umherzutaumeln; vielmehr ging es für jeden halbwegs bei Sinnen urteilenden Beobachter aus seinem ganzen Wesen, seinen Überzeugungen und Maßstäben hervor.

Zwar hat Willy Brandt einmal von seiner Abneigung gesprochen, «aus der persönlichen Vergangenheit zu leben». Aber das war, wenn ich es richtig lese, eher gegen die verbreitete Neigung gesagt, die Vergangenheit nach Gutdünken als Berufungstitel ins Spiel zu bringen. Es machte ja nicht eine einzige Erfahrung ungeschehen. Nicht, daß er zu keiner Zeit der totalitären Versuchung erlegen war, die die vielen Zeitgenossen so zu schaffen gemacht hatte; nicht das Entsetzen, mit dem er im Spanischen Bürgerkrieg die Ausrottungsaktionen beobachtet hatte, die moskauhörige Kommunisten in den eigenen Reihen veranstalteten; nicht die Jahre in Berlin mit Blockade, 17. Juni und Mauerbau sowie der Lehre aus alledem, sich niemals einschüchtern zu lassen; und auch nicht die früh schon vollzogene Wendung zur Demokratie als Ziel und zu geordneter, gerechter Freiheit als immerwährender Aufgabe. Ja, mitunter meint man, der Satz Willy Brandts müsse viel eher umgedreht werden, weil gerade er wie wenige andere eben aus seiner persönlichen Vergangenheit gelebt habe.

Das mag sich wie eine Trivialität anhören. Denn wir alle sind von unseren Vergangenheiten geprägt. Aber im Blick auf Willy Brandt schien mir immer, als schlage das Persönliche in allem Reden und Tun stärker durch als bei anderen. Nur daß er es, wiederum stärker als viele andere, verstanden hat, das Erlebte, die Enttäuschungen und Rückschläge, von denen keiner verschont bleibt, nicht zum Komplex werden zu lassen, sondern verarbeitete Erfahrung daraus zu machen. Es gibt in der Politik, mehr als in sonstigen Lebensbereichen, einen Zwang zur Konformität, zur Verleugnung dessen, was den einzelnen unverwechselbar macht. Willy Brandt ist, bis zum Außenseiterischen, immer er selber geblieben. So leidenschaftlich er für eine Sache eintreten konnte, verlor er sich doch nie darin, und schon gar nicht in den Positionen oder der Macht, die ihm im Laufe der Jahre zuwuchsen. Das gilt auch für seine Stellung innerhalb der eigenen Partei. Er war ganz unstreitig ein Mann (und lange Zeit sogar, in diesem oder jenem Sinne, der erste Mann) dieser Partei. Dennoch blieb, ohne daß man allzuviel Scharfblick benötigte, immer ein Abstand spürbar. Nie jedenfalls gewann man den Eindruck, er könne in den Ämtern und in den Rollen, die sie ihm aufnötigten, ganz und gar aufgehen.

Das hat nicht nur mit dem Gewicht im Persönlichen zu tun, das einer hat oder nicht. Weit eher kommt es aus der Skepsis, die ja weniger, als viele meinen, nur einfach eine Form des Zweifels ist, sondern Einsicht in die Begrenztheit der Möglichkeiten und in die Fragwürdigkeit des Erfolgs. Man hat von Willy Brandt selbst in den Augenblicken, da er sich an einem gesteckten Ziel sah, keine lauten Töne gehört, und das Glück der Rechthaberei, das zu den Hochstunden eines Politikerlebens zählt, hat er offenbar nie empfunden. Gerade im Gelingen gab er sich nicht selten von einer fast erkältend wirkenden Nüchternheit, seine Reden konnten dann leicht wie Rechenschaftsberichte wirken, und was rhetorisch daran war, war eher eine Rhetorik der Nachdenklichkeit.

Nicht wenige, vor allem aus seiner politischen Umgebung, haben in diesem ständig reflektierenden Verhältnis zum eigenen Tun und nicht zuletzt zur Macht eine Schwäche des Politikers Willy Brandt gesehen. Vielleicht ist das so. Und vielleicht hatten sie, von ihrer Sicht der Dinge her, recht, wenn sie Anstoß nahmen an seiner Gelassenheit, seinem Verzicht auf nur gewollte Härte, an seiner mitunter fehlenden Rücksicht auf das bloß parteiliche Interesse, auch an dem, was sie seine «elegischen» Anwandlungen nannten. Unübersehbar war, zumal in den späteren Jahren, wieviel Überwindung der Kampf ihn kostete, und oft hat er sich erst mit dem Rücken zur Wand dazu bereit gefunden, dann jedoch auch die Stärke eingesetzt, über die er gebot.

Aber daß Willy Brandt war, wie er war, hat ihm Respekt und Bewunderung, weit über das eigene Lager hinaus, verschafft. Selbst in zwei Kulturen, der sozialistischen und der bürgerlichen, zu Hause, hat er die überfällige, als blinder Reflex weiterwirkende Distanz zwischen der einen und der anderen weitgehend beseitigt. Gleichzeitig hat er, was ich gern zu seinen Verdiensten zähle, gegen alle jahrelang herabsetzenden Angriffe, ein Bewußtsein dafür verbreitet, daß die Emigration während der Hitlerjahre eine persönliche Entscheidung war, die sich auf politische und moralische, in jedem Fall auf ehrenhafte Motive berufen konnte. Seine bedeutenden Leistungen sind jedem bekannt. Wenn man aber von seinen unauffälligeren Verdiensten redet, wird man auch zu erwähnen haben, daß er Teile der jungen Generation an die Politik herangeführt hat. In der Sprache, die er sprach, den Zielen, zu denen er sich bekannte, sahen sie nicht nur die eigenen Hoffnungen aufgenommen. Vielmehr offenbarte ihnen dies und anderes eine Verbindung von Autorität und Menschlichkeit, die sie im Politischen zu oft vermißten. Selbst zu jenen Gruppen, die sich in den Verstiegenheiten der achtundsechziger Jahre verloren und dem deutschen Kardinallaster der Wirklichkeitsentfremdung ergeben hatten, suchte er den Anschluß herzustellen.

Erstaunlich bleibt, daß ein trotz aller geselligen Züge so einzelgängerischer Mensch wie Willy Brandt auf politischem Feld, das ein extrovertiertes Naturell verlangt, nicht nur so hoch steigen, sondern auch so viele Einverständnisse zur breiten Öffentlichkeit herstellen konnte. Was neben vielem anderen dafür vor allem ursächlich war, ist sicherlich seine rednerische Gabe. Die Zeit verlangt vom Politiker die Beherrschung unterschiedlicher rhetorischer Ausdrucksformen: des spontanen Einwurfs, der abgewogenen Stellungnahme, der Lagebeurteilung, des strategischen Entwurfs und anderes mehr. Die Behauptung hat nichts Überraschendes, daß Willy Brandt über alle diese Mittel gebietet. Er hat darüber hinaus zahlreiche Bücher geschrieben, die, im Unterschied zum gängigen Politikerbuch, weit mehr enthalten als das, was der Tag abwarf und der Buchbinder zusammenfügte. Doch sein eigentliches politisches Medium war stets die Rede.

Zwar meinen manche, es sei zu viel Zögern darin, zu viel lübisch-norddeutsche Bedächtigkeit und hörbare Anstrengung des Gedankens, der sich gleichsam erst im Sprechen artikuliere. Aber solche Einwände verkennen wohl, worauf es dem Redner Willy Brandt immer ankam: nämlich im allmählichen, sich scheinbar abmühenden Vortrag etwas von den Schwierigkeiten anschaulich zu machen, die sich allem zuletzt einfach und überzeugend Klingenden in den Weg stellen. Wieviel Gedankenarbeit dem voraufgehen muß. Das paßt auch zu seiner Überzeugung, daß politischen Erfolg nur haben kann, wer es sich nicht leichter, sondern schwerer macht als andere, wie er noch in seiner Abschiedsrede als Parteivorsitzender im Juni 1987 äußerte. Auffälligerweise sind denn auch die entscheidenden Partien all der abwägend vorgebrachten Satzbildungen, die eigentlichen Botschaften des Redners Willy Brandt, mit einer starken, seltsam gepreßt wirkenden Energie gesprochen und mit einer die Sache abschließenden Entschiedenheit. Streckenweise und wie um die Rede auch unterhaltend zu machen, gibt es jedoch auch entspannte Passagen, in denen umgangssprachliche, nicht selten sogar saloppe Wendungen vorkommen, die dem rhetorischen Comment eigentlich fremd sind. Das eine wie das andere belegt, daß die politische Rede weit mehr Ausdrucksmöglichkeiten kennt, als sich die Schulweisheit der Rhetorik-Seminare träumen läßt.

Auch die großen, beschwörenden Auftritte in der Manier des Volkstribunen fehlen nicht. Ich selber erinnere mich, es war, wenn mein Gedächtnis nicht trügt, im November 1956 nach der Niederschlagung des Ungarn-Aufstands, wie Willy Brandt vor dem Schöneberger Rathaus eine aufgebrachte Menge beruhigte, die dabei war, zu einer Demonstration nach Ostberlin zu ziehen. Und wie er seine beschwichtigenden Appelle, vom Dach eines Polizeiwagens aus, bei denen, die schon auf dem Wege und nahe dem Brandenburger Tor waren, mit heiser werdender Stimme noch mehrfach wiederholte. Es waren Meisterstücke abwiegelnder Rhetorik, die zu Beginn den Zorn und die Empörung der Leute fast zu überbieten schienen, dann jedoch unmerklich ins Besonnene übergingen, die Gefährlichkeit von Gefühlswallungen darstellten und den Zwang zu politischen Lösungen – bis die Menge Vernunft annahm und nach Hause zog. Aber wie Willy Brandt Emotionen herabstimmen konnte, hat er wie kein anderer Politiker auch Emotionen zu wecken verstanden. Allenfalls Franz Josef Strauß kam ihm darin gleich, auch wenn es ein sehr andersartiger Gefühlsgrund war, aus dem er sprach und den er weckte.

Gerade der Vergleich mit Franz Josef Strauß macht jedoch eine Besonderheit der Brandtschen Rhetorik erkennbar. Natürlich konnte er, wie er das selber wohl genannt hat, auch «holzen». Davon rede ich nicht. Aber während sich bei Strauß in den ausladenden, zu großen Entwürfen verdichteten Deutungen fast stets der Eindruck einstellte, hier werde ein ungewöhnlicher Scharfsinn aufgeboten, um Gefühlsentscheidungen mit Gründen auszustatten, lagen die Dinge bei Brandt eher umgekehrt. Seine Gründe folgten meist vernunftbestimmter Überlegung, und alle rhetorische Emphase war das Mittel, die Öffentlichkeit auf die gewonnene Einsicht einzuschwören.

Auf diese Weise hat er große Anhängerschaften mobilisiert und einmal, Anfang der siebziger Jahre, sogar eine Aufbruchstimmung erzeugt wie niemals wieder. Dagegen sind damals auch Bedenken geäußert worden, und ich will einräumen, daß sie mir nicht fremd waren, soweit sie sich auf manche Pointiertheiten der Auseinandersetzung bezogen. Die Sache dagegen, die das Kernstück des leidenschaftlichen Meinungsstreits ausmachte: der Ausgleich oder doch die Herstellung eines erträglichen, durch Abmachungen geregelten Nebeneinanders mit dem Osten war lange überfällig und hatte nicht nur die Vernunft, sondern auch ein starkes moralisches Argument zur Seite. Mit allem übrigen, das dabei mit im Spiel war, ging es, wie es mit Stimmungen zu gehen pflegt: sie verflogen bald oder schlugen in Desinteresse und sogar Enttäuschung um, die eigene Partei nicht ausgenommen. Sie sogar am wenigsten ausgenommen. Mitunter konnte man meinen, sie sei der Integrationskraft ihres ersten Mannes überdrüssig und dränge ungeduldig darauf, all den zentrifugalen Tendenzen wieder Raum zu geben, die ihr seit ihren Anfängen, lange Zeit zurück, einmontiert scheinen.

Willy Brandt kam bei seinen Wirkungen auf die Öffentlichkeit immer auch ein besonderes Sprachempfinden zugute. Seine Reden waren nicht nur frei von abstraktem Ballast und von den Geschwollenheiten, die angesichts der Akademisierung im politischen Milieu um sich greifen. Vielmehr mieden sie auch all die entnervenden Versatzfloskeln, die so viel zur Entfremdung zwischen Politik und Publikum beitragen. Seine Formulierungsgabe hat ihm nicht selten Sätze eingegeben, die eine Aussicht haben, in die Bücher einzugehen. So hat er die Erfahrung beim Mauerbau, als die Indolenz der Alliierten ihm unvermittelt die Augen öffnete für die Fatalitäten der eigenen Lage und ihn zum Umdenken zwang, in die Bemerkung gekleidet: «Der Vorhang zerriß, und die Bühne war leer.» Zur Ostpolitik, soweit die Sowjetunion die Furcht vor den Deutschen als Disziplinierungsmittel für ihre Satelliten eingesetzt hatte, hat er die Formel gefunden: «Wir haben die antideutsche Karte aus dem Spiel genommen.» Und nicht ausgelassen werden kann natürlich die eine oder andere Wendung während des Einigungsprozesses. Am berühmtesten: «Jetzt wächst zusammen, was zusammengehört», ein Satz, den Willy Brandt schon am Tag nach der Maueröffnung formulierte. Oder, wenige Wochen später, beim Gründungsparteitag der SPD der DDR in Leipzig: «Der Zug zur Einheit rollt. Jetzt kommt es darauf an, daß niemand unter die Räder kommt.» Vielleicht liest man diese Mahnung heute anders als zu Beginn des Jahres 1990. Aber sie schloß sicherlich ein, was viele unterdessen mit wachsendem Unbehagen angesichts einer Debatte empfinden, in der begreifliche Empörung auf der einen Seite mit Selbstgerechtigkeit, Kommerz und instrumenteller Moral auf der anderen eine unselige Verbindung eingehen, und die um so besorgniserregender ist, als sie nicht auf die eigentlichen Täter, sondern weit mehr auf die von ihnen Genötigten zielt. Ein innerdeutscher Ost-West-Konflikt bahnt sich an, der Schlimmes befürchten läßt. Er kann dazu führen, daß die Nation, deren Zusammengehörigkeitsgefühl vierzig Jahre der Trennung überstand, paradoxerweise jetzt, nach der politischen Vereinigung, psychologisch doch noch auseinanderbricht.

Die treffenden, oft bildhaften und einprägsamen Formulierungen machen den Redner Willy Brandt aber nicht aus. Sowenig wie die Bedächtigkeit seiner Rhetorik, die Energie, der Ton der Stimme und was sonst noch an eher formalen Eigentümlichkeiten dazugehört. Ihre besondere Überzeugungskraft kommt zuletzt aus nichts anderem als ihrer Glaubwürdigkeit. Immer wurde in allem, was er sagte, die ganze Person sichtbar, Erfahrungen von lange her, Zweifel, Irrtümer, errungene Einsichten, kurz, ein Leben mit allem, was es durchzustehen hatte. Wenn sich im Gegeneinander der Meinungen die sachlichen Argumente erschöpft hatten, war dies das Gewicht, das oft den Ausschlag gab. Es ist auch der gewachsene Grund, aus dem jene Moralität kommt, die Willy Brandt inzwischen von allen Seiten zugestanden wird und die in der Verleihung des Friedensnobelpreises auch weltweit Anerkennung gefunden hat.

Diese Moralität hat in einer großen, die Welt beeindruckenden Geste Ausdruck gefunden. Vielfach wird, teils kritisch, teils besorgt, die Gesichtslosigkeit unseres Staatswesens empfunden, die Klage darüber ist so alt wie die Republik: über ihren Mangel an einprägsamen Bildern, an Auftritten, die mehr als bloße PR-Manöver sind, an Zeugnissen zeitgerechter Würde. Wer zurückdenkt, wird gleichwohl auf einige Beispiele dafür kommen: Adenauers Akkolade mit Charles de Gaulle in Reims, die eine Epoche sogenannter Erbfeindschaft abschloß, zählt dazu, die Nacht von Mogadischu mitsamt der bewegenden Rede Helmut Schmidts im Bundestag und gewiß der Kniefall Willy Brandts im Warschauer Getto. Er hat sich dem Bewußtsein tief eingeprägt, unverlierbar für alle, die Zeuge davon waren, und vermutlich lange darüber hinaus. Nicht aus diesem Anlaß, doch zeitlich in engem Zusammenhang damit, hat Willy Brandt einmal bemerkt, jetzt erst sei Hitler besiegt. Man versteht unschwer, warum er es nicht nach dem Kniefall von Warschau gesagt hat. Aber das war die wirkliche Bedeutung dieses Tages und dieser Geste: daß sie im Symbol sichtbar machten, wie ferngerückt und einer überwundenen Epoche zugehörig Hitler ist, auch wenn sein Schatten noch lange über allem liegen wird; und daß die Deutschen dies wüßten und gerade deshalb zu einem neuen Anfang bereit seien.

Es ist in jüngerer Zeit oft die Rede von einem krisenhaften Verhältnis zwischen Politik und Öffentlichkeit. Jeder weiß, daß es sich dabei im Kern um eine Glaubwürdigkeitskrise handelt. Der Preis, den wir heute vergeben, soll nicht nur einen Redner auszeichnen, der die politische Rhetorik als Kunst beherrscht. Er soll vielmehr, ganz im Sinne Dolf Sternbergers, ein Bewußtsein dafür verbreiten, daß zum bedeutenden Redner noch anderes gehört als bloße Wortmächtigkeit. Die ist nur eine Voraussetzung. Dahinter muß mehr zum Vorschein kommen. Es ist viel, wenn dabei, in einer Zeit der unendlichen Sachzwänge und Abhängigkeiten, ein menschlicher Charakter sichtbar wird, wie er sich nur aus innerer Freiheit bildet. Wenn die Bereitschaft erkennbar wird, zu sich selber zu stehen. Auch Partei zu sein, ein Interesse zu vertreten und doch den Blick aufs Ganze nicht zu verlieren. Wo und solange es das gibt, braucht niemand sich um die Glaubwürdigkeit der Politik zu sorgen.

Unternehmer in der Zeit.
Eine Porträtskizze Reinhard Mohns

Es gibt Persönlichkeiten, die in der Welt, wie sie ist, eher unzeit-
gemäß wirken und dennoch mehr zu ihrem meist erst später her-
vortretenden Bild beitragen als die großen Wortführer des Augen-
blicks. Ich habe Reinhard Mohn in einer Zeit kennengelernt, als
die Straßen noch immer von skandierten Parolen widerhallten, die
nach Veränderung, Dritten Wegen und neuen Strukturen riefen.
Gleichsam vom ersten Tage an ist er mir in seiner nüchternen, fast
trockenen Sprödigkeit als eine Art Gegenfigur zu jenem Typus
erschienen, der damals den Ton angab: jenen überschwenglichen,
utopievernarrten Heilsausrufern, die wie auf ein Stichwort hin vor
allem die Hörsäle besetzten und Generationen von Studenten das
Glück der schönen neuen Welt verkündeten.

Dem genaueren Blick entging schon damals nicht, daß die Aufbruchstimmung, die sich in den siebziger und achtziger Jahren
überall breitmachte, nur eine Spielart verspäteter Ersatzbefriedi-
gung war. Bereits die ideologischen Muster, die ihr zugrunde lagen,
hatten nichts mit der Gegenwart und dem, was wirklich nottat,
zu tun. Die wirkungsvollsten Stichworte kamen vielmehr von den
Schreibtischen älterer Professoren wie Ernst Bloch oder Herbert
Marcuse, denen die Umstände es versagt hatten, die Wirrnisse ihrer
Jugend auszuleben, so daß sie ein bereits in den dreißiger Jahren
gescheitertes, längst hoffnungslos diskreditiertes Deutungsmodell
von Welt und Geschichte wiederbelebten. Schon kurze Zeit später
brachen die trügerischen, von so viel Greisensentiment wie jugend-
lichem Enthusiasmus errichteten Kartenhäuser in sich zusammen.

Ich kann nicht sagen, ob Reinhard Mohn in dem Aufruhr jener
Jahre etwas anderes gesehen hat als einen neuerlichen Ausdruck

der deutschen Vorliebe für vermeintlich ideale Phantasiegebilde. Jedenfalls hat er sich nie auch nur andeutungsweise von den schönen Konstruktionen und dem öffentlichen Lärm dafür beirren lassen, obwohl der Veränderungswille, der da Gehör verlangte, im Grundsatz seinem eigenen Lebensprogramm entsprach. Doch während die Protestbewegung nie mehr als eine große Windmaschine war, deren Erfolg allenfalls darin bestand, einigen Staub von den Verhältnissen zu blasen, ging er daran, den Dritten Wegen und neuen Strukturen das Feld zu bereiten und den wirklichen Wandel voranzutreiben. Aus allem, was er im Gespräch wie in seinen zahlreichen Veröffentlichungen je vorgetragen hat, war stets die tiefe Skepsis gegenüber jedwedem glatten Theorienwerk herauszuhören. Die Beweise fanden in der Realität statt. Was vor der oftmals krummen, widerspenstigen Wirklichkeit nicht bestand, war bedeutungslos. Mit diesem zähen Pragmatismus hat er das Stück Welt, für das er zuständig war, stets und Schritt für Schritt verändert. Das Denken jenseits davon im übrigen auch.

Das war, zumal vor dem Hintergrund der Zeit, in der wir zusammenkamen, aber nur der kennzeichnendste Zug an Reinhard Mohn. Immerhin fügte sich alles Weitere bruchlos da hinein. Was er als Vorsitzender des Aufsichtsrats einzuwerfen hatte, trug er in knappen, entschiedenen Worten vor: einfache Sätze in einfacher Sprache, deren lakonischer Tonfall noch zum Ausdruck brachte, wie sehr ihm alles Gerede zuwider war. Man müsse immer wissen, was man will, lautet einer der Sätze, die mir in der Erinnerung blieben, mit dem Zusatz: «Sonst schweigt man besser!» Ein anderer: «Man soll niemals ein Ziel benennen ohne präzise Vorstellung, wie es erreicht werden kann!» Nach solchen Einsichten, die für ihn die Strenge von Lebensmaximen besaßen, richtete er sich vor allem selbst, forderte sie aber ebenso von seinen Mitarbeitern unnachsichtig ein. Auch in den Jahren, nachdem er den Vorsitz im Aufsichtsrat abgegeben hatte, hielt er sich daran. Mit undurchdringlicher Miene folgte er dem Sitzungsverlauf. Doch wenn er das Wort ergriff, äußerte er sich bestimmt und mit kühler Energie. Nicht selten erinnerte mich der Aufbau seiner Wortmeldungen an die drei Grundregeln des preußischen Generalstabs: «Was ist oder steht bevor? – Wie stellen wir uns darauf ein? – Wie führen wir es durch?»

Denn das gehört, als auffälliger Zug, ebenfalls zu einem Porträt Reinhard Mohns, wie kurz es auch sei. Es steckt viel Preußisches in seinem Wesen, die sogenannten Tugenden vor allem, die seit der Wiederentdeckung Preußens vor annähernd zwanzig Jahren so zahlreiche Fürsprecher und so wenig Gewicht haben: der ins halbwegs Religiöse erhöhte Begriff der «Pflicht» an erster Stelle und die Vielzahl der Ableitungen daraus, Disziplin, Zuverlässig-keit, Rationalität, Wirklichkeitssinn und was man sonst noch nen-nen mag. Auch die eher spärliche Ausbildung der privaten Welt, die dem preußischen Typus oft nachgesagt worden ist, gehört wohl dazu, desgleichen die Verpflichtung auf einige überpersönli-che, dem Bestand des Ganzen dienende Normen. Reinhard Mohn hat sowohl die gefestigte Dauer als auch das durch die Jahre hin ungewöhnliche Wachstum des Hauses darauf zurückgeführt, daß ethische Prinzipien jederzeit den Vorrang vor bloß ökonomischen Erwägungen besaßen.

In dieser Praxis, die zu einem weitgerühmten Markenzeichen des Hauses Bertelsmann geworden ist, lebt ebenfalls etwas vom alten Preußen fort, diesmal in jener protestantischen Ausformung, die es verstand, Frömmigkeit mit Geschäftssinn zu verbinden. Be-reits der Verlagsgründer hatte das eine mit dem anderen zusam-mengebracht, das große Erfolgsbuch zur Mitte des 19. Jahrhun-derts trug den Titel «Die Missionsharfe» und erreichte die damals ganz beispiellose Auflage von annähernd zwei Millionen Exem-plaren. Natürlich ist die Gegenwart von solcher religiös begründe-ten Moralität des Gewinnstrebens weit entfernt, wie vieles andere hat der Säkularisierungsprozeß auch diese Haltung mitsamt den darauf fußenden Prägungen erfaßt und zersetzt. Aber die Spuren sind noch vorhanden. Sie kommen nicht nur in dem besonderen Führungsstil zum Vorschein, der den Konzern bestimmt. Zu den wichtigsten Themen, der eine Gesellschaft wie die unsere sich zu stellen habe, zählt Reinhard Mohn die Frage nach den Grundwerten. Wo sie fehlen, vernachlässigt oder sogar offen mißachtet werden, hat er erklärt, sei ein Zusammenleben in geordneter Freiheit nicht denkbar.

Im reflektierten Pragmatismus und der liberalen, «preußischen» Rationalität erschöpft sich aber, wie weit man die genannten Begriffe auch fassen mag, Reinhard Mohns Wesen sicherlich nicht. Das ohnehin fragmentarische Bild wäre bis ins Fehlerhafte unvollständig, wenn es jene Eigenschaft nicht verzeichnete, die sich mir in unseren Begegnungen womöglich am stärksten aufgedrängt hat: daß er wie kaum jemand sonst den lange verlorenen, nicht ohne eigenes Versagen in Vergessenheit geratenen und im Grunde nur noch in der Karikatur weiterlebenden Typus des Konservativen in eindrucksvoller, auf eine Ehrenrettung hinauslaufende Weise verkörpert.

Denn anders, als das verbreitete Bild vorgibt, stellt sich der wirklich Konservative nicht prinzipiell und blind gegen die Zeit. Vielmehr hält er am Bewährten fest, achtet die Tradition als Haltegriff angesichts der ruhelos weiterlaufenden Zeit, zeigt sich aber dem Neuen gegenüber stets aufgeschlossen. Reinhard Mohns immer neu formuliertes Bekenntnis, man müsse das Bestehende jederzeit in Frage stellen und mit besseren Lösungen konfrontieren, ist, richtig verstanden, eine zutiefst konservative Devise.

Mit diesem ebenso gewachsenen wie besonnenen Konservatismus setzt Reinhard Mohn sich womöglich am weitesten vom ewig erregten Zeitgeist ab, der das Neue aus keinem anderen Grund verlangt und feiert, als weil es das Neue ist. Er dagegen fordert stets, daß das Neue auch einleuchtend sein und verbesserten Verhältnissen nicht nur im Gemeinwesen dienen müsse. Vielmehr habe es auch, seiner begründeten Überzeugung zufolge, die überall brachliegenden Fähigkeiten der Menschen zu fördern, ihren Ehrgeiz sowohl zu stärken als auch zu befriedigen sowie dem Verlangen nach verantwortungsvollem Tun und damit nach Lebenssinn entgegenzukommen. Die Bereitschaft dazu, so glaubt er nicht nur, sondern sieht es durch eine lebenslange Praxis wieder und wieder bewiesen, ist durchweg vorhanden. Man muß sie lediglich wecken: Das sei, hat er so oder ähnlich immer aufs neue hervorgehoben, die erste und vornehmste Aufgabe des Unternehmers. Dessen noch immer weithin vorherrschendes, vor allem von radikalen Gewerkschaftsdemagogen angestrengt am Leben erhaltenes Bild, das eher der längst aus der Zeit gefallenen Fabrikantenfigur des 19. Jahrhunderts entspricht, hat er in Wort und Wirken mit unübersehbar modernen Zügen versehen. Daß es nicht mehr gilt, zählt auch zu seinen Verdiensten. In Reinhard Mohns Worten: «Wir sind zu gut», und das meinte immer: zu aufgeschlossen, zu gemeinschaftsbewußt und zu weitsichtig, «als daß wir gewerkschaftlicher Hilfe bedürften.»

Das alles sind nur ein paar Striche zur Porträtskizze eines bedeutenden Unternehmers. Seine äußerliche Zurückhaltung hat manchen, der dem ersten Blick vertraute, getäuscht. Doch mit dem ersten Blick ist ein derart erfolgreiches, weit über den eigenen Tätigkeitsbereich hinauswirkendes Leben nicht zu erfassen. Dahinter werden bei nur etwas genauerem Zusehen Grundsätze, Engagement und stets an der Wirklichkeit orientierte Einsichten erkennbar – dies alles gebündelt zu einer klaren, die Sache und die Menschen verbindenden Unternehmenskonzeption. Wer Reinhard Mohn je aus einiger Nähe kennenlernte, hat hinter aller Verhaltenheit, die ihm eigen ist, etwas von der Leidenschaft, der Spannung und der zielgerichteten Energie wahrnehmen können, mit der er dem einen wie dem anderen dient. Aus der Zeit jedenfalls hat er sich nie entfernt, sondern von ihren Bedürfnissen, ihren Notwendigkeiten und Zukunftsaufgaben mehr erfaßt und mehr ins Werk gesetzt als viele, die sich an ihrer Spitze sehen.

Das Wahre im Wirklichen.
Toast auf Jürgen Roland

Weil er immer unruhig und neugierig war, Vergnügen am Erproben hatte und seine spielerischen Neigungen mit Wirklichkeitssinn verband, ist Jürgen Roland ein Mann der ersten Stunde
gewesen. Als Zwanzigjähriger hat er in den Entstehungsjahren
des Norddeutschen Rundfunks an der Hamburger Rothenbaumchaussee, neben Gründerfiguren wie Ernst Schnabel, Gregor von
Rezzori, Peter von Zahn und vielen anderen, zum legendären
Ruf des Hauses beigetragen. Als Fünfundzwanzigjähriger, nach
wenigen Assistentenjahren bei den Regisseuren Fritz Kirchhoff,
Eugen York und Paul Martin, hat er einen preisgekrönten Kul-
turfilm («Zwischen Ebbe und Flut») gedreht und sich als einer
der ersten dem kleinen «Versuchsbetrieb Fernsehen» im Bunker
auf dem Heiligengeistfeld angeschlossen, als die seriösen Rund-
funkkollegen noch über das neue Medium und seine Kümmer-
lichkeiten spotteten. Es war dann auch nicht dieses Medium, das
ihn bekannt gemacht hat. Eher verhielt es sich umgekehrt. Das
heißt, er hat das Fernsehen bekannt gemacht und ihm, zusammen
mit wenigen anderen, zum Durchbruch beim anfangs reservierten
Publikum verholfen.

Schon als Schüler hat Jürgen Roland gewußt, was er werden
wollte: Zirkusclown oder Reporter. Und er war, im Juni 1945 gerade aus dem Krieg ins zerstörte Hamburg zurückgekehrt, auf
dem Weg zur Moorweide, um beim Zirkus Sarrasani eine Arbeit
zunächst als Futterbursche oder Stallkraft zu finden. Schon fast am
Ende der Rothenbaumchaussee, stieß er auf einen Bekannten und
geriet durch ihn in die Räume von Radio Hamburg und zu Major
Bretherton, dem ersten Chef der Nachrichtenabteilung. Der Ma-

jor fand Gefallen an dem aufgeweckten jungen Mann, und so kam Jürgen Roland nicht zum Zirkus, sondern zum Rundfunk.

Nach einer kurzen Lehrzeit als «News Writer» wechselte er in die Reportageabteilung, wo schon der legendäre Hermann Rockmann tätig war und bald auch Max Helmut Rehbein hinzustieß. Als dem Jüngsten blieben Roland nur die kleinen Themen, aus denen er aber rasch mit Einfallsreichtum, Witz und Unerschrockenheit große oder doch spektakuläre Radioauftritte machte. Wer die Zeit erlebt hat, weiß, daß er, neben Sammy Drechsel, als der sogenannte Sensationsreporter im frühen Nachkriegsfunk galt, dessen Name weit über das Sendegebiet hinaus bekannt war, sei es, daß er mit dem Mikrophon aufs Hochseil ging, im Tigerkäfig frühstückte oder zu Silvester ein Abschiedsinterview mit einem Karpfen in der Badewanne führte.

Aber das waren die Kapriolen, die er schlug. Daneben deckte er den Schlendrian der Behörden auf. Einmal, an einem kalten Wintertag, ließ er sich von der herbeigerufenen Feuerwehr, über die Schlangen der vor dem Wohnungsamt Wartenden hinweg, mit Hilfe der ausgefahrenen Leiter vor das Bürofenster des Behördenchefs dirigieren, um Auskunft über den bürokratischen Trott des Amtes zu verlangen. Er begleitete die Polizei bei ihren Einsätzen und entdeckte dabei das Thema, das ihn sein Leben lang nicht mehr losgelassen hat: die Wirklichkeit als Abenteuer. Im Milieu zwischen St. Georg, Reeperbahn und Hafen fand er dafür die ersten Stoffe, die Figurengalerie, die psychologischen Grundmuster und einen unerschöpflichen Vorrat an konkreter Anschauung.

Aus dem erlernten journalistischen Metier, aus Phantasie, der Lust an fesselnden Geschichten sowie der gar nicht geringen aufklärerischen Neigung hat Jürgen Roland im Lauf der Jahre in zahlreichen Formen und unter wechselnden Titeln ein neues oder jedenfalls in Deutschland bis dahin unbekanntes Genre des Fernsehens entwickelt: den nach authentischen Vorlagen und an den originalen Schauplätzen gedrehten, ein Stück wirkliches Leben widerspiegelnden Kriminalfilm.

Es war eine Mischung aus ganz persönlichen Vorlieben, die Jürgen Roland aber nie, wie es später gang und gäbe wurde, zu einer mit Künstlerpathos verbrämten, dem Zuschauer aufgenötigten Sozialmarotte machte. Vielmehr blieb das Persönliche immer auf die Wirklichkeit und auf die Interessen und Verständnismöglichkeiten des Publikums bezogen. Dieser Programmtypus, der mit der Serie «Der Hauptfilm hat noch nicht begonnen» seinen Anfang nahm, fand in «Der Polizeibericht meldet» seine Fortsetzung und führte schließlich zu der erfolgreichsten, in fünfundzwanzig Folgen gesendeten Serie «Stahlnetz», deren Einfluß bis in die ebenfalls von Jürgen Roland mitentwickelte, ohne seine Pioniertätigkeit jedenfalls kaum denkbare Reihe «Tatort» reicht sowie zu manchen anderen, aus Erfindung und Realität kombinierten Programmformen. Viele wissen nicht, wie viel sie ihm verdanken.

Schon bald ist der Film auf Jürgen Roland als meisterhaften Erzähler spannender, stets über den platten Vordergrund hinausweisender Geschichten aufmerksam geworden. Neben den weit über hundert Fernsehprogrammen, die er produzierte, hat er in zahlreichen Kinofilmen Regie geführt, seine ersten Erfolge hatte er gleich zu Beginn der sechziger Jahre mit der Verfilmung einiger Edgar-Wallace-Stoffe. Daneben drehte er mit Hannes Messemer den Film «Der Transport», die «Vier Schlüssel» oder «Lotosblüten für Miss Quon». Das größte Echo fanden auch hier wiederum die drei Arbeiten, die in der Hamburger Ganovenszene spielen. Zu Recht berühmt ist der Film «Polizeirevier Davidswache» geworden, für den Jürgen Roland unter anderem den Bundesfilmpreis sowie die Goldene Leinwand erhielt. Wie wirklichkeitsgetreu seine Arbeiten auch im scheinbar Erfundenen sind, geht nicht zuletzt daraus hervor, daß eine wenige Jahre später hergestellte Fernseh-Dokumentation über St. Pauli Szenen aus einem seiner Spielfilme einblendete, um wirkliche Vorgänge zu illustrieren.

Selten sind Person und Werk so bruchlos verbunden wie in seinem Falle. Wer Jürgen Roland kennt, kennt auch im Privaten den einzigartigen Geschichtenerzähler. Unerschöpflich sind die Episoden, die er insbesondere aus den turbulenten Anfangsjahren des Senders zu erzählen weiß und wie da ein paar Leute mit begrenzten Mitteln und reich an Einfällen ein erfolgreiches Programm machten. Ich weiß nicht, ob sich der Norddeutsche Rundfunk dieses aus minutiöser Erinnerung, Anschauung und sprühendem Temperament gebildete Archiv zu seiner Entstehungsgeschichte zunutze gemacht hat. Sollte das versäumt worden sein, wäre es rasch nachzuholen.

Jürgen Roland ist seinem Beruf immer mit ganzer Person verschrieben gewesen, und weniges war ihm zeitlebens fremder als der Typus des beamteten Mitarbeiters, der in den Anstalten unterdessen überwiegt. Es gab schlechterdings kein Gespräch mit ihm, in dem er nicht auf die jeweils bevorstehenden Arbeiten kam, auf Drehbücher, in denen ihm jedes Detail wichtig war, auf Motive, Schauspieler und Einstellungen, immer besessen von seiner Aufgabe, die Passion und Beruf in einem war. Weniges hat ihn, buchstäblich über Jahre hin, so aufgebracht wie die flapsige Bemerkung eines zeitweiligen Intendanten, der seine Loyalität in Zweifel zog, wo der doch selber nur der ewig berechnende Gefolgsmann seiner Partei war. Für ihn bedeutete die Leidenschaft, mit der er seiner Sache nachging, stets die höchste Form der Loyalität. Ironisch hat er einmal von sich gesagt, er habe «breite Schultern und eine große Klappe». Das ist allenfalls eine Viertelwahrheit. Seine Freunde und viele andere wissen, wie empfindlich er ist, im Beruflichen wie im Persönlichen, was für ihn immer dasselbe war.

Und er ist, auch das wissen viele, ein anhänglicher Freund und sein Talent zur Freundschaft nicht weniger groß als die Gaben des sprühenden Geschichtenerzählers, des Regisseurs und alles andere, was ihn sonst noch ausmacht. Bezeichnenderweise sind es immer langwährende Freundschaften, die er geschlossen hat und die im Grunde nie endeten: nicht durch Krisen, Entfernungen oder Jahre. Auch nicht, wie das Alter es mit sich bringt, durch den Tod mancher von ihnen. Es blieben stets lebendige, die Gegenwart ausfüllende und beleuchtende Verbindungen.

Wenn man sagt, er sei immer offen, von entwaffnender Direktheit, die mitunter bis ans Naive reicht, jedenfalls ohne Allüre und jemand, der das Rollenspiel denen überläßt, die den Beruf dazu haben, nennt man durchweg Eigenschaften, die dem Bild des erfolgreichen Filmmenschen widersprechen. Einer seiner Freunde hat noch hinzugefügt, er sei womöglich die einzige Berühmtheit in diesem Geschäft, die bei anhaltendem Erfolg nicht größenwahnsinnig geworden ist. Noch seltener ist vielleicht, daß er keinen Neid kennt. Er kann sich an den Erfolgen anderer ebenso freuen wie unter der Kritik leiden, der sie begegnen.

Mit der Vormacht des Persönlichen, das ihn zu seinem Beruf und der Art seiner Ausübung geführt hat, hängt auch zusammen, daß er sich stets von allen Moden freigehalten hat. Die linkischen Bemühtheiten, mit denen sich der deutsche Film eine Zeitlang interessant zu machen versuchte, das falsche Sozialgetue, die demonstrative Vernarrtheit in Wohnküchen und häßliche Menschen, die schon ihrer Unansehnlichkeit wegen allen Grund zu der schlechten Laune hatten, die sie verbreiteten, sind seine Sache nie gewesen. Unbeirrbar blieb er bei der Wirklichkeit, deren Wahrheit, wie er aus eigener Anschauung wußte, anders war. Manche haben darin eine Schwäche gesehen. Es ist aber eine Stärke, zumal dort, wo den Ideologien so billige Triumphe sogar über den Augenschein zugeschanzt werden. Diese Stärke hat mit dem zu tun, was man Persönlichkeit nennt.

Eine Persönlichkeit ist Jürgen Roland immer gewesen. Das ist vielleicht noch seltener als all die anderen Seltenheiten, die ihn ausmachen. Und weil das so ist, denke ich gern und in Freundschaft an ihn.

Ein Autor als Verleger.
Impromptu über Wolf Jobst Siedler

Es hat in der Vergangenheit immer wieder Verleger gegeben, die auch literarisch hervorgetreten sind. Doch bei keinem war diese Doppelbegabung wohl so auffällig wie bei Wolf Jobst Siedler, der heute seinen sechzigsten Geburtstag feiert. Und keiner hat das eine mit dem anderen auf so ingeniöse Weise verbunden. Als Autor bei der «Neuen Zeitung», beim «Monat» und beim «Tagesspiegel» hat er begonnen, und Autor ist er auch geblieben, als der Lebenszufall, aber auch der Ehrgeiz zum Praktischen, die Lust am Vermitteln und Betreiben, ihn ins Verlagsgeschäft führten. Nicht nur, indem er selber weiterschrieb. Das trat nun notgedrungen zurück. Vielmehr sorgte er dafür, daß andere sich jener Interessen und Fragestellungen annahmen, über die er selber nicht oder nicht mehr im gebotenen Umfang schreiben konnte. In diesem instrumentalen Sinne blieb er Autor auch als Verleger.

Er war und ist das eine wie das andere auf gleich inspirierte und überredende Weise. Den Weg vieler Verleger, die angesichts der zunehmend schärfer werdenden Kalkulationszwänge zu Produzenten und Vertriebsmanagern von Gedrucktem werden, ist er nie mitgegangen. Immer trat das Kaufmännische, sosehr er es auch beherrschte, hinter der Sache, dem Buch und seiner Präsentation, zurück. Er ist ein Verleger im altmodischen Sinne, der für das, was sein Erkenntnisinteresse weckt, die Autoren ausfindig macht. Die Arbeitsstrecke, zu der sie anschließend aufbrechen, begleitet er mit Anregungen und Einwänden, die er nicht nur gesprächsweise, sondern in oftmals umfangreichen Briefen formuliert. Am Ende, nach der Redaktion des Textes, bestimmt er das Erscheinungsbild des Buches von der Schrift bis hin zu Vorsatzpapier und Schutzumschlag. Die Arbeiten, die in dem von ihm geleiteten Verlag herauskamen, bringen ebensoviel von seiner unruhigen Intellektualität wie von seiner Sicherheit im Geschmacklichen zum Ausdruck. Viele davon sind in die jährliche Liste der schönsten Bücher aufgenommen worden.

Diese sehr persönliche Vorstellung vom verlegerischen Beruf verlangt nicht nur einen kleinen, jedenfalls überschaubaren Verlag, wie Siedler ihn sich erst vor einiger Zeit, mit Hilfe und im Rahmen des Bertelsmann-Konzerns, hat schaffen können, nachdem er zuvor, über Jahre hin, Leiter der Verlage Ullstein und Propyläen gewesen ist. Sie hat auch zur Folge, daß die eigenen Vorzugsthemen das Programm unübersehbar beherrschen.

Kaum etwas hat das Interesse Siedlers so suggestiv erregt und zu immer neuen Denkbemühungen veranlaßt wie die Frage, die er als das eigentliche Problem seiner Generation reklamiert: der durch Irrtum, Blindheit, Schwäche und durch manche unseligen Verstrickungen des einen mit dem anderen herbeigeführte Untergang des Landes mitsamt dem dadurch bewirkten Austritt Europas aus der Geschichte. Im Wandel der Jahre änderten sich mehrfach die Perspektiven, die Frage dagegen blieb. Seine intellektuelle Leidenschaft, auch und gerade als Verleger, war dabei durchweg mehr aufs Verstehen als aufs Verurteilen gerichtet. Er hat sich damit lange quer zu seiner Zeit gestellt, die der Vergangenheit vorzugsweise mit ebenso hochmütig selbstgerechten wie ahnungslosen Verdikten gegenübertrat.

Nicht anders verhielt es sich mit dem historischen Interesse überhaupt. Schon geraume Zeit vor dessen Wiederbelebung, als alle Welt noch vom «Verlust der Geschichte» sprach, hat Siedler auf große, verlegerisch nicht selten riskante Vorhaben gesetzt, wie gleich zu Beginn auf die von Golo Mann und Alfred Heuß herausgegebene Propyläen-Weltgeschichte, und zu aller Überraschung Erfolg damit gehabt. Unbeirrbar hielt er daran fest, daß Geschichte ebenso zum Wesen des Menschen wie zu dem des modernen

Kulturbegriffs gehöre und allem Gerede zum Trotz nicht verlorengehen, sondern nur von den Moden überdeckt werden könne. Die Titel und Autorennamen, die mit dieser Richtung seiner verlegerischen Tätigkeit verbunden sind, lassen sich kaum zählen, und irgendwann stieß nahezu jeder Historiker von Rang zu ihm. Was man heute, nicht ohne Befriedigung, als das zurückgekehrte Geschichtsinteresse der Öffentlichkeit bezeichnet, ist ohne ihn kaum und jedenfalls nicht so zu denken. Wer den Anfängen dafür nachgeht, stößt früher oder später unvermeidlicherweise auf seinen Namen.

Der sehr persönliche Zuschnitt der Verlage, die Siedler geleitet hat, kommt auch in dem zum Vorschein, was in deren Programmen vernachlässigt blieb. Fast gänzlich fehlt vor allem die Gegenwartsliteratur. Solange er Ullstein und Propyläen leitete, war das nicht zuletzt im Vorbehalt vieler Autoren gegen das Haus Springer begründet. Aber die tiefere Ursache lag immer darin, daß ihm die zeitgenössische deutsche Literatur weitgehend fremd blieb. Obwohl er mit manchen der Autoren persönlich fast auf freundschaftlichem Fuß stand, haben ihre Hervorbringungen ihn eher in Verlegenheit gesetzt. «Wer an Heimito von Doderer, Thomas Mann oder Marcel Proust seine literarischen Maßstäbe entwickelt hat, wird mit dem auch literarisch ewig polternden Günther Grass oder dem an der deutschen Misere unermüdlich leidenden, doch seinem Leiden sprachlich nicht gewachsenen Heinrich Böll schwerlich zurechtkommen», pflegte er zu sagen. Was er bei der Lektüre empfinde, laufe auf ein mehr oder minder respektvolles Unbehagen hinaus. Nicht viel anders ergehe es ihm angesichts der bewußt modernen, sprachlich und konzeptionell experimentierenden Literatur. Statt dessen ist er der Auffassung, daß es in aller Kunst von Zeit zu Zeit unproduktive Erschöpfungsphasen gibt, wie im 19. Jahrhundert nach Goethe und Heine, oder im zwanzigsten nach Thomas Mann, Gottfried Benn und Ernst Jünger; und daß heute, wie damals auch, die anspruchsvolleren, auch literarisch bedeutenderen Werke von den Historikern kommen.

Deutlicher noch als im Verlegerischen treten Siedlers Vorlieben naturgemäß in dem hervor, was er geschrieben hat. Er zählt zu der Handvoll bemerkenswerter Essayisten, die es derzeit gibt. Wie kaum ein anderer beherrscht er die Kunst der überraschenden, aus den totgeredeten Gegensätzen heraustretenden Alternative. Was damit gemeint ist, hat er erst unlängst in einem Beitrag über das Kriegsende und die vom Dauerdisput erschöpfte Frage, ob das Land eher besiegt oder befreit worden sei, eindrucksvoll demonstriert. Ein andermal, in einem Essay mit dem bezeichnenden Titel «Trauer um den verlorenen Schmerz», hat er den Gleichmut, mit dem die Deutschen den Untergang des Reiches hinnahmen, an die Schuldfrage geknüpft und die Verdrängung eigener wie fremder Leiden als die beiden Seiten der gleichen Empfindungsarmut diagnostiziert.

Zur essayistischen Überredungskraft Siedlers gehört seine Anschauungsgabe, und durchweg kommen seine Gedanken aus dem Beobachteten, das jeder ringsum übersieht. Als Liebhaber alles Aufwendigen begründet er dieses Verfahren mit der Bemerkung, daß der Zugang zur Höhle der Orakel hinter unauffälligen Felslöchern liegt. «Wer die nicht wahrnimmt, kann nicht einmal die Fragen stellen, die ihm weiterhelfen.» In der Umsetzung des Gedachten verfügt er über eine Ausdruckskraft, die sich gern unangestrengt, sogar nachlässig gibt, aber doch einen sehr bewußten, an großen Vorbildern geschulten Stilwillen verrät.

Angesichts dieser Eigenarten haben die Kritiker immer wieder Siedlers besondere Fähigkeit hervorgehoben, Welthistorisches an ganz Beiläufigem abzulesen und aus der Proportionsverschiebung, wie sie auf einer Hausfassade sichtbar werden kann, aus einem unmerklichen Wandel in den Umgangsformen oder den Eindrücken auf einem Trödelmarkt ein neues Epochengefühl herzuleiten. Mit seinen Arbeiten hat er lange Zeit alle herkömmlichen Vorstellungen durcheinandergebracht: ein unverhohlen Konservativer, der Wehleidigkeit durch Witz und Scharfsinn ersetzt, polemisch sein kann ohne Geschwollenheit und bei allem Hohn auf den Zeitgeist stets und unverkennbar auf der Höhe der Zeit war.

In alledem ist, über die Jahre hin, kein Bruch zu entdecken. Eine Sammlung seiner Essays, die unlängst herauskam, vereint Arbeiten aus mehr als zwei Jahrzehnten, ohne daß in Stil oder Denkweise ein Unterschied merkbar würde. So schrieb er, früher und als ausgewiesener Architekturhistoriker auch kenntnisreicher als Alexander Mitscherlich, schon zu einer Zeit über die Zerstörung der Städte, als Architekten, Planungsämter und Öffentlichkeit sich noch reihum zu jeder neuen baulichen Monstrosität beglückwünschten; über Preußen lange vor dessen lärmender Wiederentdeckung; und über Bäume, als es die Grünen noch nicht gab.

Diese Stücke und was er sonst noch schrieb, gerieten ihm immer wieder zu Requiems in Prosa, nachdenklich und mit sonorer, leicht belegter Stimme intoniert. Doch versperrt sich sein Konservatismus nie der Gegenwart. Er hält Veränderungen für notwendig, erinnert sich aber gern des Gewesenen, weil erst die Trauer über den Verlust, der in jedem Wandel steckt, dem Neuen das Gewicht verleiht, das es zu seiner Selbstbehauptung nötig hat. Das hat auch die Abschiede, die er schreibend immer wieder beschwor, gegen jene falsche Zuversicht gewappnet, die so vielen die Preisgabe des Alten leichtmacht. Genauer als die Anwälte des immer Neuen ist er sich klar darüber, daß es den behaupteten Fortschritt bei unvoreingenommener Rechnungslegung nicht gibt und alle Gewinne mit Verlusten bezahlt werden müssen. Es gibt denn auch nicht eine Spur utopischen Denkens in seinen Essays, aber auch kein resigniertes Hausen im Vergangenen. Sondern eine Vernünftigkeit, die aus so viel Erkenntniswillen wie Erinnerungskraft gemacht ist und das eine im anderen sucht. Gefunden hat er, in diesem wie in jenem, die Modernität des Vergangenen.

Zu Siedlers Lieblingsworten zählt die Bemerkung Goethes von

der Persönlichkeit als dem «höchsten Glück». Auf der an Charakteren arm gewordenen Bühne des Verlagswesens spielt er nach wie vor eine auffällige Rolle: mit Weltläufigkeit, Lust am Gebildeten, mit Ironie und nicht selten pathetischem Charme. Im Lebendigen kann viel widersprüchlich Scheinendes mühelos verbunden sein, auch die Mischung aus Melancholie und Unverdrossenheit, die er im Wesen wie im Auftreten erkennen läßt. Von andeutungsweise gern ins Gespräch gebrachter Altberliner Herkunft, hat Siedler über viele Jahre hin versucht, etwas vom Bild der Stadt und womöglich sogar von ihrer verlorengegangenen Urbanität zu retten. Nur selten mit Erfolg, weil kaum irgendwo sonst die Verwüstungen des Krieges so buchstäblich gnadenlos mit den Mitteln der Stadtplanung fortgesetzt wurden wie in Berlin. Siedler hat sich davon nicht entmutigen lassen. Er sagt und schreibt gern, daß die Erhaltung des Überkommenen, sei es im Gedächtnis, sei es in der Wirklichkeit, nicht Lebenszähigkeit von unten, sondern Anstrengung von oben sei. Er hat diese Anstrengung auf vielen Feldern zu seiner Sache gemacht, den erhöhten Platz und Ausblick inbegriffen.

FORM UND VERGÄNGLICHKEIT.
ÜBER DIE KUNST

Die Geburt der Häßlichkeit. Ein Versuch

Die Behauptung, daß der Mensch zwischen Vergangenheit und Zukunft stehe, ist eine jener schlichten Wahrheiten, mit denen gut beratene Redner ihren Vortrag am besten beginnen. Der Satz gewinnt aber an Gewicht, wenn man ihn mit einem konkreten Gedanken verbindet und beispielsweise so deutet, daß jeder Mensch sich irgendwann vor die Wahl gestellt sieht, wofür er sich entscheide: fürs Vergangene oder fürs Kommende. Der Ausgang dieser Wahl hängt von zahlreichen Faktoren ab, von gesellschaftlichen und anderen Einflüssen unterschiedlicher Art, von Temperament und Erziehung, natürlich auch von der Zeitstimmung. Und hinzu kommt, daß den meisten diese Entscheidung überhaupt nicht bewußt wird. Dennoch beeinflußt sie nahezu alle Verhaltensweisen: die gedanklichen Richtungen, die Erwartungen und Befürchtungen, die politischen Optionen und vieles mehr, bis hin zu den geschmacklichen Vorlieben.

Jahrhundertelang hat Europa immer nach vorn gedacht, alle seine Verheißungen fand es in der Zukunft. Das hat dem Kontinent die dauernde Unruhe und Aufbruchsstimmung, seinen Optimismus und seine unvergleichliche Dynamik verliehen. Von allen Epochen der Vergangenheit seit dem frühen Mittelalter ist aber keine den Mitlebenden so voller Versprechungen erschienen wie die Jahrzehnte der Aufklärung. Es war zugleich die Zeit, in der die Menschen sich, entschiedener denn je, vom Vergangenen lossagten.

Der tiefe Bruch, der diese Epoche charakterisiert, erfaßte alle Bereiche: Philosophie und Literatur, Wissenschaft, politisches Denken, kurz, alle Facetten des Lebens. Nur in Kunst und Kunsthandwerk blieb er lange verdeckt. Denn der Klassizismus, in dem die Aufklärung ihren ästhetischen Ausdruck fand, überspannte den Riß durch die Zeit und war, trotz aller politischen Impulse, die ihn trugen, viel eher eine künstlerische Antwort auf die Kunstvorlieben der Vergangenheit: die Revolte des wahren Geschmacks gegen die Willkür und Verspieltheit der Rocaille. Es gilt daher nur zur Hälfte, was Michael Stürmer darüber schrieb: daß «im Kult von Kubus und Kugel, Kreis und Quadrat, Pyramide und Symmetrie ... der neue Stil seine Logik und Grammatik» gefunden habe. Und weiter: «In der strengen Geometrie von Gebäudegrundriß, Stadtgrundriß und Weltgrundriß kündigten sich Umbrüche an, denen die Architektur des alten Europa so wenig standhalten konnte wie seine gesellschaftliche Verfassung.»

Aufklärung und Klassizismus stützten sich und wurden vorangetrieben durch die gleichen Prinzipien von Vernunft und Natur, deren Verbindung im Ästhetischen den damals so genannten «wahren» oder «reinen» Geschmack, das Urbild des Schönen ergab. Die Architekten, Kunsttischler und Silberschmiede der Zeit empfanden sich, bei aller Belesenheit, nicht als Wiederentdecker des style grecque, der antiken Muster und Maße, sondern als Entdecker des einzig Richtigen, zugleich Natürlichen und deshalb Schönen, das von Laune und Unvernunft verdorben worden war.

In alledem war der Klassizismus Ausdruck eines Zeitbewußtseins, das zu den Ursprüngen zurückging, aber zugleich von der Vision eines neuen Weltzustandes ergriffen war. Und ein Abglanz dieser idealen Balance zwischen dem Einst und dem Morgen liegt noch für das gegenwärtige Empfinden über allem, was er geschaffen hat. Wie in einem Spiegel sammelt und vereint er die Summe aller altmeisterlichen, in Generationen überlieferten Kunstfertigkeit, verbindet sie mit Einfachheit, mit dem Raffinement des Strengen, dem natürlich wirkenden und doch mit höchster Kenntnis erst hergestellten Schönen. Im Jahre 1762 hielt der Architekt Toussaint-Noël Loyer vor der Akademie der schönen Künste zu Lyon eine Rede, in der er über die Art der Inneneinrichtung von Wohnungen sprach. Aber was er sagte, klang wie ein philosophisches Pronunciamento, als ob es ihm nicht um Fragen von Geschmack und Stil, sondern um die säkulare Wahrheit an sich zu tun sei. Der gute Geschmack, so meinte er, sei stets in Übereinstimmung mit der Vernunft, darauf bauten alle Regeln auf. Die schönen Jahrhunderte Griechenlands und Roms seien der Beweis dafür, und was man zur Zeit erlebe, sei nichts anderes als die Wiedergeburt jener klassischen, ewig gültigen Prinzipien. Sie allein stünden in wirklicher Beziehung zu den Bedürfnissen der Menschen und ihrem gesellschaftlichen Wohl. Und dann, von sich selber sprechend: «Ich habe jene Regeln und Formen befolgt, welche die wahren sind, und mir nur Freiheiten gestattet, wo dies unvermeidlich war. Freiheit und Regel müssen einander nicht widersprechen. Alle willkürlichen Formen habe ich verbannt, da sie oft Irrtümer der Einbildungskraft und geringe Kenntnis verraten.» Dahinter stand die Gewißheit, daß es ein unveränderbar gültiges Bild des Schönen gäbe, dessen Urformel gleichsam, und daß sie, einmal gefunden, nach so vielen Verirrungen endlich zurückgewonnen sei.

Der Klassizismus war jedoch nicht nur die Rückbesinnung auf die Urformel, sondern, damit eng verbunden, auch eine ins Kommende weisende Verheißung. Die «wahre» Kunst war nur ein Teil jener allgemeinen Wahrheit, deren Herrschaft nach den Vorstellungen der Zeit der Welt die Freiheit bringen werde, aber auch Gerechtigkeit und Eintracht. Ein Widerschein all dieser arkadischen Träume, mit dem «Glück», the pursuit of happiness, als magischem Zauberwort im Mittelpunkt, wird noch auf den Alltagsgegenständen der Zeit, ihren Möbeln, Gemälden, Silbergeräten und Porzellanen sichtbar, desgleichen in ihren Architekturen. Vielleicht ist diese Glückserwartung nirgendwo sonst so vollendet und bewußt zur Erscheinung gekommen wie im Schloß Wörlitz bei Dessau, das Wieland als «Zierde und Inbegriff» dessen beschrieben hat, was die Aufklärung wollte: ein von palladianischem

Geist inspiriertes, in einem weitläufigen Park gelegenes Schloß mit Alleen, Kanälen und Brücken, dem Glück der Menschen gewidmet, pädagogische Provinz und Exempel aufklärerischen Reformwillens zugleich: «das erste und schönste Gesamtkunstwerk des kontinentaleuropäischen Klassizismus».

In der Wendung zur Zukunft, dem, was man heute den utopischen Charakter nennen würde, offenbart der Klassizismus jedoch lediglich die eine Ansicht seines Wesens. Denn er war nicht nur Ausdruck der aufgeklärten Gesellschaft und ihres dem Kommenden zugewandten Geschmacks, sondern auch die ästhetische Formensprache der politischen Gegenwelt. Beide Seiten haben ihn für sich reklamiert: Das Ancien régime in seinen Ausstattungsrevuen, aber auch die bürgerliche Revolution mit der Vernunftdiktatur und dem Kult des Être suprême. Anders als spätere Umstürze, die immer auch einen neuen Stilwillen dekretierten und die ästhetischen Götter der überlebten Zeit von ihren Sockeln stürzten, haben die Wortführer von 1789 die Kunstvorstellungen der untergehenden Welt unangetastet gelassen, so sehr waren die einen wie die andern von deren innerer Wahrheit überzeugt. Und ein Maler wie Louis David konnte, unbehelligt von allen politischen und gesellschaftlichen Veränderungen, seine Kunst der einen wie der anderen Seite zur Verfügung stellen und schließlich sogar noch dem Empire Napoléons.

Die Beständigkeit, mit der die klassizistische Formensprache die Zeitwirren überdauerte, hat denn auch den tiefen Bruch verdeckt, den die Französische Revolution bedeutete. Und vielleicht liegt darin eine der wesentlichen Ursachen dafür, daß der «wahre Stil» mitsamt seinen vermeintlich unveränderlichen Prinzipien schon vierzig, fünfzig Jahre später wie weggeräumt war und alle Einsichten, Kenntnisse und Fähigkeiten verloren schienen, die ihm zugrunde gelegen hatten, so daß man meinen konnte, er sei nie gewesen. Was an seine Stelle trat, war etwas gänzlich Anderes, und die Menschen sowohl des Ancien régime wie die des Thermidor wären, die einen in ihren Ängsten, die anderen in ihren Hoffnungen, schlechterdings außerstande gewesen, es vorauszuahnen.

Erste Anzeichen deuteten allerdings schon in den Tagen der Revolution auf das Kommende hin. Im Jahre 1789 bereiste der englische Agrarreformer Arthur Young die Provinzen des nördlichen und östlichen Frankreich und wurde in Straßburg zum Zeugen dessen, was man die andere, abgekehrte Seite der Revolution nennen kann: Die nun erstmals auch im Äußeren hervortretende, radikale Absage an das Gewesene. Das Defournisser, wie man den Vorgang nannte, in dessen Verlauf Schlösser, Amtssitze und Rathäuser gestürmt und geplündert wurden, war nicht nur die Zerstörung des Ancien régime in seinen Symbolen, sondern selber ein symbolischer Akt, der offenbar machte, daß im Bruch der Verhältnisse auch etwas zerbrochen war, was keine Kontinuität des Kunstidioms verdecken konnte. «Der Pöbel stürzte», heißt es in Youngs Bericht, «unter einem allgemeinen Siegesgeschrei der Zuschauer, wie ein Strom in das Rathaus. Und gleich darauf flogen Scheiben, Rahmen und Fensterläden, Stühle, Tische, Sofas, Bücher, Papiere, Gemälde und vieles andere unaufhörlich aus allen Fenstern. Bald danach folgten Dachsteine, Bretter, Gitter, Verzierungen, kurz alles, was man losbrechen konnte.»

Solche Vorkommnisse, wie vordergründig sie dem Beobachter auch erscheinen mögen, deuten immer auf tieferliegende Bewandtnisse, und die Fensterstürze des Schönen, wie sie in Straßburg und andernorts zu jener Zeit stattfanden, waren in Wirklichkeit eine «Schrift an der Wand». Schon um 1785 hatte der französische Hof, in einer plötzlichen, wenn auch viel zu spät kommenden Wendung zur Sparsamkeit, die nach Zehntausenden zählenden Handwerker von Paris in große Armut gestürzt. Desgleichen die Seidenweber von Lyon, die Porzellanhersteller von Sèvres sowie die Gobelinknüpfer von Brüssel und anderswo. Als die Revolution ausbrach, drückten jene Emigranten, die überstürzt ihr Hab und Gut verkauften, weiter die Preise. Die Auktionen, auf denen die Revolutionäre seit 1793 die Besitztümer des Adels verschleuderten, taten ein übriges, und was gestern Luxus gewesen war, Ausdruck höchster Verfeinerung und kaum erschwinglich, verwandelte sich über Nacht in die eitlen, entzauberten Überbleibsel einer Welt ohne Wiederkehr.

Ähnlich verhielt es sich an vielen der deutschen Residenzen. Auch dort machte sich um die gleiche Zeit die Erkenntnis breit, daß die Zeit der schönen Überflüssigkeiten vorüber sei, desgleichen am Zarenhof, und 1789 demütigte die russische Herrscherin den womöglich berühmtesten Ebenisten der Zeit, den Cabinetmacher Europas, David Roentgen, indem sie ihm eine Anzahl wertvoller, erst wenige Jahre zuvor bestellter Möbel zu seinen Lasten nach Neuwied zurückschickte. Roentgen selber reiste gerade, erfüllt von melancholischen Empfindungen, von Hof zu Hof, um Schulden einzutreiben und zu Unterpreisen jene Möbel loszuschlagen, die soeben noch von allen begehrt gewesen waren. Wie von einem Tag auf den anderen kam der Markt überall zum Erliegen. Einen Augenblick lang schien die Zeit, wie im Erschrecken über das sich andeutende Ende des Schönen, stillzustehen. Noch das Empire und selbst das frühe Biedermeier versuchten, den «köstlichen Augenblick» festzuhalten und mit ihm jene «edle Simplizität», in deren Zeichen alles begonnen hatte. Aber nicht für lange.

Was dann begann, hat man «die Geburt der Häßlichkeit» genannt, und diese Häßlichkeit war eine ganz und gar neue Erscheinung. Bis in die dreißiger Jahre des 19. Jahrhunderts hat es in dem, worin und womit der Mensch lebte, das Häßliche im Sinne des Vulgären, ästhetisch Mißratenen, des Geschmacklosen nicht gegeben. Stattdessen gab es nur verschiedene Formen des Aufwendigen. An einem Bauernhof waren Fenster oder Türen ebenso sicher proportioniert wie an einem Bürgerhaus oder einem Palais. Und ein Becher oder ein Leuchter konnten aus Holz, Zinn oder Silber sein, in jeder Ausführung zeigten sie den gleichen, untrüglich sicheren Instinkt für Maß und Funktion. Ebenso verhielt es sich mit den Möbeln, mit den Stoffen, dem Porzellan und den Dekoren. In welcher Epoche man sich auch umtut – es gibt keine Häßlichkeit und keine geschmacklichen Entgleisungen. Zugespitzt ließe sich sagen, daß eine Unterscheidung in guten und schlechten Geschmack, in das ästhetisch Zulässige und Unerlaubte überhaupt erst mit der frühen Mitte des 19. Jahrhunderts sinnvoll wird. Auch was man «Kitsch» nennt, die Verbindung von Süßlichkeit und Prätention, des Geschraubten mit dem Gewöhnlichen kommt erst zu dieser Zeit in die Welt.

Das ist ein überraschender Gedanke, und mir scheint, ihm sei noch kaum hinreichende Aufmerksamkeit zuteil geworden. Die Frage ist, wodurch diese neuartige Erscheinung der Häßlichkeit entstand. Warum der Sinn für das Richtige und das Angemessene jetzt unvermittelt abriß, der so viele Jahrhunderte lang, buchstäblich seit Menschengedenken, mit so unfehlbarer Sicherheit am Werke gewesen war, daß man glauben mochte, er sei dem Menschen angeboren?

Wie immer beruhen so folgenreiche Zäsuren nicht auf einer einzelnen Ursache. Vielmehr muß man einen ganzen Komplex von wechselseitig sich befördernden und vorantreibenden Bedingungen in Betracht ziehen.

Am nächsten liegt der Gedanke, auf den industriell-technischen Wandel zu verweisen, der mit der Erfindung der Dampfmaschine einsetzt. In aller vorausgegangenen Zeit hatten die Handwerker das Werkzeug bewegt, während das Werkstück in Ruhe verblieb. Michael Stürmer, der dies als erster gesehen hat, knüpft daran die treffende Bemerkung, Sankt Joseph, der Zimmermann, hätte bis etwa zum Jahre 1780 aus irgendeinem gotischen Tafelbild heraustreten und jedes der Handwerkzeuge benennen und bedienen können, die beispielsweise in den Kupferstichen der berühmten Enzyklopädie d'Alemberts abgebildet waren.

Schon wenige Jahre später war es damit vorbei. Jetzt bewegte sich nicht mehr das Werkzeug, sondern das Werkstück, die Herstellung war in zahlreiche Einzelvorgänge zerlegt, Bandsägen, Fräsmaschinen und mechanische Hobel waren durch Transmissionsriemen mit einer Dampfmaschine verbunden – und keiner dieser Begriffe aus der neuen Arbeitswelt hätte dem Mann aus dem Bilde auch nur das geringste bedeutet.

Indessen muß die technisch-industrielle Verfertigung von kunstgewerblichen Gütern keineswegs zwangsläufig zur Häßlichkeit führen, und auch die Massenfertigung kann ästhetische Formen bewahren. Daß dieser Gedanke zutreffend ist, zeigen nicht nur Unternehmer wie Georges Jacob oder Pierre Philippe Thomire in Paris, die schon um 1780 zur rationellen Serienfertigung von Möbeln oder Bronzebeschlägen höchster Qualität übergingen und bis weit ins 19. Jahrhundert Kunstanspruch und wirtschaftlichen Erfolg zu verbinden wußten. Vielmehr führt die umgekehrte Betrachtung zum gleichen Ergebnis. Die großen Porzellanmanufakturen haben ihre Produkte von Beginn an, wenn nicht in Massen, so doch in Serien erzeugt, aber gerade sie spiegeln den Geschmacksverlust, der gegen Ende der ersten Hälfte des 19. Jahrhunderts einsetzt, womöglich am deutlichsten wider: die Einbuße an formaler Sicherheit, an Sinn für das Dekor, an das Erlaubte in der Verwendung des Goldauftrags.

Die Verbindung von technischer Herstellung und Schönheit demonstrieren jedoch ebenso die Münzen und Medaillen früherer Zeiten, desgleichen die Textilien sowie die Bücher, die zu den frühen Serienprodukten zählen und Fertigungsverfahren mit vergleichsweise hohen Investitionen und kapitalistischen Verlagstechniken erforderten. Darüber hinaus gibt es manche Hervorbringungen des 19. Jahrhunderts, die den gleichen Zusammenhang offenbaren: Schinkels gußeiserne Treppengeländer und Gartenmöbel beispielsweise, aber auch Gewächshäuser mit filigranen Streben oder gläserne Maschinenhallen, ganz zu schweigen von den zahlreichen Beispielen eines ästhetischen Designs in der Gegenwart.

Mit der heraufziehenden Häßlichkeit haben die technischen Prozesse eher auf indirekte Weise zu tun. Denn sie ruinierten das alte Handwerk, seine Traditionen und Maßvorstellungen, die fast ins Unterbewußte eingegangenen Überlieferungen einer sich selbst kaum reflektierenden Kultur. Jetzt waren die kategorischen Kunstregeln, nach denen bis dahin jeder Gegenstand gefertigt worden war, nur noch hinderlich und hemmten die industriellen Möglichkeiten. Auch warfen die neuen Maschinen um so größere Erträge ab, je mehr sie produzierten: sie verlangten Kostendenken, Kredit, Absatzplanung, erweiterte Märkte, keinesfalls jedoch die Häßlichkeit oder was wir unterdessen als häßlich empfinden. Im Grunde erforderten sie ein neues Denken, den Vorrang ökonomischer Kategorien. Da lag der wirkliche Epochenbruch. Aber was hatte das Schöne damit zu tun und warum hätte es die Zeitenwende nicht überdauern sollen? Falsch jedenfalls wäre es, anzunehmen, daß veränderte Produktionsverfahren das ästhetische Formbewußtsein nachhaltig beeinflussen können. Die Einbußen im Geschmacklichen kommen nie aus industriellen, sondern aus geistigen Prozessen.

Geht man den tieferen Ursachen dieser Entwicklung nach, so stößt man zunächst auf die Entstehung des historischen Bewußtseins, die in der zweiten Hälfte des 18. Jahrhunderts einsetzt. Bis dahin hatte jede Zeit sich im Verhältnis zu allen Vergangenheiten als überlegen gesehen. Zwar galt die Antike, zumal im Künstlerischen, noch immer als unübertroffener Maßstab. Aber im ganzen, was Lebensumstände und Erkenntnisstufe sowie, vor allem seit dem Mittelalter, die Gewißheit des Heils anging, empfand sich jede Gegenwart ihr weit voraus. Jetzt dagegen wurden alle historischen Zeiten, wie Ranke gesagt hatte, «unmittelbar zu Gott», das heißt prinzipiell gleichwertig. Diese zunächst eher abseitig anmutende Überlegung setzte jedoch zugleich, im Blick auf die Kunst, alle Formerfindungen der Geschichte ästhetisch ins gleiche Recht. Romanik und Gotik, Renaissance, Barock und Rokoko mit ihren vielen Zwischenformen und Übergangsstilen: keine dieser Epochen hatte seither der anderen etwas voraus.

Die Stilformen der Vergangenheit wurden aber nicht nur gleichrangig, sondern von ebendiesem Zeitpunkt an auch verfügbar, da die technischen Möglichkeiten alles nachahmbar machten. Das hat nicht nur die Formphantasie gelähmt, sondern ihr auch die einstige, in der generationsweisen Überlieferung verwurzelte Sicherheit genommen. Nicht ohne beunruhigte Vorausahnung für das, was die Zukunft bringen werde, entwickelte Schinkel in den dreißiger Jahren des 19. Jahrhunderts, zusammen mit Peter Beuth, einen Kanon des schönen Kunsthandwerks: ein mehrbändiges Lehrbuch, das unter dem Titel «Vorbilder für Fabrikanten und Handwerker» noch einmal die Stilvorstellungen und Qualitätsregeln der Vergangenheit festhielt, um ihre Geltung auch für industriell gefertigte Möbel, Lampen, Bronzebeschläge und anderes zu sichern. Denn «die Progressen», schrieb er in einem Brief von 1836, sind, was die Kunst angeht, «wahrhaft schrecklich». Aber die Progressen verschonten auch ihn selber nicht. Man erfaßt etwas vom Ausmaß ihrer Gewalt, wenn man diese Folianten durchblättert, die, trotz aller Vorsätze «zur Vertheidigung des Ehrwürdigen gegen die Stürmenden», wie Schinkel schrieb, und trotz aller lebenslangen Suche nach dem «neuen und wahren Stil» schon selber in der Sicherheit jenes Schönen schwanken, das sie noch einmal beschwören.

Denn die Häßlichkeit, deren Zeit nun anbricht, hat nicht zuletzt mit der Vermischung der Stile zu tun, dem oft ebenso anmaßenden wie groben Übereinanderhäufen unvereinbarer Formen. Wir wissen aus anderen Zusammenhängen, daß der Mensch nur schwer davon abzuhalten ist, das technisch Machbare auch tatsächlich zu machen. Es muß eine Art Rausch gewesen sein, in dem man ein Chalet mit Spitzgiebeln, Doppelsäulen und mittelalterlichen Butzenscheiben versah oder Tafelaufsätze entwarf wie den, den ich unlängst in London sah: eine mehr als zwei Meter lange

Spiegelplatte, umrahmt von einer vergoldeten Galerie aus gotisierendem Bogenwerk, in der Mitte eine barocke, brunnenähnliche Schale, aus der sich ein gepanzerter Ritter erhob, und das Ganze flankiert von elfenbeinernen Säulenensembles, die untereinander durch dünnes Kettengehänge verbunden waren. Es ist dies der Stil, für den sich der Begriff des Wilhelminischen eingebürgert hat und der im Grunde weniger ein Stil als ein beliebig ins Repertoire der Vergangenheit greifender Eklektizismus ist.

Zu seinen auffälligsten Merkmalen zählt, daß er immer wieder an seinen eigenen Prunkgebärden erstickt. Hersteller wie Käufer suchten offenbar vor allem die Schaustellung dessen, was möglich war und was die aufwendigen Umstände, in denen sie sich befanden, erlaubten. Es war das robuste, aber zugleich leicht dünkelhafte Lebensgefühl einer Epoche von Gründern und Eroberern, das in alledem zum Vorschein kam. Man kann denn auch angesichts der Zeugnisse dieser rhetorisch entleerten Gebrauchskunst die Wirkungen des Wohlstands nicht außer acht lassen, der im 19. Jahrhundert eine nie für möglich gehaltene Verbreitung erlangte. Seine Segnungen hatten bis dahin nur eine verschwindende Minderheit erreicht, deren Maßstäbe aus kultureller Erinnerung, Belesenheit und geschultem Urteil herstammten. Wo an deren Stelle der bloße Reichtum trat und der auf ihn gegründete Anspruch, in allem mitzureden, kam es zu jenen eklatanten Mesalliancen, bei denen durchweg der Geschmack auf der Strecke blieb. Denn das hintergrundlose Bewußtsein weiß nichts von den Anstrengungen, die das Schöne voraussetzt, und erlebt seine tiefsten Beglückungen im Trivialen, wo es sich am unvermitteltsten zur Geltung bringt.

Die ästhetische Unsicherheit der Epoche hatte aber noch eine andere Ursache. Denn was mit den Adelsprivilegien auf der höheren gesellschaftlichen Ebene fiel, stürzte auf der darunterliegenden mit dem Ende des Zunftzwanges. Schon das Hofhandwerk, das von den traditionalistischen Beengungen des Zunftwesens freigestellt war, hatte die starre, korporative Ordnung alten Zuschnitts unterhöhlt, und ähnlich verhielt es sich mit den im Zeichen des Merkantilismus gegründeten Manufakturen. Die Zünfte, die sich schon immer vom Gespenst der Überproduktion bedroht gefühlt und ihr Heil in der Stagnation gesehen hatten, verstärkten seither noch das Prinzip der Bewegungslosigkeit. Als das unflexibelste waren sie zugleich auch das schwächste Glied in dieser Welt der schönen und kostbaren Güter. Die Krise im Verlauf der letzten Jahrzehnte des 18. Jahrhunderts traf sie daher zuerst und mit besonderer Wucht. Auf die zusehends ungeduldiger und fordernder laut werdenden Fragen nach einem von Grund auf neuen System von Arbeit und Markt wußten sie schlechthin keine Antwort. Gewerbefreiheit, Recht auf Arbeit und freies Spiel der Kräfte waren die Stichworte des Kommenden. Die kleine Welt des Zunfthandwerks setzte ihnen nur ihr zähes Beharren entgegen. Als Folge davon zerbrach binnen kurzem die in Jahrhunderten gewachsene, wenn auch zusehends als Last empfundene Organisationsform des alten Handwerks.

Was damit in Agonie überging, waren Protektionismus, Bevormundung und Marktverengung, wie sie die Zünfte betrieben hatten. Zugleich damit endete aber auch ein bewährter Überlieferungszusammenhang, Wissen und Ethos eines Standes, die vom Meister, Generation für Generation, weitergegeben worden waren. Das Recht auf Arbeit, «jedem Menschen zum Eigentum gegeben», wie der französische Reformminister Turgot 1776 erklärt hatte, wurde nun von jedermann auch in Anspruch genommen. Es schloß viele andere Rechte ein und entließ den Menschen nicht nur aus den Zwängen der Privilegienwirtschaft, sondern auch aus dem Diktat der Normen und Maßstäbe des «guten Handwerks», der sozialen ebenso wie der ästhetischen Verläßlichkeit der alten Welt. Mit allem anderen wurde nun auch der Geschmack frei.

Gleichzeitig damit betrat eine neue Figur die Szene der schönen Dinge: der Kunstfabrikant. Angekündigt hatte er sich schon in den Hofhandwerkern, die bereits betriebliche Rationalisierung, Absatzplanung und Lagerhaltung kannten. Doch war die Unternehmerelite des 18. Jahrhunderts noch in der Tradition des alten Handwerks beheimatet gewesen. Das änderte sich jetzt. Auf dem Markt der Gebrauchsgüter wurden Kapitalbildung, Wachstum und Rentabilität nun wichtiger als die Bewahrung formaler Standards. Zwar lebten die kleinen Handwerksbetriebe fort. Aber sie waren nur noch die Überbleibsel einer sterbenden Tradition. Die Zukunft stand ganz im Zeichen des Kunstfabrikanten, und der Platz, den er sich eroberte, lag zwischen dem entwerfenden Künstler und dem Käufer: auch er ein Homo novus, traditionslos und kunstfremd wie die Angehörigen der Schichten, für die er arbeiten ließ.

Auf einem zusehends größer werdenden Markt, der die Massenherstellung ebenso prämierte wie er die Anhänglichkeit ans Einzelstück bestrafte, verloren die Beziehungen zwischen Hersteller und Käufer damit den einst persönlichen Charakter. Bis dahin hatte derjenige, der Möbel, Schmuck, Silber oder Bronzen erstehen wollte, den Handwerker aufgesucht, hatte sich Vorlagen zeigen oder zeichnen lassen und Änderungen besprochen, die sich an seinem Geschmack, an irgendwo Gesehenem sowie schließlich an den räumlichen oder finanziellen Möglichkeiten orientierten, die ihm zu Gebote standen. Mit der industriellen, bald schon ins Massenprodukt übergehenden Fertigung zerbricht diese Verbindung, die ja nicht nur ihre eigene Intimität gehabt, sondern auch jene Idee des Schönen gesichert hatte, die nicht zuletzt auf Übereinkünften beruht. Diese Übereinkünfte waren in der Welt der Handwerkskultur, auch wo sie schon unternehmerischen Zuschnitt angenommen hatte, noch zu bewahren gewesen. Das Dazwischentreten des Fabrikanten zerreißt den Zusammenhang.

Das alles veränderte zugleich den Charakter der Nachfrage. Sie war bis dahin weitgehend von den Höfen, dem Patriziat sowie dem gebildeten Bürgertum bestimmt worden, und allen diesen Schichten gemeinsam war, daß sie in Kategorien der Tradition dachten und das Neue nur akzeptierten, wo es schrittweise darüber hinausging. Die höfischen Handwerksunternehmen und Manufakturen hatten diesen Bedürfnissen ebenso besonnen wie neuerungsbereit Rechnung getragen. Aber die entschiedene und bewußte Lossage vom Einstigen, die jetzt aufkam, war nie ihre Sache gewesen und hätte in der Welt der Repräsentation und der starken Konventionen allenfalls als Laune bestehen können. Der Park von Bomarzo oder die Villa Palagonia bei Palermo sind Beispiele solchen Ausbrechens aus allem Hergebrachten, und Goethe hat denn auch von seinem Besuch der Villa gesagt, er sei dort durch «Spitzruten des Wahnsinns» gelaufen.

Die Nachfrage wandelte sich jedoch noch unter einem weiteren Gesichtspunkt. Denn mit dem Ende des feudalen Zeitalters zieht die bürgerliche Welt herauf, die nicht mehr in Vorstellungen der Repräsentation, sondern viel eher in solchen der Häuslichkeit dachte. In Italien, mitunter aber auch in Deutschland, kann man an zahlreichen Stadtpalästen eine Inschrift entdecken, wonach das Gebäude zum Ruhme der Stadt und zur Erinnerung an den Bauherrn errichtet sei. Das war aus vergangenen Verhältnissen gedacht. Das Bürgertum des 19. Jahrhunderts suchte weder Repräsentanz noch Selbstverewigung, sondern das Wohlbehagen und sah im eigenen Haus den Ort gemütlicher Privatheit. Der ganze Riesenabstand tritt in Erscheinung, wenn man beispielsweise Palladios Villa Rotonda mit ihrer ins ganz Persönliche reichenden, die Haltungen und das Auftreten bis hin zu den Gebärden prägenden Strenge betrachtet, die Feierlichkeit, die diese Räume dem Bewohner aufnötigen – und dagegen eine der Kommerzienratsvillen des 19. Jahrhunderts hält, mit den schummerigen Kaminecken, den Wintergärten und dick gesteppten Samtportieren. Der Vergleich offenbart, daß sich weniger eine Geschmacksvorstellung als eine Daseinsform verändert hat, der Kunststil folgt nur dem neuen Bild des Lebens. Die es prägen, sind die Enkel der Defournisseure von 1789. Sie denken nicht mehr in überpersönlichen Zusammenhängen, sondern in subjektiven Befindlichkeiten; und Hand in Hand mit der Verachtung der Norm geht die Vorliebe für das Besondere und Ausgefallene.

Die Aufzählung der sehr unterschiedlichen, aber vereint die Entstehung der Häßlichkeit verursachenden oder befördernden Faktoren wäre unvollständig ohne eine letzte Überlegung. Es ist keineswegs so, daß die Entfremdung zwischen Kunst und Handwerk allein von der Seite des Publikums her vorangetrieben wurde, vielmehr hat auch die Kunst ihren Anteil daran durch das neue Bild des Künstlers von sich selbst, man kann auch sagen, durch die Idee des Genies. In aller Vergangenheit war der Künstler, vom Ebenisten bis zum Maler und vom Silberschmied bis zum Architekten, immer nur der Angehörige eines gehobenen Dienstleistungsgewerbes gewesen. Sein Ingenium hatte sich gerade durch die Freiheit offenbart, die er in der Unterwerfung unter die Überlieferung einerseits und unter den Auftraggeber andererseits behauptete. Gerade diese ständige Spannung hatte ihn nicht selten produktiv und womöglich erst groß gemacht. Seit der zweiten Hälfte des 18. Jahrhunderts dagegen definierte sich das Genie geradezu durch den Anspruch auf subjektive Willkür, auf Verletzung der Übereinkünfte und hergebrachten Maßstäbe.

Was man im Blick auf jene Epoche «Geniekult» nennt, ist nur aus einer doppelten Perspektive zutreffend zu erfassen. Denn nie war es allein der Kult, den das Genie mit sich selber trieb, sondern auch die Verzücktheit, mit der das Bürgertum aus seinen biedermeierlich geordneten Lebensumständen, gleichsam versteckt hinter seinen Samtportieren, auf das enthemmte Treiben jener Außenseiter starrte, ihre kühnen Unerlaubtheiten. Gewiß wäre es unsinnig, den Befreiungsimpuls zu leugnen, der aus alledem kam, und zweifellos ist die romantische Kunst, die dem Geniewesen alles verdankt, einer der großen Augenblicke der europäischen Kultur. Aber jede Freiheit bedeutet immer Gewinn und Verlust zugleich, und nicht immer weiß man am Anfang, was schwerer wiegt. Damals jedenfalls kam es zur Trennung von Kunst und gesellschaftlichem Leben, mit deren Folgen noch die Gegenwart zu tun hat. Indem der Bürger alles, was an pathologischer Laune und exzentrischer Versuchung auch ihn bewegte, an den Künstler delegierte, der all dies wiederum wie ein Vorrecht in Anspruch nahm, zerbrach der Zusammenhang zwischen dem einen und dem anderen. Aus der Entrücktheit des romantischen Genies jedenfalls, seiner sozialen Vereinsamung, führte zwangsläufig kein Weg ins Praktische, und es ist schlechthin unmöglich, sich jenen Genietypus als den Adressaten eines Auftraggebers vorzustellen, der die Maße, die Formen und das Dekor eines Werkstücks bestimmt.

Das Auseinandertreiben aller Elemente, die das Schöne für sein Zustandekommen benötigt, hält bis heute an. Es wird noch verstärkt durch eine provokative Laune, die sich die Verletzung der Regeln geradezu zum Ziel gesetzt hat. Doch wie alle Exzesse in Ermüdung übergehen und nichts rascher gewöhnlich wird als das ausdauernd Ungewöhnliche, werden auch diese, über kurz oder lang, an ihr Ende geraten.

Der Klassizismus war der letzte große, verbindende europäische Stil, nie wieder fanden seither die Vorstellungen vom Schönen, die auf so vielen zerbrechlichen, der Schonung bedürftigen Voraussetzungen beruhen, wirklich zusammen. Das deutet sich schon im Zerfall der Begriffe an. Der Klassizismus hieß noch überall so, auch wenn er in der britisch geprägten Welt als Neoklassizismus figuriert. Aber was wir Wilhelminismus nennen, heißt dort Victorianismus und in Frankreich Second Empire. Der Jugendstil, den die Engländer, man weiß nicht recht warum, als Edwardianismus bezeichnen, blieb doch eher eine auf Mitteleuropa beschränkte, akademische Ausgedachtheit, und der progressive Studienrat, der seine Villa mit Möbeln von Olbrich, van de Velde und anderen vollstellte, repräsentierte weniger eine allgemeine Stilvorstellung als seinen eigenen avantgardistischen Geschmack. Ähnlich verhält es sich mit der Art déco, desgleichen mit dem Bauhaus, dessen Entwürfe erst später allgemein prägend wurden, wenn auch weniger auf den Ebenen des Kunsthandwerks, sondern vornehmlich in der Architektur der ewig gleichen Rasterbauten, die unterdessen den ganzen Erdball überziehen.

Die Stilformen seit der Jahrhundertwende hatten, bei allen Unterschieden im einzelnen, die Besinnung auf die Funktion gemeinsam. Das hat das Kunstgewerbe, das nach den Ausschweifungen des Wilhelminismus in nahezu keinem Stück mehr seinen Zweck erkennen ließ, vom alles überwuchernden historischen Schnörkel befreit. Aber was an dessen Stelle trat, reduzierte den Gegenstand nicht selten auf die reine Funktion. So gab es das Eßbesteck oder den Stuhl, die trotz aller theoretischen Anleitungen weniger dem Essen oder Sitzen dienten als vielmehr die Idee des Essens, die Idee des Sitzens wie im Symbol zum Ausdruck brachten und sozusagen nur noch platonische Eßbestecke oder Stühle waren. Ganz aus dem Blick geriet dabei, daß der Mensch niemals nur mit Idee oder Funktion eines Gegenstandes zufrieden ist und alle Kunst eines ihrer Urmotive gerade in dem hat, was den nüchternen Zweck durch Anschauung oder Augenreiz ergänzt und überhöht.

Aus manchen Indizien kann man schließen, daß die Epoche sowohl des schrankenlosen Subjektivismus, der Genielaune ohne Genie, ebenso dem Ende entgegengeht, wie die Zeit der reinen Funktionalität. Zumindest sind Zweifel am einen wie am anderen wach geworden. Aus den Aufbrüchen ins Autistische, in die Ästhetik des Häßlichen und Formverneinenden einerseits und in die Wüsten des Funktionalen andererseits, scheint der Mensch mit dem Empfinden zurückzukehren, daß so viele Mühen eher Verluste oder doch nur bescheidene Gewinne eingetragen haben. All die Vorstöße ins Unerkundete, das ganze Innovationspathos vieler Jahrzehnte hat zuletzt nicht viel mehr erbracht als neue ungeahnte Erfahrungen des Häßlichen – jeder Gang durch ein Möbellager oder über einen der Trödelmärkte, in denen das Gebrauchsgut der zurückliegenden hundertfünfzig Jahre feilgeboten wird, belehrt den Besucher darüber.

Wenn die Zeichen nicht trügen, stehen wir nach alledem am Beginn einer Phase erinnernder Ästhetik. Ich will nicht die postmoderne Architektur ins Feld führen, deren Hauptverdienst vorerst eher darin besteht, die erstarrte und dogmatisch abgestützte Herrschaft der weltweit operierenden Bauhaus-Epigonen gebrochen zu haben. Dennoch scheint es, wie ansatzweise auch immer, die Tendenz zu einer Strenge neuer Art zu geben, zum Proportionsbewußtsein und zur Herrschaft der Form. Darauf verweisen nicht nur zahlreiche Gegenstände aus den Studios des modernen Designs, sondern auch die Auktionsmärkte in aller Welt.

Auch auf anderen Feldern deutet manches darauf hin, daß die Phase der bewußten Absage an die Tradition und des Hohns auf die Vergangenheit vorüber ist. Wenn es richtig ist, daß jeder Mensch sich irgendwann vor die Wahl zwischen dem Vergangenen und dem Zukünftigen gestellt sieht, dann gilt das auch für die Zeiten im ganzen, und womöglich zeigen die Richtungsweiser der Gegenwart eher ins Zurückliegende. Und wie zwangsläufig gerät dabei der Klassizismus als die letzte intakte Stilform ins Blickfeld. Der Zulauf, den die Londoner Ausstellung des Europarats, «The Age of Neoclassicism» im Jahre 1974 hatte, verdeutlicht das ebenso wie die Schinkel-Ausstellungen der folgenden Jahre und anderes mehr.

Vielleicht hat es mit dem Anspruch des Klassizismus, der «wahre» Stil zu sein, mehr auf sich, als es auf den ersten Blick scheint. Und denken ließe sich auch, daß jeder Stil seine eigene Morphologie hat, die mit vergleichsweise strengen Formen beginnt. Im Laufe der Zeit werden diese Formen frei, dann schlägt die Freiheit ins Ungebundene um und feiert ihre bestaunten Exzesse, ehe schließlich die Neubesinnung wieder auf irgendeine Art von Klassik zurückführt. Das hieße, daß jede Epoche in eine Renaissance mündete. Schon die sogenannte karolingische und auch noch die hohenstaufische Renaissance waren Versuche, aus dem Bestand des zerfallenden Römischen Reiches festzuhalten, was dauernd gültig schien. Vor allem aber die Ablösung von Spätgotik und Rokoko wären dann nichts anderes, als eine fast gesetzmäßig ablaufende Rückkehr zu jener eigentlichen Kunstwahrheit, von der alles andere sich nur durch den größeren oder geringeren Abstand definiert.

Womöglich stehen wir vor einer solchen Renaissance, das heißt einer Vergewisserung bestimmter, für alle künstlerischen Ausdrucksformen gültigen Regeln und Traditionen. In einem stets sich wiederholenden Prozeß werden sie als Beengung empfunden, als Behinderung und Ausdrucksverlust. Aber wenn sie abgeworfen sind, tritt nach einer Spanne euphorischer Befreiungsempfindungen doch das Gefühl ein, daß die Kunst in allen ihren Hervorbringungen auch der Widerstände bedarf und das Regelwerk, in das sie eingebunden ist, niemals nur Behinderungen schafft, sondern auch der Orientierung dient und die Phantasie produktiv macht.

Kaum etwas ist schwerer zu erkennen als die Richtung jener Prozesse, deren Zeuge man ist. Vielleicht kann man nicht einmal behaupten, daß die Tendenz der Gegenwart ins Gebundene und zu einem neuen Formbewußtsein geht. Und womöglich auch manifestiert sich in alledem weniger eine Kraft als nur eine kultivierte Bemühung, die Überlieferungen der Geschichte den Bedingungen der Gegenwart anzupassen. Es wäre gleichwohl ein Gewinn. Denn es war der Irrtum der hinter uns liegenden Epochen, daß die Modernität sich vor allem im bewußten Bruch mit dem Gewesenen erweise. In Wirklichkeit kommt man um jenes Gewesene nicht herum, und statt der schlichten Wahrheit des Satzes, daß der Mensch zwischen Vergangenheit und Zukunft stehe, sollte man besser sagen, daß nur der Blick zurück, immer aufs neue, das Bewußtsein für die Zukunft schärft.

Der tanzende Tod.
Über Ursprung und Formen des Totentanzes vom Mittelalter bis zur Gegenwart

Zwar, eine Sonne, sagt man, scheint dort auch,
Und über buntre Felder noch, als hier:
Ich glaubs; nur schade, daß das Auge modert
Das diese Herrlichkeit erblicken soll.
Heinrich von Kleist: Prinz von Homburg – I V, 3

Die Einsicht, daß alle Kunst nicht anders als alles Denken überhaupt ihren Ursprung in der Erkenntnis des Sterbenmüssens habe, hat das Alter, die Würde und die Selbstverständlichkeit eines Gemeinplatzes. Sie ist von Platon über Montaigne und darüber hinaus in immer neuen Abwandlungen formuliert worden, und Schopenhauers Satz, daß der Tod der eigentliche Inspirator des Menschen und der große Musaget sei, ist viel weniger das romantische Aperçu, als das er oft gedeutet wird. Einmal, in den Totentänzen des Mittelalters, ist dieser Gedanke, ohne alle spekulativen Umwege, ganz unmittelbar in die Kunst eingegangen. Sonderbar und auffällig bleibt aber, wie es zu der merkwürdigen Verbindung von Tod und Tanz kam. Es hat nichts Überraschendes, wenn der Tod, sei es als Fährmann, als Gespenst, Jäger oder als Knochenmann mit Stundenglas und Sense gesehen wird. Die Vorstellung vom Tod als Tänzer dagegen fällt aus allen Bildmotiven heraus, auf die das Bedürfnis nach Trost oder die Einsicht in die Unvermeidlichkeit des Endes verfallen mag, und enthält überdies einen störenden Widerspruch. Denn der Tanz ist die Äußerungsform des Lebens schlechthin, und die Begriffe, die dazu sich einstellen wie Bewegung, Spiel oder Festlichkeit und selbst Überschwang und Enthemmung, beschreiben zum Tod einen Gegensatz, der allenfalls durch Ironie auflösbar ist: der Tod als Affe des Lebens, als dessen Spott- und Gegenbild, der dem Menschen die Vergänglichkeit des Lebendigen gerade dort ins Bewußtsein ruft, wo es sich selber feiert.

Über die seltsame Bilderfindung ist viel und mit häufig wenig einleuchtendem Ergebnis nachgedacht worden. Sie war Gegenstand subtiler Erwägungen und mehr noch phantasievoller Entwürfe. Zu den frühen Deutungen gehört die Auffassung, daß die Totentänze eine Paarung von überständigen dionysischen Ritualen und christlicher Todesverdüsterung seien, Ausdruck eines Vergänglichkeitsschauders, der sich im Schatten des Kreuzes noch einmal jener vergessenen oder auch unterdrückten Freiheiten erinnerte, die zurückliegende Zeiten dem Tod gegenüber empfanden.

Solches Gedankenwerk nimmt mehr durch seine generöse Gestik als durch Stichhaltigkeit für sich ein. Denn die Vorstellung vom Tod als Bruder des Schlafs, in der die Antike vornehmlich Trost gesucht hatte, ist, anders als eine verbreitete Auffassung meint, nicht durch das Christentum umgestürzt und verdunkelt worden. Bis ins 12. Jahrhundert fehlten der christlichen Todesempfindung im ganzen die grellen und angsterregenden Farben. Erst dann schlägt das Bild um, und die Furcht vor dem Tod wird jene «europäische Krankheit», von der Nietzsche gesprochen hat. Paradoxerweise konnte diese Krankheit jedoch nicht ausbrechen ohne das Christentum.

Dessen Todesgedanke besaß von Beginn an einen eigentümlichen Doppelcharakter, der sich aus der Verbindung mit der Erbschuld herleitete. Der Tod war die wirkliche Frucht vom Baum der Erkenntnis, «der Sünde Sold», und hätten die ersten Menschen davon nicht gegessen, wären sie «mit ihren Leibern», wie es bei Augustinus heißt, «unsterblich zur Ewigkeit» gewesen. Seither war der Mensch zum Tode verdammt, zur Angst und zum Gericht, und nur die Heilstat Gottes wies ihm einen Ausweg: der Tod konnte die Erlösung sein aus einem von Sündenfall und Schuld verfinsterten Leben, nicht dessen Ende, sondern ein Anfang; zugleich aber war er der mögliche Eingang zu nicht endender Verdammnis.

Die Vorstellung vom Tod als Gericht und Höllenfahrt rückt im Mittelalter mit dessen Obsession durch alles Schreckliche und grauenerregend Eingeschwärzte zunehmend in den Vordergrund. Sie versetzt sich dabei mit einem zwar lange vorhandenen, aber doch nur nebenher greifbaren, die Idee des Jüngsten Tages begleitenden Gedanken. War bis dahin die Auffassung vorherrschend gewesen, daß das Gericht erst am Ende der Tage komme, wenn die Posaunen ertönten und die Toten aus ihren Gräbern stiegen, so gewann nunmehr der Glaube Raum, daß der göttliche Urteilsspruch über Seligkeit oder Verdammnis für jeden einzelnen unmittelbar nach dem Tode gefällt und allenfalls am Ende der Zeiten, «wenn die Stühle aufgestellt sind und der Ewige sich niedersetzt» beglaubigt werde. Er löste das Bild vom einzigen Weltgericht ab, das die Verstorbenen in einem «Zwischenzustand» erwarteten. An die Stelle der Eschatologie des Jüngsten Tages mit dem millionenfachen Sturz der Verdammten ins ewige Feuer auf der einen und dem Einzug der Erwählten ins Paradies auf der anderen Seite trat die Idee des Einzelgerichts.

Es liegt auf der Hand, daß dieser Vorstellungswechsel das Bild des Todes überwältigend dramatisiert hat. Er rückte die Ewigkeit beängstigend nahe ins Bewußtsein und machte das Gericht Gottes ganz gegenwärtig: Jüngster Tag konnte gleichsam jeder Tag sein. Und die mittelalterliche Phantasie mit ihrer Leidenschaft fürs Suggestive, für heftige Farben und scharfe, schmerzende Kontraste hat sich dieser Idee geradezu gewalttätig bemächtigt. Die Totentänze sind der erregte, von Gerichtsschrecken und Ewigkeitsangst erfüllte Ausdruck dafür.

Die Entstehung der Totentänze ist nicht ohne die elementare Epochenerfahrung der schwarzen Pest zu begreifen. Heute wissen wir, daß sie im Jahre 1347 während der Belagerung von Caffa, dem späteren Feodosia, auf der Krim ausbrach. Innerhalb weniger Tage dezimierte sie das vor der Stadt zusammengezogene Heer der Tataren. Um die Verteidiger in Panik zu versetzen und doch noch zur Übergabe zu zwingen, beschlossen deren Anführer, die grauenhaft entstellten Leichen der von der Seuche Dahingerafften mit Wurfmaschinen in die Stadt zu schleudern. Erst da ergab sich Caffa, doch konnten viele der Belagerten sich auf die offene See retten.

Einige Zeit später liefen zwei Handelsschiffe aus Genua, das in Caffa eine Niederlassung unterhalten hatte, langsam im Hafen von Messina ein. Viele der Ruderbänke waren leer, an Bord befanden sich nur noch wenige, meist fiebernde oder sterbende Seeleute. Die Erkrankten hatten merkwürdige Schwellungen in den Achselhöhlen und den Leisten, die sich rasch zu Geschwüren und schwarzen Flecken ausweiteten. Man holte die Schwerleidenden an Land, und die Schiffe fuhren, durch neue Mannschaften ergänzt, nach Genua weiter. Innerhalb weniger Tage brach in beiden Städten die Pest aus.

Mit unglaublicher Geschwindigkeit verbreitete sich das Massensterben über ganz Italien. Noch im gleichen Jahr erreichte es London, dehnte sich im folgenden Jahr nach Skandinavien aus, ein Jahr später nach Norddeutschland und zog von dort über Polen und Litauen nach Rußland. Kein Land blieb verschont. Die Zahl der Opfer, die an der Pest starben, bewegt sich, den Berechnungen zufolge, zwischen einem Drittel und der Hälfte der Bevölkerung Europas.

Über die Menschen des 14. Jahrhunderts fiel die Seuche wie ein verheerendes, unerklärliches Geheimnis her. Niemand kannte ein Mittel dagegen, man wußte nicht einmal, woher sie kam und wie lange sie blieb. In den großen Städten schien sie am heftigsten zu wüten, Paris verlor innerhalb eines Jahres die Hälfte seiner Bewohner, Florenz vier Fünftel, Venedig zwei Drittel. Sie entvölkerte ganze Landstriche und übersprang andere, kam unversehens zur Ruhe und tauchte nach Jahren mit verdoppelter Gewalt an lange verschonten Orten wieder auf. Wo immer sie ausbrach, türmten sich die Leichenberge in den Straßen, die Kranken starben schneller, als die Überlebenden sie in den Massengräbern verscharren konnten. Eltern setzten ihre Kinder aus, Anwälte weigerten sich, Testamente aufzunehmen, Priester ließen ihre Gemeinden im Stich, die Todesangst zerstörte alle menschlichen und sozialen Bindungen. «Die Menschen sagten und glaubten», vermerkte der Chronist von Siena, «das sei das Ende der Welt.»

Der Schrecken, den die Pest entfachte, hatte nicht nur mit ihrer Unberechenbarkeit und der Massenhaftigkeit des Sterbens zu tun. Womöglich noch verwirrender war, daß sie eine tief eingewurzelte Glaubensvorstellung des Mittelalters im Kern traf. Danach war der unerwartete zugleich der sündhafte Tod. Die Plötzlichkeit seines Eintritts, gleichgültig ob der Verstorbene vom Schlag, von Blitz oder Mörderhand getroffen war, der Tod ohne Besinnung und jenen rituellen Einhalt, der in der commendatio animae, dem Übergabegebet endete, galt als Fingerzeig göttlichen Zorns. Das große Sterben während der Pest machte ebendies zur Alltagserfahrung. In der Regel starben die Erkrankten nach wenigen Tagen, mitunter aber auch innerhalb von Stunden, und kein Sakrament, kein Beistand machten ihnen den Tod leicht. «Media vita in morte sumus»: die alte lateinische Antiphon wurde bezeichnenderweise zu jener Zeit erstmals ins Deutsche übertragen. «Mitten im Leben sind wir vom Tod umfangen.»

Die überfallartig hereinbrechenden Sterbeepidemien haben das hocherregbare mittelalterliche Bewußtsein in einen Zustand äußerster Neurasthenie versetzt. Tag und Nacht hallten die Totenglocken durch die leerer werdenden Städte. Eine wahre Prozessionsmanie erfaßte die Menschen. Barfuß, mit Asche auf dem Haupt, in den Händen Kerzen und Reliquien tragend, versammelten sie sich für Tage, oft auch über Wochen, zu ausgedehnten Umzügen, weinend, psalmodierend und unter düsteren Rufen zu Umkehr und Buße mahnend, manche schlugen sich mit Henkerstricken, die sie um den Hals gelegt hatten. Man kann in diesen Prozessionen, insbesondere in den Geißlerfahrten und dem Flagellantenwesen, auswüchsige Formen der Fürbitte um einen vorbereiteten Tod sehen. Aber daneben verzeichnen die Chroniken auch Zusammenrottungen der Gewalt, erotische Exzesse, Judenverfolgungen, Tanzpsychosen und andere Follien, ganz als habe die Menschheit ihr statisches Zentrum eingebüßt; sagen ließe sich auch, sie habe die lange gesichert scheinende Todesvorstellung verloren.

Das ist der Hintergrund der ersten Totentänze. Ihre genaue Entstehungszeit ist so wenig bekannt wie die Herkunft des motivischen Gedankens, von dem nicht einmal sicher ist, ob er literarischen oder bildlichen Ursprungs war. Da alle Totentänze aus früher Zeit von Texten begleitet sind, monologischen Wehrufen der Angst und der Jenseitsfurcht, hat man sie verschiedentlich aus den geistlichen Spielen des Mittelalters hergeleitet, denen das Bild zunächst nur als szenischer Prospekt diente, bis es sich später verselbständigte. Andere haben in den Totentänzen übersetzte Formen des Prozessionszuges gesehen und die Texte auf den Gesang zurückgeführt, den Vorsänger und Chor wechselweise anstimmten, wie überhaupt die Annahme häufig ist, daß die Begleitworte zunächst gesungen wurden, ja die Totentänze im wesentlichen musikalischen Ursprungs seien. Vielfach und mit wechselndem Gewicht wird auch der Zusammenhang mit der mittelalterlichen Bußpredigt vermerkt, mit den Darstellungen des Jüngsten Gerichts sowie den Motiven der «Frau Welt» oder auch des Lebensrades, auf das der Reigen als Ausgangsidee zurückgreife. Schließlich, nicht selten auch verbunden mit alledem, sieht sich der Totentanz-Gedanke mit der Tanzwut einer Zeit verknüpft, deren Vorstellung ohnehin mit sonderbarer Besessenheit auf den Tod gerichtet war und im Tanz das Grauen davor sowohl zu verdrängen wie zu beschwören suchte. In einem zeitgenössischen Bericht heißt es, die

Tanzenden hätten erklärt, sie wollten «durch ihre Fröhlichkeit die Seuche abwehren. Darum tanzten sie.»

Alle diese Deutungen vermögen aber kaum oder doch nicht ohne Mühe zu erklären, wie Tod und Tanz zusammenkamen. Das gilt auch für die neuere Überlegung, daß der tanzende Tod sich bei genauer Betrachtung als Teufel entlarve und die Totentänze eigentlich nichts anderes als Höllentänze seien, die in Verbindung mit dem Bußgedanken dem Betrachter die Folgen eines sündhaften Lebens vor Augen führten. Zwar habe das frühe Christentum den Tanz geduldet und sogar in den liturgischen Ablauf eingefügt, aber das Wort des Augustinus, daß der Chorreigen ein Kreis mit dem Teufel im Mittelpunkt sei, habe den Tanz als Ausschweifung und heidnisches Spektakel indiziert: die Huldigung der Hölle für Luzifer, den alten Feind und Fürsten des Abgrunds. Doch tanzten die Teufel nicht nur selber; vielmehr trachteten sie auch, die Verdammten zum Tanz zu zwingen und dadurch zu strafen. Und tanzend holten sie die Seelen der Verstorbenen und vom Gericht Verworfenen in die Hölle ein.

Tatsächlich läßt sich diese Auffassung durch zahlreiche Textproben aus den Totentänzen selber belegen und mit Hilfe der theologischen Literatur der Zeit zusätzlich abstützen. Auch die Zuordnung der Instrumente zur himmlischen oder höllischen Sphäre öffnet überraschende Einsichten in die lange verborgene Symbolsprache der Totentänze. Fistula und Tibia sowie überhaupt die Mehrzahl der Windinstrumente wie Schalmeien, Querpfeifen, Platerspiel und Dudelsack waren im Wortsinne des Teufels, und die Töne, die sie hervorbrachten, leicht als ein «hellisch pfeifenschreien» zu deuten. Zur gleichen Gruppe zählten auch die Schlaginstrumente wie Trommeln, Tamburin und Pauken, während auf der anderen Seite Harfe, Psalterium oder Laute als Instrumente der Engel galten. Bemerkenswert ist auch der Hinweis, daß die Bewegung der Totentänze durchweg nach links, in die seit alters überlieferte «Teufelsrichtung» geht.[1]

Doch den Aufschluß über die Frage, wie der Tod zum Tanzen kam, liefert das alles noch nicht, und selbst der Behauptung, daß hinter Schädel und Knochenwerk die Teufelsfigur sichtbar werde, fehlt es an Überzeugungskraft. Wer lediglich die Monsterwelt der niederländischen Malerei von Bosch bis Breughel betrachtet, die in den Versuchungen des heiligen Antonius und anderswo auch mancherlei Spukgestalten höllischen Ursprungs zusammenführt, wird schwerlich begreifen, warum sich die Totentänze, wenn schon der Teufel gemeint war, in dessen Darstellung so strikt an das buchstäblich dürre, phantasiebeengende Bild des Knochenmannes hielten. Man mag darüber streiten, ob all die geflügelten Froschungetüme und bocksfüßigen Nagetiere, die Rüsselwesen, Kielkröpfe oder Schnauzschwänze und die gestelzt einhergehenden Fischleiber dieser Malereien der Hölle entstammen oder gar Abbilder des Teufels seien; doch aus seinem Umkreis kommen sie gewiß; es ist daher nicht einzusehen, warum nicht wenigstens einige der zeitgenössischen Totentanzfolgen erkennbar auf diese Vorbilder zurückgriffen, und sei es, um dem Teufels-Tod etwas von den Beängstigungen zu entziehen, die jene Phantasiefiguren in ihrer bunten, persiflierenden Naivität ihm sicherlich nahmen. Nicht weniger erstaunt, daß der Tod als Teufel niemals in der Hölle selber erscheint, zwischen hochschlagenden Flammen, vielleicht auch beim Sieden und Braten, wie es der mittelalterlichen Bildinspiration gewiß entsprach. Zutreffend ist wohl, daß der Höllengedanke auch in den Totentänzen gegenwärtig ist; doch macht diese Einsicht den Tod noch nicht zum Teufel.

Näher liegt ein anderer, wiederum aus neueren Untersuchungen abzuleitender Gedanke. Danach waren die häufig ummauerten Kirchhöfe nicht selten zugleich Markt, Promenade und Treffpunkt, aber auch Asylbezirk. Das Wort Friedhof ist seiner Herkunft nach denn auch nicht der Ort ewigen Friedens für die Verstorbenen, sondern eine Einfriedung, in deren Mauern bestimmte rechtliche oder fiskalische Privilegien galten. Erst im Laufe der Zeit entwikkelten sie sich zu einer Stätte öffentlicher Geselligkeit. Neben den Beinhäusern errichteten Gewerbetreibende Läden und Buden, und man traf sich, um Handel zu tätigen, zu reden, zu spielen und zu tanzen. Zu den beliebtesten Treffpunkten dieser Art gehörte, inmitten von Paris, der Friedhof Aux Innocents, der in der Nähe der späteren Markthallen lag. Zwanzig Gemeinden hatten das Recht, dort ihre Toten zu begraben, und oft, so wird überliefert, war der Andrang so groß, daß die Gebeine der Verstorbenen schon nach kurzer Zeit wieder ausgegraben und in den Charniers, den Speichern oberhalb des umlaufenden Säulengangs, gestapelt werden mußten, um neuen Gräbern Platz zu machen. Dazu heißt es: «An schönen Sommertagen war der Friedhof einer der bestbesuchten Orte von Paris. Man konnte hier promenieren, und die Städter kamen an den Feiertagen, um die Predigten zu hören. Sie flanierten an den Beinhäusern entlang, an die sich eine Menge kleiner Boutiquen anschmiegte. Man mußte einschreiten gegen diese vielen Händler, die ihre Bücher, ihre Eisen- und Kurzwaren und den sonstigen Kram fast auf den Gräbern der Verstorbenen ausbreiteten; denn die Küster von Saints Innocents duldeten sie und verkauften ihnen die Plätze. Auch Strolche gab es da, Hehler und lichtscheues Gesindel … In der Umgebung des Friedhofs war es laut und fröhlich.»[2]

Oft waren, zumal bei einbrechender Dunkelheit, diese Friedhöfe auch Orte der Ausschweifung und der Prostitution. Im Jahre 1231 untersagte das Konzil von Rouen, bei Strafe der Exkommunikation, zwischen geweihten Gräbern zu tanzen. Die merkwürdige Anziehungskraft, die der Friedhofsbereich für die Ausgelassenheit entfaltete, hat zweifellos mit der schon früh zu beobachtenden Faszination zu tun, die Tod und Verwesung auf den mittelalterlichen Menschen ausübten. Doch erst der Ausbruch der Pest hat ihr die seltsam inbrünstigen Züge verschafft und ein Bewußtsein von der Gegenwärtigkeit des Todes geweckt, das sich auf unwiderstehliche Weise von allem angezogen sah, was auf seine Macht oder Aura deutete. In den geistlichen Traktaten der Zeit, in Abhandlungen und Beschreibungen bis hin zu den Gedichten Villons ist immer wieder und in vielfach lustvoller Ausmalung von der unansehnlichen Nacktheit der Toten die Rede, von den Schrecken der Zersetzung, von Würmerfraß und Fäulnis. Ihren wohl gedrängtesten Ausdruck hat dieser Gedanke von Hinfälligkeit und Verrottung des Fleisches auf dem Epitaph Henry Chicheleys in der Kathedrale von Canterbury gefunden: caro vilis – vermis – pulvis.

Man kann aber nicht übersehen, daß die tiefe Suggestion des Todes nur die Kehrseite der Leidenschaft und prunkenden Intensität des mittelalterlichen Lebens war: der Unbändigkeit seiner Empfindungen, in denen Roheit und innige Rührung, Barbarei und Unschuldszauber, Niedertracht und durchsichtige Reinheit sich zu einem unverwechselbaren Lebenston verbanden. Die Einwohner von Mons kauften sich für einen exorbitanten Preis einen Räuberhauptmann, um ihn vierteilen zu können, «was das Volk mehr ergötzte, als wenn ein neuer heiliger Leichnam auferweckt worden wäre», und auf den Marktplätzen standen Folterbänke, vor denen das Volk, gierig und abgestumpft, die Quälereien an den Opfern auskostete. Aber dann traten Prediger vor die gleiche Menge, redeten oft tagelang, in frommer Überspanntheit, von Höllenpein und dem Erbarmen Christi, und «die großen und die kleinen Leute weinten jämmerlich und aus Herzensgrund», fielen in die Knie und errichteten Scheiterhaufen, in die sie Spielbretter und Karten, Kopfputz, Flitter und zugleich ihre Sündhaftigkeit warfen. Mit Recht hat Johan Huizinga den mittelalterlichen Menschen einen «Riesen mit einem Kinderkopf» genannt.[3]

Wo aber Leben und Sterben sich in der Macht der Empfindung so überwältigend vereinten, lag der Gedanke greifbar nahe, Tod und Tanz zusammenzuführen. Vielleicht ist es nur die Störung dieses seelischen Gleichgewichts, die Unfähigkeit, Leben und Tod in der Balance des Denkens wie des Gefühls zu halten, die der Gegenwart die Idee des tanzenden Todes so fremdartig gemacht und eine fast unübersehbare, pedantisch grübelnde Literatur dazu hervorgebracht hat. Wie wenig abgelegen sie dagegen dem mittelalterlichen Menschen erschien, geht auch daraus hervor, daß die Kirche um die Mitte des 15. Jahrhunderts aufs neue einschreiten und das Verbot bekräftigen mußte, auf den Friedhöfen zu tanzen.

Doch war die Ausgelassenheit zwischen den Gräbern nur die äußerliche Erscheinungsform dieses Lebensgefühls. Die Neigung des Mittelalters, alles in Bilder zu verwandeln und mit glühenden Farben auszuschmücken, seine visuelle Lust, die das Denken beständig in Darstellung übersetzte und als Gedanken nur ergriff, was ihm sichtbar vor Augen trat, hat offenbar den abbildhaften Charakter des fröhlichen Friedhoftreibens augenblicklich erfaßt. Man mußte die Toten nur, wie es vielfach ohnehin geschah, aus den Gräbern holen, sie klagen, warnen oder, wie die Lebenden, tanzen lassen und schließlich die einen mit den anderen mischen; es ist nicht ausgeschlossen, daß Ursprung und Anfangsentwicklung des Totentanzes auf so einfache Bewandtnisse zurückzuführen sind. Und einmal entdeckt, übte die Bildidee eine einzigartige Anziehungskraft aus: Tod und Tanz verschwistert, Lebensgier und Grabesangst, Gliederwerfen und metaphysische Schauer – es war, als ob die Zeit ihr innerstes Wesen darin erkannte. Es ist nur ein Hinweis mehr auf die Schlüsselbedeutung des Motivs, daß es urplötzlich und wie gleichzeitig über ganz Europa verbreitet ist: in Frankreich, in den Niederlanden und in England, in Spanien, Oberitalien und Ungarn, vor allem aber in Deutschland, wo es zumindest die meisten Spuren hinterlassen und überdies seltsame Varianten hervorgebracht hat. Noch die Kinderkreuzzüge oder die Sage vom Rattenfänger zu Hameln sind mit einigem Grund als Begleiterscheinungen der Totentanzmanie gedeutet worden.

Doch ist mit alledem nur eine Antwort auf die Frage ermittelt, wie der Tod zum Tanzen gebracht werden konnte. Die besondere Ausprägung, die diese Vorstellung in den Totentänzen erfuhr, die Elemente, die, auf unterschiedliche Weise, bei der Entstehung zusammenwirkten, und die Spielformen, zu denen sie sich herausbildete, haben ein langes, sich teilweise im undurchdringlichen Dunst der Geschichte verlierendes Herkommen.

Schon Ursprung und Bedeutung des Begriffs «danse macabre», der sich bald dafür einbürgerte, sind ungeklärt. Er findet sich erstmals in einem Gedicht, das Jean le Fèvre, Kanzler des Herzogs von Anjou, im Jahre 1376 verfaßt hatte: «Je fis de Macabré la danse», heißt es da, was in der Übersetzung lautet: Ich dichtete den Tanz des Macabré. Man hat das rätselhafte Wort mitunter auf einen Eigennamen zurückgeführt, häufiger jedoch auf die arabische Vokabel «maqabir», was «Gräber» bedeutet, sowie auf die Makkabäer des Alten Testaments, deren Name im Hebräischen einige Ähnlichkeit mit dem Begriff für «Totengräber» besitzt. Was immer davon zutreffen mag, sicher ist nur, daß das Wort sich bald schon verselbständigte und als Adjektiv jene Bedeutung gewann, die der mittelalterlichen Todesvorstellung den zentralen Begriff vermachte.

Die wohl ausschlaggebende Rolle bei der Verbreitung des Begriffs hat wiederum der Friedhof des Franziskanerklosters Aux Innocents in Paris gespielt. Hier, unter den Arkaden des Beinhauses, wo sich alle Welt traf, die Predigten anhörte, den fortwährenden Bestattungen und Exhumierungen zusah, Bekanntschaften schloß und Geschäfte tätigte, fand sich der berühmteste Totentanz des frühen 15. Jahrhunderts: ein langgestrecktes Wandgemälde, das den Bilderzug von Papst, Kaiser, Gelehrtem und Kaufmann bis hin zum Bettler und zum Kind zeigte, denen jeweils, in hieratisch steifen Tanzschritten, eine entblößte Spukfigur hinzugefügt war. Die leicht faßlichen Monologe, die von Trauer und verspäteter Reue, von der Eitelkeit der Welt und der Unausweichlichkeit des Todes sprachen, wurden durch eine Belehrung des unbekannten Autors eingeleitet, die erstmals den Begriff der «danse macabre» wie eine bekannte Wendung voraussetzte und verwendete: jeder, so heißt es, müsse diesen Tanz lernen, er sei die natürliche Bestimmung allen Fleisches und die Darstellung nichts anderes als ein Spiegel, in dem jeder lesen könne.

Der Totentanz des Friedhofs Aux Innocents ist schon im Jahre 1526, rund hundert Jahre nach seiner Entstehung, zerstört worden, nicht anders übrigens als die etwas später geschaffenen, kaum weniger berühmten Totentänze von Basel sowie der von Lübeck, der dem Bombenkrieg zum Opfer fiel. Die Kenntnis von Bild und Text des Pariser Wandbildes stützt sich einzig auf eine Folge von Holzschnitten, die 1485 von Guyot Marchant herausgebracht wurde.

Auffällig daran wie an allen übrigen erhaltenen Totentanz-Darstellungen der frühen Phase ist, daß der Leichnam, der jeder der Figuren gegenübertritt, noch nicht der Tod ist, sondern durchweg, wie die Textüberschriften belegen, «der Tote». In der Tat haben wir es, wie auch die im Deutschen überlieferte sprachliche Wendung weit genauer festhält, mit einem Tanz der Toten zu tun, derer, die es sind, mit denen, die es in naher Zukunft sein werden. So war zum Beispiel auf dem Fresko über dem Grabmonument des Königs René und seiner Gemahlin Isabella in der Kathedrale von Angers der verstorbene König selbst dargestellt, wie er, in einem langen Mantel auf goldenem Throne sitzend, mit den Füßen Mitren, Kronen, Weltkugel und Bücher wegstößt. Ganz entsprechend deuten die Worte, die der Tote, hier wie überall, einwirft, darauf hin, daß er als eine Art Doppelgänger oder aus dem Grab zurückgeworfenes Spiegelbild zu verstehen sei: er spricht vom eigenen, verspielten Seelenheil. Die Bedeutung dieses Gedankens, durch den sich die frühen Totentänze von allen späteren Formen unterscheiden, ist kaum zu überschätzen. Gerade die Tatsache, daß als Widerpart nicht ein unbestimmter Toter oder gar die von der Zeit noch nicht erfaßbare Symbolfigur des Todes selber auftrat, sondern die Schattenfigur und Replik des Lebenden, gab den

Appellen zu Buße und Besinnung die überwältigende Wucht des «Du bist es selber».

Kaum weniger bemerkenswert ist, daß der Tote noch nicht als zeitloses Gerippe in Erscheinung tritt, sondern als ausgedünnter, halbwegs entfleischter Körper mit verdorrter Haut. Die meist geöffnete, leere Bauchhöhle verweist auf die Praxis der Mumifizierung, durch die man vor allem in älterer Zeit die Gefallenen, die auf ausgedehnten Heerzügen, irgendwo in der Welt, zu Tode gekommen waren, für die Überführung ins Land ihrer Herkunft präparierte: ein Brauch, von dem unterdessen nicht viel mehr als das Bild bewahrt geblieben war. Der tiefe Einschnitt im Leib war Sinnbild und Siegel des Todes.

Solche Beobachtungen gehen schon von dem zwar frühen, aber doch fast fertigen Bild des Totentanzes aus. Darüber darf man aber einige Einflüsse nicht außer acht lassen, die an der Entstehungsgeschichte mitgewirkt und der späteren Form auf die eine oder andere Weise vorgearbeitet haben. Man hat die Totentänze mit ihrem quälerischen Wehklagen, dem auf rigorose Weltverneinung abzielenden Verdammungspathos eine besonders eifernde, schrille Form der Bußpredigt genannt. Und zu deren stehenden Wendungen gehörte schon seit der Jahrtausendwende, wiederum von Frankreich ausgehend, das Memento mori, der Gedanke an Sterben und Vergänglichkeit. Vor allem die klösterliche Erneuerungsbewegung, aber auch geistliche oder dem Laienstand angehörende Gelegenheitsdichter haben ihm immer neue, nicht selten den altbiblischen Lamentationen entlehnte und die Angst vor Gottes Strafe schürende Formeln abgewonnen, die den Predigern vielfach als Versatzstücke dienten. Manche waren einfach eindringliche Merksätze, andere in Gedichtform, wieder andere in Hexametern, daneben gab es kurze Reimstücke wie beispielsweise die in einer Wiener Handschrift aus dem 14. Jahrhundert gefundenen «versus memoriales» eines Heinrich von Langenstein, dessen sechzig Zweizeiler sämtlich mit «mors est a tergo» beginnen und mit einem «ergo» schließen.[4] Auf diese, aus den ungezählten Quellen einer eschatologischen Kultur herkommende Tradition griffen auch die Totentänze zurück, sie waren nur deren drastischer, der grelleren und fiebrigeren Jenseitsphantasie des Hochmittelalters angepaßter Ausdruck.

Einzufügen ist hier auch der Hinweis auf eine aus dem 11. oder 12. Jahrhundert stammende, offenbar im Orient beheimatete fromme Legende, die ihre älteste und ergreifendste Darstellung auf dem Campo Santo von Pisa gefunden hat. Sie stammt aus dem Jahre 1350 und zeigt einen geflügelten Tod mit wehenden Haaren, der, weit mit der Sense ausholend, über einen Berg mit Leichen hinfährt. Darunter sieht man eine elegante Jagdgesellschaft, hoch zu Roß, vor drei geöffneten Särgen innehalten, eines der Pferde stemmt sich erschreckt und mit geblähten Nüstern zurück, ein Reiter preßt sich ein Tuch vor die Nase. Nach der Legende, die dem Bild zugrunde liegt, stießen drei junge Könige, auf der Jagd in einem Wald, unvermutet auf drei unlängst Verstorbene, die sich, den Staub aus den Augenhöhlen schüttelnd und aus den Gräbern steigend, als ihre Väter ausgaben, in denen die Lebenden jedoch zu ihrem Entsetzen ihr eigenes Spiegelbild erkannten. Sich zur Flucht wendend, wurden sie von den Toten mit dem Ruf aufgehalten: «Quod fuimus estis! Quod sumus eritis! Was ihr seid, das waren wir! Was wir sind, das werdet ihr sein!»

Die Legende von den drei Lebenden und den drei Toten ist nicht nur für das Doppelgänger-Motiv, sondern auch für das dialogische Prinzip des Totentanzes bedeutsam geworden, die in allen seinen durchgebildeten Formen anzutreffende Auseinandersetzung zwischen Lebenden und Toten. Der Pariser Totentanz vom Friedhof der Unschuldigen Kinder bildet in dieser Entwicklung eine Art Verbindungsstück. Noch herrscht zwar die monologisierende Ansprache vor. Doch im Wechsel, mit dem der Tote und sein Doppelgänger das Wort erhalten, ist der spätere Gedanke des Zwiegesprächs schon deutlich greifbar.

Noch stärker kommt der dialogische Gedanke in einer seit dem 13. Jahrhundert nachweisbaren literarischen Figur zum Vorschein: den sogenannten Vadomori-Gedichten, die in immer neuen Abwandlungen bis ins 17. Jahrhundert überliefert sind. In Form von Doppelversen führen sie eine Vielzahl von Personen vor, die von Vergänglichkeit und Hingang sprechen, und jedes Distichon beginnt und endet mit einem dumpfen, litaneiförmigen «vado mori – Ich gehe dem Tod entgegen». Da die Verse zugleich immer den Beruf des Sprechenden nannten, ist hier auch der Ursprung eines weiteren kennzeichnenden Merkmals der Totentänze auszumachen: die Gruppierung nach Ständen.

Vereint treten alle diese, in ihrem jeweiligen Gewicht schwer bestimmbaren Elemente der Entstehungsgeschichte erstmals in der spanischen «danca generál de la muerte» aus dem 15. Jahrhundert auf. In neunundsiebzig formal streng geordneten Strophen wird darin nicht nur die gesamte Menschheit, gegliedert nach Ständen und Tätigkeiten, aufgerufen und nach einem kurzen, immer ergebnislosen Disput dem Sterben überantwortet. Vielmehr tritt hier in einem nächsten, bald verbindlich werdenden Schritt der personifizierte Tod selber als unheimlicher Fremder dem Menschen gegenüber: «Ich bin der Tod, der allen Kreaturen gewiß ist.» Dieser Regel folgen auch die ersten bebilderten Buch-Totentänze. Einer der berühmtesten unter ihnen, «Der doten dantz mit figuren clage und antwort schon von allen staten der werlt», der nach seinem mutmaßlichen Drucker, dem zeitweilig am Oberrhein nachweisbaren Heinrich Knoblochtzer genannt wird, bezeichnet das dürre, wie in einem Hautsack steckende Skelett, das «babst» und «cappellan», «junckher», «diep» und «jungem kindt» aufspielt, durchgehend als den «doit». In der zweiten Hälfte des 15. Jahrhunderts schließlich sind alle Elemente des Totentanzes endgültig vereint – nur daß zugleich von einem Totentanz im strengen Sinne nicht mehr die Rede sein kann; vielmehr handelt es sich um einen Tanz des Todes selber, der herrisch, kränkend oder mit meist prahlerischem Hohn alle Menschen, ohne Ansehung der Person, zum Mitmachen nötigt.

Vielleicht läßt sich sagen, daß diese Wendung ins Gleichmacherische der Totentanz-Idee erst die buchstäblich grenzenlose Popularität verschafft hat. Zusammen mit dem Pessimismus und dem metaphysischen Schmerzensdruck, der den gesamten Hintergrund des mittelalterlichen Lebens so schwarz gefärbt hat, bildet diese Vorstellung offenbar das stärkste Element für seine Verbreitung: der Tod als der große Einebner, der keine Unterschiede macht, in dessen Reigen jeder, Arm und Reich, Hoch und Niedrig, eintreten muß. Was die Menschen trennt, ist immer nur Maske, die Zufall oder Umstände ihnen aufstülpen, sind Schminke und Verkleidung, der Tod nimmt ihnen die Larve ab und läßt nur das Gebein zurück, das alle sind. Die Anklagen gegen die Großen und die Mächtigen klingen mitunter wie die Vorboten jener Zweifel an geistlicher und weltlicher Herrschaft, die sich bald schon zu neuen Vorstellungen der gesellschaftlichen Ordnung verdichten und das Mittelalter ablösen sollten.

Doch wäre es irrig, von daher auf die gesellschaftliche Sprengkraft der Totentänze zu schließen. Eine nennenswerte Bedeutung in jenem Prozeß, der das Mittelalter zu Ende bringt, kann ihnen, allem ersten Anschein zuwider, nicht zugemessen werden. Zwar ist richtig, daß Papst und höhere Geistlichkeit ebenso wie Kaiser und Könige, vor allem in den frühen Totentänzen, das bevorzugte Personal kritisch-frommer Brandmarkung sind. Aber ihnen zur Seite stehen der Kaufmann und der Waldbruder, der Bettler, Kirchweihpfeifer und der Blinde, und bald übertreffen die kleinen Leute ihrer Zahl nach die großen. Unverkennbar geht die Absicht dahin, alle Menschen in den Tanz einzubeziehen, am Ende auch «Juden und Heiden», und so gut wie nichts deutet auf den Willen, die von Gott gesetzte Ordnung mit ihrem Oben und Unten anzutasten. Jene große Gleichheit, von der die Totentänze sprechen, bedeutet gerade nicht eine Verheißung für die Armen, sondern droht ihnen, ganz wie den Reichen auch, mit ewiger Höllenstrafe für ein gotteslästerliches Leben, der Unterschied liegt allenfalls darin, daß die Versuchungen für den Reichen vielfältiger sind und sein Sinn sich verstockter zeigt. Alle Anprangerei will nicht der Macht, sondern der Unbußfertigkeit ein Ende setzen: dies und nichts anderes ist die unüberhörbare Moral der Totentänze. Insofern wohnt ihnen, wie allem mittelalterlichen Veränderungswillen überhaupt, kein revolutionärer, sondern ein reformatorischer Impuls inne, der nicht auf den Umsturz des Bestehenden, sondern auf die Umkehr zum Heil durch die Wiederherstellung des «Ewigen» zielt.[5]

Viel eher als im Gleichheitspathos der Totentänze deutete sich der bevorstehende Zeitbruch in einer anderen, ganz unscheinbar wirkenden Veränderung an, die bezeichnenderweise nicht die Herrschaftsverhältnisse dieser Welt, sondern die Macht des Todes selber in Frage stellte. Bis dahin hatten die Menschen ihn nur in seiner entgeisternden Kälte und Majestät erkannt, «der Herr Tod», wie es verschiedentlich heißt, gegen den es weder Widerstand noch Aufbegehren gab, und die Totentänze verbargen dieses fatalistische Grundgefühl eher, als daß sie es offenbarten. Im «Akkermann aus Böhmen», einem der großen literarischen Werke des frühen 15. Jahrhunderts, wird eine neue und andere Bewußtseinsstufe erreicht. Obwohl aus der gleichen Zeit wie die frühesten erhaltenen Totentänze stammend, drückt sich darin jener Geist des Zweifels aus, der die Dinge in Bewegung bringen wird. Der Bauer, dem die Frau entrissen wurde, will nichts von jener, wenn auch verzweifelten Ergebung wissen, in der sich überall sonst, wie fassungslos auch immer, die Fügung in den göttlichen Weltplan zu erkennen gibt. Stattdessen verflucht er den Tod als «Mörder», auch als «Ehebrecher», und macht mit seinen Vorwürfen selbst vor Gott nicht halt: in der von ihm geschaffenen Welt sei nichts «Scheußlicheres, nichts Ungerechteres» als der Tod, und sollte Gott ihm am Ende die Genugtuung versagen, werde er Rache nehmen, selbst wenn er dabei zugrunde gehe. Die leidenschaftlichen Anschuldigungen beantwortet der Tod nicht nur mit dem überheblichen Hinweis auf sein Herrschaftsrecht über alle Welt, sondern auch mit kühlen Erwägungen über die Natürlichkeit des Endes, so daß der Ackersmann zunehmend verstummt. Am Ende treten beide vor den Richterstuhl Gottes, der dem Tod die Rolle als Diener der Weltordnung zuweist, dem Menschen dagegen das Recht des Aufbegehrens einräumt. Trotz des versöhnlichen Schlusses trennt eine ganze Welt dieses für das zeitgenössische Bewußtsein ungeheuerliche, von häretischer Widersetzlichkeit erfüllte Werk von allen gleichzeitigen Hervorbringungen.

Ikonographisch unterscheiden sich die Totentänze, jenseits der wenigen Grundmotive, auf vielfältige Weise. Immerhin schließen die Teilnehmer sich fast stets zur Kette, die ersichtlich das unentrinnbare Eingebundensein des Menschen in den Tanz versinnbildlichen soll. Darüber hinaus erhält schon bald jeder Tänzer die Figur eines Toten oder des Todes zur Seite gestellt, wie es der überkommenen Choreographie des Wechselreigens entspricht; in den frühen Totentänzen ist es nicht selten ein unverkennbar affenähnliches Wesen, das mit der stockigen Grazie eines Tanzmeisters die Schritte setzt. Anfang und Abschluß des Defilees bilden meist zwei Prediger, die das Bußwort und die Warnung vor dem unbereiten Tod sprechen. Häufig ist der vorderen der beiden Figuren ein Spielmann beigegeben, der die Melodie angibt oder den Takt schlägt und später, als die Totentänze bewegtere Formen annehmen, zum Vortänzer wird. Das Ziel, auf das der Zug sich zubewegt, ist nahezu stets das Beinhaus.

Die Tänze selber lassen sich, stark vereinfacht, auf zwei Grundformen bringen: den gravitätisch geschrittenen Reigen, dessen Figuren sich gefaßt in ihr Ende schicken, auch wenn das nicht selten unverkennbare Zerren und Stoßen, das die Kette mitunter bis zum Zerreißen zu spannen scheint, Sträuben und Todesnot der Tanzenden sichtbar machen. Daneben entwickelt sich, allmählich immer stärker überhandnehmend, der gesprungene, wie im Koller sich gebärdende Grotesktanz, der freilich meist auf die Figur des Todes beschränkt bleibt. Seine vielleicht eindrucksvollste Figuration hat dieser Typus in dem berühmten Holzschnitt von Michael Wolgemut, dem sogenannten Tanz der Gerippe aus der Schedelschen Weltchronik von 1493, erfahren: Am Rande eines offenen Grabes, in dem sich ein halbverwester Toter gerade aus seinem Leichentuch befreit, tanzen wie im Freudentaumel, sich johlend bei den Händen fassend, zwei Skelette und ein Halbskelett, während eine vierte Figur eine Art Schalmei ins Totengebiß gesteckt hat und der gebeineschlenkernden Gruppe aufspielt.

Dieses heiter tobende, aller menschlichen Angst höhnende Schauerballett spiegelt eine meist übersehene Seite der Todesvorstellung wider, die den Totentänzen im ganzen eigen ist. Sie kennen nur die groben und entsetzenmachenden Züge des Todes: Sterben, Verwesung, Jüngstes Gericht und Hölle. Nie findet sich eine Andeutung, daß der Tod auch als Erlöser kommen und das Leiden endigen kann, nie klingt ein schmerzlicher, elegischer Ton an, nie Wehmut oder gar Mitleid. Immer tritt der Tod in ausgedacht abstoßenden, oft bösartigen Bildern auf, als feixendes Gespenst, als Scheusal, aus dessen welker Hülle Würmer oder Schlangen züngeln, als Ungeheuer oder entzahnter Popanz; und immer ist es auch der Gedanke an den eigenen Tod, den die Tänze dem Betrachter aufdrängen, und keine Klage wird je hörbar über den Verlust eines geliebten Menschen.

Diesen grausamen, fast menschenfeindlichen Zug der Totentänze offenbaren am deutlichsten und in nahezu abgeschmackter Form die Frauen-Totentänze, deren erste Version wiederum Guyot Marchant herausgebracht hat. Naturgemäß steht darin das alte Verwesungsmotiv im Vordergrund, der Jammer über die vermodernde Schönheit, die sich an jedem Körperteil in immer neuen Greuelbildern ausmalen ließ. Der zurückbleibende Geliebte, Freund oder Ehemann aber wird mit nichts anderem beschieden, als daß er dieses Antlitz nie mehr sehen, den warmen Leib nie mehr fühlen werde. Der ausschließlich auf die eigene Person bezogene, selbstsüchtige Geist der Totentänze weiß, wo er einmal von sich loskommt, auch dem vertrautesten Menschen nur den Schaden vorzurechnen, den er davontragen wird, darüber hinaus ist kein Trost. Wenn die Totentänze des Mittelalters ein großer Kulturgedanke waren, so waren sie es doch um den Preis des Menschlichen.

Die Todesexaltation der Zeit, die mit so viel Zittern wie lustvollem Grausen verbunden war, verstärkte sich noch, als mit der Erfindung von Holzschnitt und Buchdruckerkunst die Möglichkeit gegeben war, ein volkstümliches, auf ausgedehnte Wirkungen berechnetes Bild des Todes unter die Menge zu bringen. Vor allem die sogenannten Blockbücher, die eine unterschiedliche Zahl von Holzschnitten vereinigten und mit jeweils kurzen, ebenfalls in die Platte geschnittenen Texten begleiteten, haben die Totentänze erst jedermann zugänglich gemacht. Die Folge war ein neuer, noch einmal ungemein verstärkter Schub von Angst und Sterbenshysterie, die um so überspannter wirken, als deren ursprünglicher Beweggrund, die Große Pest, vorüber oder doch unverkennbar im Rückgang war. Auch wer die Todesstimmung des Mittelalters nicht auf eine einzelne Ursache zurückführt, sondern auf den breiteren Grund des Daseins stellt, sieht sich schon hier, im Augenblick der Entstehung, der Fragwürdigkeit jener schwarzen Kunst gegenüber, von der bis heute nicht sicher ist, ob sie Bilder der Wirklichkeit oder eher des Wahns befördert.

Zugleich leitete die Erfindung des Buchdrucks auch das Ende des Totentanzes in seiner ursprünglichen Form ein. Denn das Buch verkleinerte das Bild nicht nur und nahm ihm dadurch viel von seiner überwältigenden Monumentalität. Weit folgenreicher war, daß es zur Auflösung des imaginären Dauerreigens zwang, der sich an Friedhofsmauern und Kirchenwänden in weiten perspektivischen Fluchten verlor. Was gerade als unaufhörliches

Pandämonium so viel Macht über die Gemüter ausgeübt hatte, diese immerwährende Mechanik des Vom-Leben-zum-Sterben-Gehens, das Menschengeschwappe, das kein Ende nahm, sah sich nun, Seite für Seite, Bild für Bild, ins Paarweise aufgeteilt: Der Tod und der Kaufmann, der Tod und der Ritter, der Tod und der Domherr, und das Zerstückelte ließ sich allenfalls im Bewußtsein des Betrachters wieder zusammenfügen. Zwangsläufig führte diese scheinbar äußerliche Veränderung auch zu einem gänzlich andersartigen Bildgedanken. An die Stelle der anonymen oder zum Typus verdichteten Figur tritt mehr und mehr der Einzelmensch, der zunehmend persönliche Kontur gewinnt. Und statt des beliebigen, meist nur angedeuteten Hintergrunds wird die Szene nun genrehaft verdeutlicht und durchgebildet.

Die individualisierende Totentanzidee, die nicht nur alle früheren Auffassungen, sondern die Todeseuphorie des Mittelalters im ganzen, zumindest im Bereich der Kunst, verabschiedet, hat Hans Holbein der Jüngere in dem zu Beginn des 16. Jahrhunderts entstandenen «Großen Totentanz» neu und fast schon abschließend formuliert. Trotz aller unleugbaren Traditionszusammenhänge drückt die Bilderfolge das ins Weltliche befreite Lebensgefühl der beginnenden Neuzeit aus. Die Figuren hadern weder mit dem Tod, noch kennen sie die gläubige Ergebung ins Unvermeidliche, der Dialog ist durch vierzeilige Verse allgemein moralisierenden Inhalts sowie durch Bibelzitate ersetzt. Und wenn auch in einer Art Vorbericht, der mit einigen Bildern der Genesis beginnt, eine Einstimmung ins Geistliche vorgenommen wird, überwiegt doch unverkennbar ein sehr diesseitiges Weltverständnis. An die Stelle des metaphysischen ist ein ästhetischer Gedanke getreten, und die Grabeswollust mit der meist schmucklos derben Todesmahnung hat dem Zauber von Perspektive und dramatischer Zuspitzung Platz gemacht. Der Tod ist kein unfaßbares Schemen mehr, sondern handelnder Akteur, der sich des einzelnen in einer Situation bemächtigt, die sein eigentliches Wesen zum Vorschein bringt:

Den Papst ergreift er mitten im pompösen Gepränge, dem König reicht er als Mundschenk den Wein und überrascht den Wucherer beim Geldhäufen, er tritt als Galan auf, als bekränzter Tänzer und hämischer Freund.

Holbeins Totentanz war auf vierzig kleine, nur wenige Quadratzentimeter umfassende Holzplatten graviert und erreichte, kaum daß er 1526 erschienen war, eine ungewöhnliche Verbreitung. Das Mittelalter, dessen Sterben lange, bis weit in die Zeit von Renaissance und Humanismus, dauerte, schien hier wie mit einem Schlage überwunden. Schon daß der Tod nicht mehr tanzte und kein aus Grüften steigender, in aller Lärmerei predigender Dämon war, hat die Vorstellung nachhaltig revolutioniert. Bewahrt blieb nicht viel mehr als die zyklische Form, auch wenn die ständische Ordnung, die sie widerspiegelte, allmählich verlorenging; und als Zyklus, zunächst vielfach «in Holbeins Manier», hat sich der Totentanz bis weit ins 18. Jahrhundert und noch darüber hinaus erhalten.

Holbeins Auffassung hat aber auch den unerschöpflich scheinenden und über fast ganz Europa verbreiteten Formenvorrat der Totentänze verdrängt. Ein Beispiel dafür, wie der Traditionszusammenhang zu wahren und doch aus dem Geist des Kommenden zu überwinden war, ist der Totentanz von Niklaus Manuel Deutsch auf der Kirchhofsmauer des Dominikanerklosters von Bern. Er entstand etwa gleichzeitig mit Holbeins Holzschnittfolge und erstreckte sich über eine Wandfläche von annähernd achtzig Metern. Trotz der gewaltigen Ausdehnung verzichtete Deutsch auf die naheliegende Versuchung, sich des alten Einschüchterungseffekts von Posaunenton und Jüngstem Gericht zu bedienen. Vielmehr offenbart sich der Geist des Neuen bei ihm nicht nur in der Abschüttelung aller Düsternisse, sondern mehr noch in einer oftmals ironischen oder sogar travestierenden Bilderfindung. In sechsundzwanzig, mit Dialogen versehenen Darstellungen entrollt sich das Totentanzgeschehen vor einem wappengeschmückten Arkadenprospekt als festliche Prunkrevue. Den Beginn macht eine Kreuzigungsszene, vor der ein halbbekleideter Tod in zynischer Nachäffung der Johannesfigur vom Isenheimer Altar mit ausgestrecktem Arm auf den Gekreuzigten weist. Daneben spielt eine sichtlich vergnügte, mit vier Halbskeletten besetzte Lumpenkapelle vor einer Schädelstätte ein infernalisches Totenkonzert. Fast alle Ständevertreter sind verschwenderisch herausgeputzt, ein Hauch von Gala und großem Theater liegt über den Szenen, und die satte Draperie steigert noch den Kontrast zu den im Tremens herumspringenden, buchstäblich mordslustigen Totengespenstern. Im Bogen unter dem Schlußbild steht, vor einer Gruppe von Türken und Juden, der Maler selber. Während er letzte Hand an das Bild anlegt, werden ihm Malstock und Pinsel von einer hinterrücks herankriechenden Knochengestalt weggezogen.

Die durch die Buchform erzwungene Auflösung des Reihentanzes sowie Holbeins Versenkung ins Detail haben zwangsläufig dem Einzelmotiv steigende Bedeutung verschafft. Der Mensch und der Tod lautet das neue Bildsujet, und die Umstände ihres Aufeinanderstoßens, die Reaktion des Betroffenen und selbst der Hintergrund gewinnen von nun an größeres Gewicht als der einstige Jenseitsgedanke. Damit zugleich wird aber auch der Text überflüssig, der für das Mittelalter noch ganz vorrangig gewesen und vom dazugehörigen Bild eigentlich vor allem gestützt und zur Anschauung gebracht worden war.

Eines der frühen Beispiele des zum eigenen Bild verselbständigten Motivs ist Dürers Kupferstich von 1513, der den Tod als Begleiter eines Ritters und des als gehörnte Bestie hinterhertrottenden Teufels zeigt. Noch in der fünfzehn Jahre früher entstandenen Apokalypse hatte Dürer den Tod als knochigen Greis auf einem Klepper, eine Heugabel in den Händen schwingend und die flüchtenden, strauchelnden Menschen niedertretend, dargestellt. Jetzt reitet er nur noch, vergeblich auf das Stundenglas in der erhobenen Rechten deutend, nebenher: er ist zwar allgegenwärtig, aber doch auch nur eine Macht, die von christlicher Zuversicht überwunden wird. Der ganze Unterschied zwischen der wehrlosen, aus alptraumhaften Bewußtseinsschluchten aufsteigenden Todesvorstellung des Mittelalters und dem Selbstbewußtsein der anbrechenden Neuzeit liegt zwischen den beiden Darstellungen.

Das Einzelbild bleibt nun vorherrschend. Hans Beham zeichnet den Tod als Liebhaber, der zu einer nackten Frau ins Bett steigt, Hans Burgkmair als Würger, der vor einer Renaissancefassade einen Soldaten niederreißt und, auf ihm kniend, mit beiden Händen erdrosselt, während er sich schon nach der mit ausgebreiteten Armen fliehenden Geliebten umsieht, die ihm nicht entgehen wird. Jost Ammann läßt den Tod ins Freudenhaus einbrechen, anderswo zerrt er den Akrobaten vom Seil oder schlägt dem alten Mann die Krücke weg. Wiederum Niklaus Manuel Deutsch greift eine Bildidee auf, die zwar in den Totentänzen ihre Vorläufer hat, in der Umsetzung aber, ähnlich wie Dürer und doch auf andere Weise, den Abstand zur alten Zeit sichtbar macht: der Tod und das Mädchen. Als zudringlicher Leichnam, an dem noch Haare und Hautfetzen hängen, greift der Tod einer jungen Frau gierig unter das hochgeraffte Kleid und beugt sich gleichzeitig zum Kuß über sie. Und noch während sie sich, halb in Abwehr, doch halb auch schon in Ergebung, ihm zuwendet, werden ihre Augen blicklos und leer. Die Verbindung von blühender Haut und Knochengestell, von Obszönität und Unschuld hat schon auf die Zeitgenossen einen ungemeinen Reiz ausgeübt, Hans Baldung Grien hat das Motiv zur gleichen Zeit, wenn auch ohne den erotisch-gewalttätigen Furor von Deutsch, vielmehr stiller, auch wehmütiger, dargestellt, als Spielart des Vanitas-Motivs, nicht als Umarmung. Das Ineinander von Tod und Liebe wird erst rund zweihundert Jahre später, in der Romantik, zur großen, von der bildenden Kunst wie von der Literatur aufgegriffenen und in schlichten, ekstatischen oder sentimentalen Darstellungen immer neu abgewandelten Entdeckung, zum Thema ohne Ende.

In der Zwischenzeit hatte der Tod seinen allesbeherrschenden Platz geräumt oder doch mehr und mehr von seinem Schrecken verloren. In Shakespeares «König Johann» wendet sich Constantia ihm zu: «O liebenswürdger holder Tod! .../ Komm, grins mich an! Ich denke dann, du lächelst/ Und herze dich als Weib. Des Elends Buhle/ O komm zu mir!» Wie weit solche Verse durch Ironie und poetische Spielgedanken vom Lebensgefühl der Zeit getrennt sein mögen, so drücken sie doch etwas davon auch aus: von seinem entdämmerten, helleren Wesen, das jetzt auf alles übergreift. Selbst die Mystik, die sich im Mittelalter vorzugsweise in Bilder blutiger Rührung versenkt und Tränen der Verzückung vor der Dornenkrone vergossen hatte, gewinnt nun unmerklich lichtere Farben und feiert den «süßen Tod» als Befreiung von Sünde und Jenseitsverzögerung.

Der Ton entschiedener Weltzugewandtheit, der die Lebensstimmung der Renaissance beherrscht, steigert sich noch im folgenden Jahrhundert. Und doch kann man nicht sagen, daß das Barock kein Verhältnis zum Tod gehabt habe; im Gegenteil drängt sich nicht selten der Eindruck auf, als bringe er sich nun noch auffälliger in Erscheinung. Aber immer ist etwas von Schminke und Maskerade in diesen Auftritten spürbar, als wolle die Zeit, im sicheren Gefühl dafür, daß der Mensch ohne die anschaubare Gegenwart des Todes nicht leben könne, dessen entgleitendes Bild festhalten. Vielleicht liegt darin der Grund dafür, daß die Kunst des Barock ihn so oft als Triumphator ganz auf den großen, wenn auch häufig prahlerisch-leeren Effekt hin gebildet hat.

Der bedeutendste Regisseur des rhetorischen Todestheaters, dessen Zeit nun anbricht, war Lorenzo Bernini, Architekt, Bildhauer, Bühnenausstatter und Maschinenmeister in einem. Im Jahre 1637 inszenierte er in Rom, vor der gesamten Gesellschaft der Stadt, ein grandioses nächtliches Spektakel. Aus dem Dunkel tauchte, von festlicher Musik begleitet, die malerische Szenerie eines Palastes auf. Im angrenzenden Park, dessen Wege von Statuen und Brunnen gesäumt waren, aber auch vor dem Gebäude selber, auf Terrassen und Treppenanlagen, bewegte sich eine glanzvolle, hochgestimmte Gesellschaft, in der die Anwesenden unschwer ihr eigenes Abbild erkannten. Doch unversehens mischten sich, mit brennenden Fackeln in den Händen, schwarzgekleidete Pagen unter die Festversammlung, das Bild verdunkelte sich und die Musik schlug in düstere, pochende Rhythmen um. Aus dem Hintergrund erschien, auf einer silbrigen Karosse und eine Sense hoch über sich haltend, der Tod. Zwei Hanswurste aus seinem Gefolge brachen in lautes Klagen aus und beschuldigten ihn, alle Freuden des Lebens zunichte zu machen. Während die Darsteller noch in Posen des Schreckens erstarrten und die Szene sich wieder verdunkelte, brachen die Zuschauer in lauten Jubel aus.

Verglichen mit der tiefen, von angstvoller Frömmigkeit durchsetzten Todesobsession des Mittelalters wirkt eine Szene wie diese unsäglich flach in all ihrem eleganten Aufputz, eine Darbietung für Voyeure, nicht für sterbliche Kreaturen. Und mochte der Tod, wie er da bleich und apotheotisch Einzug hielt, noch so viel Schauder verbreiten, blieb er am Ende doch nur ein pompöser Statist, dem aller sinistre Glanz nichts von seinem opernhaften Unernst nehmen konnte – ein allegorischer Kunstgedanke wie Pomonen, Sibyllen und Tritonen auch. Wo immer er in der Zeit des Barock in Erscheinung tritt, stellt diese Wirkung sich ein, ob er nun im Prunkwagen einherkommt, dem Menschen den Lorbeer von der Stirn nimmt oder mit Hermelin und Szepter vor riesigen Gebeinhaufen gestikuliert: er ist ein Bühnenheld und Steinerner Gast, mächtig auf hohem Postament, aber die Rückseite immer wie hohl und mit Gips, Werg und Maschinenzeug gefüllt. Gewiß bleibt das Memento mori hinter all diesen ausladenden und schön geblähten Arrangements noch vernehmbar, doch immer nur als die äußerste theatralische Pointe, deren Wirkung angesichts der Unausweichlichkeit dessen, was alle Menschen ängstigt, überwältigender als jede andere ist. Ihr Einsatz zielt auf Beifall, nicht auf Buße, und zur Formel verdichtet, könnte man sagen, daß sich der Tod damals von einer metaphysischen in eine melodramatische Idee verwandelt. Der neapolitanische Vizekönig Conde-Duque ruhte täglich in einem Sarg, während der um ihn versammelte Chor das «De Profundis» anstimmte, die Büsten von Verstorbenen wurden von Spezialisten in Wachs nachgebildet, so als lebten sie noch, während sich aus Gesicht und Schultern die Würmer hervorfraßen. Vor den um diese Zeit aufkommenden, hochgetürmten Grabmälern steht der Tod oft als Statue, die Rippen geschwellt und mit einladender Gebärde die Menschen in Grüfte weisend, die sich neben ihm auftun; aber nichts vermag darüber hinwegzutäuschen, daß deren Dunkelheit kein Lichtstrahl aus der anderen Welt erhellt. In Bar-le-Duc, vor dem Grabmal des René von Châlons, hält der Tod als lebensgroße Marmorfigur mit prüfender Gebärde das Herz des Verstorbenen in die Höhe, als suche er sich dessen Wertes zu vergewissern.

Denn das ist der neue, schon auf den Skeptizismus vorausweisende Hintergrund aller dieser Bilderfindungen: der Tod ist nicht das Ende. Zwar verfällt ihm der Körper, der Name jedoch überdauert: «Setze dir ein Monument!» lautet das Epitaph unter einem dieser Grabmäler, und das sogenannte castrum doloris in den Kirchen, wo unter einem säulengeschmückten Baldachin die Leiche ausgesegnet und feierlich «begangen» wird, sucht das Urteil der Nachwelt nicht selten schon vorwegzunehmen. Auf zahlreichen Gemälden, aber auch auf Stichen und Reliefs der Zeit tauchen kleine feiste Putten auf, die aus einem Mundstück Kugeln von unterschiedlicher Größe aufsteigen lassen: Homo bulla, der Mensch als Seifenblase. Das Leben schillert auf, größer oder kleiner, segelt einige Zeit lang dahin und zerplatzt. Doch der Mensch kann seine Bahn, über die ihm zugemessene Frist hinaus, auch verlängern und im Ruhm die Ewigkeit gewinnen. Er kann dem Tod widerstehen und damit der von Gott gesetzten Ordnung. Der Unsterblichkeitsgedanke, der um diese Zeit erste Umrisse gewinnt und im 18. Jahrhundert seine eigentliche Ausbreitung erfährt, ist ganz agnostisch und erwartet sich nichts vom Jenseits, sondern sucht statt dessen Dauer im Gedächtnis der Welt. Seine diesseitige Richtung, die weniger an die Erlösung durch Gott als an die Huldigung durch die Nachwelt denkt, verrät sich selbst im Beiläufigen. Die prächtigen Sarkophage, auf denen die Verstorbenen zur Ruhe gebettet liegen und so täuschend in Stein gehauen sind, als atme das Fleisch noch unter allem Samt und aller Seide, heißen «lits de parade».

Es war von da kein großer Schritt, den Tod im Rückgriff auf die Antike als Bruder des Schlafs zu deuten, schon die sogenannten Trauereroten des Barock, gelockte Amoretten, die auf Totenköpfen schliefen, hatten diesen Zusammenhang hergestellt. Lessings berühmte Abhandlung von 1769 «Wie die Alten den Tod gebildet» zog gleichsam den Schlußstrich unter eine Ästhetik des Todes, die mehr als vierhundert Jahre in Geltung gewesen und von der Beschwörung des Grauens zum dekorativen Trug verflacht war. Dem «scheußlichen Gerippe», das in den «deutschen Totentänzen», aber auch im «Gotischen» und im «Galanten» sich vordränge, setzte er den «wahren Geist des Alterthums» entgegen, der zugleich der Geist des Humanen sei: das Bild vom Tod als geflügeltem Genius mit der verlöschenden Fackel. Zwar hat die Schrift, trotz aller ungezählten Belege, die Todesvorstellung der Antike nicht vollständig wiedergegeben; bei Hesiod, auch bei Euripides, erscheint der Tod durchaus als schreckenerregende Macht, und auch Hades oder Charon in ihrer verfinsterten Hoheit entsprechen kaum dem milden Bild vom Tod als Zwillingsbruder des Schlafs. Aber der schließlich hervorbrechende, leidenschaftliche Bekenntniston des Werkes, sein heiterer Agnostizismus in der Lossage von einer chimärisch empfundenen Vergangenheit: das alles hat unvergleichlich befreiend gewirkt und der Zeit einen neuen Begriff von sich selbst vermacht. In «Dichtung und Wahrheit» ist, durch alle Altersgravität hindurch, noch ein Nachhall davon zu vernehmen: «Am

344

meisten entzückte uns», heißt es da, «die Schönheit jenes Gedankens, daß die Alten den Tod als Bruder des Schlafs anerkannt, und beide ... zum Verwechseln gleich gebildet. Hier konnten wir nun erst den Triumph des Schönen höchlich feiern, und das Häßliche jeder Art, da es doch einmal aus der Welt nicht zu vertreiben ist, im Reiche der Kunst nur in den niedrigen Kreis des Lächerlichen verweisen.» Sogar die christliche Sepulkralkunst des späten 18. und des 19. Jahrhunderts hat das Bild vom Jüngling mit gesenkter Fackel zu ihrem bevorzugten Motiv gemacht und ihn nicht selten auch mit einer Mohnkapsel, dem Symbol des Schlafs, dargestellt. Das schien um so erlaubter, seit Herder in einem bewundernden Nachtrag zu Lessing einen dort nur angedeuteten Gedanken weitergeführt und mit der gläubigen Jenseitserwartung verbunden hatte; zwar sei der Körper der Verwesung, die Seele dagegen Gott und der «Hoffnung auf ein anderes Leben» überantwortet: «Kein Schreckgespenst also ist unser letzter Freund, sondern ein Endiger des Lebens, der schöne Jüngling, der die Fackel auslöscht und dem wogenden Meer Ruhe gebietet. Was darauf folgt, sind Folgen des Todes, die zu ihm selbst nicht gehören. Das Geripp im Grabe ist so wenig der Tod, als mein fühlendes Ich dies Geripp ist; es ist die abgeworfne zerstörte Maske, die nichts mehr fühlet und mit der auch wir eigentlich nicht mehr fühlen sollten; denn es ist doch nur Wahn, daß es dem Todten im Grabe so einsam, so dunkel, so kalt und wehe sei, wenn Würmer an ihm nagen.»[6]

Es war, als stürben dem Tod die Schrecknisse einer äußersten, unvermeidlichen Erfahrung weg. Zu den eindrucksvollsten Zeugnissen dieses Wandels zählt die unerschrockene Äußerung, mit der die preußische Königin Sophie Charlotte auf dem Sterbebett die Umstehenden zu trösten versuchte: «Beklagen Sie mich nicht, denn ich gehe jetzt meine Neugier befriedigen über Dinge, die mir Leibniz nie hat erklären können, über den Raum, das Unendliche, das Sein und das Nichts.»

Von solcher, durch die Wissensbegierde gestützten Standhaftigkeit ist es nur ein scheinbarer Abstand zu ganz anderen, idyllischen Bildern, die sich jedoch der gleiche, rationalistische Geist des Zeitalters erfindet. In dem aus zwölf Blättern bestehenden Totentanz von Chodowiecki tritt der Tod zwar weiterhin als Gerippe auf. Doch sind alle drohend dämonischen Züge der Erscheinung getilgt, er kommt als Nachbar oder Gast, und dem Kind, das er aus der Wiege raubt, küßt er im Davonfliegen sanft und mitleidig auf den Mund. Noch absichtsvoller und in bewußter Entgegensetzung zu Lessing hat Matthias Claudius am alten Bilde festgehalten und den Tod als Gerippe, auf eine Sense gestützt, den «Sämmtlichen Werken des Wandsbecker Bothen» vorangestellt. In dem erläuternden Hinweis auf «Freund Hain», wie er den Tod nach dem mit ihm befreundeten Hamburger Arzt Anton Hein genannt hat, heißt es: «Die Alten soll'n ihn anders gebildet haben ...; bin aber doch lieber beim Knochenmann geblieben. So steht er in unsrer Kirch', und so hab' ich 'n mir immer von klein auf vorgestellt, daß er auf'm Kirchhof über die Gräber hinschreite, wenn eins von uns Kindern s'Abends zusammenschauern tat, und die Mutter denn sagte: der Tod sei übers Grab gangen. Er ist auch so, dünkt mich, recht schön, und wenn man ihn lange ansieht, wird er zuletzt ganz freundlich aussehen.»[7]

Wie unumwunden die Vorstellung vom «Freund Hain» auch gegen die eigene Zeit stand, so unablösbar ist sie doch von ihr. Der Unterschied liegt nur im Bild. Denn auch Matthias Claudius zieht den Tod ganz ins Vertraute. Nur sucht er dem Gerippe den Schrecken zu nehmen und aus dem Scheusal einen Dauergast und guten «Hausgott vorn an der Thüre» zu machen, mit dem der Mensch sich einzurichten habe. Es ist nicht weniger Freiheit und Aufklärertum in dieser Vorstellung als bei Lessing; sie ist nur wahrhaftiger, auch schlichter, und setzt dem tanzenden oder auftrumpfenden Gespenst von einst nicht ein antikisch verklärtes Kunstbild entgegen. Anders als in dem Gedicht «Die Götter Griechenlands», in dem er «kein gräßliches Gerippe vor das

Bett des Sterbenden» treten ließ, hat auch Schiller später, in den «Xenien», bemerkt, daß das Bild vom Genius mit der erloschenen Fackel zwar «lieblich», aber der häßlichen Realität des Todes nicht angemessen sei.

Immerhin, das Spukbild war verflogen, und es bedeutet fast die Umkehrung des lange Zeit so angstbehexten Verhältnisses, wenn nun erstmals auch ein wegwerfender, herausfordernder Ton dem Tod gegenüber aufkommt, der am auffälligsten im Motiv des patriotischen Todes in Erscheinung tritt. Die Aufklärung, die zugleich die Epoche des beginnenden Nationalismus ist, unterlegt dem Tod einen neuen Sinn: wiederum von der Antike inspiriert, diesmal vom Blick auf die «Römische Tugend», sieht er sich von einer Gloriole überpersönlicher Hingabe verklärt. Lessings «Philotas» steht neben ungezählten anderen Beispielen dafür, und in Thomas Abbts weitverbreiteter Schrift «Vom Tode fürs Vaterland» aus dem Jahre 1761 heißt es: «Sterben für das Allgemeine erhöht die Summe unseres Vergnügens.»

Das war die gleichsam pathetische Variante des Bedürfnisses der Aufklärung, Herr über den Tod zu sein. Daneben aber gibt es auch eine eher frivole Linie und, beidem zuwiderlaufend, mit elegisch einsetzendem, dann rasch sich steigerndem und von der Klage in eine Art Jubel übergehendem Ton die romantische Idee des Todes. Überaus anschaulich treten diese beiden Spielformen im Vergleich zwischen Ludwig Gleim und Matthias Claudius hervor. Beide haben das alte Totentanzmotiv vom Tod und dem Mädchen behandelt. Bei Gleim heißt es:

Tod, kannst Du Dich auch verlieben?
Warum holst Du denn mein Mädchen?
Tod, was willst Du mit dem Mädchen?
Mit den Zähnen ohne Lippen
Kannst Du es ja doch nicht küssen.

Von solchem ironischem Witz ist das Gedicht von Matthias Claudius, das vor allem durch Schuberts Vertonung bewahrt wurde und berühmt geworden ist, unendlich weit entfernt. Es besteht aus einem knappen Dialog und läßt auf einige Worte des Erschrekkens und der Abwehr wenige Sätze sanfter Überredung von seiten des Todes folgen. Und selten war ein Verstummen so beredt wie das des Mädchens, dessen erwiderungslose Ergebung schon auf die unwiderstehliche Verführungsmacht des Todes hindeutet, die zum Wesen des Romantischen gehört. Bezeichnenderweise erscheint in dem Gedicht der Tod nur im naiven Unverstand des Mädchens als «wilder Knochenmann», er selber tritt als Freund und Liebhaber auf, seiner eigentlichen und fast auch einzigen romantischen Erscheinungsform. Tod und Liebe sei die unsterbliche, nie zu banalisierende Zauberformel der Romantik, hat Thomas Mann bemerkt.

Die Zeugnisse dafür sind ungezählt. Und wenn auch hier der Ursprung anderswo, diesmal in England, liegt, so hat die romantische Todesverfallenheit nirgends sonst einen so moribund entrückten und ins Süchtige reichenden Charakter angenommen wie in Deutschland. «The Pleasure of Melancholy», wie eines der stimmungsprägenden Gedichte der englischen Frühromantik heißt, zeigt schon im Titel den aus keinem Vernunftzusammenhang zu lösenden, die eigenen Wehmütigkeiten genießerisch betrachtenden Hang dieser Poesie an, und nicht anders verhält es sich mit all den «Nachtstücken» oder «Elegien, geschrieben auf ländlichen Friedhöfen», von denen die romantische Bewegung in ganz Europa ihren Ausgang nahm. Überall, in England, Frankreich oder Italien, bricht sie auf vielverschlungenen Wegen ins Abseitige und Ausgefallene auf. Sie entdeckt die Schönheit des Schrecklichen und die bizarren Mischungen des Heiligen mit dem Profanen, die lasterhafte Unschuld und «La Belle Dame sans merci», macht Vampire aus und feiert schwarze Messen, um schließlich in Exotismus und Dekadenzweh auszulaufen. In Deutschland dagegen bleibt sie bei dem einmal vorgegebenen Motiv, als suche sie hinter der Verbindung von Tod und Liebe ungeahnte Versprechungen. Der Tod als «süße Liebesfeier» und «festliche Erhöhung des Lebens», als Pfand, Lust, Glück ist das unendlich wiederkehrende Dauerthema dieser Romantik, seit Novalis in den «Hymnen an die Nacht» den Grundton angeschlagen hatte: die Sehnsucht, der verlorenen Geliebten «nachsterben» zu wollen. Daß der Tod erst zur Vereinigung führe oder sie doch wahrhaft besiegele und der Tod in der Liebesnacht den Genuß ins Unendliche ausdehne, war die magische Prämisse, dem das schwärmerische, von der eigenen Emphase betörte Zeitbewußtsein verfiel.

Nicht ganz freilich ohne artistische Bewußtheit verfiel, wie denn die Romantik überhaupt weit weniger der naiven Ergriffenheit von Todesstimmung und Traum, Musik, Fernweh und Mondnacht entstammt, sondern alles, was sie hervorbrachte, selbst die Zauberwirkungen des Einfachen, erst kunstvoll hergestellt hat. Im März 1799 schrieb Friedrich Schlegel an Novalis: «Vielleicht bist Du der erste Mensch in unserem Zeitalter, der Kunstsinn für den Tod hat.» Der Satz macht deutlich, in welchem Maße selbst die Todesmythologie der Romantik Reiz und pathologische Laune war und der Tod als Versucher nur die Spielfigur eines auf die Spitze getriebenen Kunstgedankens. Gerade jene ewigen Umarmungen, die Nachsteigereien und zuletzt doch eher mondän wirkenden Lust- und Klagelaute machen aber unüberhörbar, wie sehr das gefaßte, überlegene Verhältnis dem Tode gegenüber, das die Aufklärung zu gewinnen versucht hatte, abhanden gekommen war, weil alle Zuspitzung die Offenbarung verlorener innerer Freiheit ist. Es kann nicht wundernehmen, daß das Spiel mitunter durcheinandergeriet und der Tod in die Wirklichkeit einbrach, Lenz und die Günderode liefern, neben anderen, das Beispiel dafür. Doch keiner mehr als Heinrich von Kleist. Man kann die immer wieder vordrängende Todesverzückung das ganze Werk hindurch verfolgen, vom «Prinz von Homburg» zurück bis zur «Penthesilea»: «Ich bin so selig, Schwester! Überselig! Ganz reif zum Tode, o Diana, fühl' ich mich!» Daneben steht die lebenslange Merkwürdigkeit der Bemühung, jeden ihm Nahekommenden mit ungeheuer krankem Ernst zum gemeinsamen Tod zu überreden. Man kann, was ihm endlich, in Stimmings Gasthof am Kleinen Wannsee, gelang, in diesem Zusammenhang durchaus als romantischen Rückgriff auf die Idee der Danse macabre, als selbstinszenierten Totentanz, deuten.

Das eigentümliche Dreiecksverhältnis von Kunst, Tod und Liebe hat, ausgehend von der deutschen Romantik, weit ins 19. Jahrhundert gewirkt, es ist in Büchners «Leonce und Lena» gegenwärtig, bei Platen und Rückert, in Heines «Traumbildern» ebenso wie in den späten Gedichten, von denen eines noch einmal das Bild vom Tod als Bruder des Schlafs, wenn auch mit matter Geste, beschwört: «Gut ist der Schlaf, der Tod ist besser – freilich/Das Beste wäre, nie geboren sein.» Am nachhaltigsten hat dieser Affekt die Musik, vor allem durch Richard Wagner, beherrscht. Aus den Tagebüchern Cosimas geht hervor, wie inständig der romantische Gedanke des Doppeltodes, vom Tod als Feier, Erlösung und Liebesverewigung, sogar die persönliche Beziehung geprägt hat. «Die vollständige Vereinigung erst im Tod», heißt es einmal, und an anderer Stelle: «Gestern und heute faßte ich mein ganzes Wesen in einem Gebet: mit Richard zugleich zu sterben!» Wie schwärmerische Geschwister stehen Senta, Tristan und Isolde neben ihr, als seien sie nur andere Stimmen in der gleichen Melodie halluzinatorischer Inbrunst, die später, kurz nach der Jahrhundertwende, in der «Salome» von Richard Strauss, aufgenommen und weitergeführt wird. Die Wirklichkeit freilich blieb davon wie unberührt. Das gleiche Publikum, das zu den Opern Richard Wagners pilgerte und wie betäubt, als habe es selbst vom Liebestrank gekostet, den Bühnentod mitstarb, demonstrierte nach außen eine rauhe Erfolgsgesinnung, Tüchtigkeit paarte sich mit Empfindung, Ehrgeiz mit Todessehnsucht. Die Kunst, die so viel Tränen entlockte, trocknete sie aber auch. Je ausschweifender der Operntod gestorben wurde, desto ersichtlicher wird der wirkliche Tod nun verdrängt, die Kunst kompensiert die entschwindende Realität. Damals wurden die Friedhöfe, die im Mittelalter in die Städte eindrangen, wieder vor die Tore verlegt und die Verstorbenen in einem Zwischenreich eingehegt, das nur auf halbem Wege außerhalb des Lebens liegt: als Entschlafene in häusergleichen Mausoleen zur Ruhe gebettet, die Besuch und stille Zwiesprache ermöglichten. Was beginnt, ist die allmähliche Ausweisung des Todes aus dem Leben.

Neben der Musik war es vor allem die Literatur, für die der Tod eine kaum nachlassende Anziehungskraft behielt. Strindberg nahm, in immer neuen Abwandlungen, das Thema auf, desgleichen Thomas Mann, der im «Tod in Venedig» nicht nur zum Pestmotiv zurückkehrte, sondern auch eine plärrende Gauklertruppe auf die Estrade des Lido-Hotels holte, deren Auftritt die Idee des Totentanzes bis zur Posse parodiert. Weit unmittelbarer noch knüpft Hugo von Hofmannsthal in zwei theatralischen Werken an die aus den Totentanztexten abgeleitete Tradition des geistlichen Lehrstücks an, und endlich kann man auch auf Schnitzlers «Reigen» verweisen, der das Thema jedoch auf ironische Weise bricht, zugleich aber das choreographische Schema des Totentanzes wieder aufgreift: die verschiedenen, nur als Charakter oder Typus bezeichneten Figuren von Dirne, Soldat, Stubenmädchen und jungem Herrn bis hin zur Schauspielerin und zum Grafen werden ununterscheidbar, sobald sie in den Reigen eintreten, nur daß am Ende jeder Szene nicht die Menschen sterben, sondern die Liebe oder was die Sprache so nennt.

Seltsamerweise dagegen geht der bildenden Kunst das Epochenthema in all diesen Jahren so gut wie ganz verloren. Angesichts einer häßlich werdenden Welt wird sie zusehends zur Beschwörung des schönen gewesenen Scheins, ein Paravent gegen die Trostlosigkeit der Industrieviertel und Elendsquartiere, und es mag sein, daß sie deshalb den einsetzenden Verdrängungsprozeß am frühesten sichtbar macht. Der Tod jedenfalls, samt seinen verführerisch gedeuteten Schrecken von Selbststeigerung und Vereinigungsglück, bleibt bis in die Gegenwart, über allen Wandel der Stile, die Sache eines romantischen Außenseitertums. Einzeldarstellungen herrschen vor: bei Böcklin und Félicien Rops, James Ensor, Ernst Barlach oder auch, mit plakativem Sozialpathos, bei Käthe Kollwitz. Eine Radierung Edvard Munchs greift noch einmal das Umarmungsmotiv von Tod und Mädchen auf.

Weitaus seltener sind zyklische Darstellungen wie, mit deutlich satirischem Einschlag, Thomas Rowlandsons «English Dance of Death» von 1816 oder Alfred Rethels «Ein Totentanz aus dem Jahre 1848», auf dem der Tod als demagogischer Schmeichler, als Agitator oder auf der Barrikade in Erscheinung tritt, ehe er schließlich, mit Lorbeerkranz und wehender Fahne, über die Gefallenen der Revolution hinwegreitet. Aus der Zeit der Jahrhundertwende stammt eine Graphikfolge Max Klingers, die jedoch die Totentanz-Idee verläßt und als Sammlung mehrerer, thematisch lose verbundener Arbeiten weit zutreffender «Vom Tode» heißt. In den gleichen begrifflichen Zusammenhang gehört auch, was das Erlebnis des Ersten Weltkrieges an Totentanz-Varianten hervorgebracht hat: von Alfred Kubin bis zu Otto Dix, der auf fünfzig Radierungen unter dem Titel «Der Krieg» die Schreckenserfahrung der Grabenkämpfe in albtraumhaften Stilleben von Agonie, Tod und Verwesung festgehalten hat.

Der einzige zeitgenössische Künstler, der den Totentanz, in Anknüpfung an die frühen Muster, als Tanz dargestellt hat, ist Horst Janssen. HAP Grieshabers «Totentanz von Basel» gibt sich dagegen, wie schon der Titel erkennen läßt, als übersetzte historische Reminiszenz. In zwei graphischen Folgen hat Janssen das Thema behandelt. Die eine, aus dem Jahre 1974, erweitert das Motiv vom Tod und dem Mädchen zu einer balladesk ausgesponnenen Erzählung, die mit Annäherung und Aufforderung zum Tanz beginnt, das Paar in zusehends heftigere Bewegungen zieht und schließlich in Rausch und erotischer Ekstase endet: es ist die romantische Idee vom Tod als Laster und Verführungsmacht, als venerischem Lustpartner, die darin in neuer Gestalt wiederkehrt. Die andere Folge dagegen läßt alle Todesverzauberung hinter sich und erinnert durch den beigefügten Text, der in einem wortgewaltigen Ausbruch gegenwärtige Untergangsängste buchstäblich beschreit, eher an alte Memento-mori-Motive. Ebenso nimmt sie den Gedanken der Travestie des Todes, seiner Verhöhnung aus dem Gefühl der Ohnmacht wieder auf und setzt die Tradition des spätmittelalterlichen Grotesktanzes fort; auch darin schlug, in aller graphischen Unfertigkeit, nicht selten die Absicht durch, den Tod durch die Kunstgrimasse zu erniedrigen und das Höllengelächter in Bildern der Lächerlichkeit zu ersticken. Die vierunddreißig Blätter zeigen kannibalisch ausgelassene, spukhaft verrenkte Schatten, Tod und Mensch paarweise gegenübergestellt oder im Tanz sich paarend, zu absurden Stellungen vereint, turnend, mit Knochen jonglierend, liebkosend und immer sich wie toll gebärdend: ein Blocksberg närrischer Skelette. Schon die erste Folge hatte mit einem Selbstbildnis begonnen, das Erschöpfung und überwundene Schrecken anzeigte, und überdies auf jeder Tanzszene einen Beobachter untergebracht, der die Verbindung zur eigenen Person herstellte. Jetzt glaubt man in den übermütig hüpfenden Figuren dann und wann die Andeutung eines Selbstporträts zu erkennen. Doch der ins eigene Bild ebenso wie ins Vexierbild verliebte Künstler löst immer wieder ins Rätselhafte auf, mit welcher der Figuren er sich selber meint. Auch diese Vorstellung geht auf jenes Urmotiv des Totentanzes zurück, wonach der einzelne niemals nur Betrachter, sondern immer zugleich Mitlaufender sei und, gegen alles Widerstreben, hineingezogen in die Bewegung der Tanzenden.

Unter all den Eigensinnigkeiten, durch die sich Janssen quer zum Zeitgeist stellt, steht obenan womöglich die Manie, mit der er das Todesmotiv von früh an zu seiner Passion im einen wie im anderen Sinne gemacht hat. Denn es ist oft bemerkt worden, daß der Tod zu den großen Verdrängungsthemen der Gegenwart gehört, etwas unendlich Peinliches und Verleugnetes, für das der französische Sozialhistoriker Philippe Ariès die Formel vom «ausgebürgerten Tod» geprägt hat.

Diese Verbannungstendenz hat selbst die Nation erfaßt, der immer wieder eine so beharrliche, wenn auch zweideutige Treue zum Tod nachgesagt worden ist. Das mag als weiterhin nachwirkende Reaktion auf den exzeßhaften Todeskult zu deuten sein, dem der Nationalsozialismus und seine totalitären Stimmungstechniker so viel demagogische Blendwirkungen abgewannen; es kann aber auch als instinktive Abwehrgeste gegen die Drohungen einer Weltkatastrophe gesehen werden, die trotz allen demonstrierenden Lärms auf den Straßen, zu den großen Unausdenkbarkeiten zählt und, anders als im Mittelalter, nicht eine Todes-, sondern eine Lebenshysterie erzeugt hat. Am wahrscheinlichsten ist dieser Verdrängungsprozeß von den schwer faßbaren Anpassungsvorgängen an eine Weltkultur bestimmt, die neben anderen Eigenarten auch jene «Sympathie mit dem Tode» einzuschmelzen beginnt, die, noch nicht lange zurück, als urdeutsch so sehr verklärt wie beargwöhnt worden ist. Zwar ist ein Teil der jüngeren Literatur des Landes dabei, den Tod wieder im Bewußtsein einzubürgern. Aber gegen die übermächtige Neigung, ihn zu vertreiben und gleichsam zum «Tod in Hollywood» umzubilden, wirken solche Ansätze wie die leeren Beschwörungen einer lange verlorenen Tradition. Die Wehleidigkeit fast aller dieser Versuche, ihr unverhohlen nostalgischer Ton, macht überdies ein Biedermeier sichtbar, dem eine wirklich romantische Phase nicht voraufging. Der Tod ist gewiß kein Meister aus Deutschland mehr.

Viel kennzeichnender wirkt ein anderes Bild, das überall seine Parallelen hat. Auf dem Friedhof von Highgate im Londoner Nordwesten, auf dessen höher gelegenem Grund die viktorianische Gesellschaft ihre Toten begrub, stehen unter alten Bäumen,

im wüsten Durcheinander der Stile und Formanleihen, die Grab-
monumente einer kaum versunkenen Epoche. Die verschwen-
derische Pracht der Tempel, Grüfte und Säulen für alle diese Be-
rühmtheiten von ehedem mitsamt ihren engelsgleich stilisierten,
in Marmor trauernden oder entschwebenden Gefährtinnen, wirkt
wie das Nachgefecht vergangener Rivalitäten: als sollten die ehrgeizigen, sich gegenseitig übertrumpfenden Gedenkstätten aller
Welt zeigen, wer noch im Grabe der verblassenden Erinnerung
wirksamer widerstehe. Aber das Portal ist verschlossen, das Terrain verwildert, und nicht einmal die derzeitigen Träger so vieler
großer Namen widmen dem Ort noch einen flüchtigen Gedanken.
Jugendliche Banden nächtigen zwischen den Denkmälern, erbre-
chen die Gräber, ohne daß es Aufsehen erregte. Nicht nur der Tod
der Zeitgenossen, der Freunde und Nächsten, weckt Unbehagen
oder gar Widerwillen. Selbst der Tod der Toten ist aus dem Bewußtsein verstoßen, und keine Pietät, kein Herkunftsdenken holt
ihn dahin zurück. Was gewesen ist, fällt rasch ins Vergessen, in
eine Flucht unentwirrbarer, konturloser Schatten. «Vorbei! Ein
dummes Wort» noch immer, aber übermächtig in einer Zeit ohne
einen Begriff vom Vergangenen. Davon ist auch erfaßt, was als
Gemeinschaft der Lebenden und der Toten jahrhundertelang so
dauerhafte Zusammenhänge über die Generationen hinweg herstellte. Die Grabkatakomben von Palermo und Rom, deren Schä-
delhaufen und Knochenberge noch den Charakter des Beinhauses
bewahren, mitunter aber auch die Verstorbenen in großer Garde-
robe zeigen und wie auf dem Weg zu einem Ball oder glanzvollen
Auftritt, widersprechen diesem Befund, bei allen Unterschieden,
nur scheinbar. Sie sind zu Plätzen des touristischen Kuriositäten-
Programms geworden, kulturhistorische Bizarrerien oder Fremd-
heiten aus unnennbarer Zeit, wie die Gräber von Etruskern oder
Kelten auch.

So umfassende Verdrängungsbedürfnisse wie diese spiegelt immer auch die Kunst wider. Sie gibt sich und ihre Zeit nicht nur

in dem zu erkennen, was sie darstellt; weit aufschlußreicher kann
sein, was sie verschweigt. Sie im ganzen überblickend, wird man
nicht sagen können, daß sie, selbst über Umwege und Verschlüs-
selungen, gegenwärtig ihren Ursprung noch in der Erkenntnis des
Sterbenmüssens habe und der Tod so etwas wie ihr großer Inspirator sei. Vielleicht ist der Gedanke nicht ganz unzutreffend, daß
ihre tausend Ratlosigkeiten auch damit zu tun haben. Dann endete
jetzt eine lange Geschichte, von der doch jeder in Wahrheit weiß,
daß sie nicht enden kann.

ANMERKUNGEN

1 So vor allem Reinhold Hammerstein, Tanz und Musik des Todes. Die mittelalterlichen Totentänze und ihr Nachleben, Bern–München, 1980.

2 Vgl. Philippe Ariès, Geschichte des Todes, München 1982, S. 92 f. Ferner
Gert Kaiser, Der tanzende Tod. Mittelalterliche Totentänze. Frankfurt 1983,
S. 70, wo sich auch das Zitat von Pierre Champion über den Friedhof Aux
Innocents findet.

3 Johan Huizinga, Herbst des Mittelalters, Stuttgart 1975, S. 29. Huizingas
Werk ist noch immer die eindrucksvollste, literarisch unübertroffene Darstellung der mittelalterlichen Welt.

4 Zit. nach Rolf H. Schmitz, Entstehung und Entwicklung der Gestalt des
Todes und ihrer Symbolik bis zu den heutigen Totentänzen, in: Bilder und
Tänze des Todes, Katalog einer Ausstellung des Kreises Unna, 1982, S. 11.
Dort auch, in Beiträgen verschiedener Autoren, zahlreiche weitere, instruk-
tive Hinweise.

5 Vgl. dazu G. Kaiser, Der tanzende Tod, in: «Spektrum der Wissenschaft»,
Oktober 1984, S. 134 ff, wo dieser Gedanke etwas ausführlicher dargelegt
und vor allem seine Verbindungen mit der monastischen Erneuerungsbewegung und deren Kritik an der Amtskirche hervorgehoben werden.

6 Zit. nach Eckhard Schinkel, Gerippe, Hain und Genius. Zum Wandel eines
Bildes in der 2. Hälfte des 18. Jahrhunderts, abgedruckt in dem unter Ziffer
4 erwähnten Katalog, S. 76.

7 A.a.O., S. 80 f.

Außer den bereits erwähnten Arbeiten verdienen aus der Fülle der einschlägigen Literatur folgende Studien einen Hinweis:

- Philippe Ariès, Bilder zur Geschichte des Todes, München 1984.
- Hans Helmut Jansen (Hrsg.), Der Tod in Dichtung, Philosophie und Kunst, Darmstadt 1978.
- Walter Rehm, Der Todesgedanke in der deutschen Dichtung vom Mittelalter bis zur Romantik, Halle 1928.
- Hellmut Rosenfeld, Der mittelalterliche Totentanz. Entstehung, Entwicklung, Bedeutung, Köln–Graz 1974.

Nachweis
der Erstveröffentlichungen

Kurz vor seinem Tod hat Joachim Fest dem Verlag eine Nachricht zukommen lassen, daß sich in dem, was schon bald sein Nachlaß sein werde, noch eine Reihe von Essays befänden, die zwar von ihm an einzelnen Stellen bereits publiziert oder als Vortrag gehalten, aber nie in Buchform gebracht worden seien. Der vorliegende Band versammelt diese Reden und Aufsätze der letzten Jahre. Hinzugefügt ist außerdem der große Text über die Geschichte des europäischen Totentanzes, der schon 1986 herauskam, allerdings nur in einer kleinen, mittlerweile seit Jahren vergriffenen Auflage.

Alle Texte sind belassen, wie der Autor sie dem Verlag übergeben hat. Das heißt auch, daß eine Schlußredaktion, die geringfügige Wiederholungen beseitigt hätte, bewußt unterblieben ist.

Der Irrtum Hannos oder Bürgerlichkeit als geistige Lebensform
Dankrede, gehalten 1981 anläßlich der Verleihung des Thomas-Mann-Preises der Stadt Lübeck. Abgedruckt in: Hefte der Deutschen Thomas-Mann-Gesellschaft, Nr. 2 (1982), S. 8–17; gekürzt in: Frankfurter Allgemeine Zeitung vom 5. Juni 1982 (Bilder und Zeiten).

Erinnerung zum schreibenden Umgang mit der Geschichte. Zur Verleihung der Wilhelm-Leuschner-Medaille
Dankrede, gehalten 1999 bei der Feierstunde des Landes Hessen. Abgedruckt unter dem Titel «Literatur ohne Heilsplan. Über den Umgang mit der Geschichte», in: Frankfurter Allgemeine Zeitung vom 12. Februar 2000 (Bilder und Zeiten).

Die verlorene Kunst – Geschichtsschreibung als Wissenschaft und Literatur. Eine Betrachtung über Herbert Lüthy
Zuerst erschienen in: Neue Zürcher Zeitung vom 4. März 2006.

Der Führerbunker
Zuerst veröffentlicht in: Deutsche Erinnerungsorte. Hrsg. von Etienne François u. Hagen Schulze. Bd. 1, München 2001, S. 122–137. Der Abdruck erfolgt mit freundlicher Genehmigung des C. H. Beck Verlags.

Hitlers wirkliches Vermächtnis
Erschien zuerst in leicht veränderter Form unter dem Titel «Das Böse als

reale Macht. Hitlers noch immer verleugnetes Vermächtnis», in: Der Spiegel Nr. 43 vom 25. Oktober 1999, S. 182–197.

Joseph Goebbels. Eine Porträtskizze
Zuerst veröffentlicht in: Vierteljahreshefte für Zeitgeschichte 43 (1995), S. 565–580.

Spiel mit hohem Einsatz. Über Adam von Trott
Zuerst veröffentlicht in: Vierteljahreshefte für Zeitgeschichte 46 (1998), S. 1–18; gekürzt auf englisch in: Prospect Nr. 32, Juli 1998.

Gedanken zum 20. Juli. Rede in der Paulskirche am 20. Juli 2004
Gehalten auf einer gemeinsamen Gedenkveranstaltung des Hessischen Wissenschaftsministeriums und der Stadt Frankfurt am Main. Abgedruckt unter dem Titel «‹Es ging um einen demonstrativen Akt.› Gedanken zum 20. Juli», in: Frankfurter Allgemeine Zeitung vom 22. Juli 2004.

Die Intellektuellen und die totalitäre Epoche. Gedanken zu einer Geschichte der Täuschungen und Enttäuschungen
Rede, gehalten in Heidelberg am 25. Juni 2005.

«Verwandtschaft und Affront»: Thomas Mann und der Westen
Referat auf dem Symposium «Thomas Mann – Literatur und Politik» am 12. Juni 1996 in der Akademie der Wissenschaften zu Heidelberg.

Die anderen Betrachtungen eines Unpolitischen. Über Heinrich Manns nachgelassene Aufzeichnungen «Zur Zeit von Winston Churchill»
Zuerst erschienen in: Süddeutsche Zeitung vom 8. Januar 2005.

Das Zifferblatt der Welt entschlüsseln. Börnes Freiheit und was es noch immer damit auf sich hat
Dankrede, gehalten in der Frankfurter Paulskirche anläßlich der Verleihung des Ludwig-Börne-Preises 1996. Abgedruckt in: Frankfurter Allgemeine Zeitung vom 16. November 1996 (Bilder und Zeiten).

Karl Dietrich Bracher: Denker im Dienste von Frieden und Freiheit
Rede, gehalten am 8. Mai 2002 anläßlich einer Feierstunde in der Universität Bonn zu Ehren von Karl Dietrich Bracher. Abgedruckt unter dem Titel «Lehrer der Demokratie», in: Die Welt vom 11. Mai 2002.

Autorität und Menschlichkeit. Laudatio auf Willy Brandt anläßlich der Verleihung des Dolf-Sternberger-Preises 1992
Bislang unveröffentlichte Rede.

Unternehmer in der Zeit. Eine Porträtskizze Reinhard Mohns
Zuerst erschienen in: Reinhard Mohn. Unternehmer – Stifter – Bürger. Hrsg. von Thomas Middelhoff, Gerd Schulte-Hillen u. Gunter Thielen, Gütersloh 2001.

Das Wahre im Wirklichen. Toast auf Jürgen Roland
Zuerst erschienen in: Frankfurter Allgemeine Zeitung vom 24. Dezember 1985.

Ein Autor als Verleger. Impromptu über Wolf Jobst Siedler
Zuerst erschienen in: Frankfurter Allgemeine Zeitung vom 17. Januar 1986.

Die Geburt der Häßlichkeit. Ein Versuch
Bislang unveröffentlichter Essay.

Der tanzende Tod. Über Ursprung und Formen des Totentanzes vom Mittelalter bis zur Gegenwart
Selbständige Veröffentlichung 1986 mit 36 Zeichnungen zum gleichen Thema «in spe» von Horst Janssen. Das Buch wurde am Neujahrstag 1986 vor 3500 Menschen in der Lübecker Marienkirche vorgestellt. Janssen hielt zu diesem Anlaß seine Rede «Hommage à Tannewetzel», die zeitversetzt in voller Länge vom Fernsehen übertragen wurde und ebenfalls als Buch erschienen ist. Der Abdruck erfolgt mit freundlicher Genehmigung des Lucifer-Verlages im Kunsthaus Lübeck.

Personenregister